바로 쓰는 학교자율시간
― 교사를 위한 실천 가이드 ―

류 청 산 지음

프롤로그

학교자율시간, 처음 들었을 땐 어쩐지 어렵게 느껴졌습니다.
정책인가? 제도인가? 새로운 교육과정인가?

하지만 막상 살펴보면,
이 시간은 생각보다 자유롭고 유연한 활동의 마당입니다.

학년별 상황에 따라, 계절에 따라, 교사와 아이들의 호기심에 따라
모듈처럼 조립해 쓰고, 맞춤처럼 편성해 적용할 수 있는
시간이기 때문입니다.

어쩌면 지금 우리 교실이 가장 필요로 했던 수업 시간일지도 모릅니다.

이 책은 자율활동에 적합한 소재와 주제를 찾는 방법,
그리고 교실에서 바로 활용할 수 있는
모듈형 활동 프로그램을 제안하고 있습니다.

단순한 사례 소개를 넘어, 하나의 활동을 다양한 교과와 연계하거나
깊이 확장할 수 있는 실마리를 함께 엮어
현장의 교사가 쉽게 꺼내 쓸 수 있는
'도구상자' 같은 책이 되기를 바랐습니다.

실무적인 내용은 각 시·도 교육청에서 발간한
『학교자율시간 길라잡이』를 참고하시면 되고,
정책적 관점은 『학교자율시간 과목활동 바이블』을
통해 보완하실 수 있습니다.

하지만, 이 책은 그 사이 어딘가,
현장의 교사가 교실 안에서 실제로 활용할 수 있는
연결의 언어를 담고자 하였습니다.

또 하나의 특징은 교과 중심성의 조정입니다.
5~6학년은 실천 중심 교과인 '실과'를 중심으로,
3~4학년은 실과가 없기 때문에
온책읽기 기반 '국어' 중심으로 활동을 구성했습니다.

이처럼 교과의 흐름 안에서 자연스럽게 풀어내는 자율활동이야말로
학교자율시간의 본래 취지에 가장 가깝다고 믿었습니다.

책에서 미처 다루지 못한 내용이나,
각 학교 상황에 맞는 수업 구성이나 질문이 생길 경우에는
'선생님의 실과 책상'이라는 블로그에서
더 풍성하고 다이내믹한 자료와 지원으로 함께하겠습니다.

선생님,
이제 필요한 건 '거창한 기획'이 아니라
학생들과 함께 시도해 보는 한 시간의 수업입니다.
그 시작을 이 책이 조용히 응원합니다.

교사의 손끝에서 피어나는 수업, 학교자율시간이 시작됩니다.

미래학자 **류 정 산**

목 차

◆ 프롤로그 ·· ii

제1장. 학교자율시간, 미래 교육의 열쇠를 쥐다 ·· 3

    1. '학교자율시간'이란 무엇인가? ··· 4
    2. 학교자율시간의 탄생 배경과 정책적 흐름 ·· 5
    3. 학교자율시간과 학교 재량시간의 차이 ·· 8
    4. 과목형과 활동형 운영 방식의 구조 ·· 11
    5. 왜 지금, 학교자율시간인가? ·· 13
    6. 범교과 주제를 구체화하는 3가지 전략 ·· 15
    7. 들꽃에서 출발하는 감성 중심 소재 찾기 ·· 25
    8. 실패 없는 주제 찾기를 위한 기준과 사례 ·· 32
    9. 자주 묻는 말과 오해 정리 ··· 34

제2장. 무엇으로 할까? 자율활동의 [소재] 찾기 ·· 43

> **범교과 학습 주제와 실과의 연결 고리 찾기**
> *(감성과 생명, 그리고 수업 속 삶을 깨우는 주제는 어디서 오는가)*

    1. '안전·건강 교육'과 '실과' 교과를 연계한 활동 주제 찾기 ·································· 45
    2. '인성 교육'과 '실과' 교과를 연계한 활동 주제 찾기 ··· 51
    3. '진로 교육'과 '실과' 교과를 연계한 활동 주제 찾기 ··· 56
    4. '민주 시민 교육'과 '실과' 교과를 연계한 활동 주제 찾기 ································· 62
    5. '인권 교육'과 '실과' 교과를 연계한 활동 주제 찾기 ··· 67
    6. '다문화 교육'과 '실과' 교과를 연계한 활동 주제 찾기 ······································ 73
    7. '통일 교육'과 '실과' 교과를 연계한 활동 주제 찾기 ··· 79
    8. '경제·금융 교육'과 '실과' 교과를 연계한 활동 주제 찾기 ································ 85
    9. '환경·지속 가능한 발전 교육'과 '실과' 교과를 연계한 활동 주제 찾기 ············ 92
    10. '독도 교육'과 '실과' 교과를 연계한 활동 주제 찾기 ·· 98

제3장. 어떻게 엮을까? 교실을 여는 [수업] 실마리 ···················· 107

> **티칭 허브의 창의·융합 콘텐츠 활용하기**
> *(학생들의 호기심과 삶을 움직이는 수업의 재료는 어떻게 발견되는가?)*

   1. 교실 속 작은 미술관 ···················· 108
   2. 진짜 친구는 스마트폰 밖에 있어 ···················· 110
   3. 뚝딱뚝딱 뮤지컬 ···················· 112
   4. 잃어버린 권리 우리가 되찾을 거야 ···················· 114
   5. 국경, 파도타기로 넘어볼까요? ···················· 116
   6. 업사이클링 올림픽 ···················· 118
   7. 행복하개 사랑할고양 ···················· 120
   8. 특명! 건강의 비법을 찾아라 ···················· 122
   9. 마음을 행복으로 채우는 시간 ···················· 124
  10. 천하제일 아리랑 대회 ···················· 126
  11. 건강 지킴이, 컬러 푸드 ···················· 128
  12. 지구 희망 챌린지 ···················· 130
  13. 교실로 찾아 ON 캠핑 ···················· 132
  14. 태권 V 로그 ···················· 134
  15. 지구촌 CM송 축제 ···················· 136

제4장. 학교자율시간 활동의 흐름과 적용 전략 ···················· 139

   1. 왜 들꽃인가? 감성과 생명의 교육적 힘 ···················· 140
   2. 활동 주제 및 부제 비교 ···················· 141
   3. 활동의 개요 비교 ···················· 143
   4. 활동의 내용 요소 비교 ···················· 152
   5. 활동의 성취기준 비교 ···················· 156
   6. 활동에 참여하는 교과와 시수 편제 ···················· 160
   7. 시수 운영 계획 ···················· 163
   8. 활동의 평가 계획 비교 ···················· 167
   9. 운영 모형별 실제 적용 전략 ···················· 174
  10. 들꽃을 바꾸면 수업도 바꾼다 ···················· 184

제5장. 바로 쓰는 학교자율시간 프로그램 ·········· 189

대주제	들꽃과 함께 걷는 길 (피어나는 감성, 이어지는 생명)

   1. [3학년] 들꽃과 노는 아이 ·········· 190
   2. [4학년] 들꽃 감정 일기 ·········· 211
   3. [5학년] 들꽃 이야기 창작소 ·········· 234
   4. [6학년] 이름 없는 꽃에게 쓰는 편지 ·········· 259

◆ 학교자율시간 자료를 찾아가는 QR 코드 ·········· 286
◆ 에필로그 ·········· 287
◆ 참고문헌 ·········· 288

◆ 저자 소개 ·········· 289

바로 쓰는 학교자율시간

− 교사를 위한 실천 가이드 −

제1장 학교자율시간, 미래 교육의 열쇠를 쥐다

이 책의 제1장은 '학교자율시간'이 왜 필요한지에 대한 질문에서 출발합니다. 교육과정의 틈새에 존재해 온 이 시간은 단순한 빈칸이 아니라, 아이들의 온전한 성장을 위해 교육이 반드시 품어야 할 '가능성의 시간'입니다.

여기에서는 먼저, 학교자율시간의 개념과 제도적 근거를 짚고, '자율'이라는 말 속어 담긴 교육철학을 되새깁니다. 이어서 교과 중심 교육이 놓치기 쉬운 아이들의 정서, 감성, 공동체성, 그리고 자연과 삶의 연결감을 어떻게 자율시간을 통해 회복할 수 있는지를 교육적 관점에서 설득력 있게 풀어갑니다.

특히 학교자율시간은 교사에게 '미래 교육의 열쇠'를 쥐어줍니다. 예측할 수 없는 사회 변화 속에서 '정답을 가르치는 교육'이 아닌 '삶의 방향을 함께 묻는 교육'으로 나아가기 위해, 우리는 교과서 밖에서 피어나는 아이들의 질문과 감정을 존중하고 확장할 수 있어야 합니다. 그 열쇠는 교사의 손에, 그리고 교사의 선택으로 펼쳐지는 자율시간 속에 놓여 있습니다.

또한 학교자율시간을 실질적으로 운영하고 있는 국내외 사례를 분석하고, 이를 통해 시사점을 도출합니다. 이 과정에서 '왜 자율시간이 필요한가', '무엇을 중심으로 운영할 것인가', '어떻게 교실에 구현할 것인가'라는 세 가지 질문을 던지며, 앞으로 펼쳐질 부록 및 활동 모듈들과의 연결고리를 형성합니다.

교사에게 이 제1부는 학교자율시간을 단순한 시간 운영이 아닌 '아이의 삶과 배움을 엮는 실천의 시작'으로 인식하게 하는 안내서이자, 실천의 뿌리를 다지는 교육적 성찰의 장이 될 것입니다. '왜'에서 시작한 이 질문은 곧 '어떻게'라는 구체적 실천으로 이어지며, 교육의 중심을 다시 '아이'에게 돌려주려는 우리의 작지만 단단한 약속이 됩니다.

1. '학교자율시간'이란 무엇인가?

'학교자율시간'은 2022 개정 교육과정에서 새롭게 도입된 개념입니다. 이 시간은 기존 교과, 창의적 체험활동, 창체 동아리 등과는 구별되는 독립된 교육 시간으로, 학교가 교육과정 내에서 자율적으로 교육 내용을 구성·운영할 수 있도록 보장된 정규 수업 시간입니다.

학교자율시간은 단순한 여유 시간이 아닙니다. 오히려 '학교의 철학'과 '학생의 삶'을 반영해, 학교가 교육의 방향을 **직접 제안하고 실천하는 제도적 공간**입니다. 이 시간은 학급 단위, 학년 단위, 전교 단위로 자유롭게 운영할 수 있으며, 학생의 발달 수준과 지역의 특성, 교사의 전문성을 반영하여 주제 중심, 교과 연계, 프로젝트, 문제 해결, 감정 표현, 생태 활동 등 다양한 형식으로 구현될 수 있습니다.

학교자율시간은 다음의 세 가지 점에서 큰 교육적 의미를 지닙니다.
첫째, '**학교 중심 교육과정의 실현**'입니다. 학교가 단위 교육과정의 구성 주체가 되는 구조를 제도적으로 보장하며, '학교 교육과정의 실제 주인'이 누구인지에 대한 관점을 바꾸는 계기를 마련합니다.
둘째, '**학생 주도 학습 문화의 확산**'입니다. 정해진 교과서를 따르기보다, 학생의 삶과 주변의 맥락을 중심으로 한 활동 설계를 통해 학생의 자기 결정권, 표현력, 감정 탐색 능력, 문제 해결력이 강화됩니다.
셋째, '**교사의 교육 전문성 확장**'입니다. 교사는 단순한 전달자가 아닌 '교육과정 설계자'로서 역할을 수행하게 되며, 학교 안팎의 다양한 자원과 맥락을 엮어 새로운 배움의 장면을 창조하게 됩니다.

실제로 많은 교사들이 묻습니다. "이 시간을 꼭 운영해야 하나요?", "창의적 체험활동이랑 뭐가 다른가요?", "정말로 자유롭게 구성해도 되는 건가요?" 이러한 질문은 당연합니다. 왜냐하면 이전까지 '학교 자율'이라 불리던 시간은 '재량시간'의 또 다른 이름처럼 쓰였고, '자율적으로 무엇을 하라'는 말은 실제로는 '스스로 알아서 하라'는 부담으로 받아들여졌기 때문입니다.

하지만 이번 개정 교육과정에서의 '학교자율시간'은 그와 다릅니다. 이 시간은 교육과정 내에서 시수로 보장된 정규 수업이며, 단지 "자유롭게 하라"는 것이 아니라 "학교가 중심이 되어 교육을 설계하라"는 강한 메시지를 담고 있습니다.

이 책은 바로 이 학교자율시간을 중심으로, 학생의 감정과 생명, 상상과 공감을 잇는 실천 사례와 프로그램 설계 방법을 제안합니다. 다음 장에서는 학교자율시간이 어떻게 생겨났고, 왜 지금 필요한가를 함께 살펴보겠습니다.

2. 학교자율시간의 탄생 배경과 정책적 흐름

'학교자율시간'은 하루아침에 만들어진 제도가 아닙니다. 그 시작은 훨씬 이전부터, 학교 현장이 품고 있던 오랜 요구와 실천에서 비롯되었습니다.

과거에도 교사들은 수업 중에 아이들과 마음을 나누거나, 교과서에 담기지 않은 삶의 문제를 함께 고민하고자 하는 순간들을 자주 맞이했습니다. 그러나 정해진 교과 시수 안에서, 그러한 시도를 '정식 수업'으로 인정받는 것은 쉽지 않았습니다.

이러한 학교 현장의 절박함과 가능성을 정책이 받아들이기 시작한 것은 2009 개정 교육과정부터 였습니다. 이 시기부터 국가 교육과정은 '창의적 체험활동(창체)'이라는 별도의 영역을 신설하며, 교과 외의 교육을 제도 안으로 끌어들이기 시작했습니다. 자율활동, 동아리활동, 봉사활동, 진로활동은 모두 그 안에 포함되었습니다.

그러나 창의적 체험활동은 어디까지나 '정해진 틀 안의 활동'이었습니다. 활동의 구성 요소, 운영 방식, 기록 체계 등이 비교적 상세히 정해져 있었기에 학교의 창의적 자율 운영을 보장하면서도, 오히려 '창체' 역시 또 하나의 교과처럼 여겨지는 이중성을 안고 있었습니다.

그로부터 10여 년이 흐른 지금, 교육은 다시 한 걸음 더 나아가야 한다는 목소리가 커졌습니다. 학생들의 삶은 점점 복잡해지고, 학교는 더 이상 지식 전달의 공간에 머무를 수 없습니다. 교육은 학생의 감정, 관계, 생명, 환경, 지역, 공동체를 다루는 살아 있는 장면이 되어야 한다는 요구가 강하게 제기되었습니다.

이에 따라 2022 개정 교육과정 총론에서는 '학교자율시간'이라는 개념을 신설하여, 학교가 독립된 정규 시수 안에서 교육 내용을 자유롭게 설계할 수 있는 제도적 장치를 마련한 것입니다. 학교자율시간은 '창의적 체험활동(창체)'과는 구분됩니다. 창체는 국가 교육과정 안에 명시된 '교육 영역'인 반면,

학교자율시간은 학교가 교육과정 운영의 주체로서 교육 활동 자체를 기획하고 설계하는 것을 보장하는 시간입니다.

또한, 창체는 활동의 범주와 형식이 비교적 구체적으로 안내되어 있지만, 학교자율시간은 형식과 내용 모두 학교의 선택에 위임되어 있다는 점에서 더 큰 자율성과 전문성을 요구하는 구조라고 할 수 있습니다.

이처럼 학교자율시간은 창의적 체험활동의 철학을 이어받되, 그보다 한층 더 '학교 중심, 삶 중심, 학생 주도'의 교육 실천을 확장한 개념입니다. 이제 교사와 학교는 단지 '정해진 것을 채우는 주체'가 아니라, '교육을 창안하는 기획자'로서 새로운 시대의 교육을 만들어 가야 할 때입니다.

이러한 변화의 흐름은 대한민국 교육과정의 큰 축인 교과 교육과정과 비교과 교육과정의 재구조화 속에서 발생했습니다. 교과 교육과정은 국어, 사회, 도덕, 수학, 과학, 실과, 체육, 음악, 미술, 영어라는 10개의 '국민공통기본교과'를 중심으로 구성되며, 비교과 교육과정은 이를 보완하는 활동으로 현재의 '창의적 체험활동'(창체)에 해당합니다.

창의적 체험활동은 단순한 보충 활동이 아니라, 학생의 자율성, 공동체성, 진로 개척 역량을 기르는 독립적인 교육 영역으로 자리 잡아 왔습니다. 그러나 그 운영 방식은 여전히 일정한 틀과 유형에 따라 구성되어 있었기에 학교 현장에서 느끼는 자율성의 한계는 여전했습니다.

'학교자율시간'은 이러한 제도적 한계를 넘어서기 위한 정책적 해답이었습니다. 이는 어느 날 갑자기 등장한 개념이 아니라, 1954년부터 이어진 특별활동과 창의적 체험활동의 역사적 흐름 위에서 탄생한 것입니다.

〈표 1-1〉은 제1차 교육과정부터 2022 개정 교육과정에 이르기까지, 비교과 교육의 제도적 변천 속에서 학교자율시간이 어떻게 정착되었는지를 보여줍니다.

1950년대의 특별활동은 주로 학급 활동과 동아리 활동을 중심으로 이루어졌습니다. 이후 개정이 반복되면서 봉사, 취미, 진로활동이 추가되었고, 1990년대에는 학교 재량 활동 개념이 등장하면서 학교 자율의 가능성이 넓어졌습니다.

〈표 1-1〉 특별활동, 창의적 체험활동, 학교 자율시간의 변천 과정

개정	적용 기간	정책 추진 방향	학교 자율시간의 발전사
1차	1954~1963	**특별활동** 도입	학급 활동+동아리 활동
2차	1964~1973	특별활동 강화	학급 활동+학급 **행사**+동아리 활동+봉사활동
3차	1974~1981	특별활동 체계화	학급 활동/행사+동아리 활동+봉사/**취미활동**
4차	1982~1987	특별활동 확대	**자율활동과 진로활동 추가**
5차	1988~1992	특별활동 발전	학교 재량권 부여
6차	1993~1997	특별활동 다양화	**실과 3~6학년 이수(주1)**
7차	1998~2009	**창의적 체험활동 도입**	실과 5~6으로 축소(주2), 학교 재량+학교 자율
2009	2010~2015	창의적 체험활동 강화	자율+**동아리+봉사+진로활동**
2015	2016~2022	창의적 체험활동 발전	지역사회/학교 특성에 맞는 활동 자율화
2022	2023~현재	**학교 자율시간 체계화**	학교 자율 시간(과목/활동) 개발/운영 의무화 프로젝트 기반, 창의·융합 교육, 지역사회 연계학습 등으로 다양화, 의무화

2000년대 이후에는 '창의적 체험활동(창체)'이 본격적으로 교육과정에 정착하였고, 이와 함께 실과 시수의 축소 및 자율활동의 강화가 동시에 이루어졌습니다. 그리고 드디어 2022 개정 교육과정에서는 '학교 자율시간'이 체계화·의무화되며, 학교가 정규 시수 내에서 교육 내용을 자율적으로 설계·운영할 수 있는 법적 기반이 마련되었습니다.

이러한 맥락에서 학교자율시간은 단지 창체의 연장선이 아니라, 교육과정 속에 학교가 주도적으로 개입할 수 있는 본격적인 창구로 이해해야 합니다. 특히 초등학교의 경우, 학교자율시간을 실과 교과 중심으로 운영하는 것이 매우 적절합니다. 실과는 창체 및 자율시간의 교육 철학과 밀접하게 연결되어 있으며, 학생의 삶과 감정, 실천과 문제 해결 역량을 직접적으로 길러주는 교육 도구가 되기 때문입니다.

앞으로의 학교자율시간 운영은 단지 시간을 채우는 것이 아니라, 학생과 학교의 삶을 연결하는 교육적 통로가 되어야 하며, 이때 실과는 현실과 이상을 잇는 교량의 교량으로서, 학교자율시간의 취지를 가장 잘 실현할 수 있는 교과가 될 것으로 기대합니다.

3. 학교자율시간과 학교 재량시간의 차이

학교자율시간에 관해 이야기할 때, 많은 교사가 가장 먼저 떠올리는 말이 있습니다. "아, 그거 예전 학교 재량시간이랑 비슷한 거죠?" 이는 충분히 이해할 수 있는 반응입니다. '학교가 정하는 시간'이라는 공통된 인상 때문입니다. 하지만 학교자율시간과 학교 재량시간은 제도적 성격, 구성 방식, 교육적 위상에서 근본적으로 다릅니다.

학교 재량시간은 2000년대까지 사용되던 용어로, 국가가 정한 교과 시수 외에 학교가 자체적으로 구성하여 운영하던 시간입니다. 대표적으로는 보충 수업, 심화 학습, 인성 교육, 생활지도, 창작 활동 등이 운영되었으며, 교과 중심 편성이 많았고, 일부는 비교과 활동을 보완하는 시간으로 쓰이기도 했습니다.

그러나 재량시간은 별도의 정규 교과가 아니었고, 교육 내용이나 운영 방식에 대한 명확한 기준도 없었습니다. 이에 따라 편성·운영이 들쭉날쭉하거나, 임시 시간표 조정용으로 소모되기도 했습니다.

반면, 학교자율시간은 2022 개정 교육과정 총론에 정식으로 명시된 독립 교육 시수입니다. 이는 단순한 시간 편성의 자율성을 넘어, 학교가 교육 내용을 '자체 기획하고 설계하는 주체'로서 참여할 수 있는 구조적 기반을 뜻합니다.

학교자율시간은 국가 시수표에 명확히 편성되어 있으며, 과목 또는 활동의 형태로 개발·운영하는 것이 의무입니다. 프로젝트 기반 학습, 창의·융합 활동, 생태·생명 중심 활동, 지역 연계 교육 등이 대표적인 운영 방식입니다.

이처럼 두 시간은 겉보기에 유사해 보여도, 운영 철학과 법적 위상, 실천 구조에서 명확히 구분되어야 합니다. 특히 학교자율시간은 "이 시간에 무엇을 가르칠 수 있는가?"보다 "학교가 스스로 무엇을 제안하고 실현할 수 있는가?"를 묻는 시간입니다.

"이는 곧 학교 교육과정의 실질적 주체를 학교로 되돌려주는 제도적 선언이기도 합니다." 앞으로 자율시간을 운영하는 학교나 교사는 단지 '시간을 배분'하는 차원을 넘어서 아이들의 삶과 배움이 만나는 새로운 교육 장면을 설계한다는 관점에서 접근해야 할 것입니다.

학교자율시간과 학교 재량시간은 〈표 1-2〉에 제시한 것처럼, 모두 학교가 교육과정을 자율적으로 운영할 수 있도록 허용된 시간이지만, 운영 방식과 자율성의 범위에서 뚜렷한 차이가 있습니다.

학교 재량시간(2009 개정 교육과정)은 국가가 정한 필수 교육과정 이외에 학교가 추가적으로 운영할 수 있는 시간으로, 주로 특정 교과의 심화 학습, 보충 지도, 특기·적성 교육 등에 활용되었습니다. 하지만, 이 시간은 학교장의 재량에 따라 제한된 범위 안에서 운영되었기 때문에, 운영상의 자율성과 융통성에는 일정한 한계가 있었습니다.

〈표 1-2〉 학교 자율시간과 학교 재량시간의 제도, 철학 실천 사례 비교

구분	학교 재량시간 (2009 개정 ~)	학교 자율시간 (2022 개정 ~)
정의	학교가 국가가 정한 필수 교육과정 외에 추가로 운영할 수 있는 자율적인 시간.	학교 재량시간을 포함하여 학교가 자율적으로 교육과정을 더욱 폭넓게 운영할 수 있는 시간.
특징	주로 특정 교과목의 심화 학습, 보충 학습, 특기 적성 교육 등에 사용. 학교 주도적 운영. 유연성 제한적.	창의적 체험활동, 프로젝트 기반 학습, 진로 탐색 등 포괄적인 활동 포함. 학교의 자율성 대폭 확대. 높은 유연성.
차이점	- 운영 범위가 제한적. 상대적으로 제한된 유연성. 자율 운영 - 학교장 재량으로 운영됨	- 학교 재량시간을 포함하며, 더 포괄적이고 유연한 운영 가능. 의무 운영 - 개설과목에 대한 교육감 승인 요구됨
위상	보조적 시간 구성	정규 교육과정 시수로 명시
운영 주체	일부 교사/학교 단위	학교 전체/교육과정 기획단
내용 구성	심화/보충/생활지도 중심	과목·활동 형태로 자율 개발
기준/평가	없음 또는 간이 운영	교육계획·운영안·평가 필수
위치	시수표 외 '유보적 위치'	시수표 내 '자율시간' 항목 존재
공통점	학교 자율성 보장, 학생 중심 프로그램, 교육의 다양성 제공.	
실과 관련 사례	- 주제: 미래의 직업과 나의 꿈 - 설명: 학생들이 미래 사회에서 새로운 직업이 생길 가능성에 대해 탐구하고, 이러한 직업이 사회에 미치는 영향 분석 - 활동 예시: 다양한 미래 직업군(예: 우주관광 가이드, 환경 복원 전문가 등)을 조사하고, 각 직업의 특징과 필요한 역량에 대해 발표하고, 가상 인터뷰를 통해 해당 직업의 실제 활동을 체험	- 주제: 스마트 시티와 지속 가능한 생활 - 설명: 스마트 기술을 활용한 미래 도시의 모습을 설계하고, 지속 가능한 생활 방식을 탐구 - 활동 예시: 학생들이 팀을 이루어 스마트 시티의 요소(예: 스마트 교통, 친환경 에너지 시스템)를 구상하고, 이를 시각적으로 표현하는 프로젝트.

출처: 류청산(2024). 초등학교 실과와 학교 자율시간의 연계 방안. 한국실과교육학회지, 37(3). 4.

반면, 2022 개정 교육과정에서 도입된 학교자율시간은 학교 재량시간의 개념을 포함하면서도, 교육과정을 학교가 직접 설계·운영할 수 있도록 제도적으로 보장한 정규 시수입니다. 창의적 체험활동, 프로젝트 기반 학습, 진로 탐색, 지역 연계 교육 등 폭넓고 창의적인 활동이 가능하도록 설계되었으며, 운영의 자율성뿐 아니라 유연성 또한 대폭 확대되었습니다.

특히 학교자율시간은 의무 운영이 원칙이며, 개설 과목에 대한 교육감 승인 요건이 추가됨으로써 제도적 정당성과 책임성도 함께 강화되었습니다. 두 시간대의 공통점은, 학교의 자율성을 기반으로 학생 중심의 교육 프로그램을 운영하며 교육의 다양성과 삶 중심의 배움을 추구한다는 점입니다. 그러나 교육의 철학과 실천 범위에서, 학교자율시간은 재량시간보다 훨씬 더 구조화된 진화를 이룬 제도라 할 수 있습니다.

실과 교과와 관련된 실제 사례를 보면, 학교 재량시간에서는 "미래의 직업과 나의 꿈"이라는 주제를 바탕으로, 학생들이 새롭게 등장할 가능성이 있는 직업을 탐색하고, 각 직업의 특성과 사회적 역할에 대해 조사한 내용을 개별 발표하는 방식으로 수업이 이루어졌습니다. 일부 학급에서는 직업 관련 가상 인터뷰 대본을 작성하거나, 직업인 역할극을 통해 해당 직업의 활동을 간접 체험하는 수업도 운영되었습니다. 이 활동은 학생들의 진로 인식과 정보 이해를 높이는 데는 효과적이었지만, 직업을 둘러싼 사회적 맥락, 기술 변화, 지속 가능성 등의 통합적 사고를 확장하기에는 한계가 있었습니다.

반면, 학교자율시간에서는 "스마트 시티와 지속 가능한 생활"이라는 보다 복합적인 주제를 중심으로, 학생들이 팀을 이루어 미래 도시의 구조와 기능을 설계하고, 그 안에서 지속 가능한 삶의 방식을 구체적으로 고민해 보는 융합적 프로젝트 수업이 진행됩니다.

예를 들어, 한 팀은 친환경 교통 시스템을 설계하고, 다른 팀은 스마트 농업과 물순환 시스템을 구상하며, 최종적으로는 이를 모형, 도면, 발표 영상 등의 형태로 공유·전시하는 활동으로 확장됩니다. 이 과정에서 학생들은 실과 교과의 지식(에너지, 환경, 생활기술 등)을 문제 해결과 창의적 설계에 실제로 적용하며, 협업과 비판적 사고, 표현력까지 통합적으로 기를 수 있습니다.

이처럼, 학교자율시간의 실과 활동은 단순한 정보 탐색을 넘어, 학생이 '미래 사회를 기획하는 주체'로 성장할 수 있는 교육적 환경을 조성해 줍니다. 이는 학교 재량시간과 비교했을 때 교육 목표, 수업 방식, 학습 결과물의 차원 모두에서 질적으로 확연히 진화한 모델입니다.

4. 과목형과 활동형 운영 방식의 구조

'학교자율시간'을 실제로 설계하고 운영하려면, 먼저 학교자율시간을 구성하는 두 가지 기본 틀, 즉 '과목형'과 '활동형' 운영 방식의 차이를 이해하는 것이 중요합니다. 이는 단순한 운영 방식의 선택을 넘어, 학교가 어떤 교육 철학과 구조 속에서 자율시간을 실천하고자 하는지를 가늠하는 출발점이 됩니다.

1) 과목형 운영: 교육과정의 정규 과목으로서의 학교자율시간

'과목형'은 학교자율시간을 하나의 정규 과목처럼 시간표에 편성하여 운영하는 방식입니다. 예를 들어, '감정탐험', '들꽃과의 대화', '우리 마을 탐방'과 같이 학교의 교육 목표에 맞춘 과목을 정하고, 교과서 없이 독자적인 학습 단원을 구성하며 수업계획안과 평가 계획을 체계적으로 설계합니다.

이러한 과목은 교육청의 승인을 거쳐 과목명으로 등재되며, 성취기준 및 교육 목표에 따른 교육과정 운영이 요구됩니다. 실과, 국어, 과학, 도덕 등 교과와의 연계성이 강할 경우 더욱 체계적이고 누적적인 수업이 가능합니다. 그러나 운영의 유연성은 상대적으로 낮고, 담당 교사의 준비 부담도 다소 클 수 있습니다.

2) 활동형 운영: 유연한 프로젝트 중심 자율활동

'활동형'은 과목 설정보다는 주제 중심의 프로젝트나 테마 중심 활동으로 유연하게 운영하는 방식입니다. 주간 집중 운영, 학기 말 프로젝트, 계절별 테마형 활동 등으로 시간 배분이 자유롭고, 지역 자원이나 계기성 이슈와도 유기적으로 연결되기 좋습니다.

예를 들어, '우리 마을 탐방 프로젝트', '기후행동 주간', '작은 바다의 건축가'와 같은 활동은 2~4차시 단위로 집중 배치할 수 있으며, 교과 간 융합 활동이나 학년 간 연계 활동으로 확장하기에 용이합니다. 다만, 평가와 기록의 체계화가 어렵고, 학생별 학습 누적이 보장되기 위해서는 별도의 설계와 조율이 필요합니다.

3) 교과, 과목, 활동의 구조적 비교와 선택 기준

학교자율시간에서 과목형과 활동형을 논의할 때, '교과-과목-활동'의 구조적 차이를 명확히 구분해 두는 것이 유익합니다. 이를 도식화한 것이 아래의 〈표 1-3〉입니다.

〈표 1-3〉 교과와 과목 및 활동의 비교

구분	교과	과목	활동
정의	교육과정 내에서 학생들이 학습해야 하는 주요 학문 영역으로 **초·중등교육법 시행령의 10개 교과**	교과 내에서 세분된 학습 단위로, 제시된 학습 목표를 달성하기 위해 **특정 주제나 내용에 집중**	교과와 상호보완적인 관계 속에서 운영되는 **경험과 실천 중심의 교육과정 영역**
사례	국어, 사회, 도덕, 수학, 과학, 실과, 체육, 음악, 미술, 영어	- 과학: 물리, 화학, 생물, 지구과학 등 - **실과: 가정, 기술, 농업, 정보, 진로, 환경** 등	- 동아리, 봉사, 진로 활동 - 예체능 활동 - 사례(실과): <u>도시농부, 우리 마을 생태</u>
승인	교육부장관	교육감	학교장
참고	우리나라의 초등학교 교육 현장에서는 **과목**을 '활동'과 유사한 주제 형식으로 아래와 같이 기술하여 운영하고 있다. - 실과 교과와 연계한 학교 자율시간(활동/과목) 주제의 사례: **도시농부, 우리 마을 생태, 감정의 시간여행, 녹색 여행가의 도전, 가정생활 퀴즈쇼, 작은 바다의 건축가**		

출처: 류청산(2024). 초등학교 실과와 학교 자율시간의 연계 방안. 한국실과교육학회지, 37(3). 5.

이 표는 학교자율시간의 구조를 이해할 때 '교과' 중심 사고에 머물지 않고, '과목'과 '활동'이 학교의 교육 목적과 여건에 따라 유연하게 조합될 수 있음을 시사합니다. 예를 들어, 실과 교과와 연계된 자율시간은 과목형으로도 활동형으로도 운영이 가능하며, 그 선택은 학생의 삶과 학교의 맥락에 가장 적합한 방식이어야 합니다.

4) 두 구조의 조화: 학교 중심 교육과정 설계의 출발점

실제 학교에서는 과목형과 활동형을 병행하거나 계절별로 분리하여 운영할 수도 있습니다. 예를 들어, 1학기에는 '지역 생태 탐방'을 활동형 프로젝트로 운영하고, 2학기에는 '우리의 감정, 함께 말해

요'와 같은 과목형 프로젝트로 구조화할 수 있습니다. 여기서 중요한 것은 형식보다 배움의 본질입니다. 어떤 구조이든, 그것이 학생들의 삶과 감정을 연결하고, 교사의 기획력과 창의성을 발휘할 수 있도록 설계된다면, 그것이 바로 학교자율시간의 올바른 실천이라 할 수 있습니다.

과목형과 활동형은 배타적 관계가 아닙니다. 오히려 두 구조는 상황에 따라 융합하거나 병행 운영할 수 있으며, 바로 그 점이 학교자율시간의 강점이자 도전 과제입니다. 예를 들어, 5~6학년은 실과 교과와 연계한 과목형 프로젝트 수업으로 운영하고, 3~4학년은 국어 중심의 활동형 테마 수업으로 운영할 수 있습니다. 또는 학기 중에는 과목형으로 운영하다가, 학기 말에는 활동형 집중 프로젝트로 전환할 수도 있습니다.

중요한 것은 운영 구조의 이름이 아니라, 그 구조 안에서 학생의 배움이 삶과 어떻게 연결되며, 교사가 얼마나 기획자로서 주도권을 가지며, 학교가 얼마나 유의미한 교육과정을 만들어내는가입니다. 과목형이든 활동형이든, 그 선택의 중심에는 언제나 학생의 삶과 성장을 위한 '배움의 본질'이 있어야 한다는 것입니다.

5. 왜 지금, 학교자율시간인가?

교육은 미래를 준비하는 가장 강력한 사회적 제도입니다. 그러나 지금 우리의 교육은 그 미래를 충분히 준비하고 있을까요? 여전히 현재의 교과 체계는 일제강점기와 미군정기를 거치며 형성된 오래된 구조 위에 서 있습니다.

1954년 제1차 교육과정 이후 70여 년 동안 이어져 온 이 구조는, 교과 간 중복, 불필요한 내용의 유지, 미래를 반영하지 못하는 경직성이라는 문제를 안고 있습니다. 그동안 교과 체제 개편의 필요성은 여러 차례 제기되었지만, 교과 중심 운영 시스템의 높은 장벽 앞에서 실질적 변화는 쉽지 않았습니다.

과거에는 국민공통기본교과 10개를 '재구성'하려는 시도도 있었지만, 결국 기존 교과의 경계를 넘지 못하고 좌절된 경험도 있었습니다. 이제는 단순한 개편이 아니라, 교육의 철학과 방식 자체를 전환할 새로운 문이 필요합니다. 바로 그 출발점이 '학교자율시간'입니다.

학교자율시간은 '시간표 안의 새로운 시간'이 아닙니다. 이 시간은 교과의 벽을 넘어, 학생의 삶과 감정을 중심에 놓고 교육을 설계할 수 있는 학교 중심 교육과정의 핵심 공간입니다. 따라서 이 시간은 단순히 10개 교과를 보완하는 '열한 번째 교과'가 아니라, '교과를 넘어 삶을 가르치는 시간'이라는 새로운 교육 패러다임의 구현입니다.

그렇다면 왜 지금, 학교자율시간인가?

그 첫 번째 이유는 학생의 삶을 다루는 교육이 절실해졌기 때문입니다. 정서, 관계, 진로, 생태, 기술, 지역사회 등 오늘날 학생들이 겪는 삶의 문제는 교과 안에 갇혀선 충분히 다루기 어렵습니다. 학교자율시간은 바로 그 '삶의 장면'을 교육의 한가운데로 끌어올 수 있는 공간입니다.

두 번째 이유는 학교 교육의 주체가 전환되어야 하기 때문입니다. 이제는 '위에서 정한 교육과정'을 '아래에서 실행'하는 시대를 넘어서야 합니다. 학교와 교사가 지역성과 학급 생태, 학생의 필요와 교육적 상상력을 바탕으로 교육을 직접 기획하고 실행할 수 있어야 합니다. 자율시간은 그 가능성을 제도적으로 보장해 주는 장치입니다.

세 번째 이유는 교사의 기획력과 교육철학이 빛날 수 있는 구조가 필요하기 때문입니다. 학교자율시간은 교사가 단지 지시된 내용을 전달하는 역할에서 벗어나, 교육을 설계하는 주체로 거듭나는 기회입니다. 이 시간을 통해 교사는 교과서를 넘고, 교육의 경계를 넘으며, 학생과 함께 삶을 배우는 동반자가 될 수 있습니다.

이 글을 쓰는 필자 역시 2007년, 국가 교육정책의 미래 비전을 설계하는 일에 참여한 경험이 있습니다. 그 후 교육과정 구조의 한계를 뼈저리게 느껴왔고, 그 해결의 실마리가 바로 이 '학교자율시간'에 있다고 확신하게 되었습니다. 2028년 정년을 앞둔 지금, 학교자율시간은 제 교육 인생의 마지막 과업이자 가장 본질적인 도전입니다.

이제 우리는 새로운 교육을 열어야 할 시점에 와 있습니다. 학교자율시간은 교과를 넘어 삶을 가르치는 시간, 그리고 미래 교육을 준비할 수 있는 가장 구체적인 실천의 장입니다.

6. 범교과 주제를 구체화하는 3가지 전략

도입: "무엇으로 시작하지?"라는 현실적인 질문

학교자율시간을 처음 접한 교사들이 가장 먼저 던지는 질문은 단순하고도 본질적입니다. "도대체 무엇으로 시작해야 하죠?" 수업을 기획하고 운영하는 데 익숙한 교사라도, 기존 교과서나 단원 없이 완전히 새로운 주제를 발굴하고 설계하는 일은 결코 쉬운 일이 아닙니다. 마치 백지 위에 지도를 그리는 것처럼 막막하고, 또 신중해질 수밖에 없는 과정입니다.

이러한 출발점에서 가장 중요한 것은 '좋은 주제를 찾는 방법'을 아는 일입니다. 단지 흥미롭고 활동적인 주제가 아니라, 아이들의 삶과 감정에 닿아 있고, 학교가 가지고 있는 교육적 철학과 맞물리며, 교사가 교과와 연결 지어 확장해 나갈 수 있는 기반이 되는 주제를 말합니다.

학교자율시간의 활동 주제는 '선정하는 것'이 아니라, 교실 안과 밖에서 '발견하는 것'입니다. 그리고 이 발견은 교과와 교실, 지역이라는 세 개의 창문을 통해 훨씬 수월해질 수 있습니다.

공통 원리: 교사에게 필요한 3가지 '소재화 전략'

학교자율시간은 교사가 기획자이자 설계자가 되어야 하는 시간입니다. 따라서 활동 프로그램을 위한 주제를 정할 때도, 어떤 방향에서 접근할지를 판단할 수 있는 '소재화 전략'이 필요합니다. 여기에서는 수많은 가능성 중에서도 특히 현장 교사들이 쉽게 적용할 수 있는 교실 확장형, 교실 생태형, 지역 자원형의 3가지 실천 전략을 소개합니다.

교과 확장형은 이미 가르치고 있는 교과 내용(성취기준)이나 단원의 핵심 개념에서 출발하여, 학교자율시간의 활동을 통해 창의적으로 확장하거나 실제적진 적용으로 이어지는 방식입니다. **교실 생태형**은 학급의 상황, 아이들의 감정과 관계, 공동체의 분위기 등을 바탕으로 교실 내부의 필요와 갈증에서 주제를 도출하는 방식입니다. **지역 자원형**은 학교가 위치한 지역의 자연환경, 문화유산, 인물, 공동체 활동 등을 수업 자원으로 전환하여 학교 밖과 연결되는 학습을 이끌어내는 방식입니다.

이 세 가지 전략은 하나만 선택해서 활용할 수도 있고, 상황에 따라 융합적으로 적용할 수도 있습니다. 핵심은 교사가 단 하나의 정답이 아닌, 다양한 문으로 주제를 탐색할 수 있도록 돕는 틀을 갖추는 일입니다.

1) 교과 확장형

이것은 성취기준에서 출발해, 삶과 연결되는 배움으로 확장해나가는 접근 방식입니다. 학교자율시간에서 가장 기본적이고 활용도가 높은 주제 탐색 전략은 바로 교과 확장형입니다. 이는 이미 교실에서 진행 중인 국어, 실과, 과학, 도덕 등의 교과 학습에서 출발해, 그 핵심 개념이나 학습 목표를 자율적인 활동으로 재해석하고 확장하는 방식입니다.

이 접근은 특히 다음과 같은 점에서 실용적입니다. 첫째, 교사와 학생 모두에게 익숙한 주제에서 출발하므로 진입 장벽이 낮고, 둘째, 교과 수업의 맥락을 이어가면서도 자율성과 창의성을 발휘할 수 있으며, 셋째, 활동이 평가나 기록과 자연스럽게 연계되기 때문에 교과-자율시간 연계 교육과정으로서의 안정성도 확보됩니다.

(1) 실과 교과의 성취기준 활용 사례

교과의 활동 내용이 실천과 생활 중심으로 구성된 실과 교과의 사례를 들어보도록 하겠습니다. 실과의 식생활 관련 성취 기준 중에는 다음과 같은 것이 있습니다.

> [6실02-05] '간단한 음식 준비 과정을 경험하고, 스스로 간식을 만드는 생활 습관을 실천한다.'

이 성취기준의 소재를 가져다 학교자율시간의 활동 주제를 다음과 같이 생각해 볼 수 있습니다.

> 1. 건강한 나를 위한 간식 실험실
> 2. 간식으로 떠나는 세계 여행
> 3. 제로 웨이스트(쓰레기 없는) 간식 챌린지
> 4. 1,000원으로 만드는 행복한 간식
> 5. 간식에 담은 마음 한 스푼
> **6. 나만의 간식, 지구를 위한 요리**
> 7. 나만의 주제로 새롭게 기획하기

이 중에서 '6. 나만의 간식, 지구를 위한 요리'라는 주제가 마음에 들었을 경우, 이것은 교과 수업에서 배운 재료 선택, 조리 방법, 위생 관리 등의 기본 지식을 바탕으로 지역 농산물과 채식 기반의 식재료 등을 활용해 '친환경 간식'을 기획하고 제작합니다. 그리고 완성된 간식을 소개하는 리플렛 제작, 영상 촬영, 간식 나눔 행사 등으로 확장하는 개략적인 시나리오를 작성해 봅니다. 그러면 자연스럽게 실과, 도덕, 미술, 국어 등과 같은 교과들이 융합되어 '삶과 실천 중심의 활동 프로젝트'의 큰 그림이 자연스럽게 완성됩니다.

(2) 국어 교과의 성취기준 활용 사례

국어 교과는 도구 교과로서의 성격이 강하므로, 다른 교과와 자연스럽게 융합하여 활동을 전개하기에 유리한 특징을 지니고 있습니다.

> [4국01-05] '경험한 일이나 상상한 일을 중심으로 이야기를 창작한다.'

이 성취기준의 소재를 가져다 학교자율시간의 활동 주제로 다음과 같이 생각해 볼 수 있습니다.

> 1. 들꽃에게 쓰는 편지 동화
> **2. 들꽃과 나, 상상의 대화**
> 3. 우리 반 감정 요정이 전해준 이야기
> 4. 꿈에서 만난 미래의 나
> 5. 나의 물건이 들려주는 이야기
> 6. 잊혀진 물건의 마지막 이야기
> 7. 나만의 주제로 새롭게 기획하기

이 중에서 '2. 들꽃과 나, 상상의 대화'라는 주제가 마음에 들었을 경우, 이것은 국어 시간에 익힌 이야기 구성과 문장 표현 능력을 바탕으로 학교자율시간의 활동 프로그램에서는 '들꽃의 시점으로 쓰는 감정 일기'나 '동화책을 제작'해 보는 활동을 확장할 수 있습니다. 그리고 관찰 일기와 감정 표현을 결합해 '자연-감성-언어'를 엮는 융합 활동도 생각해 볼 수 있습니다. 그이렇게 구성된 활동은 국어, 실과, 과학, 사회 등 여러 교과가 유기적으로 융합되는 구조를 가지며, '심미적 감성 역량'을 중심으로 한 통합 프로젝트의 청사진이 자연스럽게 그려집니다.

(3) 도덕 교과의 성취기준 활용 사례

도덕 교과는 가치 판단과 실천을 강조하는 교과로, 학교자율시간에서 공동체 감수성과 생태 윤리 등을 다루는 주제와 잘 어울립니다. 이번에는 도덕 교과의 성취기준을 바탕으로 학교자율시간 활동으로 어떻게 확장할 수 있는지 살펴보겠습니다.

> [6도04-02] 지속 가능한 삶의 의미를 탐구하고 미래 세대에 대한 책임을 강화하여 자연의 다양성을 존중하고 생산성을 유지할 수 있는 미래를 위한 실천 방안을 찾는다.

이 성취기준의 소재를 가져다 학교자율시간의 활동 주제로 다음과 같이 생각해 볼 수 있습니다.

> 1. 나의 반려생물 키우기 일지
> 2. 마을 생명 지도를 만들어보자
> **3. 생명에 대한 편견을 바꾸는 광고 만들기**
> 4. 위험한 생명 구역, 우리가 바꾼다
> 5. 생명을 지키는 약속 캠페인
> 6. 동물원 vs 야생: 생명 존중 토론회
> 7. 나만의 주제로 새롭게 기획하기

이 중에서 '3. 생명에 대한 편견을 바꾸는 광고 만들기'라는 주제가 마음에 들었을 경우, 이 활동은 도덕 시간에 익힌 생명의 소중함과 윤리적 판단을 바탕으로, 인간 중심적 시각에서 벗어나 생명 다양성과 동물 복지를 주제로 한 감성적 메시지를 기획하고 전달하는 프로젝트로 확장할 수 있습니다.

예를 들어, 외면받는 길고양이나 혐오 생물로 분류되는 곤충들에 대해 광고 카피를 제작하거나, 짧은 캠페인 영상을 만들어 교내에 전시할 수 있습니다. 이 과정에서 시나리오 쓰기(국어), 영상 촬영 및 편집(실과·정보), 시각 표현(미술) 등 다양한 교과와 자연스럽게 융합할 수 있으며, 생명 감수성과 표현력, 공동체 실천 역량을 함께 기를 수 있습니다.

이처럼 도덕 교과의 성취기준은 '생명·감정·실천'의 삼각 구조를 중심으로, 학교자율시간에서 삶의 윤리와 태도를 주제로 한 통합 프로젝트로 설계될 수 있습니다.

2) 교실 생태형

교실은 단지 지식을 전달하는 공간이 아니라, 수많은 감정과 관계, 사건이 얽혀 있는 작은 사회입니다. 학생들의 표정, 말투, 모둠 활동에서의 상호작용, 일기 속 한 줄의 고민, 상담 시간의 한마디…, 이 모든 것이 학교자율시간의 소중한 소재가 됩니다.

교실 생태형 전략은 교사와 학생이 함께 살아가는 '교실의 생태' 안에서 주제를 발견하고, 이를 학교자율시간의 활동 주제로 발전시키는 접근 방식입니다. 이것은 '생활 속 교육과정의 실천'이며, 가장 현실적이고 공감 어린 주제 접근법이기도 합니다.

학급 생태는 단순히 '교실 분위기'나 '학생들의 태도'를 넘어, 교사와 학생이 매일 같이 마주하는 교실 속 심리적, 정서적, 관계적 흐름 전체를 의미합니다. 학교자율시간의 활동 주제를 발굴할 때 이 학급 생태를 주목하면, 학생들에게 지금 꼭 필요한 주제를 찾을 수 있고, 활동에 대한 몰입과 의미 부여도 훨씬 깊어집니다.

〈표 1-4〉 학교자율시간의 소재 발굴을 위한 학급 생태 요소

세부 요소	설명	예시 질문
감정 상태	학생들의 정서적 흐름과 감정의 결을 읽어내는 것	요즘 아이들이 지루해하거나 우울해하는가? 잦은 짜증이나 무기력이 관찰되는가?
관계 구조	친구 관계, 모둠 활동, 교사-학생 간 신뢰 등 교실 내 상호작용의 질	특정 아이가 소외되거나, 특정 그룹 간에 갈등은 없는가? 친구 문제로 상담이 많아졌는가?
공동 관심사	학급 전체 혹은 일부가 자주 언급하거나 관심을 보이는 주제	최근에 아이들이 자주 이야기하는 주제는 무엇인가? 유행하는 영상/놀이/사건은?
반 분위기와 문화	교실에 흐르는 전반적인 규범, 분위기, 암묵적 규칙	우리 반은 협력적 분위기인가, 경쟁적인가? 서로의 다름을 인정하는 분위기인가?
의사소통 방식	아이들이 감정이나 의견을 표현하고 듣는 방식	아이들이 말할 기회를 갖고 있는가? 감정을 솔직히 표현할 수 있는 교실인가?

〈표 1-4〉는 학급 생태를 구성하는 주요 요소와, 이를 통해 유의미한 활동 주제를 도출하는 방식에 대한 설명입니다.

학급 생태를 분류한 세부 요소별로 활동 소재나 주제를 도출하는 방법을 예로 제시하면 다음과 같습니다.

(1) 감정 상태 기반
　① 감정 표현에 어려움을 보이는 경우
　　　→ 감정 도감 만들기, 나의 마음 일기장
　② 무기력하거나 지루해하는 분위기
　　　→ 교실 리모델링 프로젝트, 우리 반 놀이책 만들기

(2) 관계 구조 기반
　① 특정 갈등 상황 발생
　　　→ 우리 반 갈등 해결법 실험실, 공감의 언어를 배워요

② 새로 전학을 온 친구가 적응 어려움
  → 함께 걷는 친구 프로젝트, 마음의 다리 놓기

(3) 공동 관심사 기반
① 환경 보호, AI, 음식, 반려동물 등에 관심
  → 우리 반 쓰레기 다이어트, AI랑 친구되기
② 최근 본 애니메이션 주제로 이야기를 나눔
  → 상상의 나라 이야기 만들기

(4) 반 문화와 분위기 기반
① 경쟁 과열 분위기 → 협력 게임 만들기, 우정 릴레이 미션
② 서로 돕는 문화가 약함 → 칭찬 포스터 전시회, 도움주기 챌린지

정리해 보면, 교실이라는 작은 사회의 '감정적 풍경'이자 '관계의 흐름'을 학급 생태라 정의해볼 수 있습니다. 학교자율시간은 이 생태의 흐름을 포착해 교육으로 전환할 수 있는 가장 유연하고 강력한 틀입니다. 학생의 '지금, 이 순간'에 다가가는 교육. 그것이 바로 학급 생태형 접근이 추구하는 학교자율시간의 철학입니다.

학급 생태에서 파생될 수 있는 활동 주제를 다음과 같이 정리했다고 가정하고 설명을 이어가 보도록 하겠습니다.

1. 감정은 어디서 올까? 나의 마음 탐험기
2. 우리 반 갈등 해결 SOS 프로젝트
3. 사소한 것의 가치 - 우리 반 감사 찾기
4. 우리가 만든 '감정 도감'
5. 나의 스트레스, 나의 회복법
6. 교실 속 차별, 공감으로 바꾸기
7. 나만의 주제로 새롭게 기획하기

만일 위의 활동 주제 중에서 '2. 우리 반 갈등 해결 SOS 프로젝트'가 눈에 들어온다고 해봅시다. 이 주제는 교실 안에서 발생하는 갈등 상황(말다툼, 따돌림, 짝 정하기 문제, 협업 실패 등)을 학생 스스로 분석하고, 해결 방법을 고민해 보는 활동 프로젝트로 확장될 수 있습니다.

예를 들어, 학생들은 갈등의 유형을 조사하고 인터뷰하며, 공감의 언어로 바꿔보는 시나리오를 작성할 수 있습니다. 또한 공감 카드 만들기, 갈등 상황 역할극, '우리의 약속' 협약서 제작 등을 통해 실천 중심의 감정 교육으로 전환할 수 있습니다.

이러한 활동 프로젝트는 다음과 같은 교과와 창의·융합적으로 자연스럽게 연결될 수 있습니다.

① 국어: 감정 표현, 대화와 공감, 시나리오 쓰기
② 도덕: 갈등의 이해, 배려, 실천 윤리
③ 실과: 생활기술 중 '의사소통 기술', 생활 속 문제 해결
④ 미술/음악: 감정 표현 활동, 포스터 제작, 감정 음악 만들기 등

이처럼 교실 생태형 전략은 정해진 성취기준에서 출발하지 않아도, 학생의 현재 삶에서 바로 출발할 수 있는 주제 발견의 창이 됩니다. 특히 **감정, 관계, 배려, 자존감, 회복 탄력성** 등은 교과 경계를 넘나들며 통합적으로 다루기에 적합한 영역이며, 교육의 본질에 가까운 영역이기도 합니다.

이제 교사는 '교실을 연구하는 탐색자'가 되어, 매일 마주하는 수업과 생활 속에서 자율시간의 씨앗을 발견하는 연습을 시작하면 됩니다.

3) 지역 자원형

학교자율시간은 교실을 지역사회로 확장하는 첫걸음이 될 수 있습니다. 지역은 단순한 '배경'이 아니라, 교육의 살아 있는 텍스트입니다. 학교 인근의 자연, 사람, 역사, 마을 이야기, 축제 등은 모두 교육적 소재가 될 수 있으며, 이는 학생들이 삶의 터전과 연결된 배움을 경험하게 합니다.

지역 자원을 기반으로 학교자율시간의 주제를 구성할 때는 다음 〈표 1-5〉와 같은 요소들을 고려할 수 있습니다.

〈표 1-5〉 학교자율시간의 소재 발굴을 위한 지역 자원의 유형

자원 유형	설명	예시
자연 생태 자원	학교 주변의 산, 들, 강, 나무, 생물 등 자연 요소	마을 생태 탐방, 동네 나무 이야기, 텃밭 가꾸기
역사·문화 자원	지역의 유적, 전통시장, 향토 인물, 마을 설화 등	전통시장 인터뷰 프로젝트, 마을 지도 만들기
사회·경제 자원	농장, 공방, 기업, 주민센터, 복지관 등	우리 동네 직업 인터뷰, 농부 선생님 수업
축제·행사 자원	마을 축제, 지역 문화행사, 전통놀이 행사 등	우리 고장의 축제 홍보 영상 만들기, 체험보고서 쓰기

학교자율시간에서 의미 있는 활동 주제를 개발하기 위해서는, 학교 주변의 다양한 지역 자원을 교육적 소재로 전환하는 접근이 필요합니다. 이러한 지역 자원은 크게 네 가지 유형으로 나누어 살펴볼 수 있습니다.

첫째, 자연 생태 자원입니다. 이는 학교 주변의 산, 들, 강, 나무, 다양한 생물 등과 같은 자연 환경 요소를 의미합니다. 예를 들어, 마을의 생태를 탐방하거나, 동네 나무에 얽힌 이야기를 조사하거나, 학교 텃밭을 함께 가꾸는 활동 등은 모두 자연 생태 자원을 활용한 좋은 사례가 됩니다.

둘째, 역사·문화 자원입니다. 지역에 존재하는 유적지, 전통시장, 향토 인물, 마을 설화 등 역사와 문화적 의미를 지닌 요소들이 해당합니다. 이 자원은 전통시장 상인을 인터뷰하거나, 마을의 이야기와 지도를 함께 만드는 프로젝트로 확장할 수 있습니다.

셋째, 사회·경제 자원입니다. 이는 지역사회의 농장, 공방, 기업, 주민센터, 복지관 등 생활 속에서 접할 수 있는 실제 공간과 사람들을 말합니다. 예를 들어, 동네의 다양한 직업군을 인터뷰하거나, 농부 선생님을 초청해 생활 수업을 운영하는 활동이 해당됩니다.

넷째, 축제·행사 자원입니다. 지역에서 열리는 마을 축제나 문화 행사, 전통놀이 행사 등이 여기에 포함됩니다. 이 자원을 활용한 대표적인 활동은 우리 고장의 축제를 주제로 한 홍보 영상 만들기나 축제 참여 후 체험 보고서 쓰기 등이 있습니다.

이와 같이 지역 자원은 아이들의 삶과 가까우면서도 풍부한 교육적 잠재력을 지닌 학습 소재입니다. 이러한 자원들을 적극적으로 발굴하고 재구성함으로써, 학교자율시간은 단지 학교 안의 활동을 넘어 지역사회와 연결된 교육의 장으로 발전할 수 있습니다.

학교자율시간은 교과 간 경계를 넘어선 융합적 주제 설계가 가능합니다. 특히 실과와 국어는 학생들의 실생활 경험과 표현 활동을 중심으로 자연스럽게 연계될 수 있습니다. 〈표 1-6〉은 실과와 국어 교과를 중심으로 학교자율시간에서 구현할 수 있는 융합 활동 사례들입니다.

첫째, '우리 마을 생태 지도 만들기'는 학생들이 지역 생물이나 자연환경을 조사한 후, 이를 기반으로 마을의 생태계를 시각적으로 구성한 지도를 제작하는 활동입니다. 실과의 '자원 이해' 영역과 국어의 '자료 수집 및 발표' 역량, 그리고 미술의 시각화 능력이 유기적으로 결합된 수업이 가능합니다.

둘째, '전통시장 리포터 프로젝트'는 전통시장 상인을 인터뷰하고, 상인들의 물건 이야기나 시장 변화의 역사 등을 기록하는 활동입니다. 이 과정에서는 국어 교과의 '인터뷰 글 작성' 능력과 도덕 교과의 '공동체 이해', 사회 교과의 '지역 경제 이해'가 함께 융합됩니다.

〈표 1-6〉 실과와 국어를 연계한 학교자율시간의 활동 주제 사례

활동 주제	활동 설명	관련 교과
우리 마을 생태 지도 만들기	지역 생물을 조사하고, 마을 생태계를 시각화한 생태 지도 제작	실과(자원 이해), 국어(자료 수집 및 발표), 미술
전통시장 리포터 프로젝트	시장 상인을 인터뷰하고, 물건 이야기, 시장의 변화 등을 기록	국어(인터뷰 작성), 도덕(공동체 이해), 사회
마을 할머니에게 배우는 손맛 요리	지역 어르신에게 전통 간식 만들기를 배우고, 영상 제작	실과(조리), 도덕(세대 공감), 국어(활동 보고서)
우리 동네 직업 탐험대	마을의 다양한 직업인을 탐방하고 역할극으로 재구성	실과(직업 이해), 국어(극본 쓰기), 예술
지역축제 알리기 캠페인	우리 고장의 대표 축제를 포스터, 영상 등으로 재해석	국어(정보 전달), 미술, 사회(지역 이해)

셋째, '마을 할머니에게 배우는 손맛 요리'는 지역 어르신에게 전통 간식 만들기를 배우고, 이를 영상으로 기록하거나 활동 보고서를 작성하는 프로젝트입니다. 실과의 '조리', 도덕의 '세대 간 공감', 국어의 '활동 보고서 작성' 등 다양한 교과의 학습 요소가 자연스럽게 통합됩니다.

넷째, '우리 동네 직업 탐험대'는 학생들이 동네의 다양한 직업인을 직접 만나고, 이들의 직업을

극본으로 재구성하여 짧은 연극으로 표현하는 활동입니다. 실과의 '직업 세계 이해', 국어의 '극본 쓰기', 예술 교과의 연극 활동이 통합되어 생생한 학습 경험을 제공합니다.

다섯째, '지역축제 알리기 캠페인'은 지역의 대표적인 축제를 주제로 포스터, 영상, 팸플릿 등 다양한 매체를 제작하여 축제를 알리는 캠페인 활동을 펼치는 것입니다. 국어의 '정보 전달 능력', 미술의 '시각 표현', 사회의 '지역 이해'가 결합되어, 학습의 목적이 실제 사회적 활동으로 확장됩니다.

이처럼 실과와 국어를 중심으로 다른 교과들과의 연결 고리를 찾아가며 학교자율시간의 주제를 구성하면, 학생의 삶, 지역성, 감정, 실천 경험을 모두 포괄하는 통합 교육을 구현할 수 있습니다. 이는 곧 교사가 학교자율시간을 기획할 때 고려해야 할 핵심 방향성을 보여주는 사례라 할 수 있습니다.

지역 자원형 활동 주제 선정 방식은 다음과 같은 교육적 가치를 담고 있습니다. 첫째, 삶과 배움의 연결입니다. 학교 안의 배움을 학교 밖의 현실과 연결하여 교육의 실천성을 높입니다. 둘째, 공동체의 감수성을 함양하는 것입니다. 지역 사람과의 접촉, 장소에 대한 이해는 공동체적 정체감을 키우는 계기가 됩니다. 셋째, 교과 간 융합의 통로 역할을 합니다. 실과, 국어, 도덕, 사회, 미술 등 다양한 교과가 지역이라는 '맥락' 속에서 자연스럽게 연결됩니다. 넷째, 프로젝트 중심의 배움을 실현할 수 있습니다. 조사, 관찰, 인터뷰, 제작, 발표 등 다단계 활동 구조를 통해 학생의 자기 주도성과 협업 능력을 기릅니다.

지역은 가장 친근하면서도 가장 강력한 교육 자산입니다. 학교자율시간은 그 자산을 아이들의 배움과 성장의 무대로 전환하는 교사 주도의 커리큘럼 실천 플랫폼이 되어줄 수 있습니다.

7. 들꽃에서 출발하는 감성 중심 소재 찾기

1) 들꽃은 수업의 씨앗이다.

앞서 살펴본 세 가지 소재화 전략, 즉 교과 확장형, 교실 생태형, 지역 자원형은 각각의 방식으로 교육적 주제를 발굴하는 데 유용한 틀을 제공합니다. 그런데 이 세 가지 접근을 모두 자연스럽게 아우를 수 있는 하나의 실천적 출발점이 있다면, 그것은 바로 '들꽃'입니다.

들꽃은 교과와 연결된 지식의 문을 열고, 교실의 감정과 이야기를 담아내며, 지역의 생태와 문화적 맥락을 품고 있는 살아 있는 교육 자원입니다.

- 실과나 과학에서는 관찰과 생태 이해의 소재가 되고,
- 국어와 미술에서는 감정 표현과 창작 활동의 도구가 되며,
- 도덕과 사회에서는 생명 존중, 지역 이해의 매개로 작용합니다.

이처럼 들꽃은 교과의 경계를 넘는 교육 통로로 작용하며, 그 자체로 하나의 '융합형 배움의 장'을 열어줍니다. 또한 들꽃은 교실 속 아이들의 감정과 매우 밀접한 소재입니다. 이름 없이 피었다가 스러지는 들꽃의 존재는 때로 아이들의 마음을 대변하고, 관찰과 상상, 표현과 성찰의 계기를 제공합니다. 교실이라는 작은 생태계 안에서 아이들이 겪는 갈등, 외로움, 기쁨, 호기심은 들꽃이라는 은유적 소재를 통해 더욱 풍부하게 드러날 수 있습니다.

지역 자원의 관점에서도 들꽃은 매력적인 교육 자산입니다. 학교 주변에서 쉽게 만날 수 있는 들꽃은 지역성과 생명성을 동시에 품은 생활 밀착형 자연 자원입니다. 들꽃을 통해 지역 생태를 살펴보고, 마을 이야기를 엮고, 환경과 생명에 대한 인식을 심화시킬 수 있습니다. 무엇보다 중요한 것은 들꽃을 만나는 순간, 교사와 학생 모두가 '교육과정의 설계자'가 되어 간다는 점입니다.

들꽃은 단지 꽃이 아닙니다. 감성의 문을 열고, 생명의 의미를 되새기며, 상상력의 세계로 나아가게 해주는 학교자율시간의 창조적 시작점입니다. 교사는 들꽃을 통해 아이들과 함께 '삶을 배우는 수업'을 만들 수 있으며, 그 안에서 교육은 교과를 넘어 인간다운 성장의 여정을 함께 걷게 됩니다.

2) 들꽃과 교과 연결의 실제

> 감성 중심 주제를 수업으로 구현하는 방법

'들꽃'이라는 하나의 자연 소재는 단순한 생태학적 관찰의 대상에 머물지 않습니다. 그것은 학생의 감정과 상상을 자극하고, 교과별 성취기준과 연결되며, 자율시간 수업 속에서 풍부한 융합적 배움으로 확장될 수 있는 감성 중심의 교육 매개체입니다. 이 절에서는 주요 교과를 중심으로 들꽃이 어떻게 자율시간 활동 주제로 변환될 수 있는지를 구체적인 예를 통해 살펴봅니다.

(1) 실과 교과와의 연계

실과 교과의 성취기준 [6실02-06]은 조리 체험을 통해 자기 식사를 마련하고 식사 예절을 실천하는 데 중점을 둡니다. 이 성취기준은 들꽃이라는 자연 친화적 소재와 결합할 때, 생태 감수성과 창의적 표현 역량을 함께 키우는 융합 프로젝트로 확장될 수 있습니다. 들꽃차 만들기, 창의 간식 기획, 지역 레시피북 제작 등은 감성과 실천이 어우러진 자율시간 활동으로 자연스럽게 연결됩니다.

---

(1) 관련 성취기준
   [6실02-06] 음식의 조리과정을 체험하여 자신의 간식이나 식사를 마련하고 식사의 예절을 실천한다.
(2) 활동 예시:
- **들꽃차 만들기 체험**: 국화, 엉겅퀴, 민들레 등 식용 들꽃을 수확하여 꽃차로 만드는 과정을 체험하고, 향과 색, 효능을 기록한 감각 일기와 식사 예절 표현 활동으로 연계함.
- **들꽃을 닮은 창의 간식 만들기**: 들꽃의 모양과 색을 활용한 주먹밥, 떡, 샌드위치 등 '자연에서 온 디자인 간식'을 기획·조리하며 창의성과 실용성을 함께 기름.
- **지역 들꽃 레시피북 제작하기**: 지역 생태와 연결되는 식용 들꽃을 조사하고, 그 조리법과 식사의 의미를 담아 나만의 '생태 레시피북'을 제작하여 발표 및 전시.
- **들꽃 식사 예절 영상 만들기**: 들꽃으로 만든 간식을 나누며 지켜야 할 식사 예절을 주제로 짧은 영상 콘텐츠를 제작하고 공유함.

---

(2) 국어 교과와의 연계

국어 교과의 성취기준 [4국01-05]는 목적과 주제에 알맞게 자료를 정리하여 자신감 있게 발표하는 능력을 강조합니다. 이 성취기준은 들꽃이라는 자연 소재를 활용한 발표, 캠페인, 토론 등으로 확장될 수 있으며, 생태 감수성과 표현력을 함께 길러주는 활동으로 연계 가능합니다. 들꽃 백과사전 제작, 감정 표현 글쓰기, 생태 발표회, 생명 보호 캠페인 등 국어의 말하기·쓰기·정보 전달 기능이 어우러진 활동으로 전개할 수 있습니다.

(1) 관련 성취기준
   [4국01-05] 목적과 주제에 알맞게 자료를 정리하여 자신감 있게 발표한다.

(2) 활동 예시:
- **들꽃 생태 발표회**: 내가 관찰한 들꽃을 자료로 정리하고, 이름·개화시기·특징을 발표 자료로 구성하여 생태 발표회 개최.
- **들꽃 감정 일기 쓰기**: 들꽃의 시선에서 감정을 표현한 일기를 써보고, 이를 낭독하는 활동으로 감정 전달력 강화.
- **우리 마을 들꽃 백과사전 만들기**: 지역에서 자주 보이는 들꽃들을 조사하고, 사전 형식의 책자나 전시물 제작.
- **들꽃 보호 캠페인 발표**: 환경보호와 생명존중을 주제로 들꽃 보호 캠페인을 기획하고 발표.
- **들꽃 토론회 열기**: '들꽃도 보호가 필요할까?' 같은 주제로 찬반 토론 활동을 구성하고 발표력 및 논리력 향상.

(3) 도덕 교과와의 연계

도덕 교과의 성취기준 [4도02-03]은 공감의 태도가 필요한 이유를 이해하고 도덕적 상상력을 바탕으로 대상과 상황에 따라 감정을 나누는 방법을 탐구하여 실천하는 데 중점을 둡니다. 이 성취기준은 들꽃 관찰 활동과 결합할 때, 정서적 감수성과 감정 표현 능력을 기르는 감정 교육 프로젝트로 확장될 수 있습니다. 들꽃 일기 쓰기, 감정 지도 제작, 공감 스토리텔링 등 공감과 배려 중심의 자율시간 활동으로 자연스럽게 연계됩니다.

(1) 관련 성취기준
   [4도02-03] 공감의 태도가 필요한 이유를 이해하고 도덕적 상상력을 바탕으로 대상과 상황에 따라 감정을 나누는 방법을 탐구하여 실천한다.

(2) 활동 예시:
- **들꽃 감정 일기 쓰기**: 들꽃을 관찰하며 떠오른 감정과 사연을 글로 써 내려가며 공감과 감정 표현을 훈련함.
- **들꽃과의 공감 인터뷰**: 들꽃을 의인화하여 인터뷰하는 형식의 스토리텔링 활동을 통해 타자의 마음을 상상하고 공감하는 태도를 기름.
- **감정 지도 만들기**: 우리 반 친구들의 감정과 연결된 들꽃을 지도 위에 배치하며 '감정과 자연'의 연결성을 시각화.
- **공감 나눔 카드 제작하기**: 꽃말과 감정을 연결한 위로와 응원의 카드를 제작하여 친구들과 나누는 활동으로 확장.

(4) 과학, 사회, 미술 등 타 교과와의 융합

들꽃을 중심으로 한 활동은 과학, 사회, 미술 등 다양한 교과와 유기적으로 융합될 수 있습니다.

과학 교과에서는 꽃의 구조나 생태 주기를 관찰하고, 들꽃을 분류하며 꽃가루의 역할을 실험하는 등의 활동으로 확장할 수 있습니다. 사회 교과에서는 마을의 들꽃 지도를 만들고, 지역 환경이나 문화에 따라 들꽃의 분포가 어떻게 달라지는지를 조사함으로써 지역성과 연결된 탐구 활동으로 이어질 수 있습니다.

미술 교과에서는 '내 감정을 닮은 들꽃'이라는 주제로 감정 표현 드로잉, 수채화 엽서 제작, 들꽃 포스터 디자인 등의 예술적 창작 활동이 가능합니다. 또한 창의적 체험활동(창체)에서는 들꽃 동아리 운영, 학교 숲 탐방 프로젝트, 마을 들꽃 전시회 기획 등으로 확장되어 학생들의 감성과 생태적 감수성을 키우는 프로젝트형 활동으로 발전시킬 수 있습니다.

(5) 통합적 프로젝트 예시

들꽃을 소재로 한 활동은 통합적 프로젝트 형태로도 확장될 수 있습니다. 예를 들어 **'들꽃으로 여는 사계절 이야기'** 프로젝트는 봄부터 겨울까지 계절의 흐름에 따라 피어나는 들꽃을 관찰하면서, 그 시기에 느낀 감정과 주변의 변화상을 함께 기록하는 방식으로 구성됩니다. 학생들은 이를 바탕으로 감정 일기, 생태 보고서, 이야기책 등을 창작하며 감성과 생태적 관찰력을 함께 기를 수 있습니다.

또 다른 예시로 '우리 반 들꽃 도감 만들기' 프로젝트는 각 학생이 한 송이 들꽃을 맡아 생김새, 꽃말, 개화기, 감정 표현 등의 정보를 조사한 후, 모둠별로 이를 정리하여 도감 형식으로 편집하고 발표하는 활동입니다. 이 과정은 관찰력과 표현력, 협업 능력을 동시에 기를 수 있는 융합적 학습 경험으로 자리 잡을 수 있습니다.

이처럼 '들꽃'이라는 소재는 단일 교과의 틀을 넘어서, 학생의 삶과 감정, 사회적 맥락, 생명의 가치, 언어적 표현력까지 모두 아우르는 학습의 매개체로 기능할 수 있습니다. 이러한 통합적이고 감성 중심적인 접근은 자율시간의 철학, 즉 '교과를 넘어 삶을 가르치는 시간'을 실현하는 데 있어 매우 효과적인 출발점이 될 수 있습니다.

3) 들꽃 자료 수집과 정리

들꽃을 소재로 학교자율시간을 운영하기 위해서는 교사와 학생 모두에게 친숙하면서도 활용 가능한 정보를 손쉽게 정리하는 작업이 필요합니다. 이때 가장 기본이 되는 것이 '**이름, 개화기, 서식 환경, 꽃말**' 등으로 구성된 들꽃 자료 정리표입니다. 이러한 정보는 활동 주제를 선정할 때뿐만 아니라, 감정일기, 도감 제작, 생태 리포트 등과 같이 다양한 프로젝트에서 감성과 정보가 균형 있게 융합되는 기반이 됩니다.

예를 들어, 봄에 피는 '민들레'는 '희망', '소박한 사랑'이라는 꽃말을 지니고 있어 '희망의 편지 쓰기', '우리 반 감정 달력 만들기' 같은 활동과 연결될 수 있습니다. 여름철의 '해당화'는 '고결한 마음'이라는 의미를 담고 있어 감정 드로잉 활동이나 시 쓰기와 잘 어울립니다. 이처럼 계절과 감성, 생태적 특성을 동시에 고려하면 학생의 몰입도와 표현의 깊이가 더욱 깊어집니다.

또한 들꽃 자료는 단순히 사전적인 정보를 나열하기보다, 학생들이 직접 조사하고 정리하도록 유도하면 학습 효과가 배가됩니다. 인터넷, 도서관, 지역 전문가 인터뷰 등을 통해 수집한 정보를 바탕으로 자신만의 들꽃 카드를 만들거나, 모둠별로 '감성 생태지도', '감정별 들꽃 사전'을 제작하는 등 다양한 창의적 활동으로 확장할 수 있습니다.

들꽃은 단지 자연의 일부가 아니라, 학생들의 감정과 이야기를 실어 나를 수 있는 살아있는 교육 자원입니다. 따라서 정보의 수집과 정리는 단순한 조사 활동이 아니라 감성적 몰입과 창의적 설계의 출발점이 되어야 합니다.

4) 감성 중심 자율활동 주제 맵 만들기

학교자율시간은 교과의 경계를 넘어, 학생들의 감정과 삶을 중심에 두는 배움의 공간입니다. 따라서 주제 선정 과정에서도 지식 중심이 아닌 감성 중심의 사고 전환이 필요합니다. 감정, 공감, 상상, 생명이라는 네 가지 키워드를 중심으로 활동 주제를 확장해 나가는 '주제 맵 만들기'는 교사에게 창의적 교육과정 설계의 실마리를 제공할 수 있습니다. 〈표 1-7〉은 감성과 생명을 중심으로 한 자율활동 주제를 구상하고 설계하는 과정을 4단계로 정리한 것입니다.

1단계에서는 학생들의 일상에서 자연스럽게 발견할 수 있는 감정, 공감, 상상, 생명 등과 같은 중심 키워드를 선정합니다. 2단계에서는 이러한 키워드와 '들꽃'이라는 주제를 연결하여 실제 활동 주제로 확장하는 예시를 제시합니다. 예를 들어, 감정 + 들꽃 → '들꽃에게 전하는 위로의 편지', 상상 + 들꽃 → '들꽃 나라의 사계절 동화 만들기' 등으로 발전시킬 수 있습니다.   3단계에서는 확장된 주제를 실과, 국어, 도덕, 과학 등의 교과와 연계하여 실제 교육과정 속에서 실천 가능한 프로젝트로 구체화합니다. 예를 들어 '들꽃 간식 창작 레시피'는 실과와 도덕, '우리 마을 들꽃 지도 그리기'는 과학과 사회와 연결됩니다. 마지막 4단계에서는 위의 전 과정을 바탕으로 주제 맵을 완성하고, 이를 학급 단위의 협의나 교사 간 공동 기획, 지역 연계 프로젝트 설계 등에 활용할 수 있습니다.

〈표 1-7〉 감성 중심 자율활동 주제 맵 만들기 4단계

단계	주제	활동
1	중심 키워드 선정하기	- 학생들의 일상과 삶 속에서 자연스럽게 발견할 수 있는 감성 중심 키워드 선택 - 사례 감정(기쁨, 슬픔, 두려움), 공감(배려, 우정, 돌봄), 상상(변신, 시간 여행, 동화 속 주인공), 생명(들꽃, 반려동물, 숲)
2	들꽃과 연결하여 주제 확장하기	- 선정한 감성 키워드에 들꽃을 연결하여, 실제 활동 주제로 발전 - 사례: • 감정 + 들꽃 → '들꽃에게 전하는 위로의 편지' • 공감 + 들꽃 → '들꽃 돌봄 일기: 내가 기른 야생화 이야기' • 상상 + 들꽃 → '들꽃 나라의 사계절 동화 만들기' • 생명 + 들꽃 → '내 마음 속 생명 지도 그리기'
3	교과와 자연스럽게 연결하기	- 주제를 실과, 국어, 도덕, 과학 등 교과와 연결하여 교육과정 속 실천 가능한 프로젝트로 구체화합니다. - 사례 • '들꽃 나라의 동화책 만들기' → 국어, 미술과 연계 • '들꽃 간식 창작 레시피' → 실과, 도덕과 연계 • '우리 마을 들꽃 지도 그리기' → 과학/사회와 연계
4	주제 맵 완성 및 적용	- 위 과정을 통해 다양한 감성 중심 주제를 시각적으로 정리한 주제 맵을 완성 - 이 주제 맵은 학급 단위 협의, 교사 간 공동 기획, 지역 연계 프로젝트 설계 등에 활용

이러한 흐름은 학교자율시간의 주제를 감성 중심으로 체계적이고 창의적으로 설계하는 데 실질적인 길잡이가 됩니다.

8. 실패 없는 주제 찾기를 위한 기준과 사례

학교자율시간의 활동 주제를 선정할 때 가장 중요하게 고려해야 할 것은 '실패하지 않는 주제인가' 입니다. 〈표 1-8〉에는 주제 선정 시 교사들이 실질적으로 활용할 수 있는 네 가지 핵심 기준을 제시하고, 각각에 대한 적용 사례를 함께 담고 있습니다.

〈표 1-8〉 실패 없는 주제 선정의 4가지 기준

선정 기준	핵심 설명과 적용 사례
학생의 삶과 감정을 연결할 수 있는가?	- 학생 개인의 경험, 감정, 고민, 관심사 등과 관련된 주제는 몰입과 표현이 자연스럽게 따라옵니다. - 예: "내가 가장 위로받았던 장소", "요즘 나를 닮은 들꽃 찾기"
교과와의 연계가 가능한가?	- 특정 교과 성취기준과 연결되거나 교과 수업과 통합 운영이 가능한 주제는 학습 효과를 높이고 수업 시수 운영에도 도움이 됩니다. - 예: 실과(요리), 국어(글쓰기), 도덕(감정 표현), 과학(식물 관찰) 등과의 연결
주제의 확장성과 지속성이 있는가?	- 한 차시나 단발성 체험에 그치지 않고, 관찰→기록→표현→공유의 흐름으로 자연스럽게 확장될 수 있는 구조가 있는가? - 예: 들꽃을 관찰하며 감정일기를 쓰고, 이야기책을 만들고, 전시로 공유하기
지역과의 연결 가능성이 있는가?	- 학교 주변의 자연, 인물, 역사, 문화 등과 접목하여 지역 자원을 활용할 수 있는 주제는 교육의 실천성과 현장성을 높여 줍니다. - 예: "우리 동네 봄꽃 지도 만들기", "전통시장 들꽃 화단 가꾸기 프로젝트"

첫째, 주제가 학생의 삶과 감정과 연결되는가를 살펴보아야 합니다. 학생 개인의 경험과 고민, 감정이 자연스럽게 투영될 수 있는 주제는 몰입도와 표현력이 높아지기 마련입니다.

둘째, 교과와의 연계 가능성도 중요한 판단 기준입니다. 성취기준이나 교과 활동과 자연스럽게 연결되는 주제는 수업 시수의 유연한 운영에도 도움이 되며, 학습 효과 역시 높아집니다.

셋째, 주제가 단발성 체험으로 끝나지 않고, 관찰→기록→표현→공유로 이어질 수 있는 구조인지도 살펴야 합니다. 확장성과 지속성이 확보될 때, 자율시간이 하나의 교육 프로젝트로 발전할 수 있습니다.

마지막으로, 지역과 연결될 수 있는가도 중요한 판단 요소입니다. 학교 주변의 생태, 역사, 인물, 전통시장, 마을 축제 등은 자율활동의 훌륭한 학습 자원이 될 수 있습니다.

이와 같은 기준은 단지 주제 선정을 위한 체크리스트를 넘어, 교사의 교육 기획 역량을 체계화하고 협업 기반을 만드는 데에도 큰 역할을 합니다.

〈표 1-9〉는 학교자율시간에서 실패 없는 주제를 선정할 수 있도록 실제 적용 가능한 주제 사례들을 정리한 것입니다. 각 주제는 학생의 감성과 삶, 교과 성취기준, 지역 자원 등의 요소를 유기적으로 연결하여 구성되어 있습니다.

〈표 1-9〉 실패 없는 주제 사례

주제명	핵심 연결 요소	간단한 설명
들꽃에게 보내는 감정 편지	감정 + 국어 + 생명	요즘 나의 감정을 들꽃에 빗대어 편지를 쓰고 공유하기
나만의 간식, 들꽃 레시피북	실과 + 도덕 + 자연	지역 들꽃을 재료로 한 간식을 기획하고, 레시피북으로 제작
들꽃 나라의 계절 이야기	상상 + 국어 + 미술	사계절 들꽃을 주인공으로 한 동화책 제작 및 전시
우리 마을 들꽃 생태 지도	과학 + 사회 + 생태	동네 들꽃을 조사해 지도로 시각화하고 설명 자료 제작

예를 들어, '들꽃에게 보내는 감정 편지'는 학생의 감정 표현 능력을 국어 활동과 연결하여, 들꽃이라는 생명체를 감정의 매개체로 활용하는 융합형 활동입니다. '나만의 간식, 들꽃 레시피북'은 실과의 조리 활동에 도덕적 의미와 생태적 감수성을 더한 활동으로, 실천성과 창의성이 조화를 이룹니다.

또한 '들꽃 나라의 계절 이야기'는 상상력을 발휘해 들꽃을 주인공으로 한 동화를 창작하는 활동으로, 국어와 미술을 자연스럽게 통합합니다. 마지막으로 '우리 마을 들꽃 생태 지도'는 과학과 사회 교과와 연계하여 지역 생태 자원을 조사·정리하는 탐구 프로젝트로 발전할 수 있습니다.

이와 같이 주제를 선정할 때 단지 '재미'나 '신선함'만으로 판단하지 않고, 위의 네 가지 기준을 기반으로 삼는다면 교사도, 학생도, 학교도 만족할 수 있는 자율활동 프로젝트가 실현될 수 있습니다. 이 기준은 학교 구성원 간 협의를 위한 기준 틀로도 활용될 수 있습니다.

9. 자주 묻는 말과 오해 정리

〈Check Point〉 자율시간 운영, 이것만은 꼭 짚고 갑시다!

학교자율시간은 아직 현장에서 본격적으로 실행되기 전인 제도이기 때문에, 다양한 질문과 혼란이 생길 수 있습니다. 이 장에서는 자주 묻는 말(Q&A)과 대표적인 오해를 정리하여, 현장 교사들이 자율시간을 보다 정확하게 이해하고 운영할 수 있도록 돕고자 합니다.

Q1. 학교자율시간이 무엇인가요?
A1. 학교자율시간이란, 학교와 학생의 필요에 따라 정규 교과 외에
     새로운 주제나 활동을 자유롭게 기획하고 운영할 수 있는 시간입니다.

국가 교육과정이 정해 놓은 틀 안에서 벗어나, 학교가 자체적으로 교과를 넘는 프로젝트나 창의적 체험활동 등을 설계할 수 있도록 보장된 교육 시간이며, 2022 개정 교육과정에서는 학생의 선택권을 넓히고, 지역과 학교의 특색을 반영한 다양하고 유연한 운영이 가능하도록 더욱 강조되고 있습니다.
쉽게 말해, '학교자율시간'은 학교가 아이들을 위한 특별한 교육과정을 새롭게 만들 수 있는 시간이라 할 수 있습니다.

Q2. 학교자율시간을 도입한 이유는 무엇인가요?
A2. 학교자율시간이 도입된 이유는, 학교가 교육과정을 더욱 주도적으로
     설계하고 운영할 수 있도록 하기 위해서입니다.

국가가 정한 교육과정의 틀을 넘어서, 각 학교가 지역의 특성과 학생들의 다양한 요구를 반영한 맞춤형 교육을 실현할 수 있도록 자율성을 부여한 것입니다. 또한 기존에는 정해진 교육과정을 단순히 따르는 방식이었다면, 이제는 학교와 교사가 함께 만들어가는 교육과정이라는 인식으로 전환되면서, 교사의 역할도 더욱 적극적으로 확장되었습니다.

무엇보다도 학교자율시간은 교육공동체(학생, 학부모, 교사)의 다양한 요구와 목소리를 담을 수 있는 시간이라는 점에서 그 의미가 큽니다.

Q3. 학교자율시간, 학교자율과정, 학교자율과제는 무엇이 다른가요?
A3. 학교자율시간은 "정해진 시간 속 자율", 학교자율과정은 "학교 전체가 함께 만드는 배움의 틀", 학교자율과제는 "그 실천 속에서 나온 숙제를 스스로 풀어가는 과정"입니다.

학교자율시간은 국가 교육과정의 틀 안에서, 학교가 자율적으로 새로운 활동이나 수업을 기획해서 운영할 수 있도록 보장된 정규 시간입니다. 예를 들어, 기존 교과 외에 생명 교육, 생태 프로젝트, 지역 연계 체험 등을 자유롭게 편성해 운영할 수 있습니다. 2025 개정 교육과정부터 전국적으로 시행됩니다.

학교자율과정은 학생의 삶과 배움이 맞닿은 교육을 학교 전체가 함께 설계하고 운영하는 큰 틀의 교육과정입니다. 학교가 교육 철학에 따라 '우리가 함께 만드는 배움'을 구성하고, 다양한 영역에서 교육 활동을 통합적으로 조직하는 방식입니다. 경기미래교육에서 시작되었고, 이미 일부 지역에서는 운영되고 있습니다.

학교자율과제는 일종의 학교 혁신 과제입니다. 학교가 자율시간이나 자율과정 등을 운영해 본 경험을 바탕으로, 우리 학교만의 고유한 교육 문제나 개선 방향을 찾아 해결해 가는 실천 과제입니다. 쉽게 말해, 자율시간과 자율과정을 실천한 결과를 바탕으로 발전시켜 나가는 단계라고 볼 수 있습니다.

Q4. 학교자율시간은 반드시 편성·운영해야 하나요?
A4. 네, 학교자율시간은 반드시 편성·운영해야 합니다.

다만, 구체적으로 어떤 학년과 학기에 운영할지는 학교장이 학교의 여건을 고려해 결정할 수 있습니다. 기본적으로는 학년군별로 최소 1학기 이상은 반드시 편성해야 하며, 예를 들어 3~6학년 중 한 학년을 정해 1학기에 집중적으로 운영하거나, 여러 학년에 나누어 운영할 수도 있습니다.

또한 2026학년도부터는 5~6학년군에 우선 적용되다가, 2027학년도부터는 3~4학년군으로도 확대될 예정입니다. 학교의 교육과정 계획이나 학생 발달 수준, 운영 경험 등을 종합적으로 고려하여 가장 적절한 방식으로 유연하게 운영할 수 있습니다.

즉, 편성은 필수이되, 운영 방식은 학교 상황에 맞게 자율적으로 조정할 수 있다는 점이 핵심입니다.

Q5. 학교자율시간은 어떻게 편성해야 하나요?
A5. 학교자율시간은 학교의 상황과 수업 내용의 특성에 따라 다양하게 편성할 수 있습니다.

대표적인 편성 방식은 다음 세 가지입니다:

지속형은 매주 정해진 시수를 나누어 꾸준히 운영하는 방식입니다. 예를 들어 매주 1시간씩 운영하면 안정적으로 활동을 이어갈 수 있고, 교과와 융합한 주제 운영에 적합합니다.

집중형은 한 학기 초·중·말에 몰아서 편성하는 방식입니다. 특정 프로젝트나 활동을 연속적으로 몰입해서 진행할 수 있어, 체험이나 창작 중심 활동에 적합합니다.

혼합형은 지속형과 집중형을 적절히 섞는 방식입니다. 예를 들어, 평소에는 매주 조금씩 진행하다가 학기 말에 한 번에 마무리 활동을 집중적으로 진행하는 등 유연한 운영이 가능합니다.

운영 시기(언제), 횟수(몇 번), 학기(1학기/2학기)는 모두 학교장이 학교 상황에 맞게 결정할 수 있습니다. 또한, 한 개의 활동 주제를 단독으로 운영하거나, 활동과 과목을 적절히 나누어 함께 운영할 수도 있습니다. 예를 들어 3학년에서 29시간의 자율시간이 주어진 경우, '1개 과목(29시간)'으로 한 가지 활동을 집중 운영하거나, '1개 활동(12시간) + 1개 과목(17시간)'으로 나누어 운영할 수도 있습니다.

즉, 학교자율시간은 정해진 틀보다 학교의 자율성과 창의성을 살릴 수 있는 유연한 운영이 핵심이며, 학교와 교사의 교육적 판단에 따라 다양한 방식으로 편성할 수 있습니다.

Q6. 학교자율시간의 성취기준과 코드는 어떻게 작성하나요?
A6. 학교자율시간의 성취기준은 활동 목표에 따라 새롭게 만들고, 학생의 성장과 배움을 구체적으로 보여주는 문장으로 기술하며, 작성한 성취기준에는 일정한 코드 형식을 붙여 체계적으로 관리한다는 것이 핵심입니다.

 학교자율시간에서는 활동과 과목 모두 별도의 성취기준을 새롭게 만들어야 합니다. 교과에서 사용하는 기존 성취기준을 그대로 쓰는 것이 아니라, 학교자율시간의 목표에 맞게 학생이 할 수 있어야 할 일을 중심으로 활동 목적에 맞는 성취기준을 개발해야 합니다. 예를 들어, 아이들이 직접 꽃 이름을 조사해 이야기로 만드는 활동을 한다면, '다양한 들꽃을 조사하고 이야기로 구성하여 표현할 수 있다'와 같은 식으로 성취기준을 새롭게 설정합니다.

 그리고 이 성취기준은 고유한 코드와 함께 작성해야 합니다. 코드는 다음과 같은 구조로 만들어집니다.

① 코드 작성방법:
   [적용학년급(3-6)+연계교과+과목명(3자 내외 명사형 종결)+영역(01)-성취기준(01)]
② 성취기준 예시
   [3국독서01-01] 다양한 종류의 글을 읽고 글의 주제와 중심 내용을 파악할 수 있다.
   [5사세계시민02-03] 개인의 가치관이 모여 사회의 다양한 정체성을 형성함을 이해한다.
   [5실들꽃-02] 들꽃에서 느낀 감정이나 상상을 바탕으로, 이야기의 구성 요소를 활용하여 자신만의 이야기를 창의적으로 짓는다.

Q7. 학교자율시간의 시수는 어떻게 확보하여 운영하나요?
A7. 학교자율시간은 정해진 시수를 기존 교과 시수 안에서 조정해 확보하고, 학기 단위로 집중하여 운영해야 한다는 것이 핵심입니다.

학교자율시간은 연간 시수를 정해 두고, 교과 수업이나 창의적 체험활동 시수 안에서 조정하여 확보합니다. 기본적으로는 연간 34주 기준, 주당 1시간씩 확보하게 되며, 학기 단위로 묶어서 운영할 수 있습니다. 학교에서는 시수 조정이 가능한 교과나 활동을 활용하여 학교자율시간 시수를 마련하며, 교과 시수의 20% 범위에서 조정이 가능하기 때문에 학교의 여건에 맞게 융통성 있게 운영할 수 있습니다.

예를 들어, 교과 한 단원의 일부 시수를 학교자율시간으로 전환하여 사용하거나, 한 학기에 집중적으로 배치하는 방식이 가능합니다. 단, 학교자율시간은 학기 단위로 운영해야 하며, 1년 전체 시수를 나누어 산발적으로 운영하는 것은 불가합니다.

즉, 한 학기 내에서 집중 편성하고, 가능하면 학년군별로 최소 1학기 이상, 연계성을 고려해 2학기 연속 운영하는 것이 권장됩니다.

Q8. 학교자율시간 과목(활동) 개설은 어떻게 하나요?
A8. 학교자율시간 과목(또는 활동)을 개설하려면 교육적 목적과 내용이 뚜렷해야 하며, 필요한 절차와 계획을 미리 갖추는 것이 중요합니다.

학교자율시간의 과목(또는 활동)을 개설할 때에는 교과처럼 신중한 절차와 준비가 필요합니다. 왜냐하면 자율시간에 운영되는 과목(또는 활동)도 교과처럼 교육 목표, 내용, 평가 기준 등을 갖추어야 하며, 성취기준도 직접 개발해야 하기 때문입니다.

우선 과목과 활동 개설에는 차이점이 있습니다. '과목'으로 개설하려면 교육과정 운영위원회와 학교장 승인을 받아야 하며, '활동'으로 개설하는 경우는 비교적 절차가 간단하지만, 여전히 학교교육과정위원회의 협의와 심의를 거쳐야 합니다. 또한 동일한 활동이라도 학년마다 각각 개설해야 하므로, 예를 들어 3학년과 4학년에서 같은 주제를 다룬다 해도, 각 학년에 맞춰 따로 개설해야 합니다.

무엇보다 중요한 점은, 학교 여건에 맞는 주제와 형식을 사전에 충분히 논의하고 준비하는 것입니다. 학교자율시간은 단발성 체험이 아니라, 정규 교육과정으로서 의미와 완성도를 갖춘 수업이 되어야 하므로, 학교 구성원들과의 협의와 계획 수립이 선행되어야 하며, 가능하다면 학년도 시작 전 학기 말쯤에는 활동 계획이 구체화되어 있어야 합니다.

Q9. 교재를 사용하게 될 때 고려해야 할 점은 무엇인가요?
A9. **직접 만든 교재는 학교운영위원회 심의를 거쳐야 하고,**
시중 교재는 가능한 사용을 피해야 하며,
비인가 과목에 사용하는 교재는 교육청 승인까지 받아야 합니다.

학교자율시간에서 교재를 사용하려면, 몇 가지 중요한 절차와 기준을 꼭 확인해야 합니다. 먼저, 학교에서 자체 개발한 교재는 반드시 학교운영위원회의 심의를 거쳐야 사용이 가능합니다. 이때 주의할 점은, 시중에서 판매되는 일반 참고서나 상업적 교재는 원칙적으로 사용을 지양해야 한다는 것입니다.

자율시간의 취지에 맞게, 학교의 교육 목표와 특성에 맞춘 창의적이고 특색 있는 교재를 직접 개발하거나, 공신력 있는 교육 자료를 선택하는 것이 바람직합니다. 또한 고시되지 않은 과목(비인가 과목)을 개설하면서 교재를 함께 사용하려는 경우, 해당 교재는 학교장과 학교운영위원회의 심의뿐만 아니라, 교육청 산하 '학교인정도서선정위원회'의 심의까지 통과해야 하며, 사용하려는 학기 시작 3개월 전까지 교육청에 신청해야 합니다.

Q10. 학교자율시간의 평가와 기록은 어떻게 하나요?
A10. 학교자율시간은 평가와 기록도 반드시 운영 목적과 활동의 성격에 맞게 이루어져야 합니다. 먼저, 학교자율시간을 '과목'으로 개설한 경우에는 반드시 평가를 실시하고 성적을 기록해야 하며, 이는 일반 교과 평가와 마찬가지로 시·도 교육청의 학업성적관리지침을 따릅니다

반면에, '활동'으로 운영한 경우에는 평가를 선택적으로 실시할 수 있으며, 그 여부는 학교 교육과정 계획에 따라 자율적으로 결정할 수 있습니다.
평가 결과는 '과목'과 '활동' 모두 학교생활기록부 세부능력 및 특기사항란에 기록합니다.
운영 방식, 평가 시행, 기록 방식 등은 〈표 1-9〉와 같이 구체적으로 정리할 수 있습니다.

<표 1-9> 학교자율시간 평가와 학교생활기록부 입력 기준 요약

적용 학년	3~6학년 ※ 1~2학년은 학교자율시간이 없으나, 기능은 구현 후 감추기 설정
운영 방식	'과목'이나 '활동'을 선택 입력, 과목(활동)을 관련 교과(군)에 편성, 운영방식 다양화(반별·동학년 등), 한 학기에 여러 과목(활동) 개설 가능
평가 시행	과목은 편성된 교과(군)에 준하여 실시, 활동은 교과평가 여부 선택 가능 ※ **과목과 활동 모두 '학생평가_학기말종합의견' 및 '학생부_세부능력 및 특기사항' 기재**
입력 권한	나이스 '교육과정' 접근 권한을 가진 교사만 과목(활동) 입력 가능
학교 교육과정 편제	편제 및 기초(반별)시간표에 입력한 '과목(활동)명'으로 표기
학교 자율시간 관리	과목'과 '활동' 중 선택 → 편성학년 → 편제명(관련 교과), 과목명 또는 활동명, 시수 입력 → 활동 선택 시 교과평가 여부 입력 ※ 동학년 운영의 경우 창체 '동아리 활동'과 같이 여러 과목(활동) 개설 및 학생 배정
학생 평가	'학생평가' 탭에 학기말 종합의견을 입력하고, '교과학습발달상황'을 통해 학생부 관련 교과의 '과목별 세부능력 및 특기사항'에 연계

　또한 기록할 때는 단순히 활동 참여 여부만 적기보다는, 아이의 성장 과정, 탐구 내용, 배운 점과 느낀 점 등이 드러나는 문장형 기록이 권장됩니다.

　예를 들어, 이야기 창작 활동에서는 '이야기의 구조를 이해하고 친구와 협력하여 창작 이야기를 완성함', 생명 주제 활동에서는 '나무와 꽃의 생태를 관찰하고 생명의 소중함을 느끼는 태도를 가짐'과 같은 문장이 적절합니다.

　마지막으로, 학생 참여 중심 활동이 많고 결과물보다는 과정 중심의 수업이 많기 때문에, 관찰 기록, 학생 활동지, 자기평가 및 동료평가 등을 통해 다양한 방식으로 평가하는 것이 바람직합니다.

Q11. 자율시간은 '창의적 체험활동'(창체)과 같은 건가요?
A11. 아니요. 창체는 국가 교육과정이 제시하는 비교과 교육영역이고, 자율시간은 학교가 자체적으로 교육 내용을 설계·운영할 수 있는 독립된 정규 시수입니다. 창체는 '무엇을 하라'는 틀(자율·봉사·진로·동아리 등)이 정해져 있지만, 자율시간은 무엇을, 어떻게, 왜 할지를 학교가 스스로 기획할 수 있습니다.

Q12. 자율시간도 교육청에 '과목'으로 신청해야 하나요?
A12. 예. 자율시간은 '시간'이지만, 운영 시에는 '과목형' 또는 '활동형' 형태로 설계되어야 하며, 교육감 승인을 받아야 정규 과목으로 인정됩니다. 따라서 단순한 자유 활동이나 방과후 개념과는 다릅니다.

Q13. 한 학년에 하나의 자율시간 프로그램만 운영하면 되나요?
A13. 아니요. 이 점이 자주 생기는 오해입니다. 학교 전체에서 특정 학년 하나만 자율시간 프로그램을 운영하면 된다는 잘못된 인식이 있으나, 자율시간은 3~6학년 모두에게 정규 시수로 편성되어야 하며, 각 학년에 적합한 주제와 수준으로 프로그램이 구성되어야 합니다. 한 학년이 하나를 맡는 '분담제'는 행정 편의적 오해입니다.

Q14. 자율시간은 꼭 실과, 국어 등 교과와 연계해야 하나요?
A14. 그럴 필요는 없습니다. 다만, 초등학교의 경우 3~4학년은 국어 중심의 활동형 운영이 적합하고, 5~6학년은 실과와 연계한 과목형 운영이 교육적 효과가 크기 때문에 그렇게 설계하는 것이 바람직합니다. 연계 교과는 중심을 잡아주는 틀일 뿐이며, 핵심은 삶과 배움이 연결된 주제를 중심으로 운영하는 것입니다.

Q15. 자율시간은 꼭 프로젝트 수업으로 해야 하나요?
A15. 아닙니다. 프로젝트 기반 학습은 자율시간에서 자주 활용되는 대표적인 운영 방식이지만, 스토리텔링 기반의 테마 수업, 탐방·체험 중심 활동, 창작 활동 중심의 모듈형 수업 등도 가능합니다. 핵심은 학생의 참여와 주도성, 삶과 연결성을 확보하는 수업 설계입니다.

마지막으로 꼭 기억해야 할 두 가지

구분	내용	핵심 메시지
① 시수 원칙	3~4학년은 29차시 5~6학년은 32차시	교과 시수와 별도로 편성되는 **정규 시수**입니다.
② 교과 시수 조정 불가	음악·미술·체육 시수는 줄일 수 없습니다.	자율시간은 **교과 감축용이 아닙니다.**

학교자율시간은 아직 '새로운 시간'입니다.

그러나 그 철학은 교육의 가장 오래된 질문과 연결되어 있습니다.

"우리는 무엇을 가르치고, 누구의 삶을 위해 수업하는가?"

이제는 그 질문에 학교가 스스로 답을 내릴 시간입니다.

"학교자율시간은 교과를 넘어 삶을 가르치는 시간입니다."

제2장 무엇으로 할까? 자율활동의 [소재] 찾기

> **범교과 학습 주제와 실과의 연결 고리 찾기**
> *(감성과 생명, 그리고 수업 속 삶을 깨우는 주제는 어디서 오는가)*

2022 개정 교육과정은 우리나라 교육이념인 홍익인간을 구현하기 위해, [그림 2-1]과 같이 '자기주도적인, 창의적인, 교양 있는, 더불어 사는'이라는 4가지 인간상을 설정하고, 이를 실현하기 위한 6가지 핵심역량(자기관리, 지식정보처리, 창의적 사고, 심미적 감성, 협력적 소통, 공동체)을 중심에 두고 있습니다. 이러한 핵심역량은 모든 교과와 비교과 활동 전반에서 함양되어야 할 역량이며, 특히 학생의 삶과 밀접하게 연결된 실천적 교육 활동을 통해 더욱 구체적으로 드러날 수 있습니다.

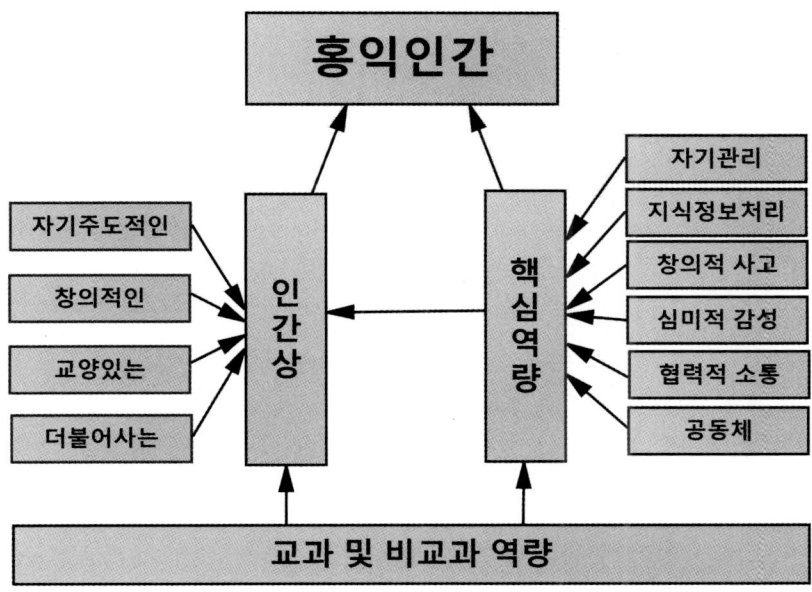

[그림 2-1] 교육이념과 인간상·핵심 역량의 통합 구조
(사람을 사람답게 키우는 길)

〈표 2-1〉 학교자율시간 활동의 대주제와 학년별 주제 종합

범교과 학습주제	학교자율시간 활동 주제
안전 교육	**(대주제) 오늘도 건강하게! 나를 돌보는 습관의 힘** (작은 실천으로 키우는 평생 건강 씨앗) (3) 손 씻기 탐험대: 세균 나라를 지켜라! (5) 마음이 힘들 땐, 이렇게 해요 (4) 건강한 하루를 디자인해요 (6) 미래 건강을 설계하는 나만의 웰니스 플랜
인성 교육	**(대주제) 마음을 나누는 연습** (함께 살아가는 따뜻한 교실 만들기) (3) 내 마음에도 이름이 있어요 (5) 함께해서 더 좋은 나 (4) 진짜 친구는 말보다 행동에 있어요 (6) 나도 누군가의 롤모델이 될 수 있어요
진로 교육	**(대주제) 내가 꿈꾸는 일, 나답게 살아가는 길** (3) 이 일을 하는 사람은 누구일까요? (5) 미래에는 어떤 일이 생길까요? (4) 나와 닮은 직업을 찾아볼까요? (6) 진짜 나를 위한 진로 로드맵 그리기
민주 시민 교육	**(대주제) 함께 결정하고, 존중하며 살아가는 우리** (3) 우리 반 규칙은 우리가 정해요! (5) 우리 학교를 바꾸는 작은 참여 (4) 다른 의견도 괜찮아요 (6) 내가 만드는 공정한 세상
인권 교육	**(대주제) 함께 살아서 더 좋은 세상: 교실에서 시작하는 인권 감수성** (3) 나는 존중받을 자격이 있어요 (5) 나도 말할 권리가 있어요 (4) 다르다고 틀린 건 아니에요 (6) 누군가의 권리를 지켜주는 내가 되고 싶어요
다문화 교육	**(대주제) 함께 살아가는 교실** (다름을 이해하고, 다양성을 품는 시간) (3) 다른 나라 친구, 만나서 반가워! (5) 세계를 담은 도시락 (4) 우리는 다르게 생겼고, 그래서 아름다워요 (6) 내가 만드는 공존 사회
통일 교육	**(대주제) 하나 되는 상상, 평화로 여는 내일** (3) 통일 친구를 만나면 무슨 말을 할까? (5) 통일 마을을 디자인해요! (4) 달라도 괜찮아, 남북한은 이렇게 닮았어요! (6) 평화를 전하는 작은 시민이 되다
경제 금융 교육	**(대주제) 돈보다 더 소중한 소비** (생각하고 나누는 경제 감수성 키우기) (3) 용돈은 어디로 갔을까? (5) 착한 소비가 세상을 바꾼대요 (4) 쓰고 싶은 마음, 지키는 연습 (6) 나만의 가게를 열어볼까요?
환경지속 가능한 발전교육	**(대주제) 들꽃과 함께 걷는 길** (피어나는 감성, 이어지는 생명) (3) 들꽃과 노는 아이 (5) 들꽃 이야기 창작소 (4) 들꽃 감정 일기 (6) 이름 없는 꽃에게 쓰는 편지
독도 교육	**(대주제) 작은 섬, 큰 마음** (독도에서 시작되는 우리의 이야기) (3) 독도에 사는 친구에게 편지를 쓴다면? (5) 독도를 알리는 창의 표현관을 열어요! (4) 독도를 닮은 지도 한 장 (6) 내가 독도라면, 세상에 무엇을 말할까?

범교과 학습 주제는 교과의 경계를 넘나들며 핵심역량을 통합적으로 기를 수 있는 중요한 매개가 됩니다. 국가 차원에서 사회적으로 중요하고 시의성 있는 가치를 담아 제시된 10개의 범교과 학습 주제는 2022 개정 교육과정에서도 2015 개정안과 동일하게 유지되었으며, 각 교과의 성취기준과의 연계를 강화하여 교육과정 속에서 실질적 통합과 적용이 가능하도록 개선되었습니다.

 여기에서는 이러한 범교과 학습 주제를 실과 교과의 관점에서 다시 바라보며, 그 안에 담긴 핵심역량과 인간상을 해석하고, 학교자율시간 활동 프로그램의 주제로 발전시킬 수 있는 연결 고리를 탐색하고자 합니다. 왜냐하면 실과는 학생들의 일상과 맞닿은 교과이기 때문에, 범교과 주제를 학생들이 직접 해보고 느끼며 실천할 수 있는 활동으로 바꿔주는 좋은 통로입니다. 그래서 실과의 눈으로 범교과 주제를 다시 바라보는 일은, 단순히 내용을 가르치는 것이 아니라 학생들이 삶 속에서 주제를 체험하고 행동으로 옮길 수 있도록 돕는 실천 중심의 교과이기 때문입니다.

1. '안전·건강 교육'과 '실과' 교과를 연계한 활동 소재 찾기

 '안전·건강 교육'은 범교과 학습 주제의 첫 번째 주제입니다. 여기에서는 '안전·건강 교육'과 '실과 교육과정'의 융합 가능성을 여러모로 조망하며 학생들의 삶과 연결된 실제적이고 의미 있는 활동 아이디어를 도출해 보려고 합니다.

 〈표 2-2〉는 2022 개정 교육과정이 '안전·건강 교육'을 어떻게 뒷받침하고 있는지를 보여주는 핵심 요소 네 가지를 정리한 것입니다.

 교육과정은 학생들이 '자기 주도적인 사람'으로 성장하도록 돕기 위해, 건강과 안전을 스스로 관리하고 실천하는 힘을 강조합니다. 특히 '자기관리 역량'은 정신적·신체적 건강뿐 아니라 감정 조절 능력까지 포함하고 있어, 안전·건강 교육의 핵심 기둥이라 할 수 있습니다. 또한 범교과 주제로서 안전·건강 교육은 국어, 실과, 체육, 도덕 등 다양한 교과와 연계되어 통합적으로 실천할 수 있는 주제로 자리 잡고 있습니다.

 무엇보다 중요한 것은 건강한 일상을 꾸준히 실천하는 능력입니다. 앉는 자세, 수면 습관, 운동, 식습관처럼 사소해 보이지만 삶의 질과 안전을 결정짓는 생활 속 실천이 교육 현장에서 강조되어야 함을 보여줍니다.

〈표 2-2〉 2022 개정 교육과정에서 바라본 '안전·건강 교육'의 핵심 기반 요소

항목	내용	'안전·건강 교육'과의 관련성
인간상	자기 주도적인 사람	스스로 건강을 관리하고, 위기 상황에서 안전을 지킬 수 있는 역량 함양
핵심역량	자기관리 역량	안전한 생활 습관 형성, 정신·신체적 건강관리, 감정조절 능력
범교과 주제	안전·건강 교육	교과를 넘나들며 통합적으로 다뤄야 할 핵심 주제 중 하나로 명시
건강한 일상 실천	실천 중심 교육 강조	앉는 자세, 수면, 운동, 식습관 등 생활밀착형 주제에 대한 실천력 중요

〈표 2-3〉은 최근 사회에서 주목받는 건강·안전 관련 트렌드를 중심으로, 그에 따른 교육적 의미와 학교자율시간에서 실과 중심으로 연계할 수 있는 활동 소재를 정리한 것입니다.

〈표 2-3〉 사회 트렌드 기반 '안전·건강 교육'의 학교자율시간 연계 가능 소재

트렌드	관련 내용	학교자율시간 연계 가능 소재
건강·위생 민감도 증가	감염병 예방, 개인 위생관리 강화	손 씻기 실험, 세균 관찰 활동, 마스크·소독제 만들기
정신 건강 이슈 부상	스트레스, 불안, 자존감 회복 강조	감정 코칭, 호흡 명상, 정서 놀이 활동
신체 활동 부족	디지털 과의존으로 인한 운동량 감소	교내 걷기 챌린지, 건강 놀이 지도 제작
웰니스(Wellness) 문화 확산	건강한 식사, 마음 돌봄, 자연과의 교감 등 통합적 건강 개념	건강 간식 만들기, 치유 식물 키우기, '나를 돌보는 하루' 프로젝트

예를 들어, 감염병 예방과 개인위생에 대한 사회적 관심이 높아지면서 손 씻기 실험이나 세균 관찰 활동, 마스크·소독제 만들기와 같은 위생 실천 활동이 학생들의 건강 생활 습관 형성에 효과적으로 활용될 수 있습니다.

또한 정신 건강에 대한 이슈가 부상함에 따라, 감정 조절과 자존감 회복을 돕는 감정 코칭, 호흡

명상, 정서 놀이 활동이 필요해졌으며, 이는 실과의 '나의 성장과 주도적 삶' 영역과도 자연스럽게 연결됩니다.

디지털 기기 사용 증가로 인해 운동량이 감소하고 있다는 점은 신체 활동의 필요성을 부각시키며, 학교에서는 교내 걷기 챌린지나 건강 놀이 지도 제작과 같은 활동으로 학생들의 신체적 활력을 증진시킬 수 있습니다.

마지막으로, 최근 확산되고 있는 웰니스(Wellness) 문화는 단순한 신체 건강을 넘어 마음 돌봄과 자연과의 교감까지 포함하는 통합적 건강 개념을 강조합니다. 이러한 흐름은 '건강 간식 만들기', '치유 식물 키우기', '나를 돌보는 하루' 프로젝트 등의 활동으로 구체화될 수 있으며, 학생들이 자기 삶의 균형을 스스로 가꾸는 데 도움을 줍니다.

결론적으로, 〈표 2-3〉은 학교자율시간을 통해 실과 교과가 사회 변화와 유기적으로 연결될 수 있음을 보여주며, 생활 속에서 건강과 안전을 주도적으로 실천할 수 있도록 돕는 교육 활동의 방향을 제시합니다.

〈표 2-4〉는 2022 개정 실과 교육과정의 5개 영역 중에서 '안전·건강 교육'과 밀접하게 연관된 부분을 중심으로, 자율활동 시간에 활용할 수 있는 구체적인 활동 아이디어를 정리한 것입니다.

〈표 2-4〉 '안전·건강 교육'과 연계한 실과 영역별 자율활동 아이디어

실과 영역	관련 내용	예시 활동 주제
생활환경과 지속 가능한 선택	안전한 가정 환경 구성	우리 집 안전 지도 만들기, 응급상황 대처법 배우기
인간 발달과 주도적 삶	건강한 간식·식단 구성	나만의 아침 식단 짜기, 3대 영양소 스티커 북 만들기
생활환경과 지속 가능한 선택	위생 관리 및 도구 안전 사용	손 씻기 실험, 소형 도구 안전 수칙 익히기
인간 발달과 주도적 삶	건강·의료 관련 직업 탐색	학교 보건 선생님 인터뷰, 미래 건강 전문가 탐색

각 실과 영역이 다루는 핵심 내용을 바탕으로, 학생들의 실제 생활과 연결된 안전과 건강 주제를 뽑아, 누구나 바로 수업으로 적용할 수 있는 활동 예시를 함께 제시하였습니다.

예를 들어, '자원 관리와 자립적 생활' 영역에서는 가정 내 안전지도 만들기나 응급상황 대처법 익히기와 같은 활동을 통해 생활 속 안전 감수성을 높일 수 있고, '나의 성장과 주도적 삶' 영역에서는 건강한 식습관 형성이나 건강 관련 직업 탐색을 통해 자기 건강을 돌보는 힘과 진로 인식을 키울 수 있습니다.

이처럼 실과 교과는 안전과 건강 교육을 생활 밀착형으로 풀어낼 수 있는 강력한 기반을 제공하며, 학교자율시간에서도 학생들이 흥미롭게 몰입하고 실천할 수 있는 주제로 자연스럽게 확장될 수 있습니다.

〈표 2-5〉는 기존의 전통적인 안전·건강 교육을 넘어, 미래지향적 관점에서 새롭게 접근할 수 있는 실천 주제들을 정리한 것입니다. 학생들의 생활과 밀접하게 관련된 실과 교육의 맥락 안에서, 보다 창의적이고 통합적인 사고를 이끌어낼 수 있도록 4가지 신개념 접근 방식을 중심으로 활동 소재를 제시하고 있습니다.

〈표 2-5〉 미래를 준비하는 '안전·건강 교육'의 활동 소재

신개념 접근	내용	실과 중심 활동 소재화 예시
생활 속 안전 알고리즘	'문제상황 → 판단 → 선택' 구조로 알고리즘화	'가정 내 화재 상황 대처법 알고리즘 만들기'
헬스 리터러시	건강 정보 해석, 실천, 의사결정 능력	'광고 속 건강 정보 팩트 체크', '건강 뉴스 브리핑' 만들기
마음 건강 챌린지	자기 감정 인식 및 회복 탄력성 훈련	'하루 3분 호흡명상', '감정 일기 & 스트레스 온도계'
미래 건강 기술 체험	스마트 건강 기기, 웨어러블 기술, AI 헬스 등	'스마트 워치 체험하기', '미래형 건강 관리 앱 기획'

먼저 '생활 속 안전 알고리즘'은 '문제 상황 → 판단 → 선택'이라는 일상의 사고 과정을 알고리즘으로 표현하는 접근입니다. 예를 들어, '가정 내 화재 상황 대처법'을 스스로 알고리즘화해 보는 활동은 학생들에게 문제 해결력과 안전 대응 능력을 동시에 길러줍니다.

두 번째는 '헬스 리터러시(Health Literacy)', 즉 건강 정보에 대한 비판적 해석과 실천, 의사결정 능력을 키우는 접근입니다. '광고 속 건강 정보 팩트 체크'나 '건강 뉴스 브리핑 만들기' 활동은 올바른 건강 정보 습득과 표현력, 매체 활용 능력을 함께 기를 수 있는 좋은 소재입니다.

세 번째는 '마음 건강 챌린지'입니다. 이는 자기 감정을 인식하고, 회복하는 능력(회복탄력성)을 키우기 위한 활동으로, '하루 3분 호흡명상', '감정 일기 & 스트레스 온도계' 같은 활동이 해당됩니다. 이 접근은 정서 조절력과 자기 관리 역량을 자연스럽게 확장합니다.

마지막으로 '미래 건강 기술 체험'은 스마트 워치, 웨어러블 기술, AI 헬스 등과 같은 첨단 건강 기술을 탐색하고 체험하는 활동입니다. '스마트 워치 체험하기', '건강 앱 기획하기' 등은 실과의 진로·기술 영역과 연결되며, 미래 사회 변화에 대한 통찰과 창의적 진로 탐색을 유도할 수 있습니다.

이처럼 이 표는 기존의 건강·안전 교육에서 한걸음 더 나아가, 미래사회와 연결된 실천적이고 융합적인 활동 방향을 구체적으로 제시합니다. 학교자율시간의 주제를 새롭게 구성하고자 할 때 강력한 참고 틀이 될 수 있습니다.

〈표 2-6〉은 학교자율시간에서 실과를 중심으로 안전과 건강 교육을 실제 수업 활동으로 구성할 때 활용할 수 있는 구체적인 프로그램 예시를 정리한 것입니다. 각 활동은 단순한 정보 전달을 넘어서, 학생들이 스스로 실천하고 경험하며 배울 수 있도록 설계되었으며, 관련 교과와도 긴밀하게 연계되어 융합형 수업이 가능합니다.

예를 들어, '건강 간식 개발소' 활동은 나만의 건강 간식을 만들고 그 영양 성분을 분석하는 과정으로 구성되며, 실과와 과학, 체육 교과가 함께 연결됩니다.

'내 몸을 지키는 생활 알고리즘'은 화재나 사고 등 생활 속 안전 상황에 대한 대처 방법을 '상황 → 판단 → 선택'의 구조로 알고리즘화하며, 실과, 도덕, 국어와의 융합이 자연스럽게 이루어집니다.

또한 '마음이 아플 땐, 이렇게 해요'는 학생들이 스트레스나 우울감 등 감정을 인식하고 표현하며 조절하는 훈련을 통해 정서적 회복탄력성을 기를 수 있는 활동이며, 실과, 도덕, 창의적 체험활동과 함께 운영할 수 있습니다.

'우리 반 건강 챌린지'는 걸음 수, 수면, 간식, 감정 등의 건강 지표를 측정하고 기록하는 활동으로, 학생 주도적인 건강관리 습관 형성을 도우며 수학, 체육과 실과를 통합하여 설계할 수 있습니다.

〈표 2-6〉 미래를 준비하는 '안전·건강 교육'의 활동 아이디어

활동 제목	활동 핵심	관련 교과
건강 간식 개발소	나만의 건강 간식 만들기와 영양 성분 분석	실과·과학·체육
내 몸을 지키는 생활 알고리즘	생활 속 안전 상황별 대처법 알고리즘화	실과·도덕·국어
마음이 아플 땐, 이렇게 해요	스트레스, 우울감 등 감정 표현과 조절 훈련	실과·도덕·창체
우리 반 건강 챌린지	걸음 수, 수면, 간식, 감정 등 건강지표 측정과 기록	실과·수학·체육
세균 탐정단	일상생활 속 세균 오염 조사와 예방법 찾기	실과·과학

마지막으로 '세균 탐정단'은 생활 속 세균 오염 실태를 조사하고 그 예방법을 탐색하는 활동으로, 실과와 과학을 연계한 탐구형 수업에 적합합니다.

이처럼 이 표는 안전·건강 교육을 실과 중심의 융합적이고 실천적인 활동으로 전환할 수 있는 구체적 사례들을 제공하며, 학교 현장에서 자율적으로 설계하거나 변형하여 활용하기에 매우 유용한 틀을 제시합니다.

위에서 살펴본 내용을 바탕으로 '안전·건강 교육'과 '실과 교육과정'을 창의적으로 융합한 학교자율시간의 활동 주제를 하나의 예로 제시하면 다음과 같습니다. 이것은 학교 통합형, 학년 연계형, 학급 독립형으로도 자유롭게 선택하여 적용할 수 있도록 고려하였습니다.

대주제	오늘도 건강하게! 나를 돌보는 습관의 힘 (몸과 마음의 작은 실천으로 키우는 평생 건강의 씨앗)	
학년	학년별 활동 주제	중심 키워드
3	손 씻기 탐험대: 세균 나라를 지켜라!	놀이, 위생, 건강 기초 습관
4	건강한 하루를 디자인해요	루틴, 자기관리, 일상 실천
5	마음이 힘들 땐, 이렇게 해요	감정 인식, 회복, 정서 건강
6	미래 건강을 설계하는 나만의 웰니스 플랜	통합 관리, 스마트 건강, 실천 설계

2. '인성 교육'과 '실과' 교과를 연계한 활동 소재 찾기

'인성 교육'은 범교과 학습 주제의 두 번째 주제입니다. 이번에는 '인성 교육'과 '실과 교육과정'의 융합 가능성을 여러모로 조망하며 학생들의 삶과 연결된 실제적이고 의미 있는 활동 아이디어를 도출해 보려고 합니다.

〈표 2-7〉은 2022 개정 교육과정에서 '인성 교육'을 어떤 관점과 기반 위에서 바라보고 있는지를 네 가지 측면에서 정리한 것입니다.

〈표 2-7〉 2022 개정 교육과정에서 바라본 '인성 교육'의 핵심 기반 요소

항목	내용	'인성 교육'과의 관련성
인간상	교양 있는 사람	타인과 더불어 살아가며 예의를 지키고 배려하는 삶의 태도를 갖춘 사람을 지향함
핵심 역량	공동체 역량	더불어 살아가는 사회 구성원으로서의 책임감, 시민의식, 도덕적 판단력 함양
범교과 주제	인성 교육	모든 교과와 비교과를 아우르는 학교 교육의 중심 가치로 명시됨
관계 중심 생활 실천	실천 중심 교육 강조	가정·학교·사회 속 다양한 관계에서 인성과 관련된 실천력(말·태도·행동) 중요

교육이 추구하는 인간상으로는 '교양 있는 사람'을 제시하며, 이는 타인과 더불어 살아가며 예의를 지키고 배려하는 태도를 가진 사람을 의미합니다. 핵심 역량으로는 '공동체 역량'이 강조되며, 이는 사회 구성원으로서의 책임감과 시민의식, 도덕적 판단력을 포함합니다.

'인성 교육'은 모든 교과와 비교과를 아우르는 학교 교육의 중심 가치로 명시되어 있으며, 실천 중심 교육 강화 측면에서는 가정, 학교, 사회 속 다양한 관계에서 인성과 관련된 말, 태도, 행동을 실제 삶에서 실천하는 역량이 중요함을 강조하고 있습니다.

이러한 내용은 교실 속 인성 교육이 단지 이론적 지식 전달에 머무는 것이 아니라, 삶 속에서 실

천하고 경험하는 교육으로 자리 잡아야 함을 잘 보여줍니다.

〈표 2-8〉은 최근 사회 변화 속에서 인성 교육의 필요성과 방향을 보여주는 주요 트렌드와 이를 학교자율시간 활동으로 연결할 수 있는 아이디어를 제시한 것입니다.

〈표 2-8〉 사회 트렌드 기반 '인성 교육'의 학교자율시간 연계 가능 소재

트렌드	관련 내용	학교자율시간 연계 가능 소재
디지털 공감력 저하	SNS 중심의 소통 방식으로 공감력·예절 약화	감정 표현 카드 만들기, 공감 연극 활동
관계 회복의 필요	갈등 회피와 단절이 증가하며 친구관계 취약	사과 연습 프로젝트, 친구에게 쓰는 편지
시민의식과 공존 가치 강조	다양성 존중, 책임 있는 의사소통 능력 강조	역할극으로 배우는 배려와 존중, 의견 나누기 워크숍
공동체 속 정체성 탐색	소속감과 연대감을 느낄 수 있는 활동 필요	우리 반 규칙 만들기, 함께 만드는 교실 신문

첫째, 디지털 시대의 소통 방식이 주는 영향으로 공감력과 예절이 약화되는 문제를 반영하여, 감정을 표현하고 공감하는 활동이 필요합니다. 예를 들어 감정 표현 카드를 만들거나 공감 연극을 해보는 활동이 제안됩니다.

둘째, 친구 관계에서 갈등 회피와 단절이 증가하면서 관계 회복의 중요성이 커지고 있습니다. 이에 따라 사과 연습 프로젝트나 친구에게 쓰는 편지 활동을 통해 관계 회복을 지원할 수 있습니다.

셋째, 다양한 사람들과 더불어 살아가는 데 필요한 시민의식과 공존의 가치를 키우기 위해, 배려와 존중을 주제로 한 역할극이나 의견 나누기 워크숍 등의 활동이 추천됩니다.

마지막으로, 학생들이 소속감과 연대감을 경험할 수 있도록 공동체 안에서 자신을 드러내고 서로를 존중하는 활동이 필요합니다. 예를 들어 우리 반 규칙을 함께 만들거나 교실 신문을 공동 제작하는 활동이 이에 해당합니다.

이러한 소재들은 교실 속 인성 교육을 보다 실제적이고 살아있는 경험으로 확장시키는 데 기여할 수 있습니다.

〈표 2-9〉는 '인성 교육'과 실과의 2022 개정 교육과정 영역을 연계하여 학교자율시간에서 활용할 수 있는 활동 아이디어를 정리한 것입니다.

〈표 2-9〉 '인성 교육'과 연계한 실과 영역별 자율활동 아이디어

실과 영역	관련 내용	예시 활동 주제
인간 발달과 주도적 삶	자신의 감정과 태도를 인식하고 표현함	나의 장점 탐색하기, 감정 일기 쓰기
생활환경과 지속 가능한 선택	가정과 사회에서 배려·협력하는 생활 습관 형성	가족을 위한 일주일 실천 미션, 가정 내 갈등 줄이기 계획
지속 가능한 기술과 융합	타인을 위한 기술 활용 및 윤리적 판단	배려를 담은 발명품 아이디어 구상
인간 발달과 주도적 삶	직업 세계에서 요구되는 인성과 태도 이해	인성이 중요한 직업 찾기, 직업인 인터뷰 정리

'인간 발달과 주도적 삶' 영역에서는 자신의 감정과 태도를 인식하고 표현하는 활동이 중요합니다. 이를 위해 '나의 장점 탐색하기', '감정 일기 쓰기'와 같은 자아 탐색 활동이 제안됩니다.

'생활환경과 지속 가능한 선택' 영역에서는 가정과 사회 속에서 배려와 협력의 생활 습관을 기르는 활동이 필요합니다. 예를 들어 '가족을 위한 일주일 실천 미션'이나 '가정 내 갈등 줄이기 계획'과 같은 실천 중심 과제가 적합합니다.

'지속 가능한 기술과 융합' 영역에서는 기술을 타인을 위해 어떻게 활용할 수 있을지를 고민하고 윤리적으로 판단하는 능력을 기르는 것이 핵심입니다. '배려를 담은 발명품 아이디어 구상' 같은 활동이 여기에 해당합니다.

'인간 발달과 주도적 삶' 영역에서 진로 맥락을 고려하여, 직업 세계에서 요구되는 인성과 태도를 이해하는 활동도 필요합니다. 예를 들어 '인성이 중요한 직업 찾기', '직업인 인터뷰 정리'와 같은 활동을 통해, 인성이 직업과 삶에 어떻게 연결되는지를 자연스럽게 배울 수 있습니다.

이러한 활동들은 실과의 교육 목표와 인성 교육의 핵심 가치를 융합하여, 학생들의 삶과 연결된 진정한 배움으로 확장시킬 수 있습니다.

〈표 2-10〉은 미래 사회를 대비한 인성 교육의 새로운 접근 방식과 이를 실과 중심 활동으로 구체화할 수 있는 아이디어를 제시한 것입니다.

〈표 2-10〉 미래를 준비하는 '인성 교육'의 활동 소재

신개념 접근	내용	실과 중심 활동 소재화 예시
디지털 공감력 훈련	온라인 환경에서도 감정을 읽고 존중하는 능력 기르기	'온라인 감정 표현 퀴즈, 이모티콘 공감 대화 연습
사과와 회복의 기술	갈등 후 회복력을 기르기 위한 실천 훈련	나의 사과 매뉴얼 만들기, 갈등 대화 재연극
공동체 감수성 확장	나와 공동체를 연결짓는 연대감 형성	반 친구 이름으로 시 쓰기, '우리 반 칭찬 지도' 만들기
공감형 진로 탐색	사람을 돕는 직업에 담긴 인성과 가치 탐색	공감 직업 카드 만들기, 배려 직업 전시회 기획

'디지털 공감력 훈련'은 온라인 환경에서도 타인의 감정을 읽고 공감하며 존중하는 능력을 기르는 것을 목표로 합니다. 예를 들어 '온라인 감정 표현 퀴즈', '이모티콘 공감 대화 연습'과 같은 활동이 여기에 해당합니다.

'사과와 회복의 기술'은 갈등이 발생한 후, 상대방과의 관계를 회복하기 위한 실천적 기술을 익히는 활동으로, '나의 사과 매뉴얼 만들기', '갈등 대화 재연극' 등이 제안됩니다.

'공동체 감수성 확장'은 나 자신을 공동체와 연결 짓고, 그 속에서 연대감을 느끼는 활동을 말합니다. 이를 위해 '반 친구 이름으로 시 쓰기', '우리 반 칭찬 지도 만들기' 등의 활동이 유용합니다.

'공감형 진로 탐색'은 사람을 돕는 직업에 담긴 인성과 가치를 탐색하는 활동으로, '공감 직업 카드 만들기', '배려 직업 전시회 기획' 등이 학생의 진로 인성과 연결될 수 있습니다.

이와 같은 활동들은 미래 사회에서 필요한 감정 인식 능력, 회복탄력성, 연대감, 공감 기반 진로 탐색 등의 인성 역량을 학생의 일상과 진로 속에서 자연스럽게 키워주는 데 효과적인 교육적 접근이라 할 수 있습니다.

〈표 2-11〉은 미래 사회를 준비하는 관점에서 '인성 교육'을 실천적으로 구현할 수 있는 활동 아이디어를 제시한 것입니다.

〈표 2-11〉 미래를 준비하는 '인성 교육'의 활동 아이디어

활동 제목	활동 핵심	관련 교과
공감의 말꽃 키우기	따뜻한 말 습관을 위한 말꽃 표현 훈련	실과·국어·도덕
나의 사과 연습장	진심 어린 사과의 3단계 실천 훈련	실과·도덕·창체
반짝반짝 칭찬 지도	교실 속 숨은 장점을 찾고 시각화하는 공동체 활동	실과·미술·도덕
온라인 예절 탐험대	디지털 공간에서의 인성 실천 전략 익히기	실과·정보·국어
배려직업 인터뷰	인성이 핵심이 되는 직업인을 만나고 배운 점 나누기	실과·진로·창체

첫 번째 활동인 '공감의 말꽃 키우기'는 따뜻한 말을 나누는 습관을 기르기 위한 것으로, 말꽃 표현 훈련을 통해 일상 속 공감의 언어를 확장할 수 있습니다. 두 번째 '나의 사과 연습장'은 진심 어린 사과를 위한 3단계 실천 훈련으로, 사과의 말·태도·행동을 익히는 데 중점을 둡니다. '반짝반짝 칭찬 지도'는 교실 속 친구들의 장점을 찾아 시각화하는 공동체 활동으로, 서로를 인정하고 긍정적으로 바라보는 눈을 기르는 데 도움이 됩니다. '온라인 예절 탐험대'는 디지털 공간에서도 예의를 지키고 인성을 실천할 수 있도록 전략을 익히는 활동이며, '배려직업 인터뷰'는 인성을 핵심 가치로 삼는 직업인을 만나보고 그로부터 배운 점을 나누는 진로 탐색 활동입니다.

이러한 활동들은 실과를 중심으로 국어, 도덕, 미술, 창체, 진로 등 다양한 교과와 융합할 수 있으며, 학생들이 자신의 말과 행동을 돌아보고, 타인을 배려하며, 사회 속에서 함께 살아가는 존재로 성장해 가는 데 실질적인 도움을 줄 수 있습니다.

위에서 살펴본 내용을 바탕으로 '인성 교육'과 '실과 교육과정'을 창의적으로 융합한 학교자율시간의 활동 주제를 하나의 예로 제시하면 다음과 같습니다. 이것은 학교 통합형, 학년 연계형, 학급 독립형으로도 자유롭게 선택하여 적용할 수 있도록 고려하였습니다.

대주제	마음을 나누는 연습 (함께 살아가는 따뜻한 교실 만들기)	
학년	학년별 활동 주제	중심 키워드
3	내 마음에도 이름이 있어요	감정 자각, 공감 시작
4	진짜 친구는 말보다 행동에 있어요	배려, 갈등 이해, 실천 태도
5	함께해서 더 좋은 나	다양성, 협력, 공동체
6	나도 누군가의 롤모델이 될 수 있어요	책임, 선한 영향력, 실천

'인성 교육'과 '실과 교육과정'을 창의·융합한 학교자율시간의 활동 주제

3. '진로 교육'과 '실과' 교과를 연계한 활동 소재 찾기

'진로 교육'은 범교과 학습 주제의 세 번째 주제입니다. 이번에는 '진로 교육'과 '실과 교육과정'의 융합 가능성을 여러모로 조망하며 학생들의 삶과 연결된 실제적이고 의미 있는 활동 아이디어를 도출해 보려고 합니다.

〈표 2-12〉는 2022 개정 교육과정이 '진로 교육'을 어떤 관점에서 바라보고 있으며, 교육적 강조점이 무엇인지 네 가지 핵심 요소로 정리한 것입니다.

먼저, 진로 교육이 지향하는 인간상은 '자기 주도적인 사람'으로, 자신의 가능성과 적성을 탐색하고, 미래의 삶을 주체적으로 설계해 나가는 태도를 강조합니다. 핵심 역량으로는 '자기관리 역량'이 중심이 되며, 이는 진로 인식 → 탐색 → 준비로 이어지는 전 과정을 스스로 계획하고 실행하는 능력을 포함합니다.

〈표 2-12〉 2022 개정 교육과정에서 바라본 '진로 교육'의 핵심 기반 요소

항목	내용	'진로 교육'과의 관련성
인간상	자기 주도적인 사람	자신의 가능성을 탐색하고, 미래 삶을 스스로 설계하는 삶의 태도 강조
핵심역량	자기관리 역량	진로 인식, 진로 탐색, 진로 준비의 과정을 주도적으로 실행하는 역량
범교과 주제	진로 교육	전 교과 및 비교과 활동을 통해 통합적으로 다뤄야 할 필수 교육 주제
삶과 일의 연결	전 생애에 걸친 진로역량 함양 중시	학습과 실천 활동을 통해 삶과 직업 세계의 의미를 연결 짓는 경험 강조

진로 교육은 단일 교과에 머무르지 않고 전 교과 및 비교과 활동을 아우르는 통합적인 주제로, 모든 학습 영역에서 함께 다루어져야 할 중요한 범교과 학습 주제입니다. 또한, 진로는 특정 시기의 선택을 넘어 전 생애에 걸친 여정으로 바라보아야 하며, 학교에서는 다양한 실천 활동을 통해 학생이 자신의 삶과 직업 세계의 의미를 연결 지을 수 있도록 돕는 경험 중심의 교육이 중요하게 여겨집니다.

이러한 내용은 진로 교육이 단순한 직업 정보 전달이 아니라, 학생 스스로 자신의 미래를 탐색하고 설계하는 힘을 길러주는 교육임을 보여줍니다.

〈표 2-13〉은 사회의 변화 속에서 진로 교육이 다루어야 할 핵심 트렌드와 이를 학교자율시간 활동으로 연결할 수 있는 실천 아이디어를 제시한 것입니다.

〈표 2-13〉 사회 트렌드 기반 '진로 교육'의 학교자율시간 연계 가능 소재

트렌드	관련 내용	학교자율시간 연계 가능 소재
진로 불확실성 증가	변화하는 직업 세계 속 미래 예측과 자기 설계 필요	미래 직업 카드 만들기, 나의 100세 인생 설계도
진로 조기화 현상	초등부터 진로 정보 노출 증가	직업 인터뷰 프로젝트, 우리 마을 직업 지도 그리기
진로와 가치의 통합	나답게 일하기, 의미 있는 일 찾기 강조	나의 강점 찾기 워크숍, 가치를 담은 직업 기획서 만들기
진로와 기술의 융합	디지털·AI 기술 기반 진로 다양화	AI 직업 알아보기, 미래형 직업 브로슈어 만들기

첫째, '진로 불확실성 증가'는 급변하는 직업 세계에서 자신의 미래를 주체적으로 설계할 수 있는 역량이 필요함을 강조합니다. 이를 위해 '미래 직업 카드 만들기', '나의 100세 인생 설계도'와 같은 활동이 유용합니다.

둘째, '진로 조기화 현상'은 초등학생들도 진로 정보에 일찍 노출되고 있는 현실을 반영한 것으로, '직업 인터뷰 프로젝트'나 '우리 마음 직업 지도 그리기' 활동을 통해 진로에 대한 인식을 자연스럽게 확장할 수 있습니다.

셋째, '진로와 가치의 통합'은 일의 의미와 개인의 가치가 일치하는 진로 설계가 중요해지는 흐름을 보여줍니다. 이에 따라 '나의 강점 찾기 워크숍', '가치를 담은 직업 기획서 만들기' 같은 활동이 적합합니다.

넷째, '진로와 기술의 융합'은 디지털과 AI 기술을 바탕으로 새로운 직업군이 등장하고 있음을 반영하며, 'AI 직업 알아보기', '미래형 직업 브로슈어 만들기'와 같은 활동으로의 확장이 가능합니다.

이러한 활동들은 학생들이 자신의 적성과 가치, 미래 환경을 종합적으로 고려하며 주도적인 진로 탐색 역량을 키울 수 있도록 돕는 학교자율시간 활동의 좋은 예시가 됩니다.

〈표 2-14〉는 2022 개정 실과 교육과정의 4개 영역과 '진로 교육'을 연결하여, 학교자율시간에 적용할 수 있는 활동 아이디어를 제시한 것입니다.

〈표 2-14〉 '진로 교육'과 연계한 실과 영역별 자율활동 아이디어

실과 영역	관련 내용	예시 활동 주제
인간 발달과 주도적 삶	자기 이해와 미래 설계에 관한 관심 증진	나의 강점 탐색하기, 나의 진로 인생곡선 그리기
디지털 사회와 인공지능	디지털 기술과 진로 세계의 연계 이해	AI 관련 직업 인터뷰, 스마트 직업 카드 만들기
지속 가능한 기술과 융합	환경·기술 변화에 대응하는 직업 탐색	기후 대응 직업 찾기, 녹색 기술 창업 아이디어 내기
생활환경과 지속 가능한 선택	직업과 일의 사회적 책임 인식	이웃을 위한 직업 상상하기, 공공 직업 찾기 미션

첫 번째로 '인간 발달과 주도적 삶' 영역에서는 자기 이해와 미래 설계에 대한 관심을 키우는 것이 핵심입니다. 이에 따라 '나의 강점 탐색하기'나 '나의 진로 인생곡선 그리기'와 같은 활동이 효과적

입니다.

두 번째 '디지털 사회와 인공지능' 영역에서는 디지털 기술과 진로 세계를 연결하는 통찰력을 기르기 위해, 'AI 관련 직업 인터뷰', '스마트 직업 카드 만들기' 등의 활동이 제안됩니다.

세 번째 '지속 가능한 기술과 융합' 영역에서는 환경 변화에 대응할 수 있는 직업을 탐색하는 활동이 중심이 됩니다. 예를 들어 '기후 대응 직업 찾기', '녹색 기술 창업 아이디어 내기'와 같은 과제가 여기에 해당합니다.

마지막으로 '생활환경과 지속 가능한 선택' 영역에서는 직업과 일의 사회적 책임을 인식하게 하는 활동이 강조됩니다. 예를 들어 '이웃을 위한 직업 상상하기', '공공 직업 찾기 미션'과 같은 활동을 통해 진로와 공동체의 연결을 배울 수 있습니다.

이러한 활동들은 실과 교육 목표와 진로 교육의 본질을 자연스럽게 융합하여, 학생들이 자신의 삶과 미래 직업 세계를 통합적으로 이해하고 주도적으로 설계할 수 있도록 이끌어 줍니다.

〈표 2-15〉는 미래를 준비하는 진로 교육에서 강조되는 네 가지 신개념 접근을 중심으로, 학교자율시간에 적용 가능한 활동 소재를 구체적으로 제시한 표입니다.

〈표 2-15〉 미래를 준비하는 '진로 교육'의 활동 소재

신개념 접근	내용	실과 중심 활동 소재화 예시
진로 내비게이션	자신의 강점과 적성을 기반으로 경로를 설계하는 훈련	'나를 움직이는 힘' 키워드 찾기, 진로지도 그리기
진로 정체성 확립	일과 삶의 의미를 통합하여 자기 삶의 비전을 설정	가치 기반 직업 탐색 활동, 나의 진로 선언문 작성
융합 진로 체험	다양한 교과·기술을 연결하여 직업 세계를 창의적으로 이해	교과 융합 직업 만들기, OOO박사 되어보기 프로젝트
미래사회 대응 전략	불확실한 사회 변화에 유연하게 대응하는 사고력 함양	미래 직업 시나리오 작성, AI와 함께하는 직업 탐색 쇼

첫째, '진로 내비게이션'은 자신의 강점과 적성을 기반으로 진로 경로를 설계하는 능력을 기르는 훈련을 의미합니다. 이를 위해 '나를 움직이는 힘' 키워드 찾기나 '진로지도 그리기'와 같은 활동이 적절합니다.

둘째, '진로 정체성 확립'은 일과 삶의 의미를 통합적으로 이해하고 자기 삶의 비전을 설정하는 과정입니다. 이에 따라 '가치 기반 직업 탐색 활동', '나의 진로 선언문 작성'과 같은 자기 성찰 중심의 활동이 효과적입니다.

셋째, '융합 진로 체험'은 다양한 교과와 기술을 연결하여 직업 세계를 창의적으로 탐색하는 경험을 강조합니다. 이를 실현할 수 있는 활동으로는 '교과 융합 직업 만들기'나 'OOO 박사 되어보기 프로젝트' 등이 있습니다.

넷째, '미래사회 대응 전략'은 불확실한 사회 변화 속에서 유연하게 대응하는 사고력을 키우는 데 목적이 있으며, '미래 직업 시나리오 작성', 'AI와 함께하는 직업 탐색 쇼' 등의 활동으로 구체화할 수 있습니다.

이러한 활동들은 단순한 직업 정보 제공을 넘어, 학생 스스로 자신의 삶과 진로를 주도적으로 설계하고 미래를 준비할 수 있도록 돕는 창의적이고 통합적인 진로 교육의 실천 사례라 할 수 있습니다.

〈표 2-16〉은 미래를 준비하는 '진로 교육'의 핵심 내용을 중심으로, 학교자율시간에 적용할 수 있는 활동 아이디어를 제시한 것입니다. 각 활동은 학생 스스로 자신의 진로를 탐색하고 구체화해나가는 경험을 제공하며, 다양한 교과와의 융합을 통해 풍부한 학습 효과를 기대할 수 있습니다.

〈표 2-16〉 미래를 준비하는 '진로 교육'의 활동 아이디어

활동 제목	활동 핵심	관련 교과
나를 움직이는 키워드	자기 이해를 바탕으로 진로 핵심 가치 도출	실과·도덕·국어
진로 인터뷰 미션	주변 사람의 직업 세계 탐색과 진로 태도 분석	실과·국어·창체
진로 선언문 쓰기	미래 삶을 위한 나의 진로 다짐과 실천 전략 구상	실과·도덕·미술
미래 직업 브로슈어 만들기	AI, 기후, 고령화 등 미래 사회에 대응하는 직업 탐색	실과·국어·사회
나의 진로 포트폴리오	흥미·강점·가치를 바탕으로 진로 자료 통합 정리	실과·창체·수학

첫째, '나를 움직이는 키워드'는 자기 이해를 바탕으로 진로의 핵심 가치를 도출하는 활동으로, 실과와 도덕, 국어 교과와 연계됩니다.

둘째, '진로 인터뷰 미션'은 주변 사람들의 직업 세계를 탐색하고 태도를 분석하는 과정으로, 실과, 국어, 창체와 결합된 프로젝트형 활동입니다.

셋째, '진로 선언문 쓰기'는 자신의 미래를 구체적으로 그려보고 실천 전략을 세우는 표현 활동으로, 실과, 도덕, 미술과의 융합이 가능합니다.

넷째, '미래 직업 브로슈어 만들기'는 AI, 기후, 고령화 등 미래사회의 변화 속에서 의미 있는 직업을 탐색하는 활동으로, 실과, 국어, 사회 교과와 연결됩니다.

마지막으로 '나의 진로 포트폴리오'는 학생의 흥미와 강점, 가치 등을 종합 정리하여 진로 자료로 통합하는 활동으로, 실과, 창체, 수학을 활용한 자기주도적 학습의 예시가 됩니다.

이러한 활동들은 학생들의 진로 인식을 깊이 있게 확장시키고,
미래 사회에서 요구되는 역량을 자연스럽게 기를 수 있도록 돕는 진로 교육 실천 모델로 매우 유용합니다.

위에서 살펴본 내용을 바탕으로 '진로 교육'과 '실과 교육과정'을 창의적으로 융합한 학교자율시간의 활동 주제를 하나의 예로 제시하면 다음과 같습니다. 이것은 학교 통합형, 학년 연계형, 학급 독립형으로도 자유롭게 선택하여 적용할 수 있도록 고려하였습니다.

'진로 교육'과 '실과 교육과정'을 창의·융합한 학교자율시간의 활동 주제		
대주제	내가 꿈꾸는 일, 나답게 살아가는 길 (어린이의 눈으로 찾아가는 진로 감수성과 자기설계 프로젝트)	
학년	학년별 활동 주제	중심 키워드
3	이 일을 하는 사람은 누구일까요?	직업 인식, 관찰, 놀이
4	나와 닮은 직업을 찾아볼까요?	자기 이해, 흥미 탐색
5	미래에는 어떤 일이 생길까요?	미래 변화, 상상, 창의 표현
6	진짜 나를 위한 진로 로드맵 그리기	자기 설계, 삶의 연결, 계획화

4. '민주 시민 교육'과 '실과' 교과를 연계한 활동 소재 찾기

'민주 시민 교육'은 범교과 학습 주제의 네 번째 주제입니다. 이번에는 '민주 시민 교육'과 '실과 교육과정'의 융합 가능성을 여러모로 조망하며 학생들의 삶과 연결된 실제적이고 의미 있는 활동 아이디어를 도출해 보려고 합니다.

〈표 2-17〉은 2022 개정 교육과정에서 강조하는 '민주 시민 교육'의 핵심 요소를 정리한 표로, 이를 실과 교과와 연계해 어떻게 학교자율시간 활동으로 구체화할 수 있는지를 이해하는 데 도움이 됩니다.

〈표 2-17〉 2022 개정 교육과정에서 바라본 '민주 시민 교육'의 핵심 기반 요소

항목	내용	'진로 교육'과의 관련성
인간상	더불어 사는 사람	민주주의의 가치와 공동체 의식을 실천하는 시민으로 성장
핵심 역량	공동체 역량	타인의 권리를 존중하고 공공의 이익을 고려하는 능력
범교과 주제	민주 시민 교육	참여, 책임, 존중을 중심으로 모든 교과에 통합적 적용 가능
참여적 실천 강조	민주시민으로서 일상 속 참여 능력 함양	다양한 의견을 듣고 나누며 스스로 결정하고 행동하는 경험 중요

인간상 차원에서는 '더불어 사는 사람'을 지향하며, 이는 민주주의의 가치와 공동체 의식을 실천하는 시민으로 성장하도록 돕는 방향과 맞닿아 있습니다. 핵심 역량은 '공동체 역량'으로, 타인의 권리를 존중하고 공공의 이익을 고려하는 능력을 기르는 데 중점을 둡니다.

범교과 주제로서 민주 시민 교육은 참여, 책임, 존중을 중심으로 하며, 실과를 포함한 모든 교과에서 통합적으로 적용 가능한 주제입니다. 또한, 참여적 실천은 다양한 의견을 듣고 나누며 스스로 결정하고 행동해보는 경험을 강조합니다. 이는 실과 수업 내에서 '민주적 참여 태도'와 '공동체 속 책임 있는 역할 수행'이라는 교육적 목표를 실현하는 데 효과적입니다.

이러한 연계를 통해 민주 시민 교육은 실과 수업에서도 구체적이고 실천적인 활동으로 확장될 수 있으며, 학생들의 민주시민 역량을 자연스럽게 길러주는 학교자율시간 프로그램으로 발전시킬 수 있습니다.

〈표 2-18〉은 사회적 트렌드를 바탕으로 '민주 시민 교육'이 학교자율시간에서 어떻게 구체적인 활동으로 실현될 수 있는지를 보여주는 자료입니다. 표에 제시된 주요 트렌드는 혐오와 차별의 확산, 사회 참여의 일상화, 가짜 뉴스와 정보 판별의 필요, 다양성과 공존의 가치 강화 등으로, 이는 모두 민주 사회의 구성원으로서 학생들이 갖춰야 할 핵심 감수성과 역량과 맞닿아 있습니다.

〈표 2-18〉 사회 트렌드 기반 '민주 시민 교육'의 학교자율시간 연계 가능 소재

트렌드	관련 내용	학교자율시간 연계 가능 소재
혐오와 차별의 확산	혐오 표현과 배제 문화에 대한 감수성 부족	차별 없는 말 찾기 캠페인, 공감 퀴즈 활동
사회 참여의 일상화	시민으로서의 작은 참여 경험이 중시됨	우리 반 회의 운영하기, 반장 선거 포스터 만들기
가짜 뉴스와 정보 판별 필요	정보에 대한 비판적 사고력 요구	뉴스 속 진실 찾기 활동, '팩트체크 탐정단'
다양성과 공존의 가치 강조	성별·문화·배경의 차이를 존중하는 태도 필요	다른 문화 존중 카드 만들기, 나의 편견 일기

예를 들어, 혐오 표현과 배제 문화에 대한 감수성 부족 문제를 해결하기 위해, 학교 현장에서는 '차별 없는 말 찾기 캠페인'이나 '공감 퀴즈 활동' 같은 언어와 감정 표현 중심의 참여적 활동을 운영할 수 있습니다. 또한 학생들이 사회 구성원으로서의 경험을 일상화할 수 있도록 '우리 반 회의 운영하기', '반장 선거 포스터 만들기' 같은 민주적 의사결정 구조 체험 활동도 유의미합니다. 더불어, 정보 홍수 시대를 살아가는 학생들에게는 '뉴스 속 진실 찾기 활동'이나 '팩트체크 탐정단' 같은 활동을 통해 비판적 사고력을 키울 수 있는 기회를 제공해야 합니다. 성별, 문화, 배경의 차이를 존중하는 태도를 기르기 위한 활동으로는 '다른 문화 존중 카드 만들기', '나의 편견 일기' 등이 적절합니다.

이러한 활동들은 민주 시민 교육이 추구하는 가치와 역량을 실과 교과와의 융합을 통해 학생의 삶 속에서 실천적으로 내면화할 수 있도록 돕는 학교자율시간 프로그램의 좋은 사례가 될 수 있습니다.

〈표 2-19〉는 '민주 시민 교육'의 관점을 바탕으로 실과의 다섯 가지 영역에서 학교자율시간과 연계 가능한 자율활동 아이디어를 제시한 것입니다. 2022 개정 실과 교육과정은 '자기 주도적인 삶'과 '지속 가능한 삶'을 실천할 수 있도록 돕는 다양한 학습 경험을 강조하고 있으며, 이는 민주 시민으로서 필요한 감수성과 참여 역량과도 깊게 연결됩니다.

〈표 2-19〉 '민주 시민 교육'과 연계한 실과 영역별 자율활동 아이디어

실과 영역	관련 내용	예시 활동 주제
인간 발달과 주도적 삶	자기 이해와 미래 설계에 관한 관심 증진	나의 강점 탐색하기, 나의 진로 인생곡선 그리기
디지털 사회와 인공지능	디지털 기술과 진로 세계의 연계 이해	AI 관련 직업 인터뷰, 스마트 직업 카드 만들기
생활환경과 지속 가능한 선택	환경·기술 변화에 대응하는 직업 탐색	기후 대응 직업 찾기, 녹색 기술 창업 아이디어 내기
지속 가능한 기술과 융합	직업과 일의 사회적 책임 인식	이웃을 위한 직업 상상하기, 공공 직업 찾기 미션

먼저, '인간 발달과 주도적 삶' 영역에서는 자기 이해를 바탕으로 한 진로 설계와 미래 삶 구상이 강조됩니다. 따라서 '나의 강점 탐색하기', '나의 진로 인생 곡선 그리기' 같은 활동을 통해 자기 성찰과 주도적 삶의 태도를 기를 수 있습니다.

'디지털 사회와 인공지능' 영역에서는 디지털 기술과 사회의 연결을 이해하는 활동이 중요합니다. 예를 들어 'AI 관련 직업 인터뷰'나 '스마트 직업 카드 만들기'는 디지털 시대의 시민으로서의 소양을 함양하는 데 효과적입니다.

'생활환경과 지속 가능한 선택' 영역에서는 환경과 기술 변화에 따른 삶의 선택을 고민하고 실천하는 활동이 적합합니다. '기후 대응 직업 찾기', '녹색 기술 창업 아이디어 내기' 등은 환경 시민으로서의 책임 의식을 키울 수 있는 활동입니다.

마지막으로 '지속 가능한 기술과 융합' 영역에서는 공동체와 공공을 위한 직업과 기술을 탐색함으로써 공익에 대한 관심과 실천력을 기를 수 있습니다. '이웃을 위한 직업 상상하기', '공공 직업 찾기 미션'은 민주시민 교육의 실과 적용을 위한 실천적 활동 예시가 될 수 있습니다.

이처럼 민주 시민 교육은 실과 교과의 영역별 주제와 유기적으로 연결되며, 학생들의 삶 속에서

구체적인 활동으로 실현될 수 있습니다.

〈표 2-20〉은 미래를 준비하는 '민주 시민 교육'을 위해 실과 수업과 연계할 수 있는 신개념 접근과 활동 소재를 정리한 표입니다. 이 표는 민주주의의 가치와 태도를 학생들의 실제 삶 속에서 자연스럽게 체득하도록 돕는 데 중점을 두고 구성되었습니다.

〈표 2-20〉 미래를 준비하는 '민주 시민 교육'의 활동 소재

신개념 접근	내용	실과 중심 활동 소재화 예시
생활 속 참여 민주주의	교실, 학교, 지역사회에서의 작은 참여 경험 실천	교실 회의 주간 운영, 규칙 제안 활동
디지털 시민의 윤리 의식	온라인에서의 권리, 책임, 예절을 스스로 성찰	내 댓글 되돌아보기, 디지털 공감 스티커 만들기
공감적 공동체 만들기	타인의 입장에서 생각하고 행동하는 능력 함양	'다름을 존중해요' 연극, 문화 다양성 미니북 만들기
정보 판단과 의사결정력	다양한 정보 속에서 책임 있는 판단을 내리는 연습	광고 속 숨은 의도 찾기, '내가 시장이라면?' 시뮬레이션

첫째, '생활 속 참여 민주주의'는 교실, 학교, 지역사회에서의 작은 참여 경험을 중심으로 합니다. '교실 회의 주간 운영'이나 '규칙 제안 활동'은 학생들이 실제로 의견을 제시하고 반영되는 과정을 통해 자율성과 책임감을 기를 수 있는 좋은 실천 활동입니다.

둘째, '디지털 시민의 윤리의식'은 온라인 공간에서의 권리와 책임, 예절을 스스로 성찰하게 하는 데 초점이 있습니다. '내 댓글 되돌아보기', '디지털 공감 스티커 만들기'와 같은 활동은 디지털 공간에서도 민주시민으로서의 자질을 갖추도록 유도합니다.

셋째, '공감적 공동체 만들기'는 타인의 입장에서 생각하고 행동하는 능력을 기르기 위한 활동을 제시합니다. '다름을 존중해요' 연극이나 '문화 다양성 미니북 만들기'는 다름을 이해하고 받아들이는 태도를 자연스럽게 내면화하도록 돕습니다.

마지막으로, '정보 판단과 의사결정력'은 넘쳐나는 정보 속에서 책임 있는 판단을 내릴 수 있는 능력을 키우는 데 중점을 둡니다. 예를 들어 '광고 속 숨은 의도 찾기'나 '내가 시장이라면?' 시뮬레이션 활동은 판단력과 비판적 사고력을 높일 수 있는 효과적인 방식입니다.

이러한 신개념 접근은 미래 사회의 복잡하고 다양한 상황 속에서도 균형 잡힌 시각과 공감 능력을 지닌 민주시민으로 성장할 수 있도록 실과 교육과정 속 활동으로 충분히 구현할 수 있습니다.

〈표 2-21〉은 미래를 준비하는 '민주 시민 교육'을 실과 중심으로 구현할 수 있는 활동 아이디어를 제시하고 있습니다. 학생들이 민주주의의 핵심 가치를 교실 안에서 실천적으로 경험할 수 있도록 구성된 이 표는, 관련 교과와의 연계 속에서 자연스럽게 민주시민으로 성장할 수 있는 방향을 제시합니다.

〈표 2-21〉 미래를 준비하는 '민주 시민 교육'의 활동 아이디어

활동 제목	활동 핵심	관련 교과
우리 반 약속 만들기	교실 민주주의 실천과 공동체 규칙 수립 경험	실과·도덕·국어
디지털 시민 선언문 쓰기	온라인상에서의 책임 있는 행동 원칙 정리	실과·국어·창체
'다름' 공감 카드 만들기	다양한 삶의 방식에 대한 이해와 존중	실과·사회·도덕
팩트 체크 탐정단	정보의 진위를 구별하고 판단하는 비판적 사고력 기르기	실과·국어·사회
우리 반 선거 캠페인	선거와 참여의 가치 이해 및 실천	실과·사회·미술

먼저 '우리 반 약속 만들기'는 교실 민주주의의 실천과 공동체 규칙 수립의 과정을 통해, 학생들이 함께 살아가는 공동체의 일원으로서 책임을 배우는 활동입니다. '디지털 시민 선언문 쓰기'는 온라인상에서의 책임 있는 태도를 정리해 보는 활동으로, 디지털 공간에서도 민주시민으로서의 윤리적 감수성을 기르도록 돕습니다. '다름 공감 카드 만들기'는 다양한 삶의 방식과 문화적 배경을 이해하고 존중하는 활동으로, 타인의 입장에서 생각하는 능력과 공감 능력을 함께 키우는 데 효과적입니다.

'팩트 체크 탐정단'은 정보의 진위를 판단하는 능력을 기르는 활동으로, 오늘날 필수적인 미디어 리터러시와 비판적 사고력을 동시에 함양할 수 있습니다. 마지막으로 '우리 반 선거 캠페인'은 선거와 참여의 의미를 체험하는 실천적 활동으로, 민주적 의사결정 과정에 직접 참여해 보며 시민으로서의 권리와 책임을 배울 수 있게 합니다.

이 표에 제시된 활동들은 실과, 도덕, 사회, 국어, 미술 등의 교과와 긴밀히 연결되어 있으며, 교실 속에서 민주시민 교육을 통합적으로 실현할 수 있는 좋은 출발점이 됩니다.

위에서 살펴본 내용을 바탕으로 '민주 시민 교육'과 '실과 교육과정'을 창의적으로 융합한 학교자율시간의 활동 주제를 하나의 예로 제시하면 다음과 같습니다. 이것은 학교 통합형, 학년 연계형, 학급 독립형으로도 자유롭게 선택하여 적용할 수 있도록 고려하였습니다.

대주제	'민주 시민 교육'과 '실과 교육과정'을 창의·융합한 학교자율시간의 활동 주제	
	함께 결정하고, 존중하며 살아가는 우리 (민주주의를 교실에서 직접 경험하는 민주시민 프로젝트)	
학년	학년별 활동 주제	중심 키워드
3	우리 반 규칙은 우리가 정해요!	자율, 규칙, 공동체 체험
4	다른 의견도 괜찮아요	다양성, 공감, 소통 태도
5	우리 학교를 바꾸는 작은 참여	참여, 문제 해결, 실천
6	내가 만드는 공정한 세상	책임, 공정, 가치 설계

5. '인권 교육'과 '실과' 교과를 연계한 활동 소재 찾기

'인권 교육'은 범교과 학습 주제의 다섯 번째 주제입니다. 이번에는 '인권 교육'과 '실과 교육과정'의 융합 가능성을 여러모로 조망하며 학생들의 삶과 연결된 실제적이고 의미 있는 활동 아이디어를 도출해 보려고 합니다.

〈표 2-22〉는 2022 개정 교육과정에서 바라본 '인권 교육'의 핵심 기반 요소를 정리한 것입니다.

이 표는 인간상과 핵심역량, 범교과 주제, 그리고 교육 방향 간의 유기적 연계를 통해 '인권 교육'이 학교 교육 전반에서 어떻게 구현되어야 하는지를 직관적으로 보여줍니다.

〈표 2-22〉 2022 개정 교육과정에서 바라본 '인권 교육'의 핵심 기반 요소

항목	내용	'인권 교육'과의 관련성
인간상	더불어 사는 사람	인간의 존엄과 타인의 권리를 존중하는 자세를 갖춘 시민 양성
핵심역량	공동체 역량	인권 감수성과 더불어 살아가는 태도, 사회 정의에 대한 책임감 강조
범교과 주제	인권 교육	교과 전반에 통합되어야 할 보편적 가치 교육으로 강조됨
존엄과 권리 중심 교육	인간의 권리와 평등 의식 함양	일상 속 차별 인식과 평등 실천을 위한 생활 기반 교육 필요

인간상에서는 '더불어 사는 사람'을 지향하며, 이는 인간의 존엄성과 타인의 권리를 존중하는 자세를 갖춘 시민으로서의 성장을 목표로 합니다. 이러한 인간상을 실현하기 위해서는 공동체 역량이 강조되며, 이는 인권 감수성과 더불어 살아가는 태도, 사회 정의에 대한 책임감을 기르는 데 초점이 맞춰집니다.

'인권 교육'은 모든 교과와 비교과 활동에 통합되어야 할 보편적 가치로 인식되며, 학교 교육의 중심 축으로 자리 잡고 있습니다. 따라서 실과 수업에서도 인권의식을 기반으로 한 다양한 활동을 기획할 수 있습니다. 특히, 일상 속에서 차별을 인식하고 평등을 실천하는 생활 기반 교육이 필요하며, 이는 '존엄과 권리 중심 교육'이라는 관점에서 더욱 강조되고 있습니다.

이 표는 실과 교과가 인권 교육을 어떻게 통합적으로 담아낼 수 있는지를 보여주는 토대가 되며, 학교자율시간을 활용한 창의적 실천 활동으로의 확장이 충분히 가능함을 시사합니다.

〈표 2-23〉은 사회적 트렌드를 바탕으로 학교자율시간에서 실현 가능한 '인권 교육' 활동 소재를 제시하고 있습니다. 이 표는 현재 사회가 직면한 인권 관련 이슈들을 교육적 시선으로 해석하고, 이를 실천 중심의 수업으로 확장할 수 있도록 돕는 실천 아이디어를 담고 있습니다.

〈표 2-23〉 사회 트렌드 기반 '인권 교육'의 학교자율시간 연계 가능 소재

트렌드	관련 내용	학교자율시간 연계 가능 소재
차별에 대한 감수성 강화	젠더, 장애, 외모, 문화 등 다양한 차별에 대한 인식 필요	차별 언어 바꾸기 활동, 공정 퀴즈 게임
표현의 자유와 경계 인식	자기표현과 타인의 권리 사이의 균형 감각 요구	자유롭게 말하기 카드 게임, 표현의 경계 토론 활동
사회적 약자에 대한 공감	소수자 입장에 대한 감정이입과 배려의 태도 필요	입장 바꾸기 역할극, 배려의 자리 캠페인
아동 인권에 대한 자기 인식	자신의 권리를 알고 실천하는 능력 중요	아동 권리 선언문 만들기, '이럴 땐 내 권리!' 상황극

'차별에 대한 감수성 강화'는 젠더, 장애, 외모, 문화 등 다양한 차별 양상에 대한 인식을 키우는 것이 중요하며, 학생들이 스스로 차별 언어를 바꾸거나 공정에 대해 퀴즈 형식으로 탐색해보는 활동이 제안됩니다.

'표현의 자유와 경계 인식'은 자기표현과 타인의 권리 사이에서 균형을 잡는 감각을 요구하는 주제로, 자유롭게 말하기 카드 게임이나 경계를 주제로 한 토론 활동이 활용될 수 있습니다.

'사회적 약자에 대한 공감'은 소수자 입장에 대한 감정이입과 배려의 태도를 함양하는 것을 목표로 하며, '입장 바꾸기' 역할극이나 '배려의 자리 캠페인'이 효과적인 활동 예로 제시됩니다.

'아동 인권에 대한 자기 인식'은 아동 스스로 자신의 권리를 인식하고 실천할 수 있는 역량을 기르는 데 중점을 두며, '아동 권리 선언문 만들기'나 '이럴 땐 내 권리!' 상황극과 같은 활동이 실과 수업 및 자율활동과 잘 어울립니다.

이 표는 단순한 정보 전달을 넘어서, 학생들이 삶 속에서 인권 감수성과 실천 역량을 키울 수 있는 구체적 활동 방향을 제시하는 실천적 자료입니다.

〈표 2-24〉는 실과의 5개 영역을 바탕으로 '인권 교육'과 연계한 자율활동 아이디어를 제시합니다. 학생들이 일상 속에서 인권 감수성과 실천력을 기를 수 있도록 실과 수업과 자연스럽게 통합할 수 있는 주제들로 구성되어 있습니다.

〈표 2-24〉 '인권 교육'과 연계한 실과 영역별 자율활동 아이디어

실과 영역	관련 내용	예시 활동 주제
인간 발달과 주도적 삶	자기 권리와 타인의 권리의 균형 있는 인식	나의 권리 일기, '함께'의 의미 찾기 토론
생활환경과 지속 가능한 선택	생활 속 배려와 평등 실천	공동 사용 공간 매너 만들기, 공정한 물건 나누기 연습
디지털 사회와 인공지능	온라인상 인권 침해 예방과 디지털 공감 역량 강화	디지털 폭력 예방 포스터, 댓글 공감 지수 측정하기
지속 가능한 기술과 융합	사회적 약자를 위한 기술 활용 인식	모두를 위한 디자인 만들기, 약자를 위한 생활 발명 구상

'인간 발달과 주도적 삶' 영역에서는 자신의 권리를 인식하고 타인의 권리를 존중하는 균형 잡힌 시각을 기르는 것이 중요하며, '나의 권리 일기', '함께'의 의미를 찾는 토론 등의 활동이 추천됩니다.

'생활환경과 지속 가능한 선택' 영역은 공동체 생활에서 배려와 평등을 실천하는 일상 습관을 형성하는 데 중점을 두며, 공동 사용 공간의 매너를 만들거나 물건을 공정하게 나누는 실천 활동이 적합합니다.

'디지털 사회와 인공지능' 영역에서는 온라인에서의 인권 침해를 예방하고 디지털 공감 능력을 키우는 것이 핵심이며, '디지털 폭력 예방 포스터' 제작이나 댓글 공감 지수 측정 활동이 학생들의 흥미를 유도할 수 있습니다.

'지속 가능한 기술과 융합' 영역은 사회적 약자를 고려한 기술 활용을 주제로 하여, '모두를 위한 디자인' 제작이나 '약자를 위한 생활 발명' 아이디어 구상이 그 실천적 예시가 될 수 있습니다.

이 표는 인권 교육을 실과 수업의 주제와 통합하여, 학생들이 실천할 수 있는 방식으로 인권을 배우고 익히게 하는 교육적 연결 고리를 제공합니다.

〈표 2-25〉는 미래 사회를 살아갈 학생들이 갖추어야 할 인권 감수성과 실천 능력을 기르기 위해, 실과 중심 활동으로 구현할 수 있는 교육 아이디어를 제시합니다. 네 가지 신개념 접근을 중심으로, 관련 내용과 실천 가능한 활동 예시를 연계하여 제시하였습니다.

〈표 2-25〉 미래를 준비하는 '인권 교육'의 활동 소재

신개념 접근	내용	실과 중심 활동 소재화 예시
아동 권리 감수성 키우기	나의 권리를 알고 정당하게 표현하는 훈련	유엔 아동권리협약 속 내 권리 찾기, 나의 권리 포스터 만들기
공감적 시선 훈련	타인의 입장에서 세상을 바라보는 감정이입 능력 기르기	'입장 바꾸기' 역할극, 배려의 말 전하기 게임
차별 언어 감수성 높이기	일상에서 무심코 쓰는 차별적 표현에 대한 인식 훈련	차별 언어 바꾸기 카드, 교실 언어 클렌징 활동
평등을 위한 실천 기획	평등을 위한 행동을 직접 계획하고 실천하는 프로젝트 활동	'함께 쓰는 공간 만들기', '차별 없는 하루' 캠페인 기획

첫째, '아동 권리 감수성 키우기'는 학생들이 자신의 권리를 인식하고 이를 바르게 표현하는 훈련을 통해 인권 의식을 키우는 것을 목표로 합니다. 유엔 아동권리협약 속 자신의 권리를 찾아보거나, 이를 포스터로 시각화하는 활동이 이에 해당합니다.

둘째, '공감적 시선 훈련'은 타인의 입장에서 세상을 바라보는 능력을 기르는 것을 목적으로 하며, '입장 바꾸기' 역할극이나, 상대방의 입장에서 전하고 싶은 말을 담는 '배려의 말 전하기 게임'이 좋은 예가 됩니다.

셋째, '차별 언어 감수성 높이기'는 일상 속 무심코 사용되는 차별적 언어에 대한 인식을 키우는 활동으로, '차별 언어 바꾸기 카드'나 '교실 언어 클렌징' 활동을 통해 언어 생활을 되돌아보게 합니다.

마지막으로, '평등을 위한 실천 기획'은 학생 스스로 평등을 위한 활동을 계획하고 실천하는 프로젝트형 활동으로, '함께 쓰는 공간 만들기'나 '차별 없는 하루' 캠페인 기획과 같은 주제가 제시되어 있습니다.

이 표는 학생들이 실과의 다양한 활동을 통해 인권 교육을 구체적으로 실천할 수 있도록 도우며, 인권 의식을 행동으로 연결하는 데 효과적인 길잡이 역할을 합니다.

〈표 2-26〉은 미래 사회를 살아갈 학생들이 인권 감수성과 실천 역량을 기를 수 있도록, 실과를 중심으로 구성한 활동 아이디어를 제시합니다. 각 활동은 구체적인 주제와 핵심 역량, 관련 교과를 소개하고 있어 학교자율시간 활동 설계에 유용하게 활용될 수 있습니다.

첫째, '나의 권리 선언문 쓰기'는 아동의 권리를 인식하고 자신만의 언어로 표현해보는 활동입니다. 이 활동을 통해 학생들은 자기표현력과 인권 감수성을 함께 기를 수 있으며, 실과, 도덕, 국어 교과와의 융합 수업이 가능합니다.

둘째, '차별 언어 바꾸기 캠페인'은 일상 속 차별적 표현에 대한 감수성을 높이고, 이를 바꾸기 위한 대안을 탐색하는 캠페인 활동입니다. 국어와 창의적 체험활동 영역과 연계하여 학생 주도의 언어 실천 활동으로 전개할 수 있습니다.

셋째, '모두를 위한 디자인'은 신체적·사회적 약자를 위한 제품이나 공간을 설계하는 활동으로, 배려와 실천을 디자인으로 구체화합니다. 미술, 실과, 도덕 교과와 통합적으로 활용할 수 있습니다.

넷째, '입장 바꾸기 역할극'은 소수자의 입장에서 상황을 상상하고 연기해보는 활동으로, 감정이입과 공감 능력을 자연스럽게 키워줍니다. 도덕, 실과, 창체 교과의 인성교육과 연결해 운영하면 좋습니다.

〈표 2-26〉 미래를 준비하는 '인권 교육'의 활동 아이디어

활동 제목	활동 핵심	관련 교과
나의 권리 선언문 쓰기	아동의 권리 인식과 자기표현 훈련	실과·도덕·국어
차별 언어 바꾸기 캠페인	일상 속 차별적 표현을 바꾸는 언어 감수성 교육	실과·국어·창체
모두를 위한 디자인	신체적·사회적 약자를 위한 배려 설계 활동	실과·미술·도덕
입장 바꾸기 역할극	소수자 입장에서의 감정 이입을 통한 공감 능력 함양	실과·도덕·창체
교실 평등 프로젝트	생활 속 평등 실천을 위한 공간과 규칙 개선 활동	실과·사회·미술

마지막으로, '교실 평등 프로젝트'는 교실 속 공간과 규칙을 점검하고, 평등한 환경을 만들기 위한 실천적 프로젝트입니다. 실과, 사회, 미술 교과와 연계하여 학생 주도의 변화 실천 활동으로 적용할 수 있습니다.

이 표는 일상에서 인권을 체감하고 실천할 수 있는 교육적 접근을 안내하는 유용한 활동 가이드입니다.

위에서 살펴본 내용을 바탕으로 '인권 교육'과 '실과 교육과정'을 창의적으로 융합한 학교자율시간의 활동 주제를 하나의 예로 제시하면 다음과 같습니다. 이것은 학교 통합형, 학년 연계형, 학급 독립형으로도 자유롭게 선택하여 적용할 수 있도록 고려하였습니다.

대주제	'인권 교육'과 '실과 교육과정'을 창의·융합한 학교자율시간의 활동 주제	
	함께 살아서 더 좋은 세상: 교실에서 시작하는 인권 감수성 (존중하고 배려하며, 서로의 다름을 이해하는 연습)	
학년	학년별 활동 주제	중심 키워드
3	나는 존중받을 자격이 있어요	자존감, 감정 인식, 존중
4	다르다고 틀린 건 아니에요	차이 이해, 공감, 편견 인식
5	나도 말할 권리가 있어요	자기 표현, 권리 인식
6	누군가의 권리를 지켜주는 내가 되고 싶어요	책임, 연대, 인권 실천

6. '다문화 교육'과 '실과' 교과를 연계한 활동 소재 찾기

'다문화 교육'은 범교과 학습 주제의 여섯 번째 주제입니다. 이번에는 '다문화 교육'과 '실과 교육과정'의 융합 가능성을 여러모로 조망하며 학생들의 삶과 연결된 실제적이고 의미 있는 활동 아이디어를 도출해 보려고 합니다.

〈표 2-27〉은 2022 개정 교육과정의 핵심 요소를 바탕으로 한 '다문화 교육'의 교육적 기반을 체계적으로 정리한 표입니다. 이 표는 학교 교육 전반에서 다문화 감수성과 포용적 태도를 길러야 할 필요성을 구체적으로 보여줍니다.

〈표 2-27〉 2022 개정 교육과정에서 바라본 '다문화 교육'의 핵심 기반 요소

항목	내용	'다문화 교육'과의 관련성
인간상	교양 있는 사람	다양한 문화에 대한 이해와 존중을 바탕으로 상호 문화 역량을 기르는 시민 양성
핵심역량	협력적 소통 역량	문화적 차이를 이해하고 타 문화권과 협력할 수 있는 소통 역량 강조
범교과 주제	다문화 교육	문화 다양성과 포용성을 핵심 가치로 하는 통합적 교육 주제
다문화 감수성	문화 차이를 긍정적으로 인식하고 존중하는 태도 형성	비교·편견 대신 이해·수용·공감 중심의 교육 실천 필요

'인간상'은 '교양 있는 사람'을 제시하며, 이는 다양한 문화를 이해하고 존중하며 더불어 살아갈 수 있는 상호문화 역량을 갖춘 시민으로 성장시키는 것을 목표로 합니다. '핵심 역량'은 '협력적 소통 역량'에 초점을 맞추고 있습니다. 문화적 차이를 수용하고 타 문화권 사람들과 효과적으로 협력하고 소통할 수 있는 능력은 다문화 사회에서 반드시 필요한 자질로 강조됩니다.

'범교과 주제'로서의 '다문화 교육'은 문화 다양성과 포용성을 핵심 가치로 삼아, 모든 교과 및 비교과 활동과 통합적으로 연계되어야 함을 명시합니다. 이는 학교 교육의 전 영역에서 실천 가능한 교육 주제로서의 위치를 확인시켜줍니다. '다문화 감수성' 측면에서는 문화적 차이를 비판이나 고정관념이 아닌 긍정적인 시각으로 바라보고 이해와 공감, 존중의 태도를 기르는 교육이 필요하다고 강조합니다.

이는 학생들이 세계 시민으로 성장하는 데 있어 중요한 인성 요소로 작용합니다. 결론적으로 이 표는 다문화 사회의 요구에 부응하기 위한 교육 방향을 구체화하며, 실과 교과를 포함한 학교자율시간 활동의 기획과 실행에 있어 중요한 기준점이 될 수 있습니다.

〈표 2-28〉은 사회 변화 속에서 요구되는 '다문화 교육'의 실제적 적용 가능성을 분석한 표로, 학교자율시간 활동과 자연스럽게 연결될 수 있는 구체적인 활동 소재들을 제안합니다. 이 표는 네 가지 사회적 트렌드를 중심으로 다문화 교육의 방향성과 실천 과제를 설명합니다.

〈표 2-28〉 사회 트렌드 기반 '다문화 교육'의 학교자율시간 연계 가능 소재

트렌드	관련 내용	학교자율시간 연계 가능 소재
초국적 가족 증가	결혼 이주, 외국인 노동자 가정 등 다문화 배경 아동 증가	다름을 존중하는 우리 반 문화 지도 만들기, 내 친구의 이름 카드
문화 편견과 고정관념	특정 국가나 문화에 대한 선입견 확산	나라별 인사말 배우기, 문화 편견 퀴즈 쇼
글로벌 시민 교육 강조	다양한 문화와 공존하는 태도 강조	세계 음식 체험 활동, 문화 교환 카드 만들기
디지털 다문화 접촉 확대	유튜브·SNS를 통한 다양한 문화 간접 경험 증가	세계 유튜버 탐험하기, 다문화 브이로그 감상 후 토론

첫째, '초국적 가족 증가'는 결혼 이주, 외국인 노동자 가정 등 다문화 배경을 가진 아동들이 늘어나는 현실을 반영한 것으로, 학교에서는 '차오리 반 문화 지도 만들기'나 '내 친구의 이름 카드'와 같이 서로의 문화를 존중하고 이해하는 활동을 통해 공동체 감수성을 키울 수 있습니다.

둘째, '문화 편견과 고정관념'**은 특정 국가나 문화에 대한 선입견이 확산되고 있는 현실을 지적하며, 이를 극복하기 위한 활동으로 '나라별 인사말 배우기', '문화 편견 퀴즈 쇼' 등이 제시됩니다. 학생들은 재미있는 활동을 통해 비판적 사고와 문화 감수성을 함께 기를 수 있습니다.

셋째, '글로벌 시민 교육 강화'는 다양한 문화를 존중하고 평등하게 공존할 수 있는 태도를 강조하며, '세계 음식 체험 활동', '문화 교환 카드 만들기'와 같은 활동을 통해 실생활 속에서 자연스럽게 실현 가능합니다.

넷째, '디지털 다문화 접촉 확대'는 유튜브나 SNS를 통한 다양한 문화의 간접 경험이 늘어나는 현실을 반영하여, '세계 유튜버 탐험하기'나 '다문화 브이로그 감상 후 토론' 같은 디지털 기반의 활동을 제안합니다.

이처럼 이 표는 변화하는 사회 트렌드를 반영하여 교실에서 실현 가능한 실천 중심의 다문화 교육 방안을 구체적으로 안내하고 있으며, 실과 교과 및 창의적 체험활동과 융합하여 운영하기에 매우 적합한 틀을 제공합니다.

〈표 2-29〉는 실과 교육과정의 다양한 영역과 '다문화 교육'을 어떻게 연계할 수 있는지를 보여주는 표입니다. 각 실과 영역별로 다문화 감수성을 기를 수 있는 활동 주제를 구체적으로 제시하여, 교

실 현장에서 실천 가능한 자율활동 아이디어로 발전시킬 수 있도록 구성되어 있습니다.

〈표 2-29〉 '다문화 교육'과 연계한 실과 영역별 자율활동 아이디어

실과 영역	관련 내용	예시 활동 주제
인간 발달과 주도적 삶	문화 다양성에 대한 감수성 및 공감 능력 기르기	나와 다른 친구의 하루 따라 써보기, 다양한 가족 이야기 나누기
생활환경과 지속 가능한 선택	다문화 가정의 생활 문화와 생활양식에 대한 이해	전통의상 스케치북 만들기, 문화별 식사 예절 비교하기
디지털 사회와 인공지능	온라인 공간에서의 문화 다양성 이해 및 표현 훈련	세계 음식 소개 영상 만들기, 디지털 문화 카드 디자인
지속 가능한 기술과 융합	문화 간 상호 이해를 위한 창의적 기술 활용	다문화 친구를 위한 생활 발명 아이디어 구상

'인간 발달과 주도적 삶' 영역에서는 문화 다양성에 대한 감수성과 공감 능력을 기르는 것이 핵심입니다. 학생들은 '나와 다른 친구의 하루 따라 써보기', '다양한 가족 이야기 나누기'와 같은 활동을 통해 다름을 이해하고 타인을 존중하는 태도를 자연스럽게 익히게 됩니다.

'생활환경과 지속 가능한 선택' 영역에서는 다문화 가정의 생활 문화와 생활양식에 대한 이해를 돕는 활동이 중심입니다. '전통의상 스케치북 만들기'나 '문화별 식사 예절 비교하기'와 같은 과제를 통해 학생들은 다양한 문화가 공존하는 사회에서 실천 가능한 이해와 존중의 자세를 배우게 됩니다.

디지털 사회와 인공지능 영역에서는 온라인 공간 속 문화 다양성에 대한 이해와 표현 훈련이 중요합니다. 예를 들어 '세계 음식 소개 영상 만들기', '디지털 문화 카드 디자인' 활동을 통해 학생들은 디지털 도구를 활용하여 다양한 문화를 탐색하고 창의적으로 표현할 수 있습니다.

지속 가능한 기술과 융합 영역에서는 문화 간 상호 이해를 위한 창의적인 기술 활용이 강조됩니다. '다문화 친구를 위한 생활 발명 아이디어 구상' 활동은 기술을 통한 사회적 공감 실천의 대표적인 예로, 학생들이 직접 문제를 정의하고 창의적으로 해결책을 모색해보는 기회를 제공합니다.

이 표는 실과 교육을 통해 다문화 교육의 철학을 실천으로 옮길 수 있도록 돕는 실제적인 안내서 역할을 하며, 교실 속 다양성과 포용의 가치를 확산시키는 데 기여할 수 있습니다.

〈표 2-30〉은 미래를 준비하는 '다문화 교육'의 방향성을 반영하여 실과 중심의 학교자율시간 활동을 구체적으로 제시한 것입니다. 각각의 신개념 접근 방식은 실제 교실 활동으로 연결될 수 있도록

구성되어 있으며, 문화 감수성과 공존의 역량을 길러주는 데 중점을 두고 있습니다.

'상호 문화적 감수성 확장'은 다양한 문화를 편견 없이 이해하고 수용하는 태도를 기르기 위한 접근입니다. 학생들은 '문화 인터뷰 영상 제작'이나 '문화 공감 포스터 만들기' 활동을 통해 다른 문화에 대한 관심과 공감 능력을 자연스럽게 키울 수 있습니다.

'일상 속 다문화 관찰'은 학교와 지역사회 속에서 다문화 요소를 직접 찾아보고 체험하는 활동입니다. '우리 동네 다문화 지도 그리기', '외국어 간판 수집하기'와 같은 활동은 학생들로 하여금 다문화 사회의 구성원으로서 주변을 새롭게 인식하고 이해할 기회를 제공합니다.

'공존을 위한 언어 연습'은 인사말, 감사 표현 등 다문화권의 언어를 익히며 공감하는 훈련을 포함합니다. '나라별 인사말 따라 하기', '공용어 카드 만들기'와 같은 활동을 통해 학생들은 언어를 통해 다른 문화를 존중하는 자세를 체득하게 됩니다.

'문화 융합 프로젝트'는 다양한 문화의 장점을 살린 창의적이고 통합적인 활동을 지향합니다. '퓨전 음식 요리 아이디어'나 '다문화 놀이 기획서 만들기'와 같은 활동은 문화 간 융합의 긍정적 의미를 체험하고 창의적으로 표현할 수 있는 기회를 제공합니다.

〈표 2-30〉 미래를 준비하는 '다문화 교육'의 활동 소재

신개념 접근	내용	실과 중심 활동 소재화 예시
상호문화적 감수성 확장	다양한 문화를 대등한 관점에서 이해하고 수용하는 태도	'문화 인터뷰' 영상 제작, 문화 공감 포스터 만들기
일상 속 다문화 관찰	학교와 마을에서 만나는 다문화적 요소를 발견하는 활동	우리 동네 다문화 지도 그리기, 외국어 간판 수집하기
공존을 위한 언어 연습	인사말·감사 표현 등 타문화권의 언어를 익히며 공감 훈련	나라별 인사말 따라 하기, 공용어 카드 만들기
문화 융합 프로젝트	다양한 문화의 장점을 살린 창의적 통합 활동	퓨전 음식 요리 아이디어, 다문화 놀이 기획서 만들기

이 표는 단순한 정보 전달을 넘어, 실과 수업 속에서 학생들이 실제로 경험하고 표현할 수 있는 다문화 교육의 방향을 제시합니다. 교사들이 활동을 바로 적용해보고 싶은 마음이 들 수 있도록 실천 중심의 아이디어로 구성된 것이 특징입니다.

〈표 2-31〉은 '다문화 교육'을 실과 교과와 연계하여 학교자율시간에 실천할 수 있는 구체적인 활동 아이디어를 제시한 자료입니다. 학생들이 다양한 문화를 이해하고 존중하는 태도를 기를 수 있도록, 실제적인 체험과 표현 중심의 활동을 중심으로 구성되어 있습니다.

〈표 2-31〉 미래를 준비하는 '다문화 교육'의 활동 아이디어

활동 제목	활동 핵심	관련 교과
세계 인사말 퍼레이드	다양한 문화권의 인사 표현을 익히고 공유하는 활동	실과·국어·음악
나의 다문화 친구 카드 만들기	친구의 배경 문화를 존중하며 친근하게 다가가는 활동	실과·도덕·창체
문화 편견 퀴즈쇼	무의식 속 문화 편견을 퀴즈로 점검하고 수정	실과·사회·국어
다문화 음식 체험 포스터	세계 여러 나라의 음식 문화를 조사하고 표현	실과·미술·사회
문화 인터뷰 영상 만들기	타문화권 친구나 가족을 인터뷰하여 서로의 문화를 이해	실과·국어·창체

'세계 인사말 퍼레이드'는 전 세계 다양한 문화권의 인사말을 익히고, 이를 친구들과 함께 공유하는 활동입니다. 학생들은 언어를 매개로 서로의 문화를 자연스럽게 존중하고 받아들이는 태도를 기를 수 있으며, 실과, 국어, 음악과 연계하여 수업 시간에 실현할 수 있습니다.

'나의 다문화 친구 카드 만들기'는 다문화 친구의 문화적 배경을 이해하고, 친구를 존중하며 친근하게 다가가는 활동입니다. 학생들은 도덕적 공감 능력을 키우는 동시에, 창의적인 표현으로 관계를 형성하는 법을 배우며, 실과, 도덕, 창체와 연계할 수 있습니다.

'문화 편견 퀴즈쇼'는 일상속에 숨어 있는 문화 편견을 퀴즈 형식으로 탐색하고, 스스로 점검하여 수정하는 활동입니다. 학생들은 사회적 인식을 넓히고, 타문화에 대한 무의식적 고정관념을 성찰하는 기회를 가지며, 실과, 사회, 국어와 연계하면 좋습니다.

'다문화 음식 체험 포스터'는 세계 여러 나라의 음식 문화를 조사하고 포스터로 표현하는 활동으로, 문화적 다양성을 맛과 시각을 통해 즐기며 체험하게 되며, 실과, 미술, 사회와 연계되어 융합형 수업에 적합합니다.

'문화 인터뷰 영상 만들기'는 다문화권 친구나 가족을 인터뷰하여 그들의 문화를 이해하는 활동입니다. 학생들은 문화 간 대화 능력과 디지털 표현 역량을 동시에 키울 수 있으며, 실과, 국어, 창체를 연계해 프로젝트 수업으로 확장할 수 있습니다.

이러한 활동들은 문화 다양성의 가치를 체험 중심으로 학습할 수 있도록 돕는 실천형 아이디어들입니다. 교사들은 이 표의 활동 제목만 보아도 수업 현장에서 즉시 적용해보고 싶은 동기를 가질 수 있을 것입니다.

위에서 살펴본 내용을 바탕으로 '다문화 교육'과 '실과 교육과정'을 창의적으로 융합한 학교자율시간의 활동 주제를 하나의 예로 제시하면 다음과 같습니다. 이것은 학교 통합형, 학년 연계형, 학급 독립형으로도 자유롭게 선택하여 적용할 수 있도록 고려하였습니다.

'다문화 교육'과 '실과 교육과정'을 창의·융합한 학교자율시간의 활동 주제

대주제	함께 살아가는 교실 (다름을 이해하고, 다양성을 품는 시간)	
학년	학년별 활동 주제	중심 키워드
3	다른 나라 친구, 만나서 반가워!	호기심, 놀이, 문화 만남
4	우리는 다르게 생겼고, 그래서 아름다워요	공감, 존중, 편견 해소
5	세계를 담은 도시락: 문화로 연결된 우리	비교, 탐색, 융합
6	내가 만드는 공존 사회: 모두를 위한 상상과 실천	공존, 창의, 실천 시민성

7. '통일 교육'과 '실과' 교과를 연계한 활동 소재 찾기

'통일 교육'은 범교과 학습 주제의 일곱 번째 주제입니다. 이번에는 '통일 교육'과 '실과 교육과정'의 융합 가능성을 여러모로 조명하며 학생들의 삶과 연결된 실제적이고 의미 있는 활동 아이디어를 도출해 보려고 합니다.

〈표 2-32〉는 2022 개정 교육과정의 관점에서 통일 교육이 지향해야 할 핵심 요소들을 네 가지 측면에서 제시하고 있습니다.

〈표 2-32〉 2022 개정 교육과정에서 바라본 '통일 교육'의 핵심 기반 요소

항목	내용	'통일 교육'과의 관련성
인간상	더불어 사는 사람	분단을 넘어 상생과 협력의 미래를 지향하는 공동체 구성원 육성
핵심 역량	공동체 역량	통일을 둘러싼 갈등과 역사, 미래에 대한 비판적 사고와 협력 태도 강조
범교과 주제	통일 교육	분단의 현실을 이해하고, 평화적 통일의 가치와 방향성을 함께 모색
평화 감수성	평화로운 공존과 이질성 이해, 상호 존중의 태도 함양	전쟁과 갈등이 아닌 미래의 평화를 중심으로 다가가는 교육 강조

첫째, 인간상 측면에서 통일 교육은 "더불어 사는 사람"을 기르는 데 초점을 둡니다. 이는 분단을 넘어 상생과 협력의 미래를 함께 지향하는 공동체 구성원을 육성하는 것을 목표로 합니다.

둘째, 핵심 역량으로는 공동체 역량이 강조됩니다. 통일을 둘러싼 갈등과 역사, 그리고 미래에 대한 주제를 비판적으로 사고하며, 동시에 협력적 태도를 기르는 역량이 중요하다고 제시됩니다.

셋째, 범교과 주제로서 통일 교육은 모든 교과와 활동 속에 통합적으로 접근해야 할 필수 주제입니다. 단순한 정치적 관점이 아닌, 분단의 현실을 이해하고 평화적 통일의 가치와 방향성을 함께 모색하는 교육이어야 함을 강조합니다.

마지막으로, 평화 감수성의 측면에서 통일 교육은 전쟁과 갈등이 아닌 미래의 평화를 중심에 두고, 평화로운 공존과 이질성에 대한 이해, 상호 존중의 태도를 함양하는 데 중점을 둔 교육으로 제안됩니다.

이러한 통일 교육은 실과 교과와 연계하여 '갈등 해결', '공동체 협력', '평화 감수성' 등의 주제로 학교자율시간 활동으로 확장 적용할 수 있는 중요한 기반을 마련해줍니다.

〈표 2-33〉은 현재의 사회 트렌드를 바탕으로, 통일 교육을 학교자율시간 활동과 자연스럽게 연결할 수 있는 소재들을 네 가지 방향으로 제안하고 있습니다.

〈표 2-33〉 사회 트렌드 기반 '통일 교육'의 학교자율시간 연계 가능 소재

트렌드	관련 내용	학교자율시간 연계 가능 소재
평화와 공존의 가치 부각	전쟁보다는 평화적 공존의 상상력 강조	평화의 상징 만들기, 평화 우표 디자인
분단에 대한 감정 거리 증가	학생 세대의 분단 체감도 낮음 → 감성적 접근 필요	상상 속 통일 가족 이야기, 통일 동화 만들기
남북한의 문화 차이에 대한 흥미	언어, 음식, 생활 방식 등 문화 차이 이해 중심의 접근	남북한 언어 카드 게임, 북한 간식 만들기
통일 논의의 생활화	통일을 '이념'이 아닌 '생활 속 주제'로 인식시키는 흐름	통일 일기 쓰기, 나의 통일 뉴스 만들기

첫째, 평화와 공존의 가치 부각이라는 트렌드는 전쟁보다는 평화적 공존의 상상력을 키우는 것이 교육적으로 중요하다는 인식을 바탕으로 합니다. 이에 따라 학생들이 직접 '평화의 상징 만들기', '평화 우표 디자인'과 같은 활동을 통해 평화 감수성을 함양할 수 있도록 안내합니다.

둘째, 분단에 대한 감정적 거리 증가는 현재 학생 세대가 분단에 대한 체감도가 낮아졌다는 현실을 반영하며, 통일 문제에 감성적으로 접근하는 교육이 필요함을 강조합니다. 이를 위해 '상상 속 통일 가족 이야기 만들기', '통일 동화 창작'과 같은 감성적 접근 중심의 활동을 제안하고 있습니다.

셋째, 남북한의 문화 차이에 대한 흥미는 언어, 음식, 생활 방식 등에서 드러나는 문화적 차이를 중심으로 통일 교육에 접근하는 방향입니다. 대표적인 연계 활동으로는 '남북한 언어 카드 게임'이나 '북한 간식 만들기'와 같은 실천 중심의 체험형 활동이 제시됩니다.

넷째, 통일 논의의 생활화는 통일을 거창한 이념이나 사건이 아니라 일상생활 속 주제로 인식시키는 흐름을 말합니다. 이를 위해 '통일 일기 쓰기', '나의 통일 뉴스 만들기'와 같이 학생의 삶과 연결된 주제로 통일에 대한 관심을 자연스럽게 이끌어낼 수 있는 활동이 제안됩니다.

이러한 트렌드 기반의 활동 아이디어들은 실과 교과와도 유기적으로 연계할 수 있으며, 통일 교육을 보다 흥미롭고 실천적으로 접근하는 데 효과적인 기반이 됩니다.

〈표 2-34〉는 실과 교과의 네 가지 영역을 바탕으로 통일 교육과 자연스럽게 연계할 수 있는 자율활동 아이디어를 구체적으로 제안하고 있습니다.

〈표 2-34〉 '통일 교육'과 연계한 실과 영역별 자율활동 아이디어

실과 영역	관련 내용	예시 활동 주제
인간 발달과 주도적 삶	평화로운 공동체 구성원이 되기 위한 태도와 감정 표현	평화 감정 일기, 내 마음속 통일 그리기
생활환경과 지속 가능한 선택	남북한 생활 문화의 공통점과 차이를 비교하며 이해 확장	남북한 식생활 비교 활동, 가정용품 포스터 만들기
디지털 사회와 인공지능	통일 관련 자료를 디지털로 탐색·분석하고 표현하는 활동	통일 뉴스 카드 만들기, 평화 영상 브이로그 제작
지속 가능한 기술과 융합	통일 이후 사회 변화에 필요한 창의적 기술적 아이디어 탐색	통일 마을 설계하기, 하나 되는 미래 발명품 구상

먼저, '인간 발달과 주도적 삶' 영역에서는 평화로운 공동체 구성원이 되기 위한 태도와 감정 표현 능력을 기르는 것을 목표로 합니다. 이를 위해 '평화 감정 일기' 쓰기나 '내 마음속 통일 그리기'와 같은 활동을 통해 학생들의 내면에 평화 감수성을 심어주는 교육이 이루어집니다.

둘째, '생활환경과 지속 가능한 선택' 영역에서는 남북한의 생활 문화에 대한 이해를 바탕으로 공통점과 차이를 비교하고 확장해 가는 학습이 강조됩니다. '남북한 식생활 비교 활동'이나 '가정용품 포스터 만들기'와 같은 활동은 이러한 탐구 과정을 학생의 실생활과 연결하는 좋은 예입니다.

셋째, '디지털 사회와 인공지능' 영역에서는 통일 관련 정보를 디지털 매체를 통해 탐색하고 분석하며, 이를 표현해보는 활동이 중심이 됩니다. 예를 들어, '통일 뉴스 카드 만들기'나 '평화 영상 브이로그 제작'은 정보 해석력과 디지털 표현 능력을 동시에 향상시킬 수 있는 활동입니다.

마지막으로, '지속 가능한 기술과 융합' 영역에서는 통일 이후의 사회 변화에 대응하기 위한 창의적인 기술적 아이디어를 탐색하는 것이 핵심입니다. 학생들은 '통일 마을 설계하기', '하나 되는 미래 발명품 구상'과 같은 활동을 통해 창의성과 사회 감수성을 함께 키울 수 있습니다.

이 표는 실과 교과의 성격을 바탕으로 통일 교육을 일상적이고 창의적인 관점에서 실현할 수 있는 다양한 방안을 제시하며, 학교자율시간의 통합적 운영에 큰 시사점을 제공합니다.

〈표 2-35〉는 미래 사회를 준비하는 관점에서 통일 교육을 실과 중심 활동으로 구현할 수 있는 신개념 접근과 그에 따른 실천 방안을 제시합니다.

첫째, '감성 기반 통일 상상력'은 통일을 단순한 이념이 아닌 감정과 삶의 이야기로 접근하는 방식

을 강조합니다. 학생들은 '통일 친구의 하루 만들기', '내가 만난 북한 친구 편지쓰기'와 같은 활동을 통해 정서적 연결감을 바탕으로 통일을 상상하고 공감하는 태도를 기르게 됩니다.

둘째, '남북한 생활 문화 이해'는 남북한의 음식, 언어, 여가 문화 등 생활 전반을 비교함으로써 차이를 넘어서는 공감을 형성하는 것을 목표로 합니다. '북한 요리 레시피 따라 해보기', '북한 말로 동화 낭독하기'와 같은 활동은 학생들에게 이질적인 문화를 자연스럽게 이해하도록 돕습니다.

셋째, '평화 감수성 확장'은 다양한 갈등 상황에서 평화적으로 문제를 해결하는 방법을 탐색하게 하는 접근입니다. '갈등 상황 대화 훈련'이나 '평화 연극 만들기' 등의 활동을 통해 학생들은 공감적 의사소통과 평화적 협력 태도를 기를 수 있습니다.

마지막으로, '미래 통일 사회 구상'은 통일 이후 우리가 함께 살아갈 미래 사회를 상상하고 설계하는 활동입니다. 학생들은 '통일 학교 상상도 그리기', '통일 마을 브로슈어 만들기'와 같은 활동을 통해 통일을 현재의 과제가 아닌 미래의 기회로 바라보는 창의적 사고력을 신장시킬 수 있습니다.

〈표 2-35〉 미래를 준비하는 '통일 교육'의 활동 소재

신개념 접근	내용	실과 중심 활동 소재화 예시
감성 기반 통일 상상력	통일을 이념이 아닌 감성·삶의 이야기로 접근	통일 친구의 하루 만들기, 내가 만난 북한 친구 편지쓰기
남북한 생활 문화 이해	의식주와 언어, 여가 문화 등 생활의 접점 비교를 통한 공감	북한 요리 레시피 따라 해보기, 북한 말로 동화 낭독하기
평화 감수성 확장	다양한 갈등 상황에서 평화로운 해결 방법 탐색	갈등 상황 대화 훈련, 평화 연극 만들기
미래 통일 사회 구상	통일 이후 우리가 함께 살아갈 사회에 대한 상상과 설계	통일 학교 상상도 그리기, 통일 마을 브로슈어 만들기

이와 같은 활동은 통일 교육의 추상적인 개념을 학생들의 삶과 밀접한 실천 경험으로 연결시켜 주며, 실과 교육의 실천성과 창의성을 활용하여 통일 감수성을 내면화하는 데 효과적인 방향을 제시합니다.

〈표 2-36〉은 실과 교과와의 융합을 통해 통일 교육을 보다 생동감 있고 창의적인 활동으로 전개할 수 있는 수업 아이디어들을 제시하고 있습니다.

첫째, '남북한 말 찾기 카드 게임'은 남북한 언어의 차이를 흥미롭게 비교하는 활동을 통해 학생들의 문화적 공감력을 높이는 데 목적이 있습니다. 언어를 놀이처럼 익히면서 자연스럽게 서로 다른 문화에 대한 이해와 존중의 태도를 기를 수 있습니다.

둘째, '내가 만난 통일 친구 일기'는 통일 이후 남북 친구와의 만남을 상상하며 일기를 쓰는 활동입니다. 감성적 상상력을 기반으로 통일의 미래를 그리고, 이를 글로 표현함으로써 학생들은 정서적 공감과 창의적 사고력을 동시에 기를 수 있습니다.

〈표 2-36〉 미래를 준비하는 '통일 교육'의 활동 아이디어

활동 제목	활동 핵심	관련 교과
남북한 말 찾기 카드 게임	언어 차이를 흥미롭게 비교하며 문화적 공감력 키우기	실과·국어·사회
내가 만난 통일 친구 일기	감성 기반 상상력으로 통일 이후의 교류를 글로 표현	실과·국어·도덕
평화 우표 디자인하기	평화와 공존의 상징을 시각화하여 표현하는 창의 활동	실과·미술·사회
통일 학교 만들기 프로젝트	통일 이후 남북 학생들이 함께 다닐 학교를 구상해 보는 활동	실과·도덕·창체
통일 간식 만들기 체험	식문화를 중심으로 남북한 공감대를 형성하는 실천적 활동	실과·미술·창체

셋째, '평화 우표 디자인하기'는 평화와 공존의 메시지를 시각화하는 활동입니다. 학생들은 자신이 생각하는 평화의 상징을 이미지로 표현하며 창의적이고 상징적인 사고를 확장해 나갑니다.

넷째, '통일 학교 만들기 프로젝트'는 남북 학생들이 함께 생활할 수 있는 학교를 상상하고 설계하는 프로젝트 활동으로, 학생들은 공간 구성과 생활 환경에 대한 이해를 바탕으로 공동체적 삶의 가능성을 구체화할 수 있습니다.

다섯째, '통일 간식 만들기 체험'은 남북의 음식문화를 이해하고 공감하는 실천적 활동입니다. 조리 활동을 통해 남북한의 식문화 차이를 체험하고, 함께 나누는 식사 문화를 통해 통일 이후의 일상생활을 구체적으로 상상해 볼 수 있습니다.

이와 같은 활동들은 통일을 단순한 이념이나 역사적 사건으로 바라보는 것이 아니라, 학생들의 삶 속에서 실감나게 느끼고 표현할 수 있도록 돕습니다. 실과, 국어, 도덕, 사회, 미술, 창체 등 다양한 교과와의 연계를 통해 통일 감수성을 키우고, 미래를 준비하는 역량을 균형 있게 신장시키는 교육적 접근이라 할 수 있습니다.

위에서 살펴본 내용을 바탕으로 '통일 교육'과 '실과 교육과정'을 창의적으로 융합한 학교자율시간의 활동 주제를 하나의 예로 제시하면 다음과 같습니다. 이것은 학교 통합형, 학년 연계형, 학급 독립형으로도 자유롭게 선택하여 적용할 수 있도록 고려하였습니다.

'통일 교육'과 '실과 교육과정'을 창의·융합한 학교자율시간의 활동 주제		
대주제	하나 되는 상상, 평화로 여는 내일 (교실에서 시작하는 통일 감수성과 평화 시민성 프로젝트)	
학년	학년별 활동 주제	중심 키워드
3	통일 친구를 만나면 무슨 말을 할까?	감정, 상상, 말놀이
4	달라도 괜찮아, 남북한은 이렇게 닮았어요!	비교, 공감, 문화 이해
5	통일 마을을 디자인해요!	상상력, 설계, 창의 표현
6	평화를 전하는 작은 시민이 되다	평화, 실천, 시민 의식

8. '경제금융 교육'과 '실과' 교과를 연계한 활동 소재 찾기

'경제·금융 교육'은 범교과 학습 주제의 여섯 번째 주제입니다. 이번에는 '다문화 교육'과 '실과 교육과정'의 융합 가능성을 여러모로 조망하며 학생들의 삶과 연결된 실제적이고 의미 있는 활동 아이디어를 도출해 보려고 합니다.

〈표 2-37〉은 2022 개정 교육과정에서 제시하는 '경제·금융 교육'의 방향성과 핵심 요소를 네 가지 측면에서 정리한 것입니다. 이 표는 경제·금융 교육이 단순한 경제 지식 전달을 넘어 학생들의 삶과 밀접한 실천 중심의 교육으로 확장되어야 함을 강조하고 있습니다.

〈표 2-37〉 2022 개정 교육과정에서 바라본 '경제·금융 교육'의 핵심 기반 요소

항목	내용	'경제·금융 교육'과의 관련성
인간상	자기 주도적인 사람	합리적 소비, 올바른 금융 가치관을 바탕으로 삶을 스스로 설계하는 사람
핵심 역량	지식정보처리 역량	자원의 선택과 활용, 금융 정보의 탐색과 판단, 책임 있는 경제 활동 역량 강조
범교과 주제	경제·금융 교육	실제 생활과 밀접한 주제로 실천 중심의 통합 교육이 강조됨
경제 시민성	개인의 소비·저축·기부를 통한 책임 있는 시민으로서의 태도	경제 활동의 윤리성과 지속 가능성까지 포함하는 교육 지향

'인간상' 측면에서는 경제·금융 교육이 '자기 주도적인 사람'을 기르는 데 기여함을 보여줍니다. 합리적 소비와 올바른 금융 가치관 형성을 통해 학생들이 자신의 삶을 능동적으로 설계할 수 있도록 하는 것이 핵심입니다. '핵심 역량'으로는 '지식정보처리 역량'이 강조되며, 자원의 선택과 활용, 금융 정보에 대한 탐색과 판단, 그리고 책임 있는 경제 활동 수행 능력이 중요한 교육 내용으로 포함됩니다.

'범교과 주제'로는 '경제·금융 교육' 자체가 실생활과 밀접한 주제를 중심으로, 실천적 통합 교육의 방식으로 강화되어야 함이 제시됩니다. 이를 통해 학생들은 교과 간 연계를 통한 삶 중심의 경제학습을 경험하게 됩니다. '경제 시민성' 항목에서는 개인의 소비, 저축, 기부 등의 활동을 통해 책임 있는 시민으로서의 태도를 기르도록 유도하는 교육적 방향이 제시됩니다. 특히 경제 활동의 윤리성과 지속 가능성까지 포괄하는 태도 형성이 중요하게 다뤄집니다.

이와 같은 핵심 요소는 실과 교과를 중심으로 한 다양한 경제·금융 교육 활동 설계에 기초가 되며, 학생들이 미래 사회의 책임 있는 경제 주체로 성장하도록 돕는 데 중요한 역할을 합니다.

〈표 2-38〉은 최근의 사회적 트렌드를 반영하여 경제·금융 교육을 학교자율시간과 연계할 수 있

는 다양한 활동 소재를 제시하고 있습니다. 이 표는 특히 초등학생들의 소비 환경 변화에 주목하며, 학생들의 실생활과 밀접한 경제 교육의 필요성과 방향을 구체적으로 안내합니다.

〈표 2-38〉 사회 트렌드 기반 '경제·금융 교육'의 학교자율시간 연계 가능 소재

트렌드	관련 내용	학교자율시간 연계 가능 소재
용돈과 소비 연령 조기화	초등학생의 실제 소비·용돈 활동 증가	용돈 기입장 만들기, 나만의 소비 계획 세우기
온라인 소비와 간편 결제 확산	디지털 금융 환경에 대한 이해 필요	온라인 쇼핑 시뮬레이션, '스마트 소비자' 퀴즈
착한 소비·지속가능한 소비 강조	친환경, 윤리적 소비에 대한 관심 증가	'가치 있는 소비' 브로슈어 만들기, 공정무역 마크 찾기
금융 사기·과소비 위험 증가	금융 정보 판별력과 책임감 있는 소비 습관 필요	'피싱 예방송' 만들기, 소비 유혹 탐색 활동

'용돈과 소비 연령 조기화' 트렌드는 초등학생들의 소비 및 용돈 사용 활동이 실제로 증가하고 있다는 현실을 반영합니다. 이에 따라 '용돈 기업장 만들기', '나만의 소비 계획 세우기'와 같은 실천 중심 활동을 통해 계획적인 소비 습관을 기를 수 있도록 유도합니다.

'온라인 소비와 간편 결제 확산'은 디지털 금융 환경의 빠른 변화 속에서 학생들에게 관련된 이해와 대응 능력을 길러주어야 함을 강조합니다. 이를 위해 '온라인 쇼핑 시뮬레이션', '스마트 소비자 퀴즈' 등 체험형 활동을 통해 디지털 금융에 대한 감수성과 판단력을 기를 수 있습니다.

'착한 소비·지속가능한 소비 강조'는 친환경 및 윤리적 소비에 대한 사회적 관심이 높아짐에 따라, 공정무역이나 환경 보호와 관련된 가치 중심 소비 교육의 필요성을 반영합니다. 학생들은 '가치 있는 소비' 브로슈어 만들기, '공정무역 마크 찾기' 등의 활동을 통해 지속 가능한 소비의 중요성을 자연스럽게 체득할 수 있습니다.

'금융 사기·과소비 위험 증가'는 정보 판별력과 책임감 있는 소비 습관을 동시에 요구하는 현대 사회의 과제를 나타냅니다. 이에 따라 '피싱 예방송 만들기', '소비 유혹 탐색 활동' 등으로 소비에 대한 비판적 사고와 자율적 태도를 기를 수 있도록 지원합니다.

이러한 활동 소재들은 실과 교과의 목표와도 밀접히 연계되며, 학생들이 경제·금융 세계를 주체적으로 이해하고 책임감 있게 행동하는 데 필요한 핵심 역량을 학교자율시간을 통해 자연스럽게 함양

하도록 돕습니다.

〈표 2-39〉는 실과 교과의 4개 영역과 경제·금융 교육을 유기적으로 연계한 자율활동 아이디어를 제시하고 있습니다. 각 영역별로 학생들의 실생활과 밀접한 경제적 맥락을 반영하여, 합리적인 소비 습관과 책임 있는 경제 시민 의식을 기를 수 있는 다양한 활동 주제를 구성하였습니다.

'인간 발달과 주도적 삶' 영역에서는 소비 성향을 이해하고 자율적으로 용돈을 관리하는 능력을 기르는 데 초점을 맞춥니다. 이를 위해 '나의 소비 유형 진단'이나 '용돈 계획 세우기'와 같은 활동을 통해 학생들은 자신의 소비 행동을 분석하고 스스로 계획할 수 있는 자기주도 역량을 키우게 됩니다.

'생활환경과 지속 가능한 선택' 영역에서는 자원 절약과 윤리적 소비를 중심으로 지속 가능한 경제 활동에 대한 관심을 높이고자 합니다. 예를 들어 '착한 소비 물품 조사'나 '우리 가족의 절약 실천표 작성'과 같은 활동을 통해 학생들은 일상 속에서 환경을 고려한 소비의 중요성을 인식하게 됩니다.

〈표 2-39〉 '경제·금융 교육'과 연계한 실과 영역별 자율활동 아이디어

실과 영역	관련 내용	예시 활동 주제
인간 발달과 주도적 삶	소비 성향 이해와 자율적 용돈 관리	나의 소비 유형 진단, 용돈 계획 세우기
생활환경과 지속 가능한 선택	자원 절약, 윤리적 소비, 지속 가능한 경제 활동	착한 소비 물품 조사, 우리 가족의 절약 실천표
디지털 사회와 인공지능	디지털 금융 이해와 정보판별력 기르기	스마트 결제 방법 비교, 가짜 쇼핑몰 판별하기
지속 가능한 기술과 융합	미래 직업과 연결된 경제 감각 및 창업 상상력	나만의 직업 창업 아이디어 발표, 미니 마켓 기획

'디지털 사회와 인공지능' 영역에서는 디지털 금융 환경에서의 이해와 정보판별력을 키우는 데 중점을 둡니다. '스마트 결제 방법 비교', '가짜 쇼핑몰 판별하기' 등의 활동을 통해 디지털 환경에서의 금융 위험 요소를 파악하고 안전한 소비 습관을 기를 수 있습니다.

'지속 가능한 기술과 융합' 영역에서는 미래 직업과 경제를 연결 지어 창의적 사고와 기업가 정신을 함양하는 데 도움을 줍니다. '나만의 직업 창업 아이디어 발표', '미니 마켓 기획' 등의 활동은 학생들이 경제적 상상력을 발휘하고 실제 삶에 적용해 보는 소중한 기회가 됩니다.

이러한 자율활동 아이디어는 실과 수업의 목표인 실천적 문제 해결 능력과 경제·금융 이해 능력을 동시에 길러주는 통합형 교육의 훌륭한 사례로, 학교자율시간을 활용한 창의적이고 실천 중심의 수업 설계에 효과적으로 활용될 수 있습니다.

〈표 2-40〉은 미래 사회를 대비하여 초등학생이 갖추어야 할 경제·금융 관련 실천 역량을 중심으로, 실과 교과 수업에서 활용할 수 있는 활동 아이디어를 신개념 접근 방식으로 정리한 것입니다. 정보 탐색 능력, 가치 중심의 판단력, 자기주도적 경제 습관, 그리고 창의적 직업 설계 능력까지 아우르는 실천적 활동으로 구성되어 있습니다.

〈표 2-40〉 미래를 준비하는 '경제·금융 교육'의 활동 소재

신개념 접근	내용	실과 중심 활동 소재화 예시
스마트 소비자 훈련	정보 탐색 → 비교 분석 → 책임 있는 선택의 소비 훈련	온라인 쇼핑 비교 활동, 용돈 스마트 계약서 만들기
가치소비 감수성 키우기	가격보다 가치 중심으로 판단하는 소비 감각 기르기	착한 소비 vs 충동 소비 토론, 나의 소비 원칙 정하기
경제적 자립 연습	예산, 저축, 기부 등을 포함한 자기주도적 경제 습관 형성	일주일 용돈 예산표 작성, 나의 기부 플랜 만들기
미래 직업과 창업 상상	경제 감각과 창의적 사고력을 융합한 미래형 직업 탐색	창업 아이템 포스터 만들기, 가상 상점 운영하기

'스마트 소비자 훈련'은 정보 탐색과 비교 분석을 통해 책임 있는 선택을 할 수 있는 소비자 역량을 기르는 활동입니다. '온라인 쇼핑 비교 활동', '용돈 스마트 계약서 만들기'와 같은 실습을 통해 학생들은 합리적인 소비 판단의 기준과 절차를 익히며 실생활에서의 적용력을 높입니다.

'가치소비 감수성 키우기'는 가격보다는 윤리적 가치와 환경적 책임 등 더 넓은 시야로 소비를 바라보는 감수성을 기르는 데 중점을 둡니다. '착한 소비 vs 충동 소비' 토론이나 '나의 소비 원칙 정하기'와 같은 활동을 통해 학생들은 비판적 사고와 책임의식을 함께 함양할 수 있습니다.

'경제적 자립 연습'은 예산 수립, 저축 습관, 기부 실천 등을 포함한 자기주도적 경제 행동을 훈련하는 데 초점을 둡니다. '일주일 용돈 예산표 작성', '나의 기부 플랜 만들기' 등의 활동을 통해 계획

적이고 공동체적인 경제 행동을 실천하게 됩니다.

'미래 직업과 창업 상상'은 경제 감각과 창의성을 융합한 미래지향적 활동입니다. '창업 아이템 포스터 만들기', '가상 상점 운영하기'와 같은 활동은 학생들의 기업가 정신을 자극하고, 미래 직업에 대한 흥미와 상상력을 키우는 데 기여합니다.

이러한 활동들은 실과 수업의 생활 밀착성과 경제 교육의 실천성을 효과적으로 결합하여, 학생들이 삶의 문제를 주체적으로 해결하는 데 필요한 경제적 사고력과 태도를 자연스럽게 길러줄 수 있습니다. 학교자율시간 또는 창의적 체험활동에서도 쉽게 적용할 수 있는 유용한 자료가 될 것입니다.

〈표 2-41〉은 학생들이 실과 교과의 특성과 연계하여 경제적 삶의 기초 역량을 자연스럽게 길러나갈 수 있도록 구성한 활동 아이디어 모음이다. 각 활동은 소비 계획, 정보 판단, 가치소비, 소비자기획자 시각의 전환, 미래 직업 설계 등 다양한 주제를 다루며 실천 중심의 경제·금융 교육을 지향합니다.

〈표 2-41〉 미래를 준비하는 '경제·금융 교육'의 활동 아이디어

활동 제목	활동 핵심	관련 교과
용돈 기입장 만들기	소비 계획 및 기록을 통한 자율성과 자기관리 능력 함양	실과·수학·도덕
스마트 소비 퀴즈쇼	정보 판단 기반의 똑똑한 소비자 되기 훈련	실과·국어·사회
나의 착한 소비 포스터	가치 중심 소비 감수성 기르기	실과·미술·도덕
가상 쇼핑몰 꾸미기	책임 있는 소비자 입장에서 기획자 시선까지 확장	실과·국어·창체
나의 창업 아이디어 발표	창의성과 경제 감각을 융합한 미래 직업 상상력 표현	실과·사회·도덕

'용돈 기입장 만들기'는 소비 계획과 기록을 통해 자율성과 자기관리 능력을 기를 수 있는 활동입니다. 실과와 수학, 도덕과 연계하여 학생들이 자신의 소비 습관을 점검하고 올바른 소비 계획을 세워보는 경험을 하도록 돕습니다.

'스마트 소비 퀴즈쇼'는 정보 판별을 기반으로 한 소비 판단 훈련을 통해 똑똑한 소비자가 되는

경험을 제공합니다. 국어와 사회 교과와 연계하여 정보 탐색과 판단력 신장을 함께 도모할 수 있으며, 퀴즈쇼 형식은 흥미를 유도하는 데 효과적입니다.

'나의 착한 소비 포스터'는 학생들이 가치 중심의 소비 감수성을 키우도록 유도하는 시각적 표현 활동입니다. 실과, 미술, 도덕과 연계하여 착한 소비의 개념을 탐색하고 이를 창의적으로 시각화해보는 경험을 할 수 있습니다.

'가상 쇼핑몰 꾸미기'는 소비자의 입장을 넘어 기획자적 시각으로 사고하는 활동입니다. 상품 구성, 가격 설정, 소비자 유도 전략 등의 내용을 포함하며 실과, 국어, 창체와 연계한 프로젝트 수업으로 운영할 수 있습니다.

'나의 창업 아이디어 발표'는 창의성과 경제 감각을 융합한 미래 직업 상상력 표현 활동입니다. 실과, 사회, 도덕과 연계해 진로 탐색 및 직업 교육의 기초 역량을 함양할 수 있으며, 발표 중심의 활동을 통해 의사소통 능력과 자기 표현력도 함께 기를 수 있습니다.

이와 같은 활동들은 학생들이 일상생활 속 경제 문제를 스스로 사고하고 해결해 보는 경험을 통해 실천적인 경제 시민으로 성장할 수 있도록 도와주는 효과적인 교수·학습 자료입니다.

위에서 살펴본 내용을 바탕으로 '경제·금융 교육'과 '실과 교육과정'을 창의적으로 융합한 학교자율시간의 활동 주제를 하나의 예로 제시하면 다음과 같습니다. 이것은 학교 통합형, 학년 연계형, 학급 독립형으로도 자유롭게 선택하여 적용할 수 있도록 고려하였습니다.

대주제	'경제·금융 교육'과 '실과 교육과정'을 창의·융합한 학교자율시간의 활동 주제	
	돈보다 더 소중한 소비 (생각하고 나누는 경제 감수성 키우기)	
학년	학년별 활동 주제	중심 키워드
3	용돈은 어디로 갔을까?	기초 개념, 흥미, 그림일기
4	쓰고 싶은 마음, 지키는 연습	소비 습관, 유혹 판별, 자율
5	착한 소비가 세상을 바꾼대요	가치 판단, 윤리, 감수성
6	나만의 가게를 열어볼까요?	창의, 설계, 실천

9. '환경·지속 가능한 발전 교육'과 '실과' 교과를 연계한 활동 소재 찾기

'환경·지속 가능한 발전 교육'은 범교과 학습 주제의 일곱 번째 주제입니다. 이번에는 '환경·지속 가능한 발전 교육'과 '실과 교육과정'의 융합 가능성을 여러모로 조망하며 학생들의 삶과 연결된 실제적이고 의미 있는 활동 아이디어를 도출해 보려고 합니다.

〈표 2-42〉는 2022 개정 교육과정이 지향하는 '환경·지속 가능한 발전 교육'의 핵심 요소를 인간상, 핵심 역량, 범교과 주제, 생태 시민성이라는 네 가지 항목으로 분류하여 그 교육적 관련성을 설명한 자료입니다.

〈표 2-42〉 '환경·지속 가능한 발전 교육'의 핵심 기반 요소

항목	내용	'통일 교육'과의 관련성
인간상	교양 있는 사람	생명과 자연을 존중하고 지속 가능한 삶을 실천하는 삶의 태도 함양
핵심역량	심미적 감성 역량	생태 감수성, 자원순환 의식, 공존적 사고를 통합적으로 기를 수 있음
범교과 주제	환경·지속 가능한 발전 교육	기후 위기 대응, 생태 윤리 실천 등 교육 전 영역에서의 융합적 접근 요구
생태 시민성	자연과 더불어 살아가는 시민으로서의 삶의 실천적 자세	들꽃·야생화 관찰, 생물 다양성 이해, 생태적 실천 연계에 효과적임

'인간상' 항목에서는 '교양 있는 사람'을 핵심으로 제시하고 있습니다. 이는 생명과 자연을 존중하고 지속 가능한 삶을 실천하는 삶의 태도를 기르는 것이 교육의 중요한 목표임을 강조하는 것입니다. '핵심 역량'으로는 '심미적 감성 역량'을 제시하고 있으며, 이는 생태 감수성과 자원순환에 대한 의식, 공동체적 사고를 함께 길러주는 통합적인 교육이 필요하다는 점을 강조하고 있습니다.

'범교과 주제' 항목은 '환경·지속 가능한 발전 교육'으로 규정되며, 기후 위기 대응과 생태 윤리 실천을 위한 교육이 전체 교과와 연계되는 융합적 접근을 필요로 한다는 점에서 중요성을 가집니다.

'생태 시민성'은 자연과 더불어 살아가는 시민으로서의 삶을 실천할 수 있는 자세를 의미합니다. 들꽃, 야생화 관찰, 생물 다양성 이해와 같은 생태적 실천 활동은 다양한 교과 활동과 유기적으로 연계되어 효과적인 교육이 이루어질 수 있음을 보여줍니다.

이 표는 궁극적으로 지속 가능한 삶의 방식을 실천할 수 있는 생태 시민을 기르기 위한 교육의 방향성을 제시하고 있는 자료입니다.

〈표 2-43〉은 최근 사회 트렌드를 반영하여 '환경·지속 가능한 발전 교육'과 학교자율시간 활동을 어떻게 효과적으로 연계할 수 있는지를 제시한 자료입니다.

〈표 2-43〉 사회 트렌드 기반 '환경·지속 가능한 발전 교육'의 연계 가능 소재

트렌드	관련 내용	학교자율시간 연계 가능 소재
기후 위기와 탄소중립 실천 강조	일상 속 탄소발자국 줄이기 실천 필요	'나의 탄소 다이어트' 프로젝트, 탄소중립 선언문 만들기
생물 다양성 위기 인식 확산	멸종위기종 및 로컬 생물 보호에 대한 공감 확산	우리 학교 들꽃 도감 만들기, 보호 식물 스티커 제작
자원 순환과 업사이클링 확대	쓰레기 감량과 자원 재활용 중심 생활 실천 요구	들꽃 씨앗 포장 업사이클링, 리사이클링 마켓 기획
생태 감수성과 치유의 필요	자연과의 감정적 연결 회복을 통한 정서적 안정 강조	나만의 들꽃 명상 카드 만들기, 들꽃 감정 일기 쓰기

먼저 '기후 위기와 탄소중립 실천 강조' 트렌드는 일상에서 탄소발자국을 줄이는 실천이 필요하다는 인식을 기반으로, '나의 탄소 다이어트' 프로젝트나 탄소중립 선언문 만들기와 같은 구체적인 활동으로 연결됩니다. 이는 기후 위기를 실질적 삶의 문제로 인식하게 하려는 시도입니다.

'생물 다양성 위기 인식 확산'에 대한 트렌드는 멸종위기종과 로컬 생물 보호에 대한 공감을 넓히려는 교육적 의도를 담고 있으며, 우리 학교 들꽃 도감 만들기, 보호 식물 스티커 제작과 같은 활동으로 실천됩니다. 이는 지역 생태계에 대한 관심을 자연스럽게 이끌어냅니다.

'자원 순환과 업사이클링 확대' 트렌드는 생활 속 쓰레기 감량과 자원 재활용의 중요성을 반영한 것으로, 들꽃 씨앗 포장 업사이클링 활동이나 리사이클링 마켓 기획과 같은 실천 중심 활동으로 구체화됩니다. 이는 창의성과 환경 의식을 함께 기르는 계기가 됩니다.

'생태 감수성과 치유의 필요' 트렌드는 자연과의 정서적 연결 회복을 통해 심리적 안정과 치유를 추구하는 방향성을 제시합니다. 이에 따라 나만의 들꽃 명상 카드 만들기나 들꽃 감정일기 쓰기와 같은 활동은 학생들에게 생태적 감수성과 감정 표현 능력을 함께 길러주는 효과적인 방안이 됩니다.

이처럼 〈표 2-43〉은 환경적 이슈와 학교자율시간의 연계를 통해 지속 가능한 삶에 대한 실천적 태도와 감성 교육을 함께 실현하고자 하는 교육적 비전을 보여주는 자료입니다.

〈표 2-44〉는 실과 교과의 4대 영역을 바탕으로 '환경·지속 가능한 발전 교육'과의 연계 가능성을 탐색하고, 이에 적합한 학교자율시간 활동 주제를 제안한 자료입니다.

〈표 2-44〉 '환경·지속 가능한 발전 교육'과 실과를 연계한 자율활동 아이디어

실과 영역	관련 내용	예시 활동 주제
인간 발달과 주도적 삶	자연과 감정의 연결을 통한 생태 감수성 함양	들꽃 감정 일기, 나만의 들꽃 기록장 만들기
생활환경과 지속 가능한 선택	자원 절약, 지역 생물 보호, 생태 소비 실천	들꽃 씨앗 나눔 봉투 만들기, 생태 가게 브로슈어 제작
디지털 사회와 인공지능	환경 데이터, 기후 정보 등을 분석·표현하는 활동	탄소 배출 추적 스티커, 들꽃 보호 앱 아이디어 발표
지속 가능한 기술과 융합	자연과 기술이 공존하는 창의적 대안 탐색	'꽃과 함께하는 미래 도시' 상상도, 생태 알람 시계 만들기

'인간 발달과 주도적 삶' 영역에서는 자연과 감정의 연결을 통해 생태 감수성을 기르는 활동이 강조됩니다. 대표적인 활동 예시는 '들꽃 감정 일기'와 '나만의 들꽃 기록장 만들기'이며, 이는 정서적 성장을 바탕으로 생태적 감수성을 함양하는 데 효과적입니다.

'생활환경과 지속 가능한 선택' 영역은 자원 절약과 지역 생물 보호, 생태 소비 실천을 중심으로 합니다. '들꽃 씨앗 나눔 보따리 만들기'나 '생태가게 브로슈어 제작'은 지속 가능성을 삶의 실천으로 연결하는 대표적인 활동입니다.

'디지털 사회와 인공지능' 영역에서는 환경 데이터와 기후 정보 등의 자료를 분석하고 표현하는 능력을 기르는 활동이 제안됩니다. '탄소 배출 추적 스티커'와 '들꽃 보호 앱 아이디어 발표' 활동은 디지털 기술을 활용한 생태 교육의 좋은 사례입니다.

'지속 가능한 기술과 융합' 영역은 자연과 기술이 공존하는 창의적 대안을 탐색하는 것을 목표로 합니다. '꽃과 함께하는 미래 도시 상상도', '생태 알람 시계 만들기'와 같은 활동은 환경과 기술 융합 교육의 실천적 사례입니다.

이처럼 〈표 2-44〉는 실과 각 영역의 특성을 살려 환경교육을 창의적이고 실천적인 방향으로 확장할 수 있는 구체적인 실천 방안을 제시하는 자료입니다.

〈표 2-45〉는 '환경·지속 가능한 발전 교육'의 미래지향적 접근을 바탕으로 실과 중심의 자율활동 소재를 제안한 자료입니다. 네 가지 신개념 접근을 중심으로 구성되어 있습니다.

첫째, '들꽃을 통한 생태 감수성' 접근은 들꽃 관찰을 통해 감정 표현력과 생명 공감 능력, 상상력을 함께 길러주는 활동입니다. '들꽃 엽서 쓰기', '이야기꽃 책 만들기' 등은 학생들이 자연과 정서적으로 교감하며 표현하는 힘을 키울 수 있는 활동입니다.

둘째, '로컬 생물의 가치 발견' 접근은 지역의 들꽃과 야생화를 생물학적·문화적 관점에서 바라보며 그 의미를 발견하게 합니다. '우리 마을 들꽃 지도 만들기', '사라지는 꽃 캠페인'은 지역 생물 다양성에 대한 감수성을 키우는 데 효과적인 활동입니다.

셋째, '순환과 나눔의 생활 실천' 접근은 자원 절약과 업사이클링, 생태 나눔 활동을 통해 생활 속 실천을 강조합니다. '들꽃 씨앗 리필 키트 만들기'와 '분리수거 스티커 디자인' 활동은 실천 중심의 생태 시민 교육에 적합합니다.

넷째, '생태+기술 융합 상상력' 접근은 자연과 기술을 결합한 미래형 아이디어를 창출하는 활동으로 구성됩니다. 예를 들어 '식물 AI 친구 만들기', '생태정원 스마트 관리 시스템 구상' 등의 활동은 지속 가능한 기술 활용 능력과 창의적 사고를 동시에 기를 수 있는 좋은 사례입니다.

〈표 2-45〉 미래를 준비하는 '환경·지속 가능한 발전 교육'의 활동 소재

신개념 접근	내용	실과 중심 활동 소재화 예시
들꽃을 통한 생태 감수성	들꽃 관찰을 통해 감정 표현, 생명 공감, 상상력 키우기	들꽃 엽서 쓰기, 이야기꽃 책 만들기
로컬 생물의 가치 발견	지역에 피는 야생화의 생물학적·문화적 의미 발견	우리 마을 들꽃 지도 만들기, 사라지는 꽃 캠페인
순환과 나눔의 생활 실천	자원 절약, 업사이클링, 생태 나눔 활동 설계	들꽃 씨앗 리필 키트 만들기, 분리수거 스티커 디자인
'생태+기술' 융합 상상력	자연과 기술이 어우러진 미래적 아이디어 구상	식물 AI 친구 만들기, 생태정원 스마트 관리 시스템 구상

이처럼 〈표 2-45〉는 환경 교육을 감성적, 생물학적, 실천적, 기술융합적 접근으로 다각화하여 실과 자율활동과 창의적으로 연계할 수 있는 가능성을 제시하는 자료입니다.

〈표 2-46〉은 생태 감수성과 지속 가능성에 기반한 환경 교육을 실천적 활동으로 구현한 예시들을 제시하고 있습니다. 실과를 중심으로 국어, 사회, 미술, 도덕, 창체 교과와 연계 가능한 수업 소재로 구성되어 있습니다.

'들꽃 감정 일기 쓰기'는 감정과 자연의 연결을 통해 생태 감수성과 표현력을 기르는 활동입니다. 학생들은 들꽃을 관찰하며 느낀 감정을 일기로 표현하고, 자신의 감정과 자연을 연결 지어 표현하는 역량을 키울 수 있습니다.

'우리 동네 들꽃 지도 만들기'는 지역 생물 다양성에 대한 관심을 높이고, 생물 관찰력을 기르는 활동입니다. 지역의 들꽃을 직접 찾아보고 지도에 기록함으로써 학생들은 자신의 삶터에 있는 생명체에 대한 애정을 키우게 됩니다.

〈표 2-46〉 미래를 준비하는 '환경·지속 가능한 발전 교육'의 활동 아이디어

활동 제목	활동 핵심	관련 교과
들꽃 감정 일기 쓰기	감정과 자연을 연결해 생태 감수성과 표현력 기르기	실과·국어·미술
우리 동네 들꽃 지도 만들기	지역 생물 다양성에 대한 관심과 관찰력 기르기	실과·사회·창체
들꽃 보호 캠페인 포스터 제작	생물 보호 메시지 시각화 및 공감력 증진	실과·기술·도덕
탄소중립 선언문 발표하기	일상 속 기후 실천 약속을 선언하고 나누는 경험	실과·도덕·국어
들꽃 씨앗 나눔 키트 만들기	자원 순환, 나눔 실천, 생태 시민성 내면화	실과·창체·미술

'들꽃 보호 캠페인 포스터 제작'은 생물 보호 메시지를 시각적으로 표현하면서 공감 능력을 키우는 활동입니다. 포스터 제작을 통해 시각적 전달력과 함께 생명의 소중함을 친구들과 나누는 기회를 제공합니다.

'탄소중립 선언문 발표하기'는 일상 속 기후 실천 약속을 구체적인 언어로 선언하고 나누는 경험을 중심으로 구성된 활동입니다. 발표를 통해 자신만의 탄소중립 실천 방안을 구성하고 타인과 공유하며 의지를 다질 수 있습니다.

'들꽃 씨앗 나눔 키트 만들기'는 자원 순환과 나눔 실천, 생태 시민성 내면화를 동시에 추구하는 활동입니다. 학생들은 씨앗을 정리하고 꾸며 나누며, 생명 순환과 나눔의 가치를 체험하게 됩니다.
이처럼 〈표 2-46〉은 감정 표현과 생물 관찰, 메시지 전달, 기후 실천, 시민적 나눔 등의 다양한 관점에서 환경 교육을 구성할 수 있는 실과 중심 활동 아이디어를 풍부하게 제시한 자료입니다.

위에서 살펴본 내용을 바탕으로 '통일 교육'과 '실과 교육과정'을 창의적으로 융합한 학교자율시간의 활동 주제를 하나의 예로 제시하면 다음과 같습니다. 이것은 학교 통합형, 학년 연계형, 학급 독립형으로도 자유롭게 선택하여 적용할 수 있도록 고려하였습니다.

대주제	들꽃과 함께 걷는 길 (피어나는 감성, 이어지는 생명)	
학년	학년별 활동 주제	중심 키워드
3	들꽃과 노는 아이 (감정의 씨앗을 심어요)	감정, 상상, 말놀이
4	들꽃 감정 일기 (마음이 피는 봄 날)	비교, 공감, 문화 이해
5	들꽃 이야기 창작소 (이름으로 피어난 상상)	상상력, 설계, 창의 표현
6	이름 없는 꽃에게 쓰는 편지 (이름으로 피어난 상상)	평화, 실천, 시민 의식

'환경·지속 가능한 발전 교육'과 '실과 교육과정'을 창의·융합한 학교자율시간의 활동 주제

10. '독도 교육'과 '실과' 교과를 연계한 활동 소재 찾기

'독도 교육'은 범교과 학습 주제의 여섯 번째 주제입니다. 이번에는 '독도 교육'과 '실과 교육과정'의 융합 가능성을 여러모로 조망하며 학생들의 삶과 연결된 실제적이고 의미 있는 활동 아이디어를 도출해 보려고 합니다.

〈표 2-47〉은 2022 개정 교육과정의 관점에서 독도 교육이 어떤 핵심 요소에 기반하고 있는지를 네 가지 범주로 정리한 표입니다. 각각의 항목은 '인간상', '핵심 역량', '범교과 주제', '문화 정체성'으로 구성되어 있으며, 독도 교육과의 관련성을 중심으로 설명하고 있습니다.

〈표 2-47〉 2022 개정 교육과정에서 바라본 '독도 교육'의 핵심 기반 요소

항목	내용	'독도 교육'과의 관련성
인간상	교양 있는 사람	우리 고장과 국토에 대한 이해와 사랑, 정체성과 주체의식 함양
핵심 역량	지식정보처리 역량	지역과 역사, 문화 정보를 분석하고 창의적으로 표현하는 능력
범교과 주제	독도 교육	독도에 대한 바른 이해를 통해 주권 의식, 국토 수호 의지 키움
문화 정체성	역사적 사실 기반, 우리 문화의 정체성과 연결된 교육	전통과 현대, 기술과 감성의 융합을 통해 실천적 독도 교육 실현 가능

'인간상' 항목은 교양 있는 사람을 목표로 하며, 이는 우리 고장과 국토에 대한 이해와 사랑, 정체성과 주체의식을 함양하는 데 초점이 맞추어져 있습니다. 독도 교육은 국토 사랑과 더불어 지역 정체성을 길러주는 중요한 기회가 됩니다.

'핵심 역량'으로는 지식정보처리 역량이 강조되며, 이는 지역과 역사, 문화 정보를 분석하고 창의적으로 표현하는 능력을 의미합니다. 독도와 관련된 다양한 정보 자료를 탐색하고 종합하며, 이를 바탕으로 논리적인 판단과 표현 능력을 신장시키는 활동이 가능합니다.

'범교과 주제'로는 독도 교육이 명시되어 있습니다. 독도에 대한 바른 이해를 통해 주권 의식과 국토 수호 의지를 키우는 것이 목표입니다. 독도에 관한 교육은 단순한 지식 전달이 아니라 실천적 태도와 의식 함양을 위한 교육으로서 의미를 가집니다.

'문화 정체성' 항목은 역사적 사실에 기반하여 우리 문화의 정체성과 연결된 교육의 필요성을 강조하고 있습니다. 전통과 현대, 기술과 감성의 융합을 통해 실질적이고 통합적인 독도 교육이 가능하다는 점을 시사합니다.

이처럼 〈표 2-47〉은 독도 교육이 단순한 지리 수업을 넘어, 정체성과 주체의식을 기르고, 통합적 사고와 실천 능력을 키우는 중요한 교육적 장치임을 보여주는 자료입니다.

〈표 2-48〉은 최근 사회 변화와 흐름을 반영하여 독도 교육을 학교자율시간과 연계할 수 있는 방법을 네 가지 사회 트렌드로 나누어 제시한 표입니다. 각각의 트렌드에 대응하는 교육적 내용과 구체

적인 실천 활동 예시가 함께 제시되어 있습니다.

<표 2-48> 사회 트렌드 기반 '독도 교육'의 학교자율시간 연계 가능 소재

트렌드	관련 내용	학교자율시간 연계 가능 소재
국토교육과 체험 기반 강조	교과서 외 실감형 자료 활용, 경험 중심 학습 요구 증가	독도 VR 탐방기록, 독도 입도 일지 쓰기
디지털 국토 감수성 확대	온라인 지도, 위성 이미지 기반 국토 이해 활동 강조	나만의 독도 지도 꾸미기, 디지털 독도 퀴즈 제작
역사 왜곡 정보에 대한 경계	정보 판별력, 팩트체크 교육의 중요성 강조	독도 관련 허위 정보 바로잡기 활동
청소년 독도 홍보 참여 확대	SNS, 카드뉴스 등 홍보 콘텐츠 직접 제작하는 참여형 흐름	독도 응원 브로슈어 만들기, 독도 캐릭터 디자인하기

'국토교육과 체험 기반 강조' 트렌드는 교과서 외의 실감형 자료 활용과 경험 중심 학습 요구가 증가하고 있음을 반영하고 있습니다. 이에 따라 독도 교육에서는 VR 탐방 기록, 독도 입도 일지 쓰기 등의 활동을 통해 학생들의 체험적 이해를 높일 수 있습니다.

'디지털 국토 감수성 확대'는 온라인 지도나 위성 이미지를 기반으로 한 국토 이해 활동이 강화되고 있는 현실을 반영한 것입니다. 이와 관련하여 '나만의 독도 지도 꾸미기'나 '디지털 독도 퀴즈 제작'과 같은 활동이 효과적인 실천 예로 제시되고 있습니다.

'역사 왜곡 정보에 대한 경계'는 정보 판별력과 함께 팩트체크 교육의 중요성이 커지고 있는 사회 흐름을 반영하고 있습니다. 따라서 '독도 관련 허위 정보 바로잡기 활동'과 같은 비판적 사고를 요구하는 실천이 강조됩니다.

'청소년 독도 홍보 참여 확대'는 SNS, 카드뉴스 등 다양한 콘텐츠 제작을 통한 직접적인 참여가 활발해지는 현상을 바탕으로 합니다. 이와 연계한 활동으로는 '독도 응원 브로슈어 만들기'와 '독도 캐릭터 디자인하기' 등이 있으며, 이는 청소년의 창의적 참여를 유도할 수 있는 실천적 접근입니다.

이처럼 <표 2-48>은 독도 교육이 사회적 트렌드와 어떻게 유기적으로 연계될 수 있는지를 구체적이고 실천적인 예시를 통해 잘 보여주고 있습니다. 이는 학교자율시간의 교육적 활용 가능성을 더욱 넓혀주는 유용한 자료입니다.

〈표 2-49〉는 실과의 4대 영역을 중심으로 '독도 교육'과 연계할 수 있는 자율활동 아이디어를 제시한 자료입니다. 각 영역별로 관련된 교육 내용과 구체적인 실천 활동 예시를 함께 보여주고 있습니다.

'인간 발달과 주도적 삶' 영역에서는 국토 사랑 감정을 바탕으로 자기 정체성과 표현력을 함양하는 데 초점을 두고 있습니다. 이에 따라 학생들은 '독도 편지 쓰기'나 '독도 응원 문구 만들기'와 같은 활동을 통해 정서적인 자기 표현과 공동체 소속감을 기를 수 있습니다.

'생활환경과 지속 가능한 선택' 영역에서는 독도의 생태와 자원에 대한 이해를 바탕으로 지속 가능성을 탐색하는 내용이 중심이 됩니다. 이를 실천하는 예시 활동으로는 '독도 생물 도감 만들기'나 '해양 보호 아이디어 공유' 등이 있으며, 환경 감수성과 지속 가능한 삶에 대한 태도를 함께 기를 수 있습니다.

'디지털 사회와 인공지능' 영역은 디지털 자료의 탐색과 편집, 표현 역량을 기반으로 정보 판단 교육을 강조합니다. 이와 관련된 활동으로는 '독도 카드뉴스 제작'이나 'VR 독도 일기 쓰기'가 제시되어 있으며, 학생들이 비판적 사고와 디지털 리터러시를 함께 발전시킬 수 있도록 돕습니다.

〈표 2-49〉 '독도 교육'과 연계한 실과 영역별 자율활동 아이디어

실과 영역	관련 내용	예시 활동 주제
인간 발달과 주도적 삶	국토 사랑 감정을 바탕으로 자기 정체성과 표현력 함양	독도 편지 쓰기, 독도 응원 문구 만들기
생활환경과 지속 가능한 선택	독도의 생태와 자원에 대한 이해 → 지속 가능성 탐색	독도 생물 도감 만들기, 해양 보호 아이디어 공유
디지털 사회와 인공지능	디지털 자료 탐색, 편집, 표현 역량을 통한 정보 판단 교육	독도 카드뉴스 제작, VR 독도 일기 쓰기
지속 가능한 기술과 융합	전통문화 + 현대 기술을 융합한 창의 콘텐츠 제작	독도 캐릭터 굿즈 디자인, 독도 스티커 앱 기획

'지속 가능한 기술과 융합' 영역은 전통문화와 현대 기술을 융합한 창의적 콘텐츠 제작에 중점을 두고 있습니다. 학생들은 '독도 캐릭터 굿즈 디자인'이나 '독도 스티커 앱 기획'과 같은 활동을 통해

창의적 문제 해결력과 문화적 감수성을 실천적으로 경험할 수 있습니다.

이처럼 〈표 2-49〉는 실과 교육과정 속에서 독도 교육을 유의미하게 녹여낼 수 있는 실천 방안을 영역별로 구체화하고 있으며, 학교자율시간의 창의적 운영을 위한 실질적인 방향을 제시하는 자료입니다.

〈표 2-50〉은 미래지향적 교육 관점에서 '독도 교육'을 실과 중심 활동으로 구현하기 위한 신개념 접근 방식을 네 가지로 구분하여 제시한 자료입니다. 각각의 접근 방식은 해당 내용과 실천 가능한 활동 소재 예시로 구체화되어 있습니다.

'감성 기반 국토 사랑 표현' 접근은 국토 사랑을 감성적인 글쓰기나 표현 활동으로 연결하는 것입니다. 이 접근에서는 '독도 엽서 쓰기'나 '독도 시 쓰기'와 같은 활동을 통해, 학생들이 정서적으로 국토에 대한 애정을 표현하고 내면화하는 경험을 할 수 있습니다.

'독도 생태 자원 발견' 접근은 해양 생태와 연계된 자원을 탐색하고 보호하려는 의식을 기르는 데 중점을 두고 있습니다. 이를 위해 '독도 바다 생물 스티커북'이나 '독도 보호 캠페인 포스터'와 같은 활동이 제시되며, 이는 학생들에게 생태 감수성과 환경 윤리를 함양하는 기회를 제공합니다.

〈표 2-50〉 미래를 준비하는 '독도 교육'의 활동 소재

신개념 접근	내용	실과 중심 활동 소재화 예시
감성 기반 국토 사랑 표현	국토 사랑을 감성적 글쓰기와 표현으로 연결	독도 엽서 쓰기, 독도 시 쓰기
독도 생태 자원 발견	해양 생태와 연계된 자원 탐색과 보호 의식 형성	독도 바다 생물 스티커북, 독도 보호 캠페인 포스터
디지털 정보 판별 훈련	진위 정보 분석을 통한 주권 의식, 정보 리터러시 역량 강화	'가짜 뉴스 vs 진짜 뉴스' 구분 퀴즈, 팩트 체크 미션
문화와 기술의 융합 표현	독도 관련 전통·현대 문화 융합 콘텐츠 개발	독도 동요 영상 만들기, 독도 AR 캐릭터 기획

'디지털 정보 판별 훈련' 접근은 진위 정보 분석을 통한 주권 의식과 정보 리터러시 역량 강화를 목표로 합니다. 활동 예시로는 '가짜 뉴스 vs 진짜 뉴스 구분 퀴즈'나 '팩트 체크 미션'이 있으며, 이는 학생들이 디지털 사회에서 필요한 비판적 사고력과 책임 있는 정보 활용 능력을 기르는 데 기여합

니다.

'문화와 기술의 융합 표현' 접근은 독도 관련 전통과 현대 문화를 융합한 콘텐츠 개발을 중심으로 구성되어 있습니다. '독도 동요 영상 만들기'나 '독도 AR 캐릭터 기획'과 같은 활동은 학생들의 창의력과 문화 융합 감수성을 함께 키울 수 있는 통합적 학습 기회를 제공합니다.

이처럼 〈표 2-50〉은 감정, 생태, 정보, 기술이라는 네 가지 신개념 접근을 통해 독도 교육을 미래 역량 중심으로 확장시키는 실과 수업 구성의 밑거름이 되는 자료입니다.

〈표 2-51〉은 미래 사회를 대비한 실천 중심의 독도 교육 활동을 구체적으로 제시한 자료입니다. 학생들이 독도를 주제로 다양한 방식으로 탐구하고 표현하며, 주체적으로 의미를 구성할 수 있도록 구성되어 있습니다.

〈표 2-51〉 미래를 준비하는 '독도 교육'의 활동 아이디어

활동 제목	활동 핵심	관련 교과
독도 캐릭터 디자인하기	감정 이입을 통한 독도 친밀감 형성과 시각적 메시지 전달력 강화	실과·미술·도덕
독도 응원 엽서 쓰기	국토 사랑 감정 표현 및 공감 메시지 전달	실과·국어·사회
독도 생물 도감 만들기	해양 생태계 이해와 지속 가능한 보호 가치 확산	실과·과학·미술
디지털 독도 퀴즈 만들기	정보 탐색과 팩트체크 능력을 기초로 한 문제 해결 활동	실과·국어·도덕
독도 홍보 브로슈어 제작	자신이 전달하고 싶은 메시지를 콘텐츠로 기획하고 공유	실과·미술·창체

'독도 캐릭터 디자인하기'는 감정 이입을 통해 독도에 대한 친밀감을 형성하고, 시각적 메시지를 효과적으로 전달할 수 있도록 돕는 활동입니다. 이 활동은 실과, 미술, 도덕 교과와 연계되어 있으며, 학생들의 창의성과 시각 표현 능력을 함께 기를 수 있는 기회를 제공합니다.

'독도 응원 엽서 쓰기'는 국토 사랑의 감정을 글로 표현하고, 응원 메시지를 통해 공감 능력을 기르는 활동입니다. 실과, 국어, 사회 교과와 관련이 있으며, 정서 표현과 공동체 감수성 함양에 효과적

인 활동입니다.

'독도 생물 도감 만들기'는 해양 생태계에 대한 이해를 바탕으로 지속 가능한 보호의 가치를 확산시키는 데 목적이 있습니다. 실과, 과학, 미술 교과가 융합된 이 활동은 관찰력, 분석력, 표현력을 균형 있게 발달시킬 수 있는 계기를 마련합니다.

'디지털 독도 퀴즈 만들기'는 정보 탐색과 판별, 즉 팩트체크 능력을 기초로 문제 해결 역량을 기르는 활동입니다. 실과, 국어, 도덕과 연계되며, 학생들은 이 활동을 통해 디지털 정보 환경 속에서 주체적인 학습자이자 시민으로 성장하게 됩니다.

'독도 홍보 브로슈어 제작'은 자신이 전달하고 싶은 메시지를 스스로 기획하고 콘텐츠로 구성하여 공유하는 활동입니다. 실과, 미술, 창체 교과와 관련되며, 표현력과 기획력을 바탕으로 참여 중심의 독도 교육을 실현할 수 있습니다.

이처럼 〈표 2-51〉은 감정, 생태, 정보, 콘텐츠 제작의 네 영역을 중심으로 학생 참여형 독도 교육을 다채롭게 실현할 수 있도록 제안된 자료입니다. 이는 실과 교육을 통해 미래 역량을 기르는 데 효과적인 학습 자원이 됩니다.

위에서 살펴본 내용을 바탕으로 '독도 교육'과 '실과 교육과정'을 창의적으로 융합한 학교자율시간의 활동 주제를 하나의 예로 제시하면 다음과 같습니다. 이것은 학교 통합형, 학년 연계형, 학급 독립형으로도 자유롭게 선택하여 적용할 수 있도록 고려하였습니다.

'독도 교육'과 '실과 교육과정'을 창의·융합한 학교자율시간의 활동 주제		
대주제	작은 섬, 큰 마음 (독도에서 시작되는 우리의 이야기)	
학년	학년별 활동 주제	중심 키워드
3학년	독도에 사는 친구에게 편지를 쓴다면?	감정이입, 상상, 표현
4학년	독도를 닮은 지도 한 장	정보 탐색, 공감적 이해
5학년	독도를 알리는 창의 표현관을 열어요!	창의 콘텐츠, 시각적 전달
6학년	내가 독도라면, 세상에 무엇을 말할까?	주체성, 실천, 시민 감수성

제2장을 마치며
교실이 삶을 품는 순간

학교자율시간,
그 여백에 우리는 묻습니다.
"이 아이들과, 지금 무엇을 해야 할까?"

그 질문의 실마리는
우리 삶 깊숙이 들어와 있었습니다.
지구를 지키는 일,
생명을 돌보는 마음,
함께 살아가는 지혜,
그리고 먹고, 입고, 움직이며
더 나은 내일을 꿈꾸는 실천.

우리는 10개의 범교과 주제를
실과의 눈으로 다시 바라보았습니다.
막연한 개념이 아닌,
교실에서 삶으로 이어지는
작은 활동으로 피어나게 했습니다.

이 장은 그 여정의 기록입니다.
주제는 다르지만, 목적은 하나.
아이들의 삶 속에서
가치를 '살아보게' 하는 것.

그것이 우리가 찾은,
학교자율시간의 진짜 시작이었습니다.

에듀콘텐츠·휴피아

제3장   어떻게 엮을까? 교실을 여는 [수업] 실마리

티칭 허브의 창의·융합 콘텐츠 활용하기
(학생들의 호기심과 삶을 움직이는 수업의 재료는 어떻게 발견되는가?)

티칭허브는 금성출판사에서 운영하는 교사 대상의 플랫폼으로 초등과 중등으로 나뉘어 있습니다. 초등 티칭허브에는 학교자율시간과 창의·융합 수업뿐 아니라 자율활동과 교과 연계에 적합한 콘텐츠가 선생님들을 위해 정리되어 있습니다. 주메뉴에서 '학교자율시간'을 선택하면 이 장에서 소개하는 수업의 실마리 화면이 바로 나타납니다.

여기에는 3~6학년 교실에 15개의 창의·융합 수업용 콘텐츠가 올라와 있으며, 이들은 학교자율시간의 활동 프로그램에서 그대로 가져다 써도 될 만큼의 완성도를 보여주고 있습니다. 그뿐만 아니라 수업 지도안과 PPT 자료, 그리고 활동지 등과 같은 파일은 물론 다양한 수업 이미지 자료가 업로드 되어 있어 학교자율시간의 활동 프로그램으로 변환하여 사용하기 쉽게 되어 있습니다.

여기에 소개된 모든 콘텐츠는 활동을 한 눈에 파악할 수 있도록 마인드맵으로 시작합니다. 그리고 마인드맵 아래에는 소개 영상, 수업 지도안, 수업자료, 수업 PPT 버튼이 있어 필요한 자료로 바로 이동할 수 있게 되어 있습니다. 그리고 모든 자료는 전체 파일과 차시별 파일로 구분되어 있어 필요한 자료만 선택하여 받아볼 수 있게 되어 있습니다.

3~4학년 교실에는 '교실 속 작은 미술관'과 '진짜 친구는 스마트폰 밖에 있어', '뚝딱뚝딱 뮤지컬'과 '잃어버린 권리 우리가 되찾을 거야', 그리고 '국경, 파도타기로 넘어볼까요'라는 창의·융합 콘텐츠가 소개되어 있습니다.

5~6학년 교실에는 '업사이클링 올림픽', '행복하개 사랑할고양', '특명, 건강의 비법을 찾아라', '마음을 행복으로 채우는 시간', '천하제일 아리랑 대회', '건강 지킴이, 컬러 푸드', '지구 희망 챌린지', '교실로 찾아 ON 캠핑', '태권 V 로그', '지구촌 CM송 축제'라는 창의·융합 콘텐츠가 소개되어 있습니다.

1. 교실 속 작은 미술관

'교실 속 작은 미술관'은 미술 작품을 관람하는 입장에서 나아가, 학생들이 직접 전시를 기획하고 운영해 보는 경험을 중심으로 구성된 창의·융합 프로젝트입니다. 이 프로그램은 학생의 감성과 표현력을 키우는 동시에, 미술과 국어, 도덕 등의 교과와 자연스럽게 연결되어 학교자율시간의 융합 주제로 활용하기에 매우 적합합니다. [그림 3-1]은 이 프로젝트 활동을 한눈에 파악할 수 있도록 그려놓은 것입니다.

활동의 1단계는 '미술관의 신사 숙녀가 되어 보아요'입니다. 이 단계에서는 공공장소에서 태도와 미술관의 역할, 관람 예절 등을 배우며 전시 문화에 대한 기본적인 이해를 키웁니다. 공공장소에 대한 존중, 규칙의 의미 등을 도덕 교과와 연계할 수 있으며, 학생들은 '작품 앞에서 나의 태도'를 성찰하며 예술을 대하는 태도를 익히게 됩니다.

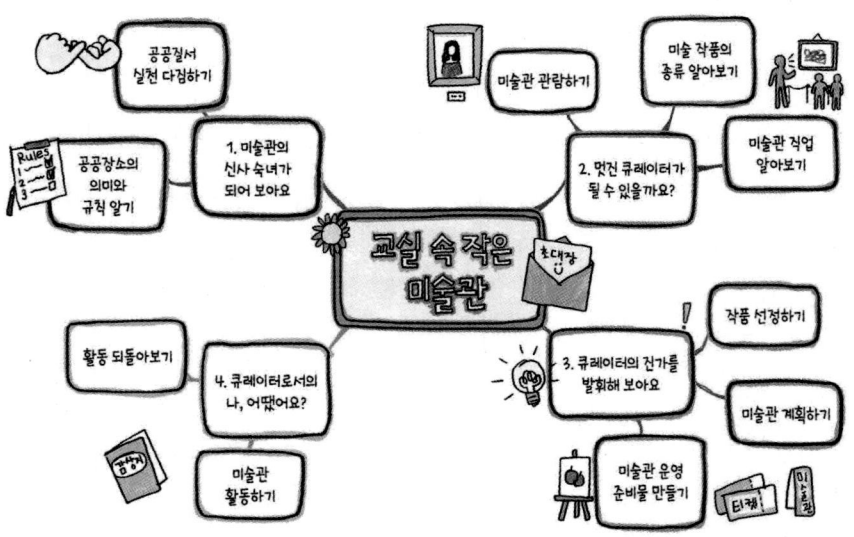

[그림 3-1] '교실 속 작은 미술관' 활동 한눈에 파악하기

2단계는 '멋진 큐레이터가 될 수 있을까요?'입니다. 학생들은 미술 작품의 종류를 알아보고, 전시를 위해 어떤 준비가 필요한지 탐색합니다. 큐레이터가 어떤 일을 하는지 이해하고, 자신이 큐레이터

가 되었을 때 전시할 주제를 구상해 봅니다. 이 과정은 관찰력과 분류 능력, 기획력과 스토리텔링 감각을 함께 기를 수 있어 국어와 미술 교과의 융합 활동으로 적합합니다.

3단계는 '큐레이터의 진가를 발휘해 보아요'입니다. 이제 학생들은 실제 큐레이터가 되어, 전시 작품을 선정하고 포스터를 제작하며, 작품 설명문을 작성하고 전시 공간을 설계하는 본격적인 활동에 들어갑니다. 국어(설명문 작성), 미술(디자인과 만들기, 시각적 표현) 등의 교과를 통합하여 협업하는 프로젝트 수업으로의 확장이 가능하며, 교실은 하나의 생생한 미술관으로 재탄생합니다.

4단계는 '큐레이터로서의 나, 어땠어요?'입니다. 전시가 끝난 후에는 자신이 맡았던 역할을 돌아보며 느낀 점을 나누고, 친구들의 활동을 존중하며 서로 피드백을 주고받습니다. 활동일지 쓰기, 소감 발표, 후속 활동 아이디어 공유 등을 통해 성찰과 표현의 기회를 가질 수 있으며, 이는 국어 교과의 '경험 정리'와 도덕 교과의 '자기 성찰'과도 자연스럽게 이어집니다.

이 콘텐츠는 학교자율시간의 활동 주제를 고민하는 선생님에게 다음과 같은 시사점을 줍니다. 첫째, 예술 감상과 실천이 결합된 '참여형 프로젝트'라는 점이고, 둘째, 공공 예절, 시각 표현, 스토리텔링, 협업 역량 등을 종합적으로 키울 수 있다는 점이며, 셋째, 학급 전체를 하나의 문화 공간으로 바꾸는 전환적 경험을 제공한다는 점입니다.

교실 속 작은 미술관은 감성과 창의성을 중심으로 한 학교자율시간 활동의 좋은 모델이 될 수 있습니다. 학급 단위 전시 기획, 지역 미술관과 연계한 프로그램 확장 등으로 발전시킬 수 있어, 지속성과 교육적 파급력 면에서도 매우 탁월한 콘텐츠입니다.

> **[수업] 실마리: 감정을 전시하다, 우리 반 작은 미술관 프로젝트**
> 교실을 감정과 상상의 작품으로 가득 채우는 '작은 미술관' 프로젝트입니다. 원래 3학년 창의·융합 수업용으로 15차시 분량으로 설계되었지만, 이를 학교자율시간의 28차시 프로그램으로 확장·재구성하여 3~4학년 연계형 활동으로 적용할 수 있습니다. 3학년에서는 감정 표현과 개별 창작에 집중하고, 4학년에서는 주제 기획과 전시 구성, 해설 제작 등으로 심화함으로써, 표현력과 자존감, 공감 능력, 공동체 감수성을 함께 기를 수 있는 융합형 프로젝트입니다.

2. 진짜 친구는 스마트폰 밖에 있어

'진짜 친구는 스마트폰 밖에 있어!'는 디지털 기기 사용이 일상화된 어린이들이 다시금 몸을 움직이고 친구들과 어울리며 놀이의 가치를 재발견하도록 돕는 감성 중심의 융합 프로젝트입니다. 이 프로그램은 도덕, 국어, 체육 등 다양한 교과와 자연스럽게 연결되며, 또래와의 관계 회복, 협력적 놀이의 의미, 자기성찰을 유도하는 학교자율시간 활동으로 매우 적합합니다.

[그림 3-2]는 이 프로젝트 활동을 한눈에 파악할 수 있도록 정리한 것입니다.

[그림 3-2] '진짜 친구는 스마트폰 밖에 있어' 활동 한눈에 파악하기

활동의 1단계는 '화면 밖으로'입니다. 이 단계는 '건강한 놀이의 중요성'을 인식하는 것으로 시작합니다. 학생들은 공공장소에서의 올바른 태도, 놀이의 의미, 스마트폰 사용에 대한 자신의 습관 등을 되돌아보며, 스스로 건강한 놀이를 선택하겠다는 약속을 하게 됩니다. 도덕 교과의 '공동체 규범과 예

절', 국어 교과의 '말하기와 듣기'를 연계해 '약속 카드 만들기' 활동 등으로 확장할 수 있습니다.

활동의 2단계는 '짝꿍과 놀기'입니다. 학생들은 한 명의 짝꿍과 함께 놀이를 기획하고 실천해보며 관계를 회복하는 경험을 합니다. 놀이 달력 만들기, 건강 놀이 맛보기 등의 활동을 통해 운동과 감정을 자연스럽게 연결합니다. 체육 교과와 연계하여 기본적인 신체활동과 놀이 기능을 익히고, 놀이에 대한 즐거움과 협력의 가치를 체득할 수 있습니다.

활동의 3단계는 '여럿이 놀기'입니다. 이제 학생들은 팀을 이루어 디스크 피구, 역할 놀이, 플라잉 디스크 컬링 등 다양한 신체 협력 놀이에 참여합니다. 활동 전·중·후에 역할 분담과 규칙 설정을 함께 고민하며 문제 해결력과 사회성도 함께 기를 수 있습니다. 체육 교과(협동 놀이), 국어 교과(설명문 작성, 규칙 설명), 도덕 교과(배려와 책임) 등과 자연스럽게 융합됩니다.

활동의 4단계는 '달라진 우리'입니다. 마지막 단계에서는 친구와 함께하고 싶은 놀이를 스스로 소개하는 활동을 합니다. 놀이 설명서를 만들거나 친구에게 놀이를 안내하는 발표 활동으로 연결되며, '달라진 나', '함께하는 즐거움', '화면 대신 사람을 보는 기쁨' 등을 자연스럽게 돌아보게 됩니다. 이는 국어의 '경험 정리와 발표', 도덕의 '성찰과 실천'과 연결되며, 자율활동의 마무리 성찰 활동으로 효과적입니다.

이 콘텐츠는 학교자율시간 활동 주제를 고민하는 선생님에게 다음과 같은 시사점을 줍니다. 첫째, 신체 놀이와 감성 교육이 결합된 놀이 중심 프로젝트라는 점, 둘째, 관계 회복과 협동, 자기 성찰을 동시에 촉진하는 교육적 가치를 갖고 있다는 점, 셋째, 일상생활의 변화를 실제로 이끌어낼 수 있는 실행 기반 활동이라는 점입니다.

'진짜 친구는 스마트폰 밖에 있어!'는 학생들의 몸과 마음을 모두 움직이게 하는, 감성과 공동체성을 회복하는 따뜻한 자율활동 모델이 될 수 있습니다.

[수업] 실마리: 친구와 함께, 스마트폰 밖에서 놀자!
스마트폰 사용 습관을 성찰하고 친구 관계의 소중함을 회복하는 감성 놀이 프로젝트입니다. 원래 3학년 창의·융합 수업용으로 12차시 분량으로 개발되었으나, 학교자율시간의 28차시 프로그램으로 확장·재구성하여 3~4학년 연계형으로 활용할 수 있습니다. 실내외 놀이, 약속 카드 만들기, 놀이 지도 제작 등으로 구성되어 관계 회복과 몸과 마음의 건강을 함께 돌보는 활동입니다.

3. 뚝딱뚝딱 뮤지컬

'뚝딱뚝딱 뮤지컬'은 학생들이 이야기 대본을 직접 구성하고, 노래·안무·소품까지 스스로 기획하여 뮤지컬을 만들어 가는 감성 융합 프로젝트입니다.

이 활동은 국어와 음악, 미술 교과와 자연스럽게 연결되며, 창의적 표현력, 협동심, 무대 경험을 함께 키울 수 있는 학교자율시간 주제로 매우 적합합니다. 아래의 [그림 3-3]은 프로젝트의 전 과정을 한눈에 보여줍니다.

[그림 3-3] '뚝딱뚝딱 뮤지컬' 활동 한눈에 파악하기

1단계는 대본의 재탄생입니다. 활동의 첫 단계는 이야기의 뼈대를 만드는 '대본 구성'입니다. 이 단계에서 학생들은 먼저 재미있는 전래동화를 탐색하며 흥미로운 소재를 찾고, 등장인물과 줄거리를 바탕으로 자신들만의 뮤지컬 대본을 고쳐 쓰는 활동을 진행합니다. 국어 교과의 이야기 구조 이해 및 창작 활동과 연계하여 학생들의 서사 구성력과 표현력을 끌어올릴 수 있습니다.

2단계는 신나는 노래와 소품 선정입니다. 두 번째 단계에서는 무대에 필요한 음악과 시각적 요소들을 준비합니다. 먼저 기존 노래의 가사를 우리 이야기로 바꾸어 부르는 활동을 통해 음악과 스토리의 결합을 경험하며, 동시에 공연의 분위기를 살릴 수 있는 배경 꾸미기와 소품 제작 활동도 함께 이루어집니다. 음악 교과의 가창 활동, 미술 교과의 만들기 활동과 연결할 수 있습니다.

3단계는 행복한 뮤지컬 연습입니다. 이제 본격적으로 뮤지컬을 완성하기 위한 연습이 시작됩니다. 장면별로 배역을 나누고, 각자의 캐릭터를 표현하는 몸짓과 안무를 구성하며 무대 동선을 익혀봅니다. 학생들은 함께 노래하고 춤추며, 실제 리허설과 같은 활동을 통해 협동과 감정 표현 능력을 기릅니다. 음악(리듬 표현), 국어(대사 전달), 체육(표현 운동) 등 다양한 교과와 융합이 가능합니다.

4단계는 함께 즐기는 뮤지컬입니다. 마지막 단계에서는 관객 앞에서 실제 뮤지컬을 공연해 봅니다. 친구, 교사, 학부모 등 공동체 속에서 나의 이야기를 함께 나누고 즐기며, 공연이 끝난 후에는 뮤지컬을 함께 돌아보는 시간도 갖습니다. 내가 맡은 역할에 대한 성찰, 친구들의 협업에 대한 감사, 개선할 점 등을 나누며 국어의 '경험 나누기', 도덕의 '협동과 존중' 주제와도 자연스럽게 연계됩니다.

이 콘텐츠는 학교자율시간 주제를 고민하는 선생님들에게 다음과 같은 시사점을 제공합니다. 첫째, 언어·음악·미술·연극 요소가 자연스럽게 통합된 예술 프로젝트라는 점, 둘째, 학생들이 주도적으로 창작하고 무대 위에서 성취감을 느낄 수 있는 활동이라는 점, 셋째, 학급 단위로 상호 존중하며 협업하는 감성 공동체 형성에 기여한다는 점입니다.

'뚝딱뚝딱 뮤지컬'은 예술과 표현 중심의 자율활동을 풍성하게 구성할 수 있는 훌륭한 모델이 될 수 있습니다.

[수업] 실마리: 감동의 무대, 우리가 만든 뮤지컬!

학생이 직접 이야기 구성부터 안무·노래·무대까지 창작하는 감성 뮤지컬 프로젝트입니다. 원래 4학년을 대상으로 하는 18차시의 창의·융합 프로젝트로 개발되었으나, 28차시 분량의 학교자율시간 프로그램으로 확장하여 예술 표현과 공동체 실천을 깊이 있게 다룰 수 있습니다. 창체·국어·음악·체육·미술과 자연스럽게 연계되며, 창의적 표현력과 감정공동체 역량을 함께 길러줍니다.

4. 잃어버린 권리 우리가 되찾을 거야

『잃어버린 권리, 우리가 되찾을 거야』는 유엔아동권리협약과 인권 감수성을 기반으로, 우리가 마땅히 누려야 할 권리를 되짚어보고, 함께 어울리는 세상을 만들어보는 감성 융합 프로젝트입니다. 이 프로그램은 미술 교과를 중심으로 국어, 도덕, 사회 교과와 자연스럽게 연계되며, 4학년 학교자율시간의 인권 감수성 함양과 공동체 실천 활동으로 매우 적합합니다. 아래의 [그림 3-4]는 프로젝트 활동의 전체 흐름을 시각화한 것입니다.

[그림 3-4] '잃어버린 권리 우리가 되찾을 거야' 활동 한눈에 파악하기

1단계는 '우리가 꿈꾸는 세상'입니다. 첫 번째 단계에서는 학생들이 '인권'과 '권리'의 의미를 배우고, 배리어프리(barrier-free) 개념을 익히며, 누구나 존중받고 참여할 수 있는 세상에 대한 상상력을 키웁니다. 나와 타인의 다름을 이해하고, 모두가 함께하는 세상에 대한 바람을 그림이나 글로 표현하며, 도덕 교과의 '타인 이해'와 미술 교과의 '표현' 활동으로 연결됩니다.

2단계는 '사진으로 소통하기'입니다. 두 번째 단계는 인권 주제를 중심으로 사진을 찍고, 그 사진을 바탕으로 이야기를 구성하는 활동입니다. 학생들은 교내외에서 권리가 실현되거나 제한된 장면을 촬영하고, 그 사진에 내포된 메시지를 바탕으로 짧은 이야기나 포스터를 제작합니다. 이는 국어의 '경험 표현', 미술의 '시각 언어 활용', 사회의 '민주시민의 역할'과 긴밀히 연계됩니다.

3단계는 '함께 즐기는 공간을 만들어요'입니다. 세 번째 단계에서는 실제로 모두가 함께 놀 수 있는 '통합 놀이터'를 상상하고, 직접 놀이터를 기획하거나 모형으로 만들어 봅니다. 장애 유무와 관계없이 함께 즐기는 공간을 구상하며, 학생들은 공간의 설계, 배려 요소 탐색, 구성 방식 등을 토의·설계·제작해보는 협동 프로젝트를 경험하게 됩니다. 이는 미술(입체 표현), 도덕(배려와 존중), 사회(공공 공간 이해) 교과와 긴밀히 맞닿아 있습니다.

4단계는 '널리 알려요'입니다.

4단계는 프로젝트를 마무리하고 널리 알리는 활동입니다. 학생들은 앞서 제작한 사진, 이야기, 모형 등을 전시하거나 카드뉴스·영상 등으로 정리하여 '권리 되찾기 캠페인' 형식으로 발표합니다. 또한 소감을 나누며 서로의 경험을 공유하고, 학교 안팎으로 인권에 대한 관심을 확산시킬 수 있는 후속 활동도 탐색하게 됩니다. 이는 국어의 '말·글 표현', 미술의 '전시 기획', 도덕의 '시민적 실천'과 자연스럽게 이어집니다.

이 프로젝트는 다음과 같은 시사점을 제공합니다. 첫째, 학생의 감수성과 공감 능력을 키우는 인권 중심 감성 프로젝트이며, 둘째, 시각 매체(사진, 포스터, 모형 등)를 활용한 창의적 표현 활동이라는 점, 셋째, 실생활과 연결된 공간 기획 활동과 전시 활동을 통해 실천 역량까지 키우는 교육 효과가 있다는 점입니다.

『잃어버린 권리, 우리가 되찾을 거야』는 단순한 이론 교육이 아닌, 참여하고 실천하는 학교자율시간의 대표적 인권 활동으로서 그 교육적 가치가 매우 높습니다.

[수업] 실마리: 함께 만드는 배려 깊은 세상 프로젝트

학생이 일상에서 놓치기 쉬운 권리를 되짚고, 인권 감수성과 공간 감수성을 바탕으로 '권리 되찾기' 메시지를 기획·표현하는 감성 융합 프로젝트입니다. 원래 4학년 대상 13차시의 창의·융합 프로젝트였으나, 28차시 분량의 학교자율시간 활동으로 확장하여 창체, 미술, 도덕, 국어와 자연스럽게 연계할 수 있으며, 전시 기획과 실천 활동까지 아우르는 인권 교육 모델로 발전시킬 수 있습니다.

5. 국경, 파도타기로 넘어볼까요?

'국경, 파도타기로 넘어볼까요?'는 축구라는 활동을 중심으로, 세계 여러 나라의 문화를 몸으로 이해하며, 공동체 속 다양성과 배려를 체험하는 다문화 감성 프로젝트입니다. 이 프로그램은 체육 교과의 '발로 공을 다루어요', '리듬이 무엇인지 알아요', 미술 교과의 '보고 또 보고', 창의적 체험활동의 '다문화 이해 활동'과 자연스럽게 융합되며, 학교자율시간의 주제로 활용하기에 적합한 창의·융합형 프로젝트 활동입니다. [그림 3-5]는 이 프로젝트 활동의 흐름을 한눈에 파악할 수 있도록 시각화한 것입니다.

[그림 3-5] '국경, 파도타기로 넘어볼까요?' 활동 한눈에 파악하기

1단계는 '손에 손잡고'입니다. 이 단계에서는 다문화에 대한 편견 없이 서로를 존중하는 태도를 배우고, 세계 여러 나라의 국기와 문화에 대해 알아봅니다. 아이들은 각자 자신이 응원하고 싶은 나라를 정한 후, 해당 국가의 축구 응원 문화와 특징을 조사합니다. 이는 체육과 창체(다문화 감수성 교육) 교과의 융합 활동으로, 세계 시민으로서의 인식을 확장하는 기초가 됩니다.

2단계는 '흥을 돋우는'입니다. 학생들은 자신이 응원하는 나라의 전통 리듬이나 박자에 맞춰 단순한 응원 율동과 리듬 게임을 창작합니다. 이 활동은 '리듬이 무엇인지 알아요' 단원과 연계되며, 응원 도구 꾸미기나 국기 디자인 활동을 통해 미술 교과와도 통합됩니다. 친구들과 함께 응원 문화를 만드는 이 활동은 수업 분위기를 밝고 활기차게 만드는 동시에 협업의 기쁨을 배웁니다.

3단계는 '미니 월드컵'입니다. 드디어 준비된 학생들은 각 나라 대표가 되어 미니 축구 경기에 참여합니다. 활동 전에는 '몸과 마음을 함께 쓰는 경기 규칙'과 '다름을 존중하는 태도'를 되새기고, 경기가 끝난 후에는 응원과 팀워크, 협력의 순간을 사진이나 그림으로 기록하여 전시회로 확장할 수 있습니다. 이 활동은 체육 교과의 실천 중심 수업과 창체·미술의 표현 활동을 연결하는 종합적인 결과물로 이어집니다.

이 프로젝트는 학교자율시간 활동 주제를 고민하는 교사에게 다음과 같은 시사점을 줍니다. 첫째, 축구라는 흥미로운 활동을 매개로 하여 모든 아이들이 자연스럽게 몰입하고 협력할 수 있다는 점. 둘째, '공을 찬다'는 신체 활동이 국기 디자인, 리듬 표현, 응원 퍼포먼스, 감정 나눔 활동 등으로 확장된다는 점. 셋째, 다문화 감수성, 공동체 의식, 규칙과 배려 등의 사회 정서적 역량을 함께 기를 수 있다는 점입니다.

'국경, 파도타기로 넘어볼까요?'는 몸과 마음을 모두 활용하는 세계 시민 프로젝트로 4학년 학교자율시간의 주제 선정에 탁월한 선택이 될 수 있습니다.

[수업] 실마리: 국경을 넘어, 마음으로 연결되는 월드컵 프로젝트

전통 응원 문화, 나라별 상징, 공동체 감정 등을 체험하며 다문화 감수성과 세계 시민 의식을 기르는 통합 프로젝트입니다. 원래 4학년 대상 12차시 창의·융합 프로그램이었으나, 28차시 분량의 학교자율시간 활동으로 확장할 수 있으며, 창체·체육·도덕·미술·국어 교과와 자연스럽게 연계하여 몸과 마음을 함께 움직이는 세계 시민 교육으로 발전시킬 수 있습니다.

6. 업사이클링 올림픽

'업사이클링 올림픽'은 정리 정돈과 재활용이라는 실과의 주제를 체육 활동과 융합하여, 버려지는 물건에 대한 가치 재발견과 실천 중심의 창의적 경험을 동시에 제공하는 프로젝트입니다. 생활 폐기물을 소재로 한 올림픽 종목을 직접 구상하고 친구들과 함께 도전해 보며, 창의력과 협동심을 기를 수 있는 학교자율시간 활동입니다. 실과의 '정리 정돈과 재활용', 체육의 '더 멀리 던져요' 단원을 중심으로 구성되었으며, 즐거운 놀이 속에 실천적 삶의 태도를 자연스럽게 녹여낼 수 있는 융합 수업으로 매우 적합합니다.

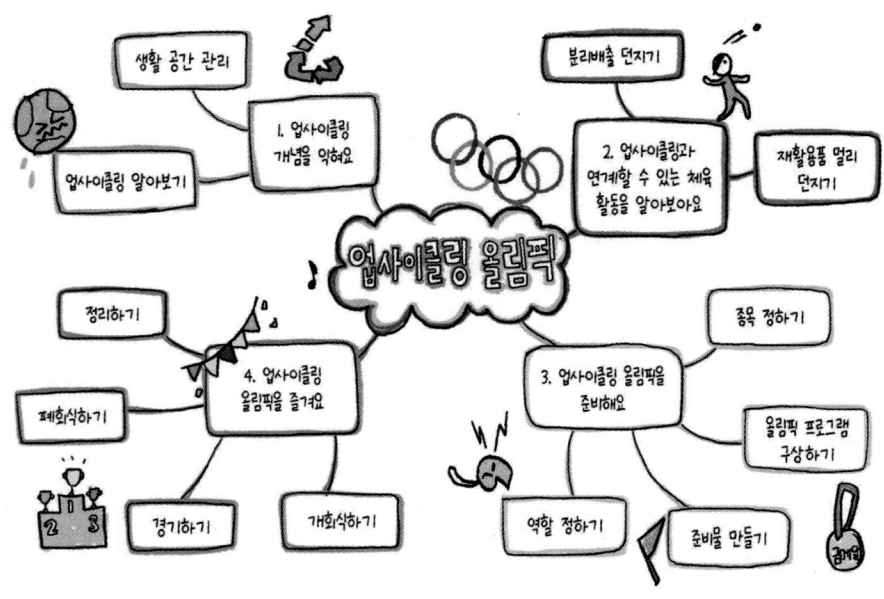

[그림 3-6] '업사이클링 올림픽' 활동 한눈에 파악하기

활동의 1단계는 '업사이클링 개념을 익혀요'입니다. 이 단계에서는 버려지는 물건의 종류와 폐기물 문제, 재사용과 재활용, 업사이클링의 의미를 알아보고 다양한 사례를 탐색합니다. 이를 통해 환경을 살리는 실천이 왜 중요한지 생각해 보고, 일상에서 할 수 있는 업사이클링 활동 아이디어를 나눕니다. 실과 수업에서 환경보호의 필요성과 실천 방법을 다룰 수 있으며, 쓰레기의 분류와 정리 정돈에 대한 기본 개념도 함께 익힐 수 있습니다.

2단계는 '업사이클과 연계할 수 있는 체육 활동을 알아보아요'입니다. 학생들은 체육 시간에 익숙한 던지기, 굴리기, 균형잡기 등의 기본 움직임을 업사이클링 활동과 연결할 수 있는 방법을 탐색합니다. 예를 들어, 폐휴지통으로 만든 볼링, 페트병을 활용한 균형 경기, 신문지 공을 활용한 던지기 활동 등 놀이와 체육 요소가 결합된 아이디어를 구상해 보는 과정입니다. 이는 체육의 '도전 영역'과 연결되어 신체 활동에 대한 흥미를 높이며, 실과의 문제 해결 학습과도 자연스럽게 이어집니다.

3단계는 '업사이클링 올림픽을 준비해요'입니다. 이제 학생들은 조별로 업사이클링 체육 종목을 구체적으로 계획하고, 필요한 재료를 준비하며 경기 규칙과 진행 방법을 정리합니다. 포스터와 홍보물, 점수판 등도 직접 제작하면서 프로젝트 전반에 걸쳐 역할을 분담하고 협력하는 과정을 경험합니다. 실과의 협업과 책임감, 체육의 리더십과 공정한 경기 정신 등을 함께 기를 수 있는 단계입니다.

4단계는 '업사이클링 올림픽을 즐겨요'입니다. 직접 만든 업사이클링 종목으로 친구들과 함께 미니 올림픽을 개최합니다. 각 종목을 체험하며 규칙을 지키고, 팀을 응원하며 협동하는 기쁨을 경험합니다. 마지막에는 활동 소감 나누기, 시상식, 정리 및 폐기물 회수까지 자율적으로 운영하게 하여 생태 감수성과 공동체 의식을 기를 수 있습니다.

이 프로젝트 활동은 다음과 같은 시사점을 학교자율시간의 운영자에게 제공합니다. 첫째, 환경과 실천을 주제로 한 교육이 신체 활동과 결합되며 재미를 더해줄 수 있다는 점, 둘째, 생활 속 실천 아이디어를 창의적으로 확장하며 문제 해결 역량과 협동심을 동시에 기를 수 있다는 점, 셋째, 프로젝트 중심 수업을 통해 실과와 체육의 통합적 수업이 실제로 가능하다는 점입니다.

업사이클링 올림픽은 쓰레기를 던지고, 꿈을 던지고, 함께 뛰며 더 나은 세상을 향해 나아가는 5학년 학생들의 지속 가능한 미래를 위한 출발점이 될 수 있습니다.

[수업] 실마리: 자원도 살리고 마음도 나누는 올림픽 프로젝트

버려지는 물건을 새롭게 되살리는 '업사이클링' 활동을 스포츠와 결합한 창의·융합 프로젝트입니다. 원래 5학년 대상 20차시 분량으로 구성되었으나, 학교자율시간 32차시 프로그램으로 확장하여 5~6학년 연계형으로도 운영할 수 있으며, 창체·실과·체육·도덕·미술 교과와도 유기적으로 연계됩니다. 학생들은 '도전', '협력', '책임'의 가치를 체험하며 환경 감수성과 실천 역량을 함께 기를 수 있습니다.

7. 행복하개 사랑할고양

'행복하개 사랑할고양'은 반려동물과 인간이 함께 행복하게 살아가기 위한 태도를 기르고, 이를 실천으로 확장하는 감성 융합 프로젝트입니다. 이 프로그램은 실과 교과의 '반려동물 기르기'와 관련하여 지식적 탐구와 감성적 표현을 아우르며, 도덕과 미술 등의 교과와도 자연스럽게 연결됩니다. [그림 3-7]은 이 프로젝트의 전체 흐름을 마인드맵 형태로 정리한 것입니다.

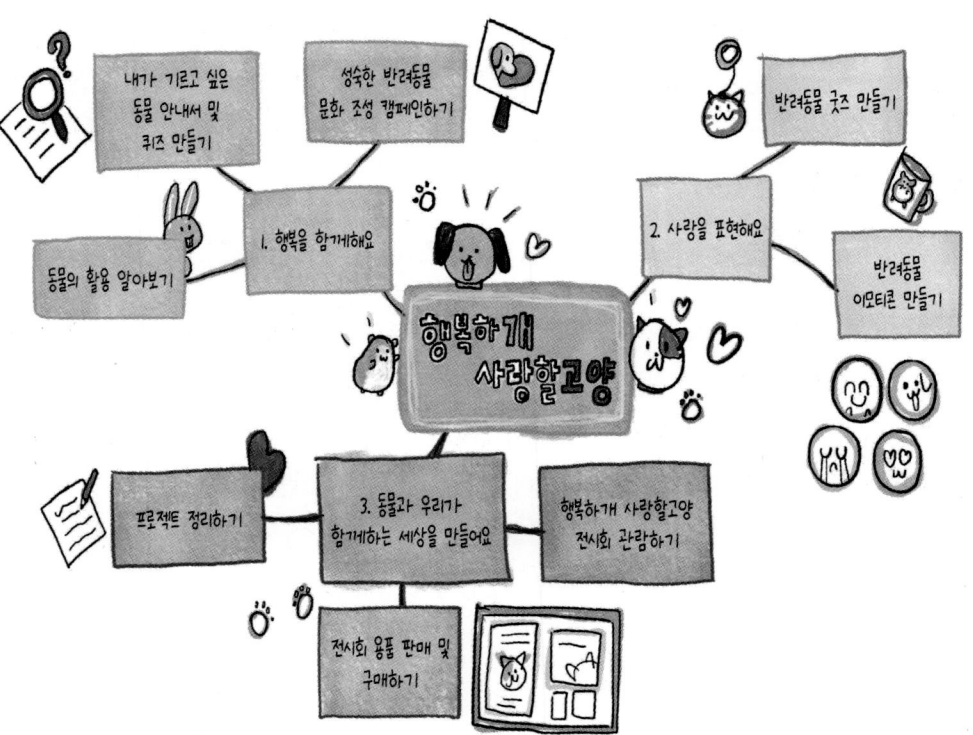

[그림 3-7] '행복하개 사랑할고양' 활동 한눈에 파악하기

1단계는 '행복을 함께해요'입니다. 이 단계에서는 내가 기르고 싶은 동물을 알아보고, 반려동물의 다양한 역할과 의미를 탐색합니다. 특히 나의 생활환경과 여건을 고려하여 나에게 맞는 동물을 선택하는 과정이 포함되며, 올바른 기르기 방법을 조사하고 퀴즈로 만들어보는 등 탐구 활동을 통해 실과

의 성취기준 [6실02-01]과 [6실02-03]과도 자연스럽게 연계됩니다. 더 나아가 반려동물의 복지를 위한 '성숙한 반려동물 문화 조성 캠페인'도 함께 구상해보며 도덕 교과의 '책임감'과도 연결됩니다.

2단계는 '사랑을 표현해요'입니다. 이 단계에서는 반려동물에 대한 애정을 다양한 방법으로 표현합니다. 학생들은 반려동물 굿즈나 이모티콘을 직접 디자인하고 제작하면서 미술 교과의 시각적 표현 능력을 발휘하게 됩니다. 실생활과 연계된 창의 표현 활동은 실과 교과의 '생활소품 만들기'와도 관련되며, 자신이 표현한 감정을 친구들과 공유하고 공감하는 과정에서 공동체의 감수성을 기르게 됩니다.

3단계는 '동물과 우리가 함께하는 세상을 만들어요'입니다. 여기에서는 지금까지 활동한 내용을 전시회로 구성하고, 반려동물과의 삶이 나 자신과 주변 사람에게 어떤 의미가 있는지를 성찰합니다. 전시회 관람과 작품 설명, 전시용품 판매 활동을 통해 교내외로 메시지를 확산하며 '동물 복지'와 '책임있는 반려 문화'에 대해 함께 생각하는 시간을 갖습니다. 실과에서 강조하는 '생명 존중의 태도'와 '생활 속 실천'이 통합적으로 녹아 있는 마무리 활동입니다.

'행복하개 사랑할고양' 프로젝트는 다음과 같은 이유로 학교자율시간 활동 주제로 매우 적합합니다. 첫째, 실과 교과의 실제 삶과 연결된 문제 해결을 중심으로 구성되어 있으며, 둘째, 도덕, 미술 등의 교과와 감성적으로 융합이 가능합니다. 셋째, 반려동물을 통해 나와 타인의 행복을 고민하고, 생명 존중의 실천적 태도를 기를 수 있으며, 넷째, 전시 활동과 캠페인을 통해 학급과 학교를 넘은 사회적 메시지 전달까지 확장할 수 있습니다.

이처럼 '행복하개 사랑할고양'은 생명과 감성, 공동체 의식을 함께 키우는 학교자율시간 활동의 훌륭한 모델이 될 수 있습니다.

[수업] 실마리: 생명과 감성을 함께 키우는 반려동물 프로젝트

'행복하개 사랑할고양'은 반려동물의 돌봄을 통해 생명 존중과 실천적 태도를 기르는 창의·융합 프로젝트입니다. 실과 교과를 중심으로 5학년 14차시 분량으로 구성되었으나, 학교자율시간의 32차시 프로그램으로 확장하거나, 6학년과 연계하여 독립형 또는 연계형으로도 운영할 수 있습니다. 창체·실과·도덕·국어·미술 교과와도 자연스럽게 융합되며, 생명과 감성, 공감과 책임을 함께 기르는 학교자율시간 활동의 훌륭한 모델이 될 수 있습니다.

8. 특명! 건강의 비법을 찾아라

'특명! 건강의 비법을 찾아라'는 건강한 삶을 위한 식생활과 운동 습관을 함께 탐색하는 실천 중심 프로젝트입니다. 실과 교과의 '균형 잡힌 식생활', 체육 교과의 '건강 체력' 단원과 유기적으로 연계되어 있으며, 학생들이 직접 실천하고 공유하는 활동을 통해 올바른 성장의 길을 체험할 수 있도록 구성되어 있습니다. [그림 3-8]은 이 프로젝트의 핵심 흐름을 시각적으로 정리한 마인드맵입니다.

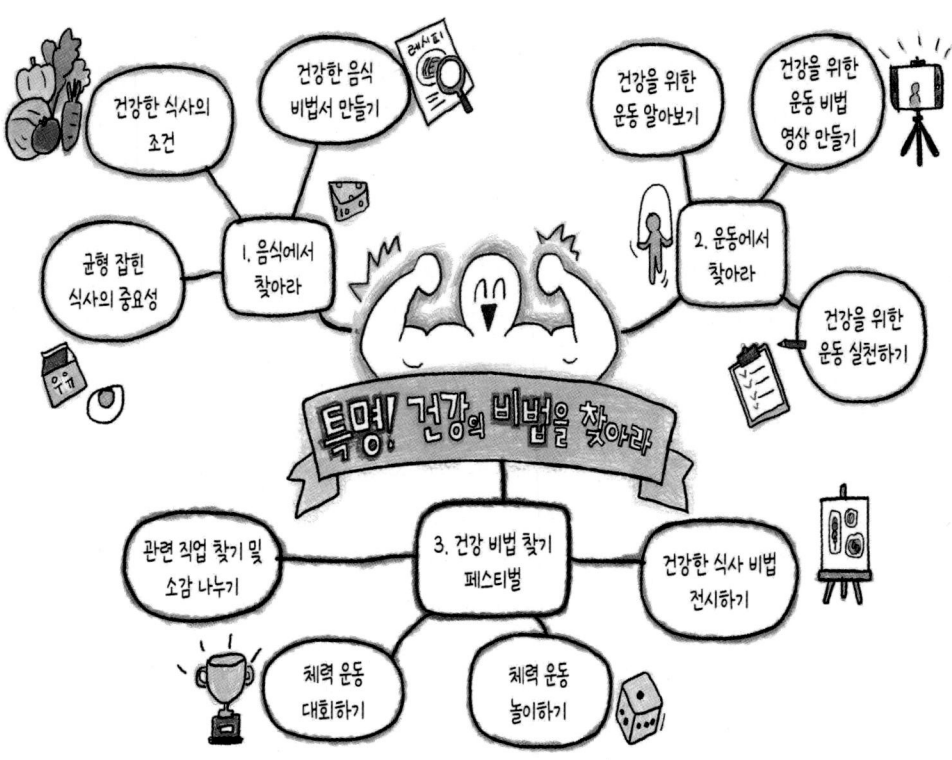

[그림 3-8] '특명, 건강의 비법을 찾아라' 활동 한눈에 파악하기

1단계는 '음식에서 찾아라'입니다. 이 단계에서는 건강한 식생활의 기본 개념을 익히고, 나의 식습관을 점검합니다. 건강한 음식이 갖추어야 할 조건, 균형 잡힌 식사의 중요성을 학습한 뒤, 이를 바탕으로 건강한 음식을 주제로 한 '비법서'를 직접 만들어 보는 활동으로 이어집니다. 이는 실과 교과의

성취기준 [6실01-02] '균형 잡힌 식사의 필요성을 알고 식생활을 실천한다'와 밀접하게 연결되며, 관찰력과 표현력을 함께 키울 수 있는 창의적 활동입니다.

2단계는 '운동에서 찾아라'입니다. 건강을 위한 또 하나의 비법, '운동 습관'에 대해 탐구합니다. 건강 체력을 유지하기 위해 필요한 운동 종류를 조사하고, 자신의 수준에 맞는 운동 계획을 세우고 실천합니다. 또한 건강 운동법을 소개하는 짧은 영상 콘텐츠를 기획·촬영함으로써 미디어 리터러시와 발표 역량도 함께 기를 수 있습니다. 이 과정은 체육 교과의 '운동과 건강', 도덕 교과의 '자기관리'와도 유기적으로 융합됩니다.

3단계는 '건강 비법 찾기 페스티벌'입니다. 앞서 익힌 건강 비법을 발표하고 즐기는 활동 중심 축제로 마무리됩니다. 팀을 이루어 체력 운동 놀이 또는 운동 대회를 열고, '건강한 식사 비법 전시', '직업 인터뷰와 소감 나누기' 등의 프로그램을 함께 진행합니다. 이는 공동체의 실천 문화로 확장되며, 건강한 어른으로 성장하기 위한 태도를 자연스럽게 내면화할 수 있는 계기가 됩니다.

'특명! 건강의 비법을 찾아라' 프로젝트는 다음과 같은 점에서 학교자율시간에 적합한 주제입니다. 첫째, 실과와 체육 교과의 핵심 개념인 '생활 실천'과 '자기관리'를 중심으로 구성되어 있으며, 둘째, 학생 개개인의 삶과 밀접한 건강 주제를 다양한 방식으로 탐구하고 표현할 수 있습니다. 셋째, 프로젝트 후반부에 진행되는 페스티벌은 배운 내용을 실제로 공유하고 적용할 수 있는 실천의 장을 제공합니다.

이 프로젝트는 자기 주도성과 실천력을 동시에 길러주는 실과 중심 융합 활동으로, 교실과 학교에 건강한 에너지를 불어넣는 학교자율시간의 탁월한 모델이 될 수 있습니다.

[수업] 실마리: 건강한 습관을 찾아 떠나는 실천 중심의 학교 자율활동 프로젝트

'특명! 건강의 비밀을 찾아라'는 건강한 식생활과 운동 습관을 기르는 실천 중심 프로젝트입니다. 실과 교과를 중심으로 5학년 12차시 분량으로 설계되었으나, 5~6학년 연계형 또는 독립형으로 학교자율시간 32차시 프로그램으로 확장 운영할 수 있습니다. 자기 주도성과 실천력을 기르는 데 효과적이며, 학생들이 학교 안팎에서 건강한 삶의 태도를 형성하도록 돕는 학교자율시간의 탁월한 실천 모델이 될 수 있습니다.

9. 마음을 행복으로 채우는 시간

'마음을 행복으로 채우는 시간'은 일상 속 작은 행복과 시간을 소중히 여기는 태도를 길러주는 실천 중심 프로젝트입니다. 실과의 '시간 관리', 도덕의 '내 안의 소중한 친구', '긍정적인 생활' 단원, 미술의 '같은 주제, 다양한 소재', 음악의 '나누며 풍성한 마음' 단원과 유기적으로 연결되며, 감정 조절력과 자기이해력, 자기관리 역량을 키울 수 있도록 설계되었습니다. [그림 3-9]는 이 프로젝트의 단계별 활동을 한눈에 시각화한 마인드맵입니다.

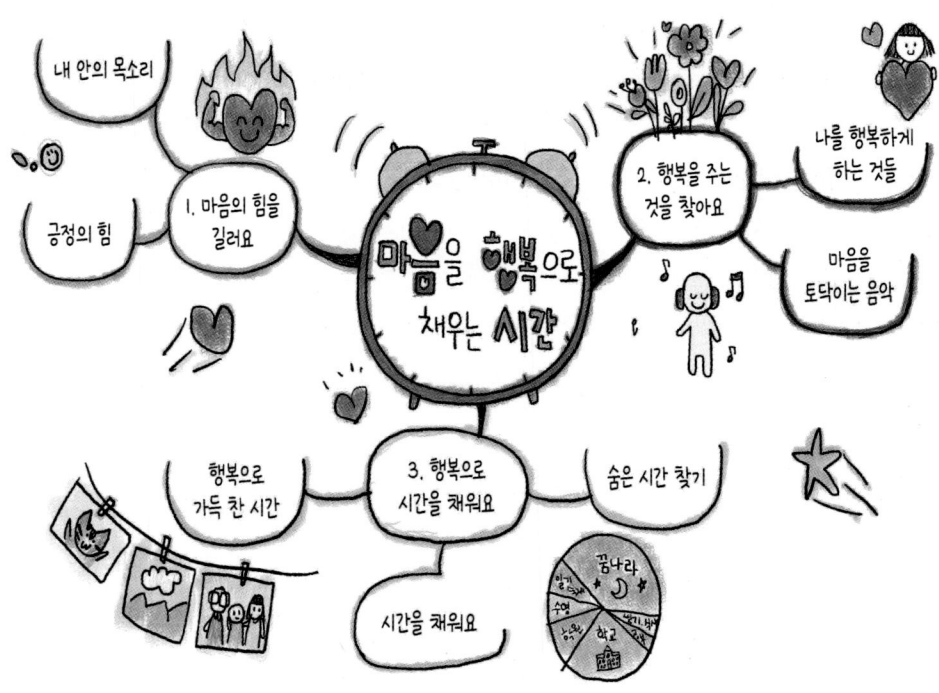

[그림 3-9] '마음을 행복으로 채우는 시간' 활동 한눈에 파악하기

1단계는 '마음의 힘을 길러요'입니다. 이 단계에서는 자신의 내면을 들여다보고, 마음속에서 울리는 목소리를 경청하는 활동을 합니다. 긍정적인 생각이 주는 힘을 함께 알아보고, 내면의 감정을 다정하게 마주하는 시간을 가지며 '행복한 나'를 위한 감정 표현 활동으로 연결됩니다. 이는 도덕의 '내

안의 소중한 친구', 실과의 '자기관리'와 관련하여 감성적 자기이해와 긍정성 함양을 목표로 합니다.

2단계는 '행복을 주는 것을 찾아요'입니다. 일상의 다양한 경험 중 나를 행복하게 하는 것이 무엇인지 탐색합니다. 좋아하는 음악, 사람, 장소, 행동 등 자신을 웃게 만드는 요소를 찾아보며, 친구들과 공유하고 이야기 나누는 활동으로 확장됩니다. 미술 시간에는 마음을 토닥이는 음악과 함께 그림 그리기 활동을 하거나, 나만의 '행복 처방전'을 꾸며보며 예술과 감정을 연결하는 활동도 함께 진행할 수 있습니다.

3단계는 '행복으로 시간을 채워요'입니다. 마지막 단계에서는 나의 하루 시간표를 돌아보고, '행복한 순간'을 의식적으로 채우는 연습을 합니다. 단순한 활동 기록을 넘어, '숨은 시간 찾기'를 통해 여유를 발견하고, 그 시간에 내가 진짜 하고 싶은 일, 나를 위한 쉼과 기쁨을 계획해 봅니다. 활동 후에는 '행복으로 가득 찬 시간'을 사진, 그림, 글 등 다양한 매체로 표현하고 전시할 수 있습니다. 실과의 '시간 관리' 단원과 연결하여 자기 주도적 삶을 설계하는 능력을 길러줍니다.

'마음을 행복으로 채우는 시간' 프로젝트는 다음과 같은 이유로 학교자율시간 주제로 적합합니다. 첫째, 감정 조절, 자기 성찰, 시간 관리라는 실생활 핵심 주제를 중심으로 구성되어 있고, 둘째, 다양한 교과와 융합하여 인지적·정서적 성장의 균형을 꾀할 수 있습니다. 셋째, 학생 개개인의 삶과 연결된 내용을 스스로 표현하고 실천함으로써 '행복 습관'을 형성할 수 있도록 돕습니다.

이 프로젝트는 바쁘고 피로한 일상에서도 자신을 소중히 여기고 스스로 행복을 설계할 수 있는 능력을 기르는 활동으로, 교실을 따뜻하고 안정감 있는 공동체로 이끄는 데 큰 힘이 될 수 있습니다.

> **[수업] 실마리: 감정을 돌보고 삶을 설계하는 학교 자율시간의 활동 프로그램**
> '마음을 행복으로 채우는 시간'은 감정 조절과 자기 성찰, 시간 관리를 중심으로 한 실과 기반 감성 융합 프로젝트입니다. 이 프로그램은 초등학교 5학년을 대상으로 12차시 분량으로 설계되었으나, 32차시 범위 안에서 5~6학년 연계형 또는 독립형의 학교자율시간 활동으로도 운영할 수 있습니다. 학생들은 자신만의 행복 루틴을 설계하고 실천함으로써, 삶의 균형과 내면의 안정감을 찾아가는 능력을 기르게 됩니다.

10. 천하제일 아리랑 대회

'천하제일 아리랑 대회'는 우리 민족의 정서가 담긴 대표적인 민요 '아리랑'을 중심으로, 전통문화의 소중함을 깨닫고 함께 지키는 문화를 실천해보는 실천 중심 프로젝트입니다. 음악 교과의 '천하제일 민요대회, 우리 반 민요자랑' 제재를 중심으로 국어, 도덕, 미술 교과와 융합하여 문화적 공동체 의식과 표현력을 함께 기를 수 있는 활동으로 구성되었습니다. [그림 3-10]은 이 프로젝트의 전체 흐름을 보여주는 마인드맵입니다.

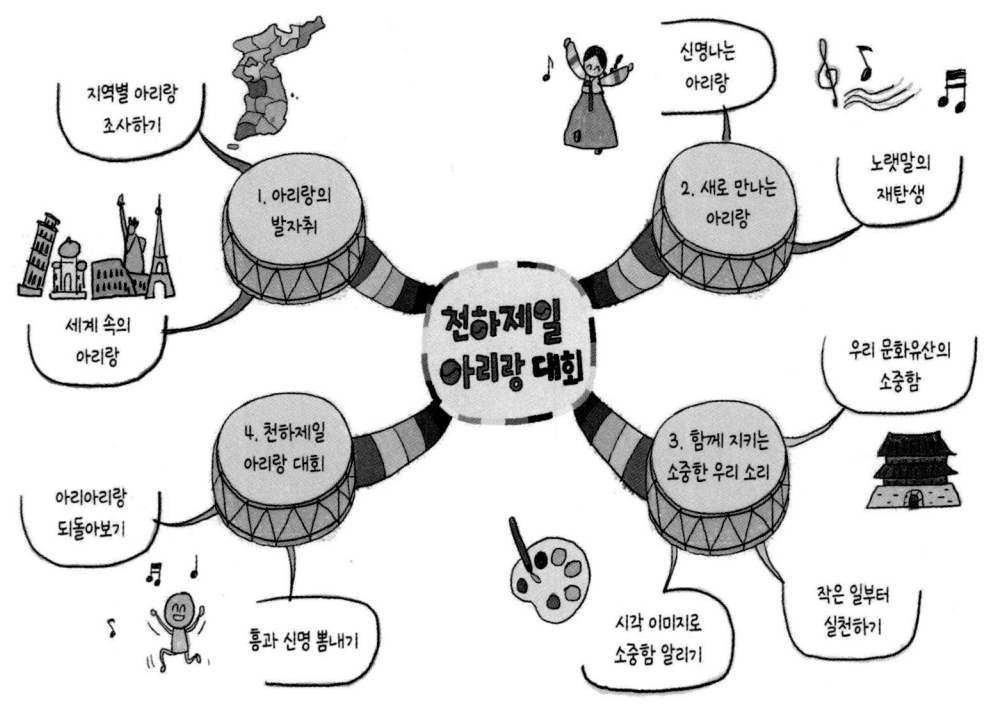

[그림 3-10] '천하제일 아리랑 대회' 활동 한눈에 파악하기

1단계는 '아리랑의 발자취'입니다. 이 단계에서는 아리랑이 가진 지역별 특징을 조사하고, 우리나라 각지에 전해지는 다양한 아리랑의 가락과 배경을 알아봅니다. 세계문화유산으로 등재된 아리랑이 다른 나라에서 어떻게 알려지고 있는지도 함께 조사하며 '세계 속의 아리랑'에 대한 인식을 확장합니다. 이를 통해 국어 교과의 조사·정리 활동, 도덕 교과의 전통문화 존중과 자연스럽게 연결됩니다.

2단계는 '새로 만나는 아리랑'입니다. 기존의 아리랑을 자신만의 방식으로 재해석하는 활동입니다. 전통 노랫말을 바탕으로 새로운 아리랑 가사를 써보고, 자신의 목소리로 불러보거나 리듬을 바꾸어 '신명나는 아리랑'으로 표현해 보며 민요의 생동감을 경험합니다. 음악의 구성 요소를 바탕으로 '노랫말의 재탄생'을 실현하며 창작 활동을 통한 자기표현 능력을 기를 수 있습니다.

3단계는 '함께 지키는 소중한 우리 소리'입니다. 우리 소리를 단순히 감상하는 데서 나아가, 시각 이미지나 캠페인 콘텐츠로 아리랑의 가치를 널리 알리는 활동입니다. 문화유산으로서 아리랑의 의미와 중요성을 스스로 정리하고, '작은 일부터 실천하기'를 통해 전통문화를 지키는 시민으로서의 태도를 기릅니다. 미술, 국어, 도덕 교과와 유기적으로 연결되는 이 활동은 감상과 실천을 아우릅니다.

4단계는 '천하제일 아리랑 대회'입니다. 이제 학급 또는 학년 단위의 '아리랑 발표회'를 준비하고, '아리아리랑 되돌아보기' 활동을 통해 자신이 참여한 활동의 의미를 되새겨봅니다. 학생들은 자신만의 아리랑을 발표하거나, 팀별로 무대를 구성하고 홍보 포스터, 영상, 소품 등을 제작해 보며 협업의 기쁨을 누립니다. 프로젝트의 마지막은 '흥과 신명을 뽐내는' 아리랑 축제로 마무리됩니다.

'천하제일 아리랑 대회'는 다음과 같은 점에서 학교자율시간의 융합 주제로서 가치가 큽니다. 첫째, 전통 문화에 대한 감상과 창작, 실천이 하나의 흐름으로 이어지며, 둘째, 음악·국어·도덕·미술 교과와 연계하여 감정 표현력과 공동체 의식을 함께 기를 수 있고, 셋째, 문화유산을 소중히 여기며 다양한 방식으로 보존과 확산에 참여해 보는 경험을 제공합니다.

이 프로젝트는 학급 문화를 긍정적으로 이끄는 감성 축제의 장이자, 전통과 현재, 미래를 잇는 교육적 매개로 활용될 수 있습니다.

[수업] 실마리: 아리랑으로 만나는 우리와 세계 프로젝트

'천하제일 아리랑 대회'는 5학년 음악 교과를 중심으로 구성된 12차시 프로그램으로, 전통문화에 대한 감상과 창작, 발표 활동을 통해 공동체 정서를 기르는 예술 융합형 프로젝트입니다. 이 활동은 학교자율시간 32차시 중 5~6학년의 음악·실과·도덕·사회·미술과 연계하여 독립형 또는 통합형으로 운영할 수 있으며, 실과의 '자원 절약과 환경 보호', '감정 표현과 나눔' 단원과 연계할 경우, 더욱 풍성한 학습 경험을 설계할 수 있습니다.

11. 건강 지킴이, 컬러 푸드

'건강 지킴이, 컬러 푸드'는 실과 교과의 '가정생활과 생활안전' 단원을 중심으로, 식품의 색에 담긴 건강한 의미를 발견하고, 건강 간식을 직접 기획해 보는 감각 기반 프로젝트입니다. '컬러'라는 시각적 요소를 중심으로 미술 교과의 '색다른 느낌'과 융합하여, 오감을 활용한 체험 중심 학습을 유도하며, 식생활 습관 형성 및 자기관리 역량을 기르는 데 초점을 맞추고 있습니다. [그림 3-11]은 이 프로젝트의 전개 과정을 한눈에 정리한 마인드맵입니다.

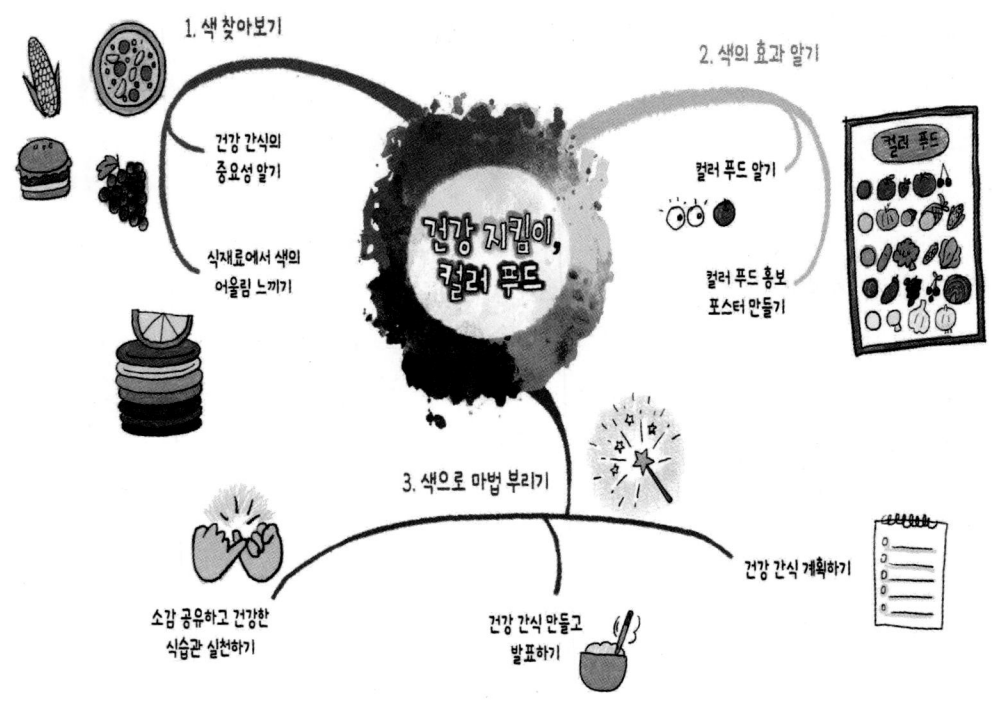

[그림 3-11] '건강 지킴이, 컬러 푸드' 활동 한눈에 파악하기

1단계는 '색 찾아보기'입니다. 첫 번째 단계에서는 건강 간식의 중요성을 배우고, 식재료 속 색깔을 관찰하며 색의 어울림과 조화를 감각적으로 느껴봅니다. 아이들은 햄버거, 옥수수, 포도, 피자 등 실제 음식 이미지 속에서 건강한 식단이 무엇인지 시각적으로 탐색하고, 간식 속 색깔이 건강과 어떤

관련이 있는지 생각해 보게 됩니다. 실과의 식품 구성 이해, 미술의 색채 감각 형성과 자연스럽게 연결되는 활동입니다.

2단계는 '색의 효과 알기'입니다. 이번 단계에서는 다양한 컬러 푸드가 건강에 미치는 영향을 알아보고, 각각의 색이 상징하는 건강 효과를 학습합니다. 이를 바탕으로 '컬러 푸드 홍보 포스터'를 제작하며, 음식과 건강 정보, 시각적 디자인을 하나로 엮는 통합적 표현 활동을 경험하게 됩니다. 국어(정보 정리와 전달), 미술(포스터 제작), 실과(건강 식생활)의 융합이 유기적으로 이루어집니다.

3단계는 '색으로 마법 부리기'입니다. 이 단계에는 학생들이 자신만의 '건강 간식'을 기획하고, 실제로 만들어 본 뒤 발표하는 활동이 진행됩니다. 간식 만들기에는 색깔 조합과 재료 배합의 창의성이 요구되며, 건강한 식습관을 직접 실천해 보는 데 의미가 있습니다. 친구들과 소감을 나누고 건강 간식 만들기 과정을 공유하면서, 식생활에 대한 태도와 관심이 자연스럽게 생활 속으로 확장됩니다. 실과의 조리 활동, 도덕의 자기 성찰과도 연계 가능합니다.

'건강 지킴이, 컬러 푸드' 프로젝트는 다음과 같은 이유로 학교자율시간에 적합한 주제로 제안할 수 있습니다. 첫째, 식재료와 색을 중심으로 한 오감 중심 활동을 통해 건강한 식생활 태도를 자연스럽게 형성할 수 있으며, 둘째, 미술과 실과를 유기적으로 융합하여 창의성과 자기표현 능력을 함께 기를 수 있고, 셋째, 직접 만들고 나누는 경험을 통해 공동체 의식과 실천적 태도를 기를 수 있다는 점에서 교육적 효과가 큽니다.

학급 단위 건강 간식 대회, 컬러 푸드 전시회 등으로 활동을 확장하여 지역사회 건강 문화와 연결하는 것도 가능합니다.

[수업] 실마리: 색으로 익히는 건강한 식생활 습관 프로젝트

'건강 지킴이, 컬러 푸드'는 실과를 배우기 시작하는 5학년을 대상으로 한 12차시 프로그램으로, 식재료의 색을 중심으로 건강한 식생활 습관을 형성하고 식습관을 돌아보는 활동입니다. 이 프로젝트는 실과의 '가정생활과 식생활' 단원과 긴밀하게 연결되며, 학교자율시간 32차시 중 5~6학년에서 독립형 또는 연계형으로 운영이 가능합니다. 나아가 컬러 푸드 전시회나 간식 대회 등과 같은 확장 활동을 통해 지역 사회와 연계한 교육 효과도 기대할 수 있습니다.

12. 지구 희망 챌린지

'지구 희망 챌린지'는 기후 위기를 주제로, 지구의 미래를 위한 작은 실천을 생활 속에서 직접 실현해보는 체험 중심 프로젝트입니다. 실과의 '생활 소품 만들기', '발명과 문제 해결' 단원을 기반으로, 국어(책을 읽고 생각을 넓혀요), 사회(지속 가능한 지구촌), 미술(지구를 구해 줘!)의 관련 단원들과 유기적으로 융합하여 구성하였습니다. 탐구-실천-공유의 전 과정을 담은 이 활동은 학생들이 '기후 위기 대응'의 주체로 성장하는 데 도움을 줍니다. [그림 3-12]는 이 프로젝트의 전개 과정을 한눈에 보여주는 마인드맵입니다.

[그림 3-12] '지구 희망 챌린지' 활동 한눈에 파악하기

1단계는 '지구의 기후 위기 알아보기'입니다. 첫 단계에서는 기후 변화의 원인과 현황을 이해하는 활동이 진행됩니다. 기후 위기와 관련된 책을 읽고 생각을 나누며, 지구촌 곳곳에서 발생하고 있는 환경 재난 사례를 조사해 지도로 정리해 봅니다. 이 과정은 국어의 독서 활동, 사회의 '지속 가능한 지구촌', 실과의 문제 상황 인식 과정과 연계됩니다. 학생들은 독서와 조사 활동을 통해 문제의식을 느끼고, '왜 행동해야 하는지'에 대한 내적 동기를 형성하게 됩니다.

2단계는 '지구를 위해 함께 활동하기'입니다. 이제 학생들은 '초록 지구 수호대'를 조직하여 함께 활동을 기획하고 실천합니다. 수호대의 이름을 정하고 역할을 나누며, 기후 위기 대응을 위한 홍보 캠페인을 펼쳐봅니다. 뉴스레터, 포스터, UCC, 캠페인 활동 등 다양한 표현 방식이 가능하며, 미술과 실과의 표현 활동과 자연스럽게 연결됩니다. 특히 학생 스스로 주도적 실천 방안을 도출하고 협업을 통해 실행하는 경험은 공동체적 책임 의식을 키우는 데 효과적입니다.

3단계는 '업사이클링으로 생활소품 만들기'입니다. 이번 단계에서는 실과 중심의 기술 활동이 본격적으로 전개됩니다. 버려지는 자원을 새로운 아이디어로 되살리는 업사이클링 활동을 통해 '생활소품'을 직접 만들어 봅니다. 발명 기법을 적용하여 문제를 해결하거나, 바느질 등 손기술을 활용한 창작 활동도 포함됩니다. 실과의 '발명과 문제 해결', '생활소품 만들기' 단원의 성취기준을 충실히 반영한 활동이며, 창의성과 실용성, 환경 윤리를 동시에 키울 수 있는 실천의 장입니다.

4단계는 '업사이클링, 모두와 함께'입니다. 마지막 단계는 실천의 확장과 공유입니다. 학생들은 아름다운 가게를 모티프로 '나눔 장터'를 기획하고, 업사이클링 소품을 전시하거나 판매하는 체험을 통해 환경과 나눔의 가치를 함께 실천합니다. 활동을 정리하고 소감을 나누며, '작은 실천이 만드는 큰 변화'의 의미를 되새기게 됩니다. 이 과정은 도덕의 실천 윤리, 국어의 발표와 정리, 실과의 결과물 공유까지 아우르는 통합적 활동으로 확장할 수 있습니다.

'지구 희망 챌린지' 프로젝트는 다음과 같은 점에서 학교자율시간의 융합 주제로 적합합니다. 첫째, 기후 위기를 나와 연결된 '실천 가능한 주제'로 끌어와 환경 시민으로 성장할 수 있는 기반을 마련하며, 둘째, 독서, 조사, 협업, 창작, 나눔 등 모든 활동이 문제 해결 역량과 지속 가능성 교육의 핵심 역량을 종합적으로 길러주며, 셋째, 학급 단위의 협력 활동이 공동체 의식과 참여적 시민 감수성을 키워주는 데 기여합니다.

[수업] 실마리: 실천을 통한 기후 변화 인식과 행동 전환 프로젝트
'지구 희망 챌린지'는 초등학교 6학년 실과 '지속 가능한 지구' 단원을 중심으로 개발된 22차시 분량의 프로젝트형 프로그램으로, 학교자율시간의 32시간 운영 체제에 따라 5~6학년에서 실과 중심의 독립형 또는 연계형 활동으로 운영할 수 있습니다. 특히 기후 위기 대응과 환경 실천을 주제로 실천 중심 프로젝트를 확장 운영할 수 있으며, 발표회나 캠페인 등과 같은 지역 사회 연계형에서 결과를 공유하는 활동으로의 확장 가능성이 높습니다.

13. 교실로 찾아 ON 캠핑

'교실로 찾아 ON 캠핑'은 교실 안에 가상의 캠핑장을 조성하고, 생존 기술과 공동체 협력 능력을 함께 배우는 감성 융합 프로젝트입니다. 이 활동은 실과의 '소프트웨어와 생활', 체육의 '여가와 운동 체력' 단원을 중심으로, 위기 대응 능력과 창의적 사고력, 협업 역량을 기를 수 있도록 구성되었습니다. [그림 3-13]은 이 활동의 전체적인 흐름과 활동 구성을 시각적으로 표현한 것입니다.

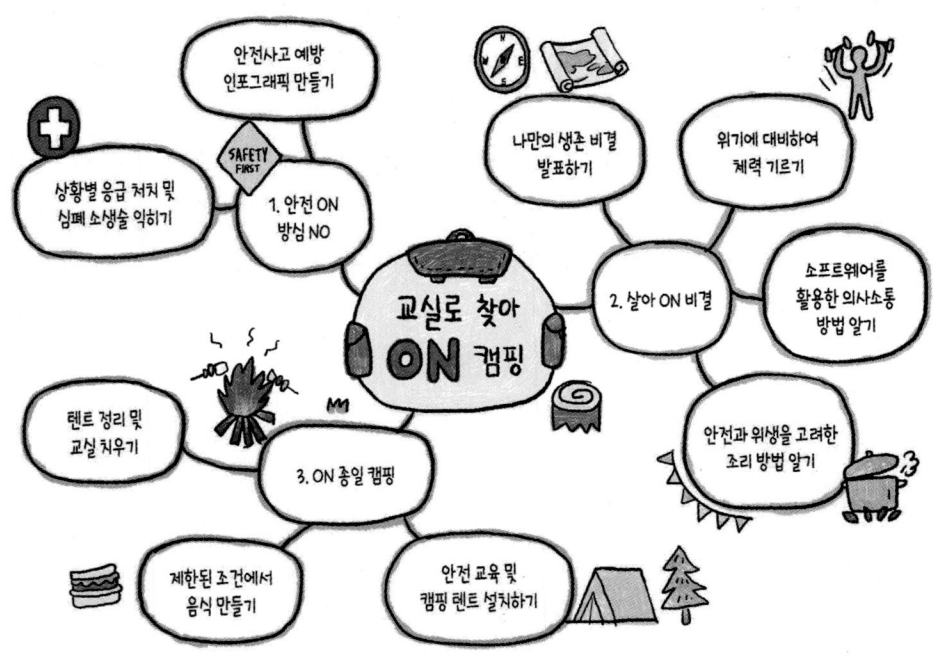

[그림 3-13] '교실로 찾아 ON 캠핑' 활동 한눈에 파악하기

1단계는 '안전 ON, 방심 NO'입니다. 위기 상황 발생 시 대처 방법과 안전 수칙을 익히며, 심폐 소생술과 소화기 사용법 등 실제적인 응급 처치 방법을 배웁니다. 또, 사고 예방을 위한 인포그래픽을 직접 제작하며 시각적인 표현 능력을 함께 키웁니다. 이는 실과의 생활 안전, 보건 교육 요소와도 밀접하게 연계됩니다.

2단계는 '살아 ON 비결'입니다. 학생들은 생존 상황에서 필요한 체력과 소통 능력을 익히고, 자신의 생존 전략을 발표합니다. 위기에 대비한 신체 능력 향상 활동과 함께, 소프트웨어를 활용한 의사소통 방법을 배우며, 감정 표현 및 협업 태도까지 기를 수 있도록 돕습니다. 또한 안전과 위생을 고려한 요리 방법도 함께 익히며 실생활 연계성을 강화합니다.

3단계는 'ON 종일 캠핑'입니다. 학생들은 교실 안에서 텐트를 설치하고 캠핑장을 구성한 뒤, 제한된 환경에서 안전하게 음식을 만들고 하루를 즐깁니다. 역할 분담, 협업, 캠핑 운영 능력을 스스로 익히는 본격적인 체험 활동이며, 여가 활동으로서의 운동 체험과도 자연스럽게 연결됩니다. 다양한 상황에서 팀워크를 발휘하며, 자신과 친구 모두를 돌보는 태도를 체득할 수 있습니다.

이 프로젝트는 학교자율시간의 활동 주제를 고민하는 선생님들에게 다음과 같은 시사점을 줍니다. 첫째, 교실이라는 익숙한 공간을 낯선 생존 체험의 장으로 바꾸는 전환적 경험을 제공합니다. 아이들은 익숙한 공간에서 색다른 규칙과 협력을 경험하며 몰입도 높은 활동에 참여할 수 있습니다. 둘째, 재난·안전·건강·소통을 하나의 흐름으로 연결한 융합 프로젝트입니다. 실과의 '생활 안전', 체육의 '운동 체력', 도덕과 창체에서 강조하는 공동체 역량까지 자연스럽게 아우를 수 있습니다. 셋째, 실제적인 생존 역량과 함께, 디지털 시대의 의사소통 능력까지 아우르는 미래형 역량 강화 프로젝트입니다. 위기 상황에서의 체력, 안전, 협업, ICT 기반 소통 능력을 통합적으로 기를 수 있다는 점에서 교육적 파급력이 큽니다.

이 활동은 실내 공간에서도 실외 캠핑 못지않은 몰입감을 줄 수 있으며, 디지털 시대의 생존 역량, 위기 대응력, 협동과 자기 돌봄의 실천을 교육 현장에 창의적으로 녹여냅니다. 학교자율시간을 활용해 교내 체험활동 주간과 연계하거나, 지역 안전 체험시설 또는 재난안전체험관과의 협업으로 캠프를 확장 운영할 수 있는 가능성도 큽니다. 그러므로 '교실로 찾아 ON 캠핑'은 교과의 경계를 넘는 의미 있는 연결을 통해 학생들이 위기 속에서도 함께 살아갈 수 있는 지혜와 태도를 배우도록 돕는, 실천적 학교자율시간 활동의 우수한 사례가 될 수 있습니다.

> **[수업] 실마리: 위기 대응 감수성과 협업 능력을 기르는 체험 중심의 자율활동**
> '교실로 찾아 ON 캠핑'은 초등학교 6학년 실과의 '스마트한 생활', 체육의 '여가와 운동' 단원을 중심으로 개발된 14차시 분량의 프로젝트형 프로그램입니다. 학교자율시간의 32시간 운영 체제에 따라 5~6학년에서 실과 중심의 독립형 또는 연계형으로 확장 운영할 수 있으며, 교실 공간을 캠핑장으로 재구성하여 실내에서도 위기 대응, 협력, 생존 전략 등의 체험적 학습을 안전하게 실천할 수 있다는 점에서 학교 현장의 실용성과 적합성이 매우 높습니다.

14. 태권 V 로그

'태권 V 로그'는 태권도 수련을 중심으로 몸과 마음을 함께 단련하며, 학교폭력 예방 메시지를 영상 콘텐츠로 확산시키는 체육 중심의 창의·융합 프로젝트입니다. 이 프로젝트는 도전과 성장을 기록하는 브이로그 형식의 영상 제작을 통해, 체육(태권도), 도덕(협동과 배려), 미술(영상 콘텐츠 제작), 국어(느낀 점 표현) 교과를 자연스럽게 아우릅니다. 개인의 신체 능력 향상뿐 아니라 친구와 협력하여 공동의 목표를 이루는 과정을 통해 공동체 의식과 자기 효능감을 동시에 길러주는 활동입니다.

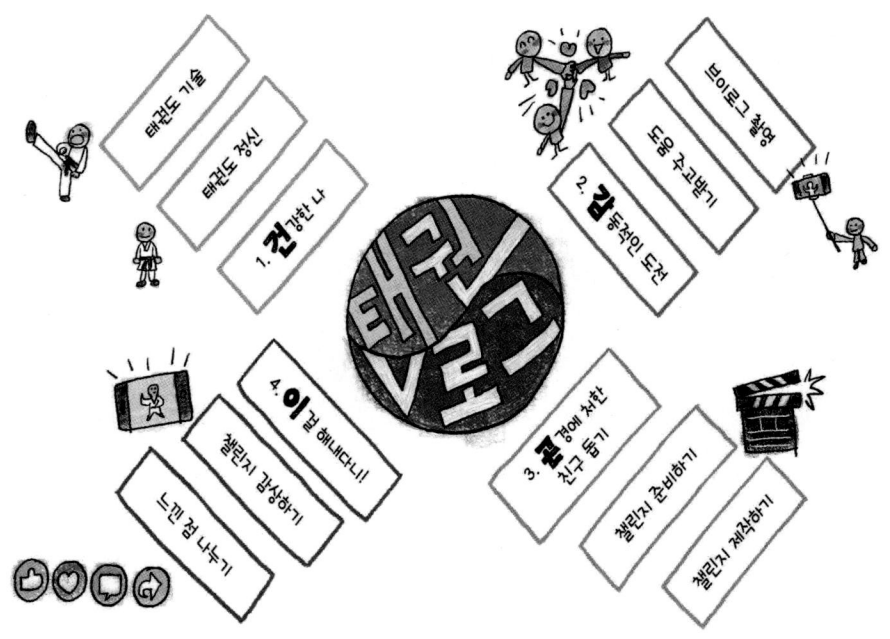

[그림 3-14] '태권 V 로그' 활동 한눈에 파악하기

부연 설명하자면, 이 활동은 체육 교과에서 태권도 수련을 통해 기본 기술을 익히고, 운동 체력을 기르며, 여가 활동으로서의 운동의 가치를 체험하는 활동과 연결됩니다. 도덕 교과에서는 친구와의 협력과 배려, 책임감과 용기를 실천하는 과정을 통해 공동체 의식을 함양할 수 있습니다. 국어 교과에서는 브이로그 영상의 대본을 구성하고, 활동 후 감상문을 쓰거나 경험을 나누는 과정을 통해 자신의 생각을 조리 있게 표현하는 능력을 기를 수 있습니다. 또한 미술 교과와 연계하여 브이로그 영상의 촬영과 편집, 시각적인 메시지를 효과적으로 전달하는 표현 활동으로 확장됩니다. [그림 3-14]는 이

활동의 전체적인 흐름과 활동 구성을 시각적으로 표현한 것입니다.

1단계는 '건강한 나'입니다. 태권도의 기본 기술(예: 앞차기, 지르기 등)과 태권도 정신(예: 예의, 인내, 극기 등)을 익히며 나의 강점과 약점을 돌아봅니다. 올바른 자세와 규칙적인 수련을 통해 신체적·정신적 건강을 동시에 기릅니다.

2단계는 '감동적인 도전'입니다. 팀을 이루어 기술을 익히고 서로 도우며 훈련 과정을 촬영합니다. 친구와의 협력을 통해 성장하는 모습을 브이로그 형식으로 기록하면서, 자신과 타인의 노력을 존중하는 태도를 기릅니다.

3단계는 '곤경에 처한 친구 돕기'입니다. 학교폭력 예방을 주제로 '도움이 필요한 친구에게 힘이 되어주는 장면'을 시나리오로 구성하고, 챌린지 영상(짧은 태권 시범극 또는 상황극)을 제작합니다. 이는 체육과 도덕, 국어, 미술이 융합된 창의적인 실천 활동입니다.

4단계는 '이걸 해내다니!'입니다. 각 조의 영상과 수련 기록을 함께 감상하고, 느낀 점을 나누며 서로의 도전에 박수를 보냅니다. 영상 속의 태도, 표현, 협력 과정을 중심으로 피드백을 주고받으며 자기 성찰과 표현 능력을 기릅니다.

이 '태권 V 로그' 활동은 학생들의 흥미와 몰입을 끌어낼 수 있는 '몸으로 표현하는' 창의적 활동입니다. 특히 영상 제작을 중심으로 한 실천 과정을 통해 성취감을 높이며, 학교폭력 예방이라는 교육적 메시지를 공감과 실천으로 연결할 수 있습니다. 더불어 지역 태권도장, 영상 제작 전문가, 또래 멘토링 프로그램 등과 연계하면 학교 밖 자원과 연결된 확장형 교육으로 발전시킬 수 있습니다. 운동과 예술, 공동체 의식이 어우러진 이 프로젝트는 심신의 조화로운 성장과 공동체적 태도 함양을 동시에 지원합니다.

[수업] 실마리: 몸과 마음을 함께 단련하는 융합형 표현 활동

'태권 V 로그'는 초등학교 6학년 체육과 실과를 중심으로 개발된 12차시 분량의 프로젝트형 활동으로, 학교자율시간의 32시간 체제에 따라 5~6학년에서 독립형 또는 연계형으로 융합하여 운영할 수 있습니다. 특히 태권도 기본 기술과 운동 체험, 친구와의 협력 및 미디어 영상 제작을 통합한 창의적 활동을 통해 공동체 감수성과 신체·정서적 성장 경험을 함께 제공한다는 점에서 실천성과 교육적 효과가 매우 높습니다.

15. 지구촌 CM송 축제

'지구촌 CM송 축제'는 학생들 스스로가 기획하여 활동하는 과정에서 '모두가 행복한 세상을 향한 노래 한 곡의 힘'을 느끼고 공유할 수 있도록 기획된 프로젝트 활동입니다. 이 활동은 음악과 사회, 국어 교과를 통합한 프로젝트 활동으로, 음악 교과의 '유럽과 아시아의 노래' 제재를 중심으로 구성되었습니다. 세계 여러 나라의 CM송을 감상하고, 가사를 바꾸거나 창작하는 활동을 통해 음악이 담고 있는 문화적 메시지를 이해하고, 문화 다양성과 세계 시민 의식을 자연스럽게 길러갈 수 있도록 설계되었습니다. 아이들은 서로 다른 문화를 존중하며 함께 어울리는 지구촌 공동체를 향한 꿈과 실천 의지를 음악 활동을 통해 표현하게 됩니다.

[그림 3-15]는 이 활동의 전체적인 흐름과 활동 구성을 시각적으로 표현한 것입니다.

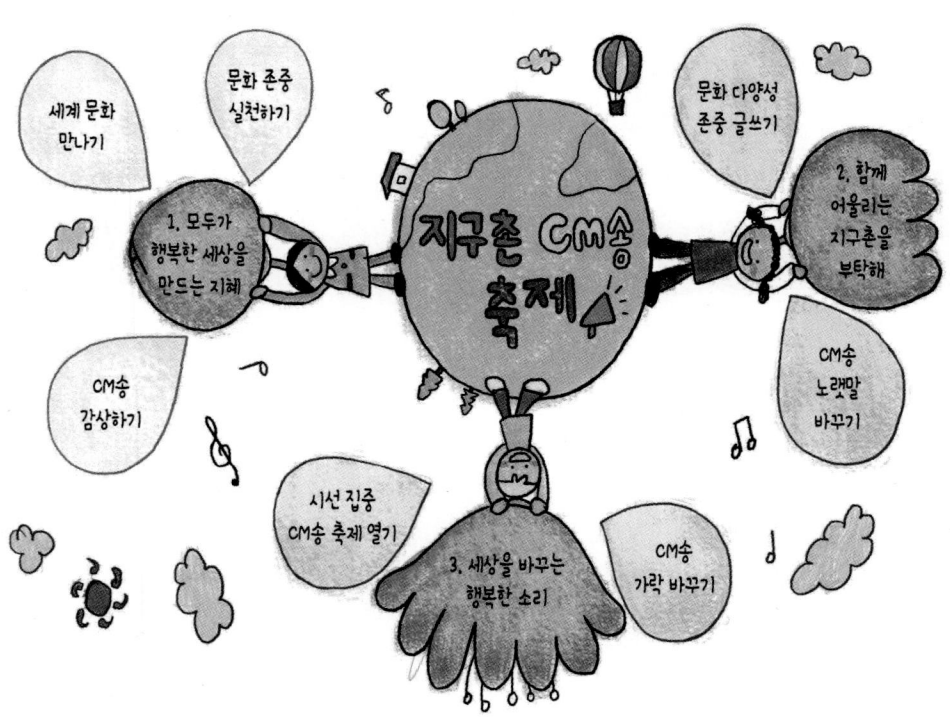

[그림 3-15] '지구촌 CM송 축제' 활동 한눈에 파악하기

1단계는 '모두가 행복한 세상을 만드는 지혜'입니다. 세계 각국의 CM송을 감상하며 다양한 문화적 표현을 이해하고, CM송에 담긴 사회적 메시지를 분석합니다. '세계 문화 만나기'와 '문화 존중 실천하기' 활동을 통해 학생들은 지구촌 구성원으로서의 공감능력을 기르게 됩니다.

2단계는 '함께 어울리는 지구촌을 부탁해'입니다. 기존의 CM송 가사를 바꾸고, 문화 다양성과 존중의 메시지를 담아 자신만의 노랫말을 창작합니다. '문화 다양성 존중 글쓰기'와 'CM송 노래말 바꾸기' 활동을 통해 학생들은 타 문화를 존중하는 마음을 노랫말에 담는 과정을 경험합니다.

3단계는 '세상을 바꾸는 행복한 소리'입니다. 새롭게 만든 CM송을 발표하고 '지구촌 CM송 축제'를 열어 친구들과 함께 나눕니다. 'CM송 가락 바꾸기', '시선 집중 CM송 축제 열기' 등의 활동을 통해 아이들은 예술로 세상을 변화시킬 수 있다는 자신감을 얻게 됩니다.

이 프로젝트 활동은 음악 교과에서 세계 여러 나라의 다양한 노래를 감상하며 문화적 표현을 이해하고, 기존 CM송의 가사를 바꾸거나 가락을 창작해보는 활동을 통해 음악의 창의적 표현 역량을 기를 수 있도록 구성되어 있습니다. 더불어 발표와 축제 공연을 준비하는 과정에서 음악을 통한 소통과 협업의 경험도 쌓을 수 있습니다.

사회 교과와의 연계는 세계 여러 문화에 대한 이해와 문화 다양성의 가치 탐구를 중심으로 이루어집니다. 지구촌의 다양한 문화를 존중하는 태도와 세계 시민으로서의 책임감을 기르며, 평화롭고 공존하는 세상을 만드는 데 필요한 인식과 태도를 함양할 수 있습니다.

또한 국어 교과에서는 문화 다양성에 대한 주제로 글을 쓰고, 자신이 만든 CM송의 노랫말을 창작하는 활동을 통해 표현력과 창의적인 사고를 기를 수 있습니다. 아울러 서로의 작품을 발표하고 감상을 나누는 과정에서 말과 글로 생각을 나누는 소통의 경험도 함께 하게 됩니다.

이 프로젝트는 학교자율시간과 자연스럽게 융합되어, 음악적 창의성과 문화 감수성을 동시에 함양할 수 있는 활동입니다. 특히 각국의 문화를 배우고 존중하는 과정은 사회과 범교과 주제인 '다문화 이해 교육'과도 밀접하게 연계됩니다. 나아가 학생들이 스스로 만든 CM송을 축제 형식으로 발표함으로써 자율성과 공동체 역량을 기를 수 있습니다.

또한 학교 축제, 학부모 공개 수업, 다문화 주간 행사 등과 연계하여 확대 운영할 수 있으며, 지역 내 다문화 가족 초청 행사 또는 유튜브·학교 방송 등을 활용한 실시간 CM송 공유 행사로 확장 가능성이 큰 프로젝트 활동입니다.

> **[수업] 실마리: 노래로 하나 되는 지구촌, 문화 감수성과 실천 의지 기르기**
> **자율활동**
> '지구촌 CM송 축제'는 초등학교 6학년 음악 교과를 중심으로 개발된 12차시 분량의 프로젝트형 활동입니다. 학교자율시간의 32시간 체제에 따라 5~6학년에서 독립형 또는 연계형으로 융합하여 운영할 수 있으며, 기존 CM송의 가사를 새롭게 바꾸거나 창작곡을 만드는 활동을 통해 음악 교과의 감상 및 표현 요소는 물론, 사회·도덕·국어와도 자연스럽게 연계됩니다. 지구촌 공동체를 위한 실천 메시지를 담은 문화예술 기반 프로젝트로, 다양한 학년과 학급이 함께 참여하는 연합 축제 형태로도 확장 운영이 가능합니다.

제3장을 마치며
아이들의 배움 곁에, 선생님의 상상력이 머무는 곳

가끔은 수업 준비를 하며,
"이 활동을 좀 더 재미있게 만들 수는 없을까?",
"아이들 마음을 좀 더 깊이 건드릴 수 있는 방식은 없을까?"
하는 생각이 스치듯 지나갑니다.

티칭허브는 그런 순간에 조용히 곁에 다가서는 곳입니다.
바쁜 일상 속에서도 한 걸음만 내딛으면,
아이들의 삶과 닿아 있는 주제들,
수업과 자율활동을 자연스럽게 엮을 수 있는 자료들이 손 닿는 곳에
놓여 있습니다.

이 장에서 소개한 15편의 수업 실마리는
한 송이 들꽃처럼 교실 한켠에 놓아두고 싶은 수업의 씨앗입니다.
그 씨앗은 마인드맵이라는 그림으로 시작해
지도안, 활동지, PPT 자료라는 살결을 입고
언제든 선생님의 손끝에서 피어날 준비를 하고 있습니다.

혹시 오늘, 잠시 짬이 난다면
티칭허브의 학교자율시간을 한번 들러보는 건 어떨까요?
그곳에는 아이들과 함께 웃고, 상상하고, 나누었던
수업의 기억을 다시 꺼내고 싶은 선생님들을 위한 작은 정원이
조용히 문을 열고 있습니다.

제4장 학교자율시간 활동의 흐름과 적용 전략

제4장은 '들꽃'이라는 교육 소재가 교실 안에서 어떻게 감정의 자각에서 시작해 공감, 창작, 생명에 대한 성찰로 확장되는지를 구체적으로 설명하고, 실제 수업에서 활용할 수 있도록 체계적인 적용 전략을 제시합니다. 이 장은 제5장의 활동 프로그램들이 담고 있는 교육적 의미와 실천 방법을 심화하여 분석하며, 각 활동의 흐름을 통합적으로 이해하고자 하는 교사들에게 실질적인 길잡이가 됩니다.

1절에서는 '왜 들꽃인가'라는 질문에 대해 감정 교육과 생명 교육의 관점에서 그 의미를 짚어보고, 2절에서는 3~6학년 들꽃 활동의 주제와 부제를 비교하여 학년 간 연계성과 차별성을 살펴봅니다. 3절과 4절에서는 각 활동의 개요와 구체적 요소를 비교함으로써 프로그램 설계 시 고려할 수 있는 공통성과 변별성을 도출하고, 5절에서는 활동의 성취기준을 중심으로 평가의 방향성을 명확히 합니다.

이어지는 6~7절에서는 들꽃 활동에 참여하는 교과별 성취기준과 시수 편제를 비교하고, 실제 수업을 어떻게 구성할 수 있는지를 주차별 운영 계획으로 안내합니다. 8절에서는 활동별 평가 계획과 평가도구, 그리고 인간상과 핵심역량을 중심으로 한 평가 방법을 분석하여 현장 교사들이 바로 적용할 수 있는 평가 전략을 제안합니다.

9절에서는 학년 연계형, 학교 통합형, 학급 독립형, 교사 협력형, 주간 집중형, 흥미 기반 모둠 분산형, 교과 계열 확장형 등 총 7가지 운영 모형을 제시하며, 각각의 장단점과 실제 적용 전략을 구체적으로 제시합니다. 이는 학교의 여건과 교사의 수업 철학에 따라 다양한 방식으로 적용할 수 있는 유연성을 제공합니다.

마지막 10절에서는 '들꽃을 바꾸면 수업도 바뀐다'라는 모듈형 재구성 전략을 중심으로, 수업의 지속 가능성과 지역·계절·학생의 정서 발달 흐름을 반영한 수업 설계 방안을 제시합니다. 이 장에서는 교사들에게 교과, 학년, 지역에 따라 들꽃 프로그램을 변형·확장할 수 있는 실천적 도구를 제시해 줍니다.

이처럼 제4장은 활동별 비교와 평가, 운영 전략, 모듈 재구성까지 총체적인 시각에서 들꽃 프로그램의 실제 활용과 확장을 안내하며, 교실 속 감정 교육의 새로운 지평을 여는 실질적인 설계서 역할을 합니다.

1. 왜 들꽃인가? 감성과 생명의 교육적 힘

들꽃은 화려하지도, 거창하지도 않지만, 이름 없이 피어나는 그 존재만으로도 사람의 마음을 움직입니다. 누구나 한 번쯤은 길가에서 우연히 마주친 들꽃 앞에 멈춰 서 본 경험이 있습니다. 들꽃의 조용한 생명력은 감정을 일깨우고, 살아 있다는 것의 의미를 묵묵히 전해줍니다. 바로 이 점에서 들꽃은 감성과 생명에 대한 교육적 매개체로 큰 가치를 지닙니다.

들꽃을 중심으로 구성된 이 교육 프로그램은 '꽃 이름 맞히기' 식의 지식 중심 접근을 넘어서, 감정의 자각에서 시작하여 공감, 표현, 생명에 대한 성찰로 이어지는 배움의 흐름을 지향합니다. 아이들은 들꽃을 관찰하고, 그 이름의 유래나 전설을 듣고, 상상 속 이야기를 만들고, 그 이야기를 시나 편지, 도감 등 다양한 형태로 표현합니다. 이 모든 과정은 곧 자연과의 교감이자 자기 내면과의 대화입니다.

특히, 들꽃은 우리가 사는 지역에 실제로 존재하는 자연물입니다. 학교 근처, 동네 산책길, 등굣길 옆에서도 아이들이 직접 만날 수 있는 '생활 속 배움의 주체'입니다. 교실과 자연을 연결하고, 교과서와 삶을 이어주는 역할을 합니다. 지역성을 살리면서도 생명교육의 보편적 가치를 담아낼 수 있는 점에서, 지속가능발전교육(ESD)의 실천적인 접근으로도 손색이 없습니다.

또한 들꽃은 '이름 없음'이라는 상징성을 통해, 세상에 아직 드러나지 않았지만 저마다의 빛을 품은 아이들 자신의 모습을 비춰주는 거울이 되기도 합니다. 이름 없는 들꽃에게 편지를 쓰며, 아이들은 존중받지 못했던 존재의 의미를 되새기고, 자신과 타인의 생명을 소중히 여기는 감정의 언어를 발견하게 됩니다.

결국 '왜 들꽃인가?'라는 질문에 대한 대답은 명확합니다. 자연이 곧 교과이고, 감정이 곧 배움이며, 생명이 곧 가치라는 사실을 들꽃은 우리에게 조용히 가르쳐 주기 때문입니다.

이 프로그램은 들꽃이라는 가장 작고도 평범한 자연을 통해, 아이들의 마음속에 피어나는 감성과 삶의 지혜를 자라나게 하는 교육의 씨앗입니다.

2. 활동 주제 및 부제 비교

〈표 4-1〉은 초등학교 3학년부터 6학년까지 운영되는 '학교자율시간 들꽃 프로그램'의 학년별 활동 주제와 함께, 그에 맞는 부제(副題)를 다양하게 선택할 수 있도록 제안한 자료입니다. 부제는 활동의 정체성과 메시지를 교사와 학생 모두가 쉽게 이해하고 몰입할 수 있도록 돕는 역할을 합니다. 따라서 기본 부제는 해당 활동에 최적화된 방향으로 이미 차시 구성과 활동지, 평가도구에 반영되어 있으며, 그대로 사용해도 무방합니다.

하지만 교실은 살아 있는 공간이고, 교사는 학생들의 특성과 수업 분위기에 따라 표현을 조금씩 바꾸고 싶을 때가 많습니다. 이러한 현장의 유연한 활용을 고려하여, 기본 부제를 중심으로 대체 가능하고 창의적인 선택형 부제를 2가지씩 제안하였습니다. 교사는 상황에 따라 이 부제 중 하나를 선택하거나, 직접 새로운 표현으로 변형하여 사용해도 좋습니다.

예를 들어, 3학년 주제인 '들꽃과 노는 아이'의 기본 부제는 '감정의 씨앗을 심어요'이지만, 말놀이 활동에 중점을 두고 싶다면 '들꽃과 말놀이 해요'로 바꿔 부제를 사용할 수 있습니다. 이는 학생의 참여 동기를 높이고, 활동의 몰입감을 강화하는 데 효과적입니다.

〈표 4-1〉 학년별 들꽃 프로그램의 활동 주제와 선택형 부제 예시

학년	활동 주제	선택형 부제 (기본 부제 강조)
3	들꽃과 노는 아이	**감정의 씨앗을 심어요** (기본) / 마음의 꽃밭을 가꿔요. / 들꽃과 말놀이 해요
4	들꽃 감정 일기	**마음이 피는 봄 날** (기본) / 감정을 물들이는 일기 한 장. / 들꽃이 된 내 마음
5	들꽃 이야기 창작소	**이름으로 피어난 상상** (기본) / 상상력에 날개를 달다. / 상상의 꽃을 피워요
6	이름 없는 꽃에게 쓰는 편지	**침묵으로 피어난 생명** (기본) / 생명을 향한 편지 한 줄, / 잊힌 들꽃에 띄우는 약속

또한 이러한 선택형 부제를 통해 들꽃 활동은 단순한 생태 활동을 넘어, 감정, 상상, 공감, 생명과 같은 삶의 본질적 주제에 다가가는 계기가 됩니다. 학생들은 자신의 감정에 이름을 붙이고, 들꽃에 의미를 부여하며, 생명에 대한 존중을 경험하게 됩니다.

〈표 4-1〉은 단순히 제목을 바꾸는 선택이 아니라, 교실 수업의 방향을 섬세하게 조율할 수 있는 교사의 전문성과 창의성을 존중하는 제안입니다. 이 한 장의 표가 교사의 선택을 넓히고, 교실에서 더욱 풍성한 배움의 꽃을 피우는 데 작은 힘이 되기를 바랍니다.

위의 예를 각 학년에 적용하여 교사가 바로 쓸 수 있도록 효과적인 부제 활용 사례를 제시하면 〈표 4-2〉와 같습니다.

〈표 4-2〉 학년별 들꽃 프로그램의 활동 주제와 선택형 부제의 활용 사례

학년	활동 주제 (부제)	선택형 부제의 활용 사례
3	들꽃과 노는 아이 (감정의 씨앗을 심어요)	만약 학생들이 표현력이 풍부하고 말놀이에 흥미가 많다면, 부제를 '**들꽃과 말놀이 해요**'로 바꿔 수업을 구성할 수 있습니다. 들꽃 이름으로 삼행시 짓기, 꽃말로 말바꾸기 활동을 중심에 두어 말놀이를 통한 감정 표현을 자연스럽게 유도합니다.
4	들꽃 감정 일기 (마음이 피는 봄 날)	일기 쓰기를 어려워하거나 감정 표현에 익숙하지 않은 학생들이 있다면, 부제를 '**들꽃이 된 내 마음**'으로 변경하여, 나의 하루를 들꽃에 빗대어 쓰는 방식으로 감정을 간접적으로 표현하게 할 수 있습니다. 예: "나는 오늘 물망초처럼 조용했어요."
5	들꽃 이야기 창작소 (이름으로 피어난 상상)	학생들이 이야기보다는 시각적 표현을 더 좋아한다면, 부제를 '**상상의 꽃을 피워요**'로 바꾸고 활동을 그림책 만들기, 캐릭터 디자인 중심으로 운영할 수 있습니다. 들꽃을 의인화하여 상상의 세계를 시각언어로 확장하는 데 도움이 됩니다.
6	이름 없는 꽃에게 쓰는 편지 (침묵으로 피어난 생명)	생태 윤리 교육이나 지속 가능성 주제와 연결하고 싶다면, 부제를 '**잊힌 들꽃에 띄우는 약속**'으로 바꾸어, 환경 보호 선언문, 생명 윤리 선언문, '지켜줄게' 약속 편지쓰기 등으로 확장할 수 있습니다.

이 표는 학년별 들꽃 프로그램의 활동 주제와 함께 선택형 부제를 어떻게 활용할 수 있는지를 구체적으로 보여주는 사례입니다. 학생들의 관심, 표현 성향, 학급 분위기, 수업 목표 등에 따라 부제를 유연하게 조정함으로써 학습의 몰입도와 효과를 높일 수 있도록 돕는 것을 목표로 합니다.

예를 들어, 말놀이에 흥미가 많은 3학년 학생들에게는 '들꽃과 말놀이 해요'라는 부제를 통해 자연스럽게 언어 표현 능력을 길러줄 수 있으며, 감정 표현에 익숙하지 않은 4학년 학생들에게는 '들꽃이 된 내 마음'과 같은 은유적 접근을 통해 감정 이입을 유도할 수 있습니다.

또한, 시각적 표현을 선호하는 5학년 학생들에게는 '상상의 꽃을 피워요'와 같은 부제를 통해 그림책 만들기나 캐릭터 디자인 등의 활동으로 확장할 수 있으며, 6학년에서는 '잊힌 들꽃에 띄우는 약속'이라는 부제를 활용하여 생태 윤리나 지속 가능한 삶에 대한 실천적 태도를 기를 수 있도록 수업을 구성할 수 있습니다.

이처럼 선택형 부제는 하나의 활동 주제를 다양한 방식으로 전개할 수 있도록 열어주는 교육적 장치로서, 교사에게는 수업의 자율성과 창의적 재구성의 기회를 제공하고, 학생들에게는 자기표현의 다양성과 몰입감을 높여 주는 역할을 합니다. 이러한 부제의 활용은 들꽃 프로그램의 실제 적용 가능성을 더욱 넓히는 중요한 실천 전략으로 활용할 수 있습니다.

3. 활동의 개요 비교

『들꽃과 함께 걷는 길』은 3학년부터 6학년까지 학년의 발달 특성과 배움의 흐름을 고려하여 설계된 창의적 학교자율시간 프로그램입니다. 각 학년별 활동은 '감정-공감-상상-생명'이라는 4단계 주제의 계열성을 바탕으로, 들꽃이라는 공통 소재를 중심으로 정서적 감수성과 창의적 표현력, 생명존중의식까지 아우르도록 구성되어 있습니다.

3학년 『들꽃과 노는 아이』는 들꽃을 매개로 한 감정 자각과 표현을 중심으로 구성되어 있으며, 말놀이, 이름짓기, 감정 카드 만들기 등 놀이 기반의 활동으로 감정 표현의 기초를 형성합니다. 활동은 개별 감정에 대한 자각과 이해에 집중되어 있어, 정서 교육의 첫 출발점으로 적합합니다.

4학년 『들꽃 감정 일기』는 자신과 타인의 감정을 비교하고 공감하며, 글쓰기와 그림 표현을 통해 감정의 흐름을 일기 형식으로 풀어냅니다. 이 시기에는 공감 능력과 자기성찰 능력이 함께 자라나기에, 비교·분석·서술 등 국어과와의 융합이 돋보이는 활동들로 구성되어 있습니다.

5학년 『들꽃 이야기 창작소』는 감정에서 한 걸음 더 나아가 상상력과 창의력을 발휘하여 이야기로 구성하는 활동입니다. 꽃의 이름, 전설, 생김새 등을 바탕으로 새 이야기를 창작하거나 그림책, 캐릭터를 디자인하는 과정을 통해 표현 영역이 확장됩니다. 이는 창작 기반 활동에 적합한 고학년의 인지적·정서적 성장을 반영한 설계입니다.

6학년 『이름 없는 꽃에게 쓰는 편지』는 생명과 자연, 존재의 의미를 사유하는 깊이 있는 활동으로 구성되어 있습니다. 생태 윤리, 지속 가능성, 잊힌 존재에 대한 공감 등을 주제로 편지 쓰기, 약속문 작성, 생명 선언문 만들기 등의 활동을 통해 실천적 삶의 자세를 기르도록 유도합니다.

이러한 개요 비교를 통해 알 수 있듯, 이 프로그램은 학년이 올라갈수록 단순 감정 표현에서 시작해 공감, 상상, 성찰과 실천으로 점차 확장되어 갑니다. 교사는 이 흐름을 고려하여 각 학년의 활동을 적절히 연결하거나 통합적으로 재구성할 수 있으며, 필요한 경우 특정 주제를 중심으로 한 집중 운영도 가능하도록 설계되어 있어 교육과정 재구성의 유연성을 높이고 있습니다.

〈표 4-3〉은 학년별 들꽃 프로그램의 '활동 개요 비교'가 단순한 수업 소개를 넘어서, 교사에게 교육적 통찰과 수업 운영 전략을 제공하는 중요한 역할을 한다는 점을 명확히 보여줍니다. 특히 활동 개요는 다음과 같은 5가지 교육적 기능을 통해 교사의 수업 설계 판단, 타 학년과의 통합 수업 구상, 학생 수준별 조정, 자율적 재구성에 이르기까지 여러 방면에서 유용하게 활용될 수 있습니다.

예를 들어, 교사는 자신이 맡은 학년의 활동 개요를 참고하여 수업의 핵심 방향성을 정하고, 다른 학년과 연결되는 주제를 융합하여 프로젝트형 수업으로 확장할 수 있습니다. 또한 학생들의 정서적·인지적 수준에 따라 활동 난이도나 방식도 유연하게 조정할 수 있으며, 필요에 따라 다른 시기·교과와 통합하여 재구성할 수 있는 기반을 마련해 줍니다.

결국, 이 표는 '단순히 따라 하는 수업'이 아니라 '교육적 맥락에 맞는 창의적 수업 설계'로 이끄는 안내서의 기능을 하며, 교사로 하여금 자신의 철학과 교육 환경에 맞는 수업을 능동적으로 설계하도록 돕습니다. 이처럼 활동 개요 비교는 학교 자율시간의 활동을 보다 교육적으로 정교하게 설계하고, 융통성 있게 실행하는 핵심 실마리가 됩니다.

<표 4-3> 활동 개요 비교의 주요 기능과 교육적 활용 의미

주요 기능	설명과 예시
학년별 프로그램의 교육적 핵심 강조	단순한 활동 나열이 아니라, 각 학년 활동이 어떤 교육적 기능(정서 표현, 자기 성찰, 창의 표현, 생명존중 실천 등)을 중심으로 구성되어 있는지를 보여줍니다. 예) 3학년은 감정 자각, 4학년은 공감과 비교, 5학년은 창의적 재구성, 6학년은 가치 성찰과 실천에 중점을 둔다는 점을 명확히 파악할 수 있습니다.
교사의 수업 설계 판단에 도움 제공	활동 개요는 해당 학년의 실제 수업 운영 시 '어떤 역량을 중심에 두고 지도할지' 결정하는 기준이 됩니다. 예) 4학년의 경우 감정 표현과 비교·공감이 핵심이므로 국어, 도덕, 미술과의 교과 연계 수업 설계가 유리함을 시사합니다.
타 학년과의 연계나 통합 운영 전략 수립에 유용	동일한 대주제(들꽃과 함께 걷는 길) 하에 각 학년의 역할과 범위를 제시하므로, 세로(학년 간) 통합 수업 또는 가로(학년군) 확장 수업 구성에 전략적 판단 근거를 제공합니다. 예) 5학년과 6학년을 묶어 '이야기+편지' 프로젝트로 재구성 가능.
학생 발달 수준에 따른 활동 난이도 안내	정서적·인지적 발달 단계에 따라 활동의 난이도와 접근 방식이 달라짐을 설명해 줌으로써, 교사가 학급 실정에 맞게 활동을 재조정하거나 보완할 수 있습니다. 예) 글쓰기에 어려움을 겪는 3학년의 경우 말놀이 중심으로 활동을 재편할 수 있음.
자율적 재구성의 출발점 제시	이 개요 비교는 교사가 기존 활동을 그대로 따르기보다, 자신의 교육 철학과 학급 상황에 맞춰 수업을 '재구성'하는 출발점 역할을 합니다. 예) 4학년 활동을 5학년에게 적용하거나, 6학년 활동을 환경교육 주간에 집중 운영 가능.

학교자율시간의 활동을 설계하고 운영하기 위해서는 '활동의 개요'를 꼼꼼하게 구성하여 작성하는 것이 매우 중요합니다. 단순한 수업 소개를 넘어, 교사가 활동의 교육적 의도를 분명히 하고 학생의 특성에 맞는 수업을 설계할 수 있도록 안내해 주는 역할을 하기 때문입니다. 활동의 개요를 작성할

때는 〈표 4-4〉에 제시한 여섯 가지 요소를 고려하는 것이 바람직합니다.

첫째, 이 활동이 왜 필요한지를 명확히 해야 합니다. 활동을 통해 학생들에게 길러주고자 하는 가치, 태도, 역량이 무엇인지 분명히 하는 것은 활동의 방향성을 잡는 데 도움이 됩니다. 예를 들어, 감정 표현 능력 신장이나 생명존중 의식 함양과 같은 교육적 목적이 이에 해당합니다.

〈표 4-4〉 학교자율시간의 활동 개요문 작성시 고려 사항

고려 요소	고려 사항과 사례
활동의 의의와 **교육적 목적**	왜 이 활동을 하는가? 활동을 통해 학생들에게 길러주고자 하는 가치, 태도, 역량은 무엇인가? 　예) 감정 표현 능력 신장, 생명존중 의식 함양 등
학생 발달 수준에 적합한 내용 구성	해당 학년 학생의 인지적·정서적 수준과 생활 맥락에 맞는 활동인지 고려해야 함. 　예) 3학년은 놀이와 말하기 중심, 6학년은 글쓰기와 성찰 중심
활동의 흐름 (단계성, 계열성)	활동이 어떤 흐름으로 전개되는지 여러 차시에 걸쳐 운영된다면 차시별 핵심 활동도 간략히 제시 　예) 도입 - 탐색 - 표현 - 나눔 - 성찰
교과 연계 가능성	이 활동이 어떤 교과(국어, 실과, 미술, 도덕 등)와 연계되며, 어떤 성취기준을 바탕으로 설계되었는지 간략히 언급 　예) 국어 쓰기, 실과 생명존중, 도덕 공감 등
활동의 융통성과 **확장성**	교사가 학급 상황, 학년, 시기, 계절 등에 따라 어떻게 조정하거나 확장할 수 있는지에 대한 여지 언급 　예) 모둠 중심 운영 / 3~4학년 통합 운영 가능 　　／ 봄꽃 관찰에서 가을 들꽃으로 확장 가능 등
기대 효과 및 **평가 방향**	학생들이 어떤 배움과 성장을 기대할 수 있으며, 이를 어떻게 관찰·기록·피드백할 수 있을지 간단히 언급 정량적 평가는 생략하되, 관찰 중심의 평가 요소나 결과물 예시 제시

둘째, 해당 학년 학생의 인지적·정서적 수준과 생활 맥락에 맞는 내용을 구성해야 합니다. 3학년은 말하기와 놀이, 6학년은 글쓰기와 성찰을 중심으로 활동을 구성하는 것처럼, 발달 수준에 적합한 접근이 필요합니다.

셋째, 활동의 흐름과 단계적 계열성을 고려해야 합니다. 단순한 활동 나열이 아니라, 도입-탐색-표현-나눔-성찰 등으로 자연스럽게 이어지는 흐름을 계획함으로써 수업의 완성도를 높일 수 있습니다. 특히 여러 차시에 걸쳐 운영되는 활동의 경우, 각 차시마다 중심 활동이 무엇인지 간략하게 제시해 두는 것이 좋습니다.

넷째, 활동이 다른 교과와 어떻게 연계될 수 있는지를 고민해야 합니다. 국어, 실과, 미술, 도덕 등의 성취기준과 연계되는 내용을 반영하면, 학교자율시간이 교과 수업의 확장과 보완 역할을 하도록 설계할 수 있습니다. 예를 들어, 국어과의 쓰기 영역, 실과의 생명존중, 도덕과의 공감 교육 등과의 연계가 가능합니다.

다섯째, 교사의 수업 환경에 따라 활동을 어떻게 조정하거나 확장할 수 있을지를 고려하는 것도 중요합니다. 예를 들어, 3~4학년을 통합하여 운영하거나, 특정 시기(예: 봄, 가을) 또는 지역 특성과 관련하여 활동 내용을 바꾸는 등 유연한 재구성이 가능해야 합니다. 이러한 융통성과 확장성은 학교 상황에 따라 실천 가능한 활동으로 전환하는 데 큰 도움이 됩니다.

여섯째, 활동을 통해 기대할 수 있는 학생의 성장과 이를 평가하는 방법을 함께 제시해야 합니다. 감정 표현 능력 향상, 생태 감수성 신장과 같은 기대 효과를 분명히 하고, 이를 어떻게 관찰하고 기록할 것인지에 대한 평가 방향도 함께 고민해야 합니다. 정량적 평가보다는 관찰 중심의 피드백이나 포트폴리오 방식의 평가가 적절할 수 있습니다.

이와 같은 요소들을 바탕으로 활동 개요 문을 구성하면, 교사는 자신의 교육 철학에 따라 활동을 재구성하거나, 다른 교사와 협업할 수 있는 기초를 마련하게 됩니다. 무엇보다도 학생들의 눈높이에 맞는 의미 있는 수업을 설계하는 데 든든한 나침반이 되어줄 것입니다.

〈표 4-4〉에 제시한 6가지 요소(① 교육 목적, ② 학생 발달 수준, ③ 활동 흐름, ④ 교과 연계, ⑤ 확장 가능성, ⑥ 기대 효과와 평가 방향)를 모두 반영하여 작성한 4학년 '들꽃 감정 일기' 활동의 개요를 작성해 보면 다음과 같습니다.

4학년 들꽃 감정 일기 (마음이 피는 봄날)의 활동 개요

이 활동은 감정의 섬세한 차이를 알아차리고, 그 감정을 자연 속 들꽃에 빗대어 글로 표현해 보는 활동입니다. 학생들은 일기 쓰기를 통해 자신의 감정을 성찰하고 공감 능력을 확장하게 되며, 다양한 관점으로 일상 속 감정을 인식하는 훈련을 하게 됩니다. 특히 '들꽃'이라는 자연 매개체를 감정 표현의 도구로 활용함으로써 감정과 생명을 동시에 존중하는 태도를 기를 수 있도록 구성하였습니다.

4학년 학생의 발달 수준을 고려하여, 비교적 구조화된 글쓰기 틀과 감정 어휘표, 감정 스티커 등을 활용하여 일기 쓰기에 대한 부담을 줄이고 흥미를 높이는 전략을 포함하고 있습니다. 또한 말이나 그림 등 다양한 방식으로 감정을 표현할 기회를 제공함으로써 글쓰기에 익숙하지 않은 학생도 자연스럽게 활동에 참여할 수 있도록 돕습니다.

활동의 흐름은 '도입 – 감정 알아차리기 – 들꽃 관찰하기 – 들꽃 감정 일기 쓰기 – 나누기'의 5단계로 구성됩니다. 각 차시는 감정 단어에 대한 이해, 들꽃의 특징과 생명성 관찰, 감정 표현 일기 쓰기, 친구들과의 감정 나눔 활동으로 이어지며, 표현과 공감의 단계를 경험하게 됩니다.

교과 연계 측면에서는 국어(감정 표현 글쓰기), 도덕(자기 인식과 공감), 실과(생명 존중), 미술(감정 색으로 감정 그리기) 등의 성취기준과 긴밀하게 연결됩니다. 특히 '자신의 감정을 이해하고, 타인의 감정에 공감하는 태도 기르기'와 같은 핵심역량과도 깊은 관련이 있습니다.

학교 상황에 따라 유연한 적용도 가능합니다. 예를 들어, 계절에 따라 가을에 들꽃 대신 나뭇잎이나 자연물로 대체하여 '감정의 가을 소풍'으로 운영하거나, 3학년과 통합하여 '말놀이와 감정 표현' 중심의 연계 수업으로도 재구성할 수 있습니다.

이 활동을 통해 기대되는 학생의 변화는 감정 표현 능력 향상, 공감 능력 신장, 자연과 생명에 대한 섬세한 시선 형성입니다. 평가 방향은 정량적 점수보다는 감정 일기의 진정성, 감정 어휘의 다양성, 친구와의 감정 나눔에서 보이는 공감 태도 등을 포트폴리오 형태로 관찰하고 피드백하는 방식이 적합합니다.

활동의 개요는 위에 제시한 것처럼 서술식 이외에도 생각과 구상을 이미지화하는 '마인드 매핑'과 광역시도 교육청에서 사용하는 '활동 개관' 형식의 표로 그려보면 방향이 명확하게 잡힐 수 있습니다.

그림 '들꽃과 함께 걷는 길'의 6학년 주제인 '이름 없는 꽃에게 쓰는 편지 (기억과 지혜의 들판)' 활동에서 사용한 마인드맵과 활동 개관표를 중심으로 설명하도록 하겠습니다.

〈그림 4-1〉은 6학년 활동 '이름 없는 꽃에게 쓰는 편지(기억과 지혜의 들판)'의 전체 흐름을 한눈에 파악할 수 있도록 마인드맵 형식으로 시각화한 자료입니다. 이 마인드맵은 교사가 수업을 설계하거나 학생 활동을 안내할 때 매우 유용하게 활용될 수 있습니다.

4. 공유 (성찰 단계): 기억과 지혜의 들판에서 마주앉다
(1) 전시회, 낭독회, 캠페인을 열고 친구들과 작품을 나눠요.
(2) 친구들의 감정과 표현을 감상하며 공감의 폭을 넓혀요.
(3) 내가 지은 꽃의 이름과 이야기를 돌아보며 느낀 점을 정리해요.
(4) 생명과 자연에 대한 약속문을 작성하고 함께 실천 계획을 세워요.

1. 만남 (도입 단계): 꽃에게 말을 걸다 - 이름과 이야기의 첫인상
(1) 숲야생화의 생김새와 특징을 관찰해요.
(2) 꽃의 이름과 전설, 문화적 배경을 만나봐요.
(3) 꽃과 나 사이의 감정을 떠올려요.
(4) 이름 없는 존재에 대한 감수성과 관심을 깨워요.

이름 없는 꽃에게 쓰는 편지 (기억과 지혜의 들판)

3. 표현 (실천 단계): 손으로 피우는 이야기꽃 - 쓰고, 그리고, 만드는 시간
(1) 새 이름을 바탕으로 포스터나 도감, 배지를 만들어요.
(2) 새롭게 지은 전설을 시나 그림책으로 표현해요.
(3) 감정과 이야기를 담은 엽서나 편지를 써요.
(4) 표현물을 통해 꽃과 나의 관계를 시각화해요.

2. 상상 (탐구 단계): 새로운 이름/전설 - 꽃에게 마음을 빌려주다
(1) 기존 이름의 유래를 분석하고 나만의 이름을 지어봐요.
(2) 전설의 구조를 살펴보고 이야기의 의미를 다시 생각해요.
(3) 꽃의 입장, 친구의 시점, 미래적 상상 등 다양한 관점으로 이야기를 재구성해요.
(4) 나만의 '들꽃 이야기'를 기획해요.

[그림 4-1] 들꽃을 소재로 한 학교자율시간의 활동 마인드맵

이 마인드맵은 총 4단계로 구성되어 있으며, 각각의 단계는 '도입-탐구-실천-성찰'이라는 흐름에 따라 배열되어 있습니다. 각 단계는 명확한 활동 명칭과 함께 학생들이 경험하게 될 구체적인 활동 요소들을 제시하고 있어, 교사가 수업 시간에 어떤 내용을 중심으로 지도할지 쉽게 파악할 수 있습니다.

예를 들어, 1단계인 '만남(도입)'에서는 꽃의 생김새나 이름, 전설, 문화적 배경을 관찰하고 감상하는 활동이 배치되어 있으며, 이는 학생들이 자연에 대한 감수성을 기르는 데 초점을 둡니다. 이어지는 2단계 '상상(탐구)'에서는 기존 이름의 유래를 분석하고 나만의 이름과 전설을 창작해보는 활동이 중심이 됩니다. 이때 이야기 구조, 다양한 관점의 상상력 등도 함께 고려되어, 교과 통합적 접근이 가능해집니다.

3단계 '표현(실천)'은 학생들이 실제로 창작물을 제작하고 표현하는 단계로, 포스터, 배지, 시, 그린북, 편지 등의 다양한 매체를 활용할 수 있어 학생들의 개성과 창의성을 최대한 이끌어낼 수 있습니다. 마지막 4단계 '공유(성찰)'는 친구들과의 감정 표현을 나누고, 자신의 경험을 되돌아보며 생명과 자연에 대한 약속을 실천 계획으로 확장하는 활동으로 구성되어 있어, 수업의 마무리를 깊이 있게 이끌어가는 데 효과적입니다.

따라서 활동 프로그램을 개발하고자 하는 선생님께서는 마인드맵을 통해 전체 단원의 흐름을 시각적으로 점검하면서도, 각 활동이 갖는 교육적 의미와 연결 지점을 쉽게 파악할 수 있습니다. 또한 학급 상황이나 학습자 수준에 맞춰 특정 활동을 선택하거나 재구성하기에도 유용하며, 교과 연계와 평가 방안 등을 한눈에 구상하는 데에도 실질적인 도움이 됩니다.

〈표 4-5〉는 6학년 대상 학교자율시간 활동 '이름 없는 꽃에게 쓰는 편지'의 개요를 교사가 실제로 수업을 기획·운영할 때 유용하도록 구조화한 표입니다. 이 표는 활동의 교과 편성 현황부터 적용 학기, 운영 형태, 인간상, 핵심역량, 연관 주제, 교재 활용 방식까지 총망라하고 있어, 학교 현장에서 곧바로 적용할 수 있는 실용적인 안내서 역할을 할 것으로 기대합니다.

먼저, 이 활동은 국어, 도덕, 미술, 창의적 체험활동 등과 통합적으로 설계되어 있으며, 특히 6학년 2학기 32차시 분량으로 편성되었음을 명확히 보여줍니다. 이는 학교 교육과정 편제에 따라 연간 계획 수립 시 참고하기 좋습니다. 활동 개설의 필요성에는 학생의 감정과 생명을 연결하는 정서 중심의 교육 목표가 서정적으로 표현되어 있어, 지식 전달이 아닌 감성적 공감과 생명 존중의 교육이 이루어짐을 강조합니다.

〈표 4-5〉 '이름 없는 꽃에게 쓰는 편지' 활동의 개요

학교명	○○ 초등학교		활동명	이름 없는 꽃에게 쓰는 편지 (이름으로 피어난 상상)							
활동 편성 교과	국어 ☑ 사회 ☐ 도덕 ☑ 수학 ☐ 과학 ☑ 실과 ☑ 체육 ☐ 음악 ☐ 미술 ☑ 영어 ☐ 창의적체험활동 ☑		적용학년	3학년		4학년		5학년		6학년	
			적용학기	1학기 ☐	2학기 ☐	1학기 ☐	2학기 ☐	1학기 ☐	2학기 ☐	1학기 ☑	2학기 ☐
			적용시간							32	
활동 개설의 필요성	이름조차 불리지 못한 작은 들꽃에게 아이들이 마음을 건넬 수 있다면, 그것은 곧 자신과 세상을 바라보는 눈이 달라졌다는 뜻입니다. 『이름 없는 꽃에게 쓰는 편지』는 아이들이 자연과 교감하고, 이름을 지어주고, 이야기를 만들며, 존재의 가치를 느끼게 하는 따뜻한 수업입니다. 이 활동은 지식을 가르치는 시간이 아니라, 감정을 쓰고, 생명을 느끼고, 자신만의 언어로 세상과 대화하게 만드는 경험입니다. 수업이 끝난 교실에, 책상 위에 놓인 작은 엽서 한 장이 아이의 마음과 세상을 잇는 편지가 되기를 꿈꾸며 이 프로그램을 기획하였습니다.											
개설유형	☑ 활동 ①				☐ 활동 ②			☐ 과목		☐ 과목+활동	
운영 형태	☐ 지역 연계				☑ 교과 통합 설계			☐ 기초 소양 강화		☐ 학생 주도 설계	
편성 방식	☑ 지속형				☐ 집중형			☐ 혼합형				
인간상	☐ 자기 주도적인				☐ 창의적인			☑ 교양 있는		☐ 더불어 사는	
핵심역량	☐ 자기관리 ☑ 심미적 감성				☐ 지식정보처리 ☐ 협력적 소통				☐ 창의적 사고 ☐ 공동체			
범교과 활동 연관 주제	☐ 안전·건강 ☐ 인권 ☐ 경제·금융				☐ 인성 ☐ 다문화 ☑ 환경·지속 가능한 발전				☐ 진로 ☐ 통일			☐ 민주시민 ☐ 독도	
교재	☐ 기존 개발 도서 (시중 유통 도서): 개발 예정 ☑ 교재(교과서) 없이 교수학습자료 활용(차시별 학습지를 개발하여 활용)											

개설 유형은 단일 활동이 아닌 '활동 ①'로 분류되어 있고, 운영 형태는 '학교 주도 설계'를 기반으로 하면서도 '지역 연계'나 '교과 통합 설계' 등으로 확장할 수 있도록 개방적인 구조를 취하고 있습니다. 편성 방식 또한 '지속형'으로 명시되어 있어 장기적, 연속적인 활동 운영이 가능함을 보여줍니다.

이 활동은 '자기 주도적'이며 '창의적이고 교양 있는' 인간상을 기르는 데 기여하도록 설계되었고, 핵심역량으로는 자기관리, 심미적 감성, 창의적 사고, 공동체 의식 등을 강조하고 있습니다. 이로써 학생의 전인적 성장과 함께 교과 통합적 사고 능력도 함께 키워갈 수 있습니다. 연계할 수 있는 범교과 주제는 환경·지속 가능한 발전으로 지정되어 있어, 생태적 감수성과 실천력까지 확장할 수 있습니다.

마지막으로 교재 활용 방식을 보면, 교과서나 별도의 단행본 교재 없이, 차시별 교수·학습자료(학습지)를 직접 개발하여 수업에 활용하는 방식으로 운영됩니다. 이는 학교자율시간의 유연성과 자율성을 최대한 살릴 수 있는 형태로, 학생의 발달 수준과 학급의 교육적 맥락에 맞추어 교사가 주도적으로 수업 내용을 구성하고 조정할 수 있는 장점이 있습니다. 또한 활동 중심의 모듈형 수업을 구현하는 데 유리하며, 학습 결과를 바로 평가나 기록 자료로도 연계할 수 있어 실제 교실 수업에 실용적이고 즉시 활용 가능한 방식입니다.

요약하자면, 〈표 4-5〉는 단순한 활동 개요표가 아니라, 교사가 이 활동을 실제 수업에 녹여낼 수 있도록 돕는 실질적 가이드입니다. 활동의 본질적 가치부터 교과 연계성, 평가 관점, 수업 설계 방향까지 총체적으로 담고 있어 학교자율시간 운영의 모범적 모델로 참고하기에 충분합니다.

4. 활동의 내용 요소 비교

'들꽃과 함께 걷는 길' 프로젝트는 단순한 자연 관찰을 넘어, 학생의 내면 성장을 돕는 통합적 활동 구성을 목표로 합니다. 이를 위해 각 학년의 활동에는 해당 발달 단계에 적합한 핵심 내용 요소들이 〈표 4-6〉과 같이 설계되어 있습니다. 이러한 비교를 통해 교사는 학생 수준에 맞는 적정 난이도를 파악하고, 교과 간 통합과 재구성의 방향을 설정할 수 있습니다.

이처럼 각 활동은 감정 표현(3~4학년), 상상력과 이야기 구성(5학년), 생명 감수성과 윤리적 태도(6학년)로 점차 확장되며, 내용 요소 간의 계열성과 심화가 체계적으로 고려되어 있습니다.

또한, 활동의 내용은 단순히 텍스트 중심이 아닌 놀이, 시각화, 예술 표현, 서사 구성, 성찰적 글쓰기 등 다양한 형태로 구성되어 있어, 학생의 표현 방식과 사고 양식을 폭넓게 수용할 수 있도록 설계되었습니다. 이는 학습자의 다양성을 존중하고, 각자의 속도와 방식에 따라 성장할 수 있도록 돕는 중요한 전략입니다.

〈표 4-6〉 학년별 들꽃 프로그램의 주요 내용 요소와 교육적 특성 비교

학년	활동명	주요 내용 요소	내용의 특성
3	들꽃과 노는 아이	감정 단어 탐색, 들꽃 이름 짓기, 말놀이, 감정 나무 만들기	표현력의 기초 다지기. 감정 어휘 확장과 놀이 중심 접근을 통해 자기 표현의 즐거움을 경험함
4	들꽃 감정 일기	감정 기록, 들꽃 관찰 일기, 감정 색깔 표, 감정 표현 그림	감정의 자각과 언어화 훈련. 정서 표현력과 공감 능력을 확장하는 기반 마련
5	들꽃 이야기 창작소	상상 기반 이야기 짓기, 캐릭터 만들기, 스토리맵 구성, 들꽃 세계관 창작	창의적 사고의 확장. 자유로운 상상과 구성 능력, 이야기 완성도를 높이는 활동 설계
6	이름 없는 꽃에게 쓰는 편지	생명 의미 성찰, 편지쓰기, 나만의 생명 윤리 선언문, 공동 약속 만들기	생명 감수성과 실천력 강화. 감동적이고 진정성 있는 언어로 삶의 가치를 돌아보는 활동 중심

교사는 이 내용을 바탕으로 각 학년별 활동을 선택하거나, 자율적으로 내용 요소를 재배열·통합하여 자신의 수업 철학에 맞는 맞춤형 프로그램으로 재구성할 수 있습니다. 이는 학교자율시간의 본질인 '자율성과 전문성의 균형'을 실현하는 실천적 예가 될 것입니다.

학교자율시간의 활동 내용 요소를 효과적으로 구성하기 위해서는 〈표 4-7〉에 제시한 몇 가지 핵심적인 고려 요소를 반드시 염두에 두어야 합니다.

첫째, 활동이 교과나 범교과 성취기준과 어느 정도 연계되어 있는지를 명확히 해야 합니다. 예를 들어 실과의 창의적 사고력, 도덕의 생명존중, 국어의 표현 능력 등과의 연계는 활동의 교육적 정당성을 확보해 줍니다.

둘째, 활동 내용은 학년군에 따라 학생들의 인지적·정서적 발달 수준에 적합해야 합니다. 저학년은 감정 표현이나 말하기 중심의 활동이 효과적이며, 고학년은 가치 성찰이나 글쓰기 중심의 구성이 더욱 의미 있는 배움을 이끌어낼 수 있습니다.

<표 4-7> 학교자율시간의 활동 내용 요소 작성시 고려 사항

고려 요소	고려 사항과 사례
교육과정 성취기준과의 연계성	- 활동이 교과 또는 범교과 성취기준과 어느 정도 연결되어 있는지를 명확히 해야 합니다. 　예) 실과(창의적 사고력), 도덕(생명존중), 국어(표현 능력) 등과의 연계
학생 발달 수준에 적합한 내용 구성	- 학년군에 따라 인지적·정서적 발달 수준을 고려한 활동 주제와 방식이 필요합니다. - 저학년은 감정 표현 중심, 고학년은 가치 성찰 중심으로 구성하는 것이 효과적입니다.
학생 주도성 확보	- 학생들이 자율적으로 탐색·선택·표현할 수 있는 여지를 확보해야 합니다. - 내용 요소가 '정답 중심'이 아닌 '과정 중심'으로 제시되어야 합니다.
현실성과 실행 가능성	- 학교의 환경, 시간, 예산, 공간 등 현장 조건에서 실현 가능한 활동인지 점검해야 합니다. - 특히 자연 관찰, 만들기, 전시 등은 실행 조건을 명확히 고려해야 합니다.
통합적 교육 경험	- 하나의 활동이 여러 교과 역량 또는 범교과 주제를 자연스럽게 통합할 수 있어야 합니다. 　예) '꽃 이름 짓기' 활동은 언어 능력, 생태 감수성, 　　　창의 표현 역량이 통합됨.
기록과 공유가 가능한 구조	- 활동 결과물이 글, 그림, 포스터, 전시물, 발표 등으로 구체화될 수 있어야 하며, - 이를 통해 학생의 성장을 기록하고 공유하는 기회를 마련할 수 있습니다.

셋째, 학생 주도성을 확보하는 것이 중요합니다. 활동 요소는 정답 중심이 아니라, 학생들이 자율적으로 탐색하고 선택하며 표현할 수 있도록 '과정 중심'으로 구성되어야 합니다. 이를 통해 학생의 주체적인 참여와 몰입을 유도할 수 있습니다.

넷째, 활동 내용은 학교 현장에서 실제로 실현 가능한지를 점검해야 합니다. 학교의 환경, 시간, 예산, 공간 등을 고려해 자연 관찰, 만들기, 전시 등의 활동이 실행 가능한 조건에서 설계되어야 합니다.

다섯째, 하나의 활동이 여러 교과의 역량 또는 범교과 주제를 자연스럽게 통합할 수 있도록 설계하는 것이 바람직합니다. 예를 들어 '꽃 이름 짓기' 활동은 언어 능력, 생태 감수성, 창의적 표현 역량이 통합될 수 있는 좋은 예입니다.

마지막으로, 활동 결과물이 글, 그림, 포스터, 전시물, 발표 등의 형태로 구체화될 수 있어야 하며, 이를 통해 학생의 성장을 기록하고 공유하는 기회를 마련해야 합니다. 이러한 구조는 활동의 의미를 되새기고, 교육의 지속성과 확산 가능성을 높이는 데 기여합니다.

이처럼 활동 내용 요소는 단순한 구성 요소 나열이 아니라, 교육과정과 현장을 연결하는 다리이며, 학생과 교사의 교육 경험을 풍요롭게 하는 설계의 핵심이 됩니다.

〈표 4-8〉은 제5부에 제시한 5학년 활동 프로그램의 내용 체계입니다. 위의 6가지 고려 사항을 전제로 이 표를 소개하면 다음과 같습니다.

'5학년 들꽃 이야기 창작소' 활동의 내용 체계는 교육과정 연계성, 학생 수준 적합성, 학생 주도성, 실행 가능성, 통합적 교육 경험, 공유와 기록 가능성이라는 6가지 핵심 고려 요소를 충실히 반영하여 구성되었습니다.

먼저, 핵심 아이디어는 "자연 속 이름에 담긴 감정과 상징을 발견하고, 나만의 언어로 이야기로 표현하며, 창의성과 감수성을 기른다."로 설정되어 있습니다. 이는 국어(이야기 구성 및 표현), 실과(생명 존중과 창의적 문제해결), 도덕(공감과 존중) 등의 성취기준과 자연스럽게 연결됩니다.

〈표 4-8〉 5학년 '들꽃 이야기 창작소' 활동의 내용 체계 사례

핵심 아이디어	자연 속 이름에 담긴 감정과 상징을 발견하고, 나만의 언어로 이야기로 표현하며, 창의성과 감수성을 기른다.
범주	구상한 내용 요소
지식 이해	• 들꽃의 생김새와 계절적 특징 이해 • 꽃 이름의 유래와 상징적 의미 탐색 • 이야기 구성 요소(인물, 배경, 사건)의 이해
과정 기능	• 관찰한 자연물에서 감정을 읽어내는 능력 • 들꽃에 어울리는 이름을 상상하고 새롭게 짓기 • 이름에서 출발해 이야기를 다양한 방식(엽서, 카드, 시, 짧은 동화 등)으로 표현하고 창작하기 • 친구들과 창작물을 공유하고 감상 표현하기
가치 태도	• 자연과 생명에 대한 존중의 마음 • 나와 타인의 감정을 존중하고 어울리는 태도 • 자기 생각을 창의적으로 표현하려는 태도 • 이야기 속 감정을 공감하고 따뜻한 말과 태도로 나누려는 마음

내용 체계는 '지식·이해', '과정·기능', '가치·태도'의 세 영역으로 구분됩니다. 지식·이해에서는 들꽃의 생김새와 계절적 특징, 이름의 유래, 이야기 구성 요소에 대한 이해를 다루며, 이는 5학년 학생들이 자연을 인식하고 창작의 기초 자료로 삼는 데 도움을 줍니다. 활동 주제는 5학년 발달 수준에 적합한 이야기 창작 중심으로 구성되었으며, 단순한 정보 습득을 넘어 표현력과 상상력을 길러주는 방향으로 설계되어 있습니다.

과정·기능 요소에서는 학생들의 주도적 탐색과 표현을 강조합니다. 관찰에서 감정을 이끌어 내는 능력, 들꽃에 어울리는 이름 짓기, 그리고 엽서·시·짧은 동화 등 다양한 방식으로 창작하는 활동은 학생들의 선택권과 창의적 표현의 자유를 보장합니다. 이는 '점검 중심'이 아닌 '과정 중심' 활동 구성을 통해 학생 참여를 자연스럽게 이끌어냅니다.

또한 이 활동은 학교 현실에 맞게 전개될 수 있도록 구성되었습니다. 활동 방식은 엽서나 카드 만들기, 짧은 이야기 쓰기 등 비교적 시간과 공간의 제약 없이도 실행 가능하며, 친구들과 창작물을 공유하고 감상을 표현하는 마무리 활동은 소규모 전시나 학급 발표로도 쉽게 실현할 수 있습니다.

이 과정은 하나의 활동이 국어, 미술, 도덕 등의 교과 역량을 유기적으로 통합할 수 있게 설계되어 있어 통합적 교육 경험을 제공합니다. 예를 들어 '꽃 이름 짓기'는 언어 표현력, 생태 감수성, 심미적 감각을 동시에 자극하는 활동입니다.

마지막으로, 결과물은 이야기책, 엽서, 시, 캐릭터 디자인 등으로 구체화될 수 있어 기록과 공유가 용이합니다. 이는 학생의 성장을 포착하고 학급 차원의 전시 및 평가로도 확장할 수 있는 구조로, 교사 입장에서 활동의 교육적 효과를 지속적으로 추적하고 확산하는 데 유용합니다.

5. 활동의 성취기준 비교

학교자율시간은 비교과로 분류되지만, 그 활동이 교육과정과 유기적으로 연계되어 있을 때 교사와 학생 모두에게 더욱 의미 있는 배움이 일어납니다. 특히 이 '들꽃과 함께 걷는 길' 활동 프로그램은 정규 교과의 성취기준과 깊이 있는 연관성을 갖고 있어, 교사들이 교과 수업의 확장 또는 융합 수업으로도 활용할 수 있도록 설계되었습니다.

들꽃과 함께 걷는 길은 단순한 자연 체험을 넘어 감정 표현, 공감 능력, 창의적 이야기 구성, 생명 존중의 태도까지 점진적으로 심화되는 학년별 성취기준을 중심으로 구성되어 있습니다. 〈표 4-9〉는 각 활동이 교육과정 속에서 어떤 위치를 차지하고 있는지, 그리고 어떤 성취를 기대할 수 있는지를 보여줍니다.

3학년은 감정의 씨앗을 심는 시기로, 들꽃을 관찰하면서 자신의 감정을 말이나 글로 표현하는 능력([3국들꽃-01])과 친구의 감정을 공감하는 태도([3국들꽃-02])를 기르는 데 중점을 둡니다. 또한 색과 형태를 감각적으로 느끼고 다양한 매체로 창의적으로 표현하는 활동([3국들꽃-03])도 함께 이루어져, 감성과 표현력의 기초를 다집니다.

4학년은 3학년에서 싹튼 감정을 더 깊이 있게 표현하고 공감하는 활동으로 확장됩니다. 관찰한 들꽃과 자신의 감정을 연결하여 다양한 방식으로 표현하고([4국들꽃-01]), 언어적·시각적 표현력을 길러 감정의 깊이를 성찰하는 과정([4국들꽃-02])을 중심으로 합니다. 친구의 감정 표현을 존중하고 공감하는 태도도 다시 한번 강조되어([4국들꽃-03]), 감정 공유를 통한 사회적 정서 능력을 함양합니다.

5학년은 감정과 상상을 창작의 세계로 확장하는 단계입니다. '들꽃 이야기 창작소'는 관찰을 통해 들꽃의 생김새와 계절적 특징을 이해하고, 그 속에서 자연과 생명에 대한 감수성을 기르는 데서 출발합니다([5실들꽃-01]). 이처럼 사실적 이해를 바탕으로 느낀 감정과 상상을 이야기 형식으로 표현하는 과정은 이야기 구성 요소(인물, 배경, 사건)를 활용하여 자신만의 이야기를 창의적으로 짓는 활동으로 이어집니다([5실들꽃-02]). 학생들은 단지 글을 쓰는 데 그치지 않고, 자신의 이야기를 다양한 방식으로 표현하며, 친구들과 공유하고 감정을 공감하고 존중하는 태도도 함께 길러나갑니다([5실들꽃-03]).

6학년은 이야기에서 삶의 메시지로 나아가는 시기로, 관찰과 상상, 표현을 통해 얻은 감정과 생명에 대한 통찰을 말과 글로 실천하는 활동이 중심이 됩니다([6실들꽃-01]). 특히 생명 윤리, 지속 가능성, 실천적 태도를 담은 글쓰기 활동([6실들꽃-02, 03])은 삶과 연결된 가치를 성찰하고 실천하는 인성 교육의 정점을 이룹니다.

정리해 보면, 이 성취기준의 흐름은 감정의 자각(3학년) - 감정의 성찰과 공감(4학년) - 창의적 표현(5학년) - 가치 실천(6학년)이라는 일관된 주제 계열성을 지니며, 각 학년의 발달 수준에 따라 정서적, 언어적, 사회적, 윤리적 역량을 자연스럽게 확장하도록 설계되어 있습니다. 교사는 이를 바탕으로 교과 연계 수업뿐만 아니라, 학생들의 삶과 연결된 깊이 있는 수업을 구성할 수 있습니다.

〈표 4-9〉 '들꽃과 함께 걷는 길' 활동의 학년별 성취기준

학년	활동 주제	성취기준
3	들꽃과 노는 아이 (감정의 씨앗을 심어요)	[3국들꽃-01] 들꽃을 관찰하며 떠오른 감정을 인식하고, 말이나 글 등 다양한 방식으로 표현한다.
		[3국들꽃-02] 친구의 감정 표현을 공감하며 마음을 짐작하고, 배려하는 태도를 기른다.
		[3국들꽃-03] 자연물(들꽃)의 색과 형태를 관찰하여 감정과 연결 짓고, 다양한 매체로 느낌이나 생각을 창의적으로 표현한다.
4	들꽃 감정 일기 (마음이 피는 봄날)	[4국들꽃-01] 들꽃을 관찰하고, 자신의 감정을 연결하여 다양한 방법으로 표현한다.
		[4국들꽃-02] 들꽃을 통해 감정 표현의 언어적·시각적 표현력을 기르고, 감정의 깊이를 성찰한다.
		[4국들꽃-03] 친구의 감정 표현을 존중하고 공감하며, 감정 나눔을 통해 더불어 사는 태도를 기른다.
5	들꽃 이야기 창작소 (이름으로 피어난 상상)	[5실들꽃-01] 들꽃을 관찰하여 생김새와 계절적 특징을 이해하고, 자연과 생명에 대한 감수성을 기른다.
		[5실들꽃-02] 들꽃에서 느낀 감정이나 상상을 바탕으로, 이야기의 구성 요소를 활용하여 자신만의 이야기를 창의적으로 짓는다.
		[5실들꽃-03] 자신의 이야기를 다양한 방식으로 표현하고, 친구들과 공유하며 감정을 공감하고 존중하는 태도를 기른다.
6	이름 없는 꽃에게 쓰는 편지 (기억과 지혜의 들판)	[6실들꽃-01] 들꽃을 관찰하고 상상하며, 그 안에서 발견한 감정과 의미를 말과 글로 표현할 수 있다.
		[6실들꽃-02] 들꽃의 생태적 의미와 상징을 이해하고, 이를 시, 편지, 도감, 책 등의 창의적인 방식으로 표현할 수 있다.
		[6실들꽃-03] 나와 자연, 생명과의 관계를 성찰하며, 이를 친구들과 나누고 지속 가능한 삶에 대한 태도를 실천할 수 있다.

〈표 4-10〉은 '들꽃 이야기 창작소' 활동의 성취기준이 실과, 국어, 창체, 도덕, 미술 등 다양한 교과 성취기준과 긴밀하게 연계되어 있음을 보여줍니다. 이는 학교자율시간이 단지 교과 외 활동이 아니라, 교과 학습과도 유기적으로 연결될 수 있음을 입증하는 대표적인 사례입니다.

예를 들어 실과에서는 동식물 자원에 대한 탐색을 강조하고 있는데, 들꽃 관찰을 통해 생김새와 계절적 특징을 이해하고 생명에 대한 감수성을 기르는 [5실들꽃-01] 성취기준은 이에 자연스럽게 연결됩니다. 국어과의 경우, 핵심 정보를 구성하고 발표하는 능력([6국01-05])이나 독자의 관점에서 글

을 쓰는 표현력([6국03-04])이 중요하게 다뤄지며, 이는 자신의 감정이나 상상을 이야기로 창작하는 [5실들꽃-02] 성취기준과 직접적으로 이어집니다.

<표 4-10> 활동 편성 교과와 '들꽃 이야기 창작소' 활동 성취기준의 연관성

교과	활동 편성 교과 성취기준	'들꽃 이야기 창작소' 활동 성취기준
실과	[6실04-07] 생활 속 동식물 자원을 활용 목적에 따라 분류하고 이와 관련된 다양한 생명기술을 탐색한다.	[5실들꽃-01] 들꽃을 관찰하여 생김새와 계절적 특징을 이해하고, 자연과 생명에 대한 감수성을 기른다.
국어	[6국01-05] 자료를 선별하여 핵심 정보를 중심으로 내용을 구성하고 매체를 활용하여 발표한다.	[5실들꽃-02] 들꽃에서 느낀 감정이나 상상을 바탕으로, 이야기의 구성 요소를 활용하여 자신만의 이야기를 창의적으로 짓는다.
국어	[6국03-04] 독자와 매체를 고려하여 내용을 생성하고 표현하며 글을 쓴다.	
창체	[자율01-03] 다양한 표현 방법을 활용하여 자신을 나타내고 타인과 어울리는 활동을 실천한다.	[5실들꽃-03] 자신의 이야기를 다양한 방식으로 표현하고, 친구들과 공유하며 감정을 공감하고 존중하는 태도를 기른다.
도덕	[6도02-02] 편견이 발생하는 이유를 탐색하여 해결 방안을 살펴보고, 다양성 존중을 바탕으로 다른 사람을 이해하려는 태도를 지닌다.	
미술	[6미01-02] 자신이나 주변 환경에서 찾은 감각적 특징, 느낌, 생각 등을 관련지어 나타낼 수 있다.	

또한, 창의적 체험활동 영역에서는 자기표현과 타인과 어울림이 강조되며([자율01-03]), 도덕과 미술 역시 다양한 삶의 관점과 감각적 경험을 존중하고 표현하는 능력을 기릅니다. 이처럼 [5실들꽃-03]은 이야기 창작 과정을 통해 친구들과 감정을 공유하고 공감하는 태도를 기르도록 하여, 여러 교과의 교육 목표와 일치하는 통합적 성장을 유도합니다.

따라서, <표 4-10>은 교사들에게 다음과 같은 메시지를 전달합니다. 5학년을 대상으로 하는 '들꽃 이야기 창작소'와 같은 활동은 수업 시간 외 활동이 아니라, 교과 수업의 연장선상에서 설계될 수 있으며, 이를 통해 학생의 사고와 감수성을 통합적으로 성장시킬 수 있다는 점입니다. 이러한 연계 구조는 자율성과 창의성을 동시에 살리면서도 교육과정과의 연결성을 확보하고자 하는 현장 교사에게 큰 설득력을 줄 수 있습니다.

6. 활동에 참여하는 교과와 시수 편제 비교

『들꽃과 함께 걷는 길』 활동 프로젝트는 학교자율시간을 중심으로 운영되지만, 학년별 활동은 국어, 실과, 미술, 도덕 등 다양한 교과와 자연스럽게 연계되며, 학년 수준에 따라 시수 편제도 달라집니다. 이 활동은 단순한 교과 지식을 넘어서 감정과 생명을 중심으로 한 통합적 사고와 표현을 중시하며, 각 교과의 성격을 유연하게 반영하여 구성된 것이 특징입니다.

예를 들어, 3학년의 '들꽃과 노는 아이'는 국어와 미술을 중심으로 29시간이 편성되며, 학생들의 감정 표현과 말놀이 활동을 중심으로 합니다. 4학년의 '들꽃 감정 일기'는 실과와 도덕 교과의 요소를 포함하면서도 국어 교과를 중심으로 학생들이 감정과 언어를 연결해 보는 활동으로 구성되어 있습니다.

5학년의 '들꽃 이야기 창작소'는 창의적인 글쓰기와 표현 활동이 중심이 되므로 국어, 미술, 실과가 융합되어 있으며, 총 32시간 동안 이야기를 창작하고 나누는 경험으로 이어집니다. 특히 '꽃 이름 짓기', '전설 쓰기' 등의 활동을 통해 언어 능력과 감수성, 창의성이 함께 발달할 수 있도록 구성되어 있습니다.

6학년의 '이름 없는 꽃에게 쓰는 편지'는 국어, 도덕, 미술, 실과 교과가 골고루 연계된 형태로, 생명 존중과 지속 가능한 삶의 태도를 기르는 데 중점을 둡니다. 시수는 총 32시간으로, '이름 짓기', '편지 쓰기', '전시 및 공유'의 흐름 속에서 심화된 사고와 실천적 태도를 유도합니다.

이처럼 각 학년의 활동은 학년 발달 단계에 맞는 교과 내용과 활동 특성을 고려하여 적절한 시수로 편성되어 있습니다. 교사는 이 편제표를 참고하여 자율활동 시수를 유연하게 조정하거나, 특정 교과와 연계하여 정규 수업과 통합 운영할 수 있습니다. 또한 '활동 개관' 표 형식은 교육청의 공문 양식에 준하는 구조로 제시되어, 학교 단위의 교육과정 재구성이나 창의적 체험활동 계획 수립 시에도 그대로 활용 가능하다는 점에서 실용적입니다.

〈표 4-11〉은 학교자율시간 운영을 위한 교과별 시수 증감의 허용 범위를 안내하는 자료로, 실제로 자율활동 프로그램을 계획·운영하는 교사에게 매우 실용적인 기준을 제공합니다. 이 표는 교육과정 총론에서 제시한 교과군별 기준 시수와 함께, 교과별로 조정이 가능한 시수의 범위를 수치화하여 보여줌으로써, 수업 시수의 유연한 조정 가능성을 한눈에 파악할 수 있도록 도와줍니다.

〈표 4-11〉 학교자율시간 운영에 필요한 시수 편성시 교과(군)의 증감 범위

구분		3~4학년 (기준시수)	증감 범위	5~6학년 (기준시수)	증감 범위
교과 (군)	국어	408	±81 → 327~489	408	±81 → 327~489
	사회/도덕	272	±54 → 218~326	272	±54 → 218~326
	사회	204	±40 → 164~244	204	±40 → 164~244
	도덕	68	±14 → 54~ 82	68	±14 → 54~ 82
	수학	272	±54 → 218~326	272	±54 → 218~326
	과학/실과	204	±40 → 164~244	340	±68 → 272~408
	과학			204	±40 → 164~244
	실과			136	±28 → 108~164
	체육	204	+40 → 204~244	204	+40 → 204~244
	예술	272	+54 → 272~326	272	+54 → 272~326
	음악	136	+28 → 136~164	136	+28 → 136~164
	미술	136	+28 → 136~164	136	+28 → 136~164
	영어	136	±28 → 108~164	204	±40 → 164~244
창의적 체험활동		204	±40 → 164~244	204	±40 → 164~244

예를 들어, 3~4학년 군의 국어는 기준 시수 408시간에서 ±81시간의 조정이 가능하여 최소 327시간에서 최대 489시간까지 조정할 수 있으며, 이는 5~6학년 군도 동일합니다. 과학/실과 군의 경우, 5~6학년에서는 기준 시수 340시간에서 ±68시간 조정 가능하여 272~408시간의 범위에서 편성할 수 있습니다. 특히 실과는 기준 시수가 136시간이며 ±28시간의 조정이 가능하여, 학교 현장에서는 이 범위 내에서 자율적으로 차시를 증감시킬 수 있습니다. 그러나 음악, 미술, 체육 교과의 경우 증가할 수는 있으나 감소할 수 없다는 점을 꼭 기억하고 계획을 수립하기 바랍니다.

이러한 시수 증감 범위는 자율시간 프로그램을 교과와 통합하여 구성할 때 필수적으로 고려해야 하는 지표입니다. 활동을 특정 교과와 연계하여 편성할 경우, 해당 교과의 시수를 어느 정도 조정할 수 있는지, 이 표를 통해 사전에 검토함으로써, 교육과정의 안정성을 유지하면서도 창의적인 활동을 유연하게 운영할 수 있습니다.

따라서 이 표는 단순한 수치 제시를 넘어, 교사가 실제 편제표를 설계하고 학교자율시간의 활동을 교육과정에 통합할 때 필수적인 참고 자료로 기능하며, 활동 설계의 타당성과 실행 가능성을 점검하는 데 매우 유용하게 활용될 수 있습니다.

〈표 4-12〉는 제5부에서 소개할 『들꽃과 함께 걷는 길』 활동의 시수 편제표를 학년별로 간략하게 종합한 표로, 학교 현장에서 자율활동 프로그램을 개발하는 교사들에게 실질적인 방향성과 참고 기준

을 제공합니다. 이 표는 각 학년의 활동이 기존 교육과정 시수에서 어떤 방식으로 자율시간을 확보하고 교과 시수를 조정하였는지를 한눈에 파악할 수 있도록 구성되었습니다.

3학년과 4학년의 경우, '들꽃과 노는 아이', '들꽃 감정 일기' 활동을 각각 29차시로 편성하여 창의적 체험활동 영역을 중심으로 자율 시수를 확보하였습니다. 국어와 도덕 교과에서 소폭 시수를 조정하며, 기존 교과 수업의 흐름을 해치지 않는 범위 내에서 활동을 통합적으로 운영할 수 있도록 설계하였습니다.

5학년과 6학년의 활동은 각각 32차시로 편성되어 다소 심화된 통합 교육과정 형태를 띠며, 실과, 국어, 창체, 도덕 교과를 중심으로 시수를 조정하였습니다. 특히 6학년의 '이름 없는 꽃에게 쓰는 편지'는 총 6개 교과와 연계되어 구성되어 있으며, 각 교과의 기존 시수를 과도하게 침해하지 않도록 일부 시수만을 전환하여 운영이 가능하도록 배려하였습니다.

〈표 4-12〉 '들꽃과 함께 걷는 길' 활동의 시수 편제표 비교

3학년	시수 구분	들꽃	국어	미술	도덕	창체	소계
들꽃과 노는 아이	기준 시수	0	408	136	68	204	408
	증감	+29	-13	0	-2	-14	16
	잔여 시수	29	395	136	66	190	424
4학년	구분	들꽃	국어	미술	도덕	창체	소계
들꽃 감정 일기	기준 시수	0	408	136	68	204	408
	증감	+29	-12	0	-2	-15	17
	잔여 시수	29	395	136	66	190	424
5학년	구분	들꽃	실과	국어	창체	도덕	미술	소계
들꽃 이야기 창작소	기준 시수	0	136	408	204	68	136	544
	증감	+32	-6	-8	-16	-2	0	18
	잔여 시수	29	395	0	0	0	0	424
6학년	구분	들꽃	실과	과학	국어	미술	창체	도덕	소계
이름 없는 꽃에게 쓰는 편지	기준 시수	0	136	204	408	136	204	68	748
	증감	+32	-6	-2	-6	0	-16	-2	18
	잔여 시수	29	395	0	0	66	0	0	424

전체적으로 보면, 이 시수 편제표는 수업 시수 조정의 현실성과 교과 간 융합 가능성을 고려한 실용적 기준을 제시하고 있으며, 교사들이 학교 실정과 학년별 여건에 맞게 유연하게 조정할 수 있는 구조로 설계되어 있습니다. 또한 이 약식 표는 10개 교과 전체의 정교한 편성까지 포함한 정식 시수

계획표의 기초 자료로 활용될 수 있어, 실제 교육과정 재구성 및 자율활동 시간 운영에 있어 유용한 자료가 될 수 있습니다.

7. 시수 운영 계획

'이름 없는 꽃에게 쓰는 편지'는 총 32차시로 구성된 6학년용 활동입니다. 여기에서는 이것을 예로 들어 '시수 운영 계획'을 제시하면 〈표 4-13〉과 같습니다.

이 활동은 7종의 들꽃을 중심으로 4차시씩 학습 주제를 구성한 것이 특징입니다. 〈표 4-13〉은 '기억과 약속의 시간'이라는 마무리 4차시를 포함한 32차시의 시수 운영 계획을 예로 제시하고 있습니다. 이 활동은 꽃마다 "만남-상상-표현-공유"의 4단계 흐름을 유지하면서도, 각 차시의 세부 활동은 꽃의 특징과 감정 요소에 따라 다양하게 설계되어 있습니다.

예를 들어, '삼지구엽초' 주제에서는 생김새 관찰, 전설 듣기, 이름 짓기 등의 활동을 통해 존재의 의미와 상징성을 탐구하고 '능소화' 주제에서는 더불어 사는 생태, 성장, 시간성 등의 감성을 바탕으로 시 쓰기, 메시지 나누기 등의 표현 활동이 이어집니다. 마지막 4차시는 '기억과 약속의 시간'으로 구성되어, 그동안의 활동을 정리하고 감정을 나누며 생명과 자연에 대한 약속을 실천하는 성찰의 시간이 마련됩니다.

이처럼 7종의 들꽃은 각각 4차시 단위로 구성되어 있어, 학교 상황이나 지역의 생태적 특성, 교육과정 운영 여건에 따라 탄력적으로 운영할 수 있는 모듈형 구조를 갖추고 있습니다. 〈표 4-14〉는 그 대표적인 사례로, '마로니에' 꽃을 단위 모듈로 〈표 4-13〉을 재구성하여 활동할 수 있는 예시를 보여줍니다. 나무와 꽃의 관계, 성장 이야기, 나눔과 공유 등의 테마를 4차시 안에 효과적으로 압축해 담아낼 수 있도록 구성되어 있습니다.

따라서 교사는 반드시 7종 전체를 운영할 필요 없이, 상황에 따라 일부 꽃만 선택하거나, 자체적으로 주제를 변형하여 4차시 단위로 프로젝트를 운영할 수 있습니다. 이와 같은 모듈식 설계는 시수 확보의 유연성을 제공할 뿐 아니라, 단위 학교 수준에서 주제 통합과 시수 편제를 자율적으로 조정할 수 있는 여지를 마련해 줍니다.

〈표 4-13〉 '이름 없는 꽃에게 쓰는 편지' 활동의 차시별 내용

배움 주제	차시	단계	주요 활동 내용
삼지구엽초	1	만남	생김새 관찰, 이름 유래 전설 듣기, 감정 나누기
	2	상상	새 이름 상상, 나만의 전설 구상
	3	표현	그림책 또는 도감 만들기
	4	공유	작품 나눔, 친구 이야기 감상
현호색	5	만남	색채 감상, 감정 연결, 생김새 관찰
	6	상상	색에서 떠오르는 감정 이야기 구상
	7	표현	감성화 그리기, 색 이름 짓기
	8	공유	감성화 전시, 감정 나누기
은방울꽃	9	만남	모양 관찰, 소리 상상, 생태적 특징 이해
	10	상상	소리에 얽힌 감정 이야기 쓰기
	11	표현	감정 엽서나 포스터 제작
	12	공유	메시지 나누기, 작은 전시 기획
양귀비	13	만남	색과 상징성 감상, 감정 연관 탐색
	14	상상	평화와 관련된 감정 이야기 상상
	15	표현	평화 배지/편지/카드 만들기
	16	공유	평화 메시지 나눔, 감정 발표
요강꽃	17	만남	희귀성 관찰, 이름의 느낌 이해
	18	상상	새 이름 짓기, 캐릭터화 상상
	19	표현	도감카드/상징 뱃지 제작
	20	공유	발표 및 친구들과 교환 활동
매발톱꽃	21	만남	구조 관찰, 대칭과 곡선 감상
	22	상상	연결감 상상하기, 나와 꽃의 이야기
	23	표현	연결 배지 만들기
	24	공유	연결의 의미 나누기, 배지 설명 발표
능소화	25	만남	덩굴식물의 생태 이해, 시간의 이미지 탐색
	26	상상	시간과 성장의 은유 이야기 상상
	27	표현	생태시계 만들기, 시 쓰기
	28	공유	시 낭독, 전시 준비 및 감상 공유
기억과 약속의 시간	29	성찰	들꽃 회고록 쓰기, 나의 들꽃 다이어리 정리 내가 만난 꽃 - 감정의 오르내림을 선으로 그려보기
	30	약속	생명 선언문 쓰기, 자연에게 보내는 약속 편지 작성
	31	전시	들꽃 편지·배지 전시, 엽서 낭독회 운영, 들꽃 이야기 발표
	32	나눔	작품 감상 소감 나누기, 감정 나눔 카드 쓰기, 공감 리플 작성

또한 이 프로그램에 사용된 모든 꽃별 4차시 단위 활동안은 '선생님의 실과책상' 블로그를 통해 교사들이 손쉽게 활용할 수 있도록 업로드할 예정입니다. 교사는 별도의 재구성 없이도 학년 수준, 학교 상황, 계절, 지역 특성에 맞는 꽃을 선택하여 바로 수업에 적용할 수 있으며, 이로써 활동 준비에 대한 부담을 줄이고 교육 현장에서의 실천 가능성을 높일 수 있습니다.

〈표 4-14〉 모듈식으로 꽃을 변경하여 시수 운영 계획을 수립하는 사례

배움 주제	차시	단계	주요 활동 내용
마로니에		만남	나무와 꽃의 관계 관찰, 계절 흐름 이해
		상상	성장 이야기 쓰기
		표현	나무 일기 쓰기, 생장 시각화
		공유	이야기 낭독, 성장 공유

이처럼 '이름 없는 꽃에게 쓰는 편지'는 하나의 고정된 프로그램이 아닌, 모듈형 설계와 온라인 공유 시스템을 바탕으로 한 열린 프로젝트로, 교사와 학생의 참여를 유연하게 이끄는 생태 기반 감성 교육의 실천 사례로 자리매김할 수 있을 것입니다.

〈표 4-15〉는 '이름 없는 꽃에게 쓰는 편지' 활동에서 사용된 7종의 들꽃 중 하나인 '삼지구엽초'를 중심으로, 4차시의 활동 내용을 단계별로 정리한 사례입니다. 이 표는 차시(만남-상상-표현-공유)마다 구체적인 수업 활동과 함께, 학생들의 마음에 남는 경험까지 함께 서술함으로써 실제 수업 현장에서 어떤 감정과 사고가 유발될 수 있는지를 교사들이 미리 그려볼 수 있도록 도와줍니다.

특히 주목할 점은 활동의 흐름이 단순히 지식 전달에 그치지 않고, 관찰-감정-표현-공감이라는 정서적·창의적 흐름으로 구성되어 있다는 점입니다. 예를 들어, 1차시에서는 생김새와 전설을 통해 '꽃의 존재에 대한 인식과 감정이입'을 유도하고, 2차시에서는 이름 짓기와 전설 창작을 통해 상상력과 언어 표현력을 키우며, 3차시에서는 그림책 또는 도감으로 시각적 전달력을 기릅니다. 마지막 4차시에서는 친구들과 이야기와 감정을 나누며 공감 능력과 자기 성찰의 기회를 얻습니다.

<표 4-15> 들꽃별 4차시 활동의 내용 사례

들꽃	차시	활동 내용	학생들의 마음에 남는 경험
삼지구엽초	1차시 (만남)	삼지구엽초의 생김새 관찰, 이름 유래와 전설 듣기, 첫인상 나누기	'삼지구엽초'라는 낯선 이름의 꽃을 처음 만나며, 꽃잎 수, 잎의 배열, 색감 등 생김새를 세심하게 관찰합니다. 이후 '세 갈래 잎이 세 쌍씩 달린 풀'이라는 이름의 유래를 듣고, 조선시대 약초 전설이나 민간 신화 속 이야기들도 함께 나누며 꽃에 담긴 옛사람들의 상상과 감정에 공감합니다. 활동 후반에는 이 꽃을 처음 본 느낌을 간단한 단어, 색, 감정 등으로 표현해 봅니다.
	2차시 (상상)	새 이름 지어주기, 나만의 전설 구상	기존 이름을 잠시 잊고, 꽃을 관찰하며 떠오르는 감정과 이미지를 바탕으로 자신만의 이름을 붙여봅니다. 예: '햇살나뭇잎', '세잎별초' 등. 그리고 그 이름에 어울리는 전설이나 짧은 이야기를 구상합니다. 이야기에는 친구, 동물, 자연물 등이 등장할 수 있으며, 상상력을 마음껏 발휘해 자신만의 '들꽃 서사'를 짓는 단계입니다.
	3차시 (표현)	전설을 그림책 또는 도감 형식으로 제작	구상한 전설을 짧은 그림책(표지, 제목, 이야기 2~3페이지) 혹은 들꽃 도감(이름, 특징, 상징, 서사 포함) 형태로 시각화합니다. 표현 형식은 글쓰기 중심, 그림 중심, 꾸미기 중심 등 학생의 흥미에 따라 선택할 수 있으며, 이 과정에서 표현력, 배치력, 감정 전달력 등을 키웁니다.
	4차시 (공유)	작품 나눔, 친구 이야기 감상, 느낀 점 나누기	완성된 이야기책/도감 작품을 친구들과 나누고, 친구가 지은 꽃 이름과 전설을 감상합니다. 활동 후반에는 '삼지구엽초를 다시 보게 된 점', '이야기 속 인물 중 인상 깊은 것', '내가 만든 이야기의 메시지' 등을 함께 이야기하며 감정/생각을 교류합니다.

이 표는 교사에게 두 가지의 실질적인 도움을 제공합니다. 첫째, 활동의 목표와 수업 흐름을 한눈에 파악할 수 있어 수업 설계에 즉시 활용할 수 있습니다. 둘째, 학생들이 실제로 경험하게 될 감정과 사고의 변화 과정을 엿볼 수 있어, 수업 전에 교사가 정서적 접근과 질문 전략을 준비하는 데 큰 도움이 됩니다.

더불어, 이러한 형식의 시수 운영은 '삼지구엽초'뿐만 아니라 다른 모든 들꽃(예: 현호색, 은방울꽃, 양귀비 등)에도 동일한 구조로 구성되어 있으며, 각 꽃마다의 특성과 교육적 메시지를 고려하여 독립적인 모듈로 구성되어 있습니다. 따라서 교사는 필요에 따라 하나의 들꽃만을 선택적으로 교체하여 4차시 단위의 수업을 운영하거나, 여러 모듈을 연계하여 32차시 전 과정을 구성할 수도 있습니다.

이러한 들꽃별 4차시 모듈의 시수 운영은 '선생님의 실과책상' 블로그에 업로드될 예정이며, 교사들은 이를 수업자료로 바로 내려받아 사용할 수 있습니다. 덕분에 교육 현장에서 교사들이 들꽃 활동을 보다 쉽게 시작할 수 있고, 준비 부담은 줄이면서도 정서 중심의 깊이 있는 수업을 실현할 수 있는 환경을 제공하게 될 것입니다.

8. 활동의 평가 계획 비교

'들꽃과 함께 걷는 길'은 교과 통합형 학교자율시간 활동 프로그램으로, 교육과정 총론의 취지를 반영하여 범교과 학습 주제를 실현하고자 개발되었습니다. 따라서 이 활동의 평가 계획은 두 가지 방향으로 접근할 수 있습니다. 하나는 활동 자체의 목표에 기반한 '자체 개발 성취기준'을 활용하는 방식이고, 다른 하나는 국가 교육과정 총론에서 제시한 '인간상과 핵심역량'을 중심으로 평가 기준을 설정하는 방식입니다.

첫 번째 접근인 '자체 성취기준 기반 평가'는 활동 주제와 흐름에 따라 학생들의 감정 표현, 공감 능력, 창의적 사고력, 생명존중 태도 등을 구체적으로 기술한 성취기준에 따라 평가를 실시하는 방식입니다. 예를 들어, 3학년 『들꽃과 노는 아이』 활동에서는 "들꽃을 관찰하며 떠오른 감정을 인식하고 말이나 글 등 다양한 방식으로 표현한다"와 같은 성취기준을 설정하고 이에 따라 관찰 중심의 평가를 진행합니다. 이는 활동 현장 중심의 실천적 관점에서 유용하게 적용할 수 있으며, 교사들에게는 수업과 평가를 자연스럽게 연계할 수 있는 실용적인 기준이 됩니다.

두 번째 접근은 교육과정 총론의 인간상과 핵심역량을 중심으로 범교과적 성장을 평가하는 방식입니다. 이를 위해 각 학년의 활동 주제와 내용이 지향하는 인간상과 핵심역량을 추출하고, 이를 기반으로 종합적인 평가 문항을 구성할 수 있습니다. 예를 들어, 4학년 『들꽃 감정 일기』 활동은 '더불어 사는 인간상'과 '협력적 소통 역량'을 중심으로 설계되었으며, "공존에 대한 협력적 소통 역량을 지닌 더불어 사는 사람"을 추구하는 인간상으로 정리됩니다. 이와 같은 평가는 결과 중심이 아닌 과정 중심의 성장을 중시하며, 학생의 행동 변화와 내면의 태도 형성을 평가의 핵심으로 삼습니다.

이 두 가지 방식은 상호 배타적인 것이 아니라, 서로를 보완하는 방식으로 병행될 수 있습니다. 활동의 성격이나 수업의 맥락에 따라 때로는 자체 성취기준을 중심으로, 때로는 인간상과 핵심역량을 중심으로 평가 계획을 수립함으로써, 다양한 교육적 목표를 실현할 수 있습니다.

또한 이러한 평가 계획은 교사들에게 정량적인 평가보다 정성적인 관찰과 피드백 중심의 평가가 중요하다는 인식을 심어주며, 궁극적으로는 학생 개인의 성장과 변화에 주목하는 평가 문화 정착에 기여할 수 있습니다.

1) 성취기준 중심의 평가

성취기준 중심의 평가는 제5부 6학년 활동 프로그램에 제시한 내용을 예로 들어 설명하도록 하겠습니다.

〈표 4-16〉은 6학년 『이름 없는 꽃에게 쓰는 편지』 활동에서 성취기준 중심으로 평가 요소와 방법을 어떻게 구성할 수 있는지를 보여주는 실제 사례입니다. 이 활동에서 제시된 성취기준 [6실들꽃-01]은 "들꽃의 생김새와 특징 관찰하기"와 "감정과 의미를 말과 글로 표현하기"의 두 가지 평가 요소로 구체화됩니다.

〈표 4-16〉 '이름 없는 꽃에게 쓰는 편지' 활동의 '평가 요소와 방법' 사례

성취기준 부호	평가 요소	수업 및 평가 방법

[6실들꽃-01]	• 들꽃의 생김새와 특징 관찰하기
	
	• 감정과 의미를 말과 글로 표현하기
		[수업 방법] - 야외 관찰 중심 체험 학습
		     - 관찰 일지와 감정 단어 연결 활동
		
		[평가 방법] - 들꽃 관찰 기록과 감정 표현 글 평가
		     - 활동 중 말하기나 발표 내용에 대한 교사 관찰 평가

수업은 야외 관찰 중심의 체험활동으로 구성되며, 학생들은 들꽃을 직접 보고 느끼며 관찰 일지에 기록하고, 이를 감정 단어와 연결하는 활동을 수행합니다. 이러한 활동은 단순한 정보 수집이 아닌 감정과 감각을 동반한 관찰 경험을 통해 자연에 대한 태도와 언어 감수성을 동시에 길러줍니다.

평가는 수업 활동과 유기적으로 연계되어 진행됩니다. 학생이 작성한 관찰 기록과 감정 표현 글이

평가의 주요 자료가 되며, 활동 중 친구들과의 대화나 발표 과정에서 드러나는 언어 표현, 감정 공유 태도 역시 교사의 관찰을 통해 질적으로 평가됩니다.

이와 같은 방식은 학생 개인의 관찰력과 표현력을 실제 활동 속에서 자연스럽게 평가할 수 있도록 도와주며, 정량적 평가를 넘어선 개별 맞춤형 피드백이 가능하다는 점에서 현장 교사에게 실질적인 도움을 줍니다.

〈표 4-17〉은 성취기준 [6실들꽃-01]에 따른 4단계 성취 수준 평가 기준의 실제 적용 예시입니다. 이 기준은 단지 지식의 습득 여부를 판단하는 것이 아니라, 들꽃을 바라보는 학생의 감수성과 언어 표현 능력, 태도의 깊이를 다각도로 평가할 수 있도록 설계되었습니다.

'매우 잘함' 수준에서는 들꽃의 특징과 감정을 깊이 있게 관찰하고, 상상한 내용을 자기만의 언어로 풍부하게 표현하는 능력을 강조합니다. 이 단계는 관찰의 깊이와 표현의 독창성, 감정의 진정성이 모두 갖추어진 경우에 해당합니다.

'잘함' 수준은 관찰의 초점이 분명하고, 감정과 생각을 자신의 말과 글로 자연스럽게 표현할 수 있는 수준을 의미합니다. 표현의 유창성과 언어적 감수성이 관건입니다.

'보통' 수준은 들꽃을 관찰하고 느낀 감정을 자신의 말로 담아낼 수 있는 능력을 갖춘 경우입니다. 다소 단순하거나 감정의 깊이가 부족할 수 있으나, 표현하려는 의지가 드러나는 수준입니다.

'노력 요함' 수준은 들꽃에 대한 지속적인 관심과 태도 중심의 평가입니다. 학생이 말과 글로 표현하려는 태도를 보이며, 과정에 성실히 참여하고 있는지를 중심으로 판단합니다.

〈표 4-17〉 '이름 없는 꽃에게 쓰는 편지' 활동의 성취 기준별 '평가 기준' 사례

성취 기준	평가 기준	
[6실들꽃-01] 들꽃을 관찰하고 상상하며, 그 안에서 발견한 감정과 의미를 말과 글로 표현할 수 있다.	매우 잘함	들꽃의 특징과 감정을 깊이 있게 관찰하고, 상상한 내용을 자신만의 언어로 풍부하게 표현할 수 있다.
	잘함	들꽃을 주의 깊게 관찰하고, 느낀 감정과 생각을 말과 글로 자연스럽게 표현할 수 있다.
	보통	들꽃을 관찰하며 떠오른 감정을 자신의 말로 담아낼 수 있다.
	노력 요함	들꽃에 대한 관심과 표현 활동에 지속적으로 참여하며 자신의 감정을 말과 글로 표현하려는 태도를 보일 수 있다.

이처럼 4단계 평가 기준은 학생 개개인의 감성 발달 수준과 표현 양식의 차이를 존중하며, '자기 주도적인 감정 표현자'로 성장할 수 있도록 유도하는 방향으로 구성되어 있어 교실 수업에서의 실제 평가에 유용하게 적용될 수 있습니다.

〈표 4-18〉은 '이름 없는 꽃에게 쓰는 편지' 활동에서 학생의 포트폴리오와 관찰일지를 바탕으로 수행 평가를 실시할 수 있도록 구성한 체크리스트 예시입니다. 이 평가지표는 총 6개의 문항으로 구성되어 있으며, 각 문항은 들꽃 관찰, 감정 표현, 창의적 이야기 구성, 시각적 매체 활용, 친구 작품 감상, 생명존중 태도 등 다양한 관점에서 학습자의 성취를 다면적으로 평가할 수 있도록 설계되어 있습니다.

〈표 4-18〉 포트폴리오 및 관찰일지의 평가를 위한 '체크리스트' 사례

포트폴리오 및 관찰일지의 세부 평가 기준	정말 그렇다	그렇다	그저 그렇다	아니다	전혀 아니다
1. 들꽃의 생김새나 특징, 주변 환경 등을 주의 깊게 관찰하고 자세히 기록하였는가?	⑤	④	③	②	①
2. 관찰 내용을 바탕으로 자연에 대한 감정이나 느낌을 진솔하게 표현하였는가?	⑤	④	③	②	①
3. 들꽃의 이름이나 전설을 상상하고 구성하는 과정이 창의적이고 논리적으로 정리되었는가?	⑤	④	③	②	①
4. 자신이 지은 이름과 이야기를 시각적 매체(그림, 배지, 포스터 등)로 구체적이고 정성껏 표현하였는가?	⑤	④	③	②	①
5. 친구들의 작품을 감상하고 자신의 생각과 감정을 나누며 공감하려는 태도를 보였는가?	⑤	④	③	②	①
6. 자연과 생명을 소중히 여기는 마음을 실천 의지나 약속의 말로 정리하려는 노력을 보였는가?	⑤	④	③	②	①

특히 이 체크리스트는 활동의 성격과 수업의 흐름에 따라 교사가 전 문항을 반드시 사용할 필요는 없습니다. 수업 목표나 활동 내용에 적합한 문항을 교사가 자율적으로 선택하여 평가에 활용할 수 있으며, 학습자의 개별적인 표현 방식과 성장의 방향성을 보다 유연하게 반영할 수 있는 도구로 적합합니다.

이처럼 체크리스트는 학생의 말과 글, 시각적 결과물뿐 아니라 활동에 임하는 태도와 성찰의 깊이까지 함께 평가할 수 있도록 돕는 유용한 자료로, '자기 표현력'과 '심미적 감성'이 균형 있게 발현될 수 있도록 지원하는 데 중점을 두고 있습니다.

2) 인간상과 핵심역량 중심의 평가

『범교과 학습 주제』와 『실과 교육과정』을 창의적으로 융합하여 구성한 학교자율시간 활동의 핵심 내용을 정리하면 〈표 4-19〉와 같습니다. 특히 '들꽃과 함께 걷는 길'이라는 대주제 아래, 학년별로 실천 가능한 활동 주제와 함께 해당 활동이 추구하는 인간상과 이를 뒷받침하는 핵심역량을 구조적으로 연결하여 제시하고 있습니다.

〈표 4-19〉에 제시된 4가지 활동은 각각 3학년부터 6학년까지 학년 수준에 적합한 주제를 중심으로 구성되어 있으며, 각 주제는 '생명', '공존', '가치', '존엄'이라는 키워드를 통해 감정과 생명의 연결 고리를 형성합니다. 이러한 감성 중심의 주제는 단순한 지식 전달을 넘어, 학생들이 실제 삶 속에서 느끼고 표현하며 성찰할 수 있는 기회를 제공합니다.

〈표 4-19〉 학년별 들꽃 활동의 인간상과 핵심역량 정리

대주제	'범교과 학습 주제'와 '실과 교육과정'을 창의·융합한 학교자율시간의 활동 주제			
	들꽃과 함께 걷는 길 (피어나는 감성, 이어지는 생명)			
학년	학년별 활동 주제	인간상	핵심역량	추구하는 인간상
3	들꽃과 노는 아이 (감정의 씨앗을 심어요)	자기 주도적인	심미적 감성	**생명**에 대한 심미적 감성을 지닌 자기 주도적인 사람
4	들꽃 감정 일기 (마음이 피는 봄날)	더불어 사는	심미적 감성	**공존**에 대한 협력적 소통 역량을 지닌 더불어 사는 사람
5	들꽃 이야기 창작소 (이름으로 피어난 상상)	창의적인	심미적 감성	**가치**에 대한 창의적 사고 역량을 지닌 창의적인 사람
6	이름 없는 꽃에게 쓰는 편지 (기억과 지혜의 들판)	교양 있는	심미적 감성	**존엄**에 대한 비판적 성찰 역량을 지닌 교양 있는 사람

또한 각 활동은 교육과정 총론에서 제시한 네 가지 인간상(자기 주도적, 더불어 사는, 창의적인, 교양 있는)과 여섯 가지 핵심역량 중 '심미적 감성'을 중심으로 평가 계획을 세울 수 있도록 유도하고 있습니다. '심미적 감성'은 들꽃이라는 자연 소재를 통해 학생들이 자신의 감정과 가치를 발견하고 표현하게 하는 데 있어 중요한 토대가 됩니다.

이 표는 교사들이 학교자율시간의 평가를 성취기준뿐 아니라 인간상과 핵심역량의 관점에서도 수립할 수 있도록 돕는 안내자료이며, 교육활동의 방향성과 의미를 명확히 설정하는 데 있어 실질적인 도움이 되는 틀을 제공합니다.

학교자율시간의 활동 주제는 단순한 체험활동을 넘어, 교육과정 총론에서 강조하는 인간상과 핵심역량을 기를 수 있도록 설계되어야 합니다. 이에 따라 <표 4-19>에서는 학년별로 들꽃을 중심으로 구성된 활동 주제를 바탕으로, 어떤 인간상을 추구하며 어떤 핵심역량을 강화하는지를 구체적으로 제시하였습니다.

이러한 방향성에 기반하여 <표 4-20>은 6학년 활동 프로그램인 '이름 없는 꽃에게 쓰는 편지'에서 추구하는 인간상 중 하나인 '교양 있는 사람'을 평가하기 위해 개발된 도구입니다. 이 도구는 학생의 태도와 실천 역량을 측정할 수 있도록 일반 문항과 활동 특화 문항으로 구성되어 있습니다.

<표 4-20>의 왼쪽에 제시된 일반 문항은 교양 있는 인간상을 평가하는 데 사용되어 온 검증된 척도로, 요인 타당도 63.4%, 신뢰도 85.5%를 보이며 심리학적 신뢰성과 타당성을 갖추고 있습니다. 이 문항들은 다양한 수업 상황에서 보편적으로 활용할 수 있으며, 사전·사후 비교 평가나 학생 개인별 변화 탐색에도 유용합니다.

오른쪽 열의 활동 특화 문항은 '이름 없는 꽃에게 쓰는 편지' 활동 내용을 중심으로 구성된 문항들입니다. 들꽃을 관찰하고, 이름을 짓고, 전설을 만들고, 친구의 작품을 감상하며 나누는 과정에서 학생들이 실제로 보였던 태도와 반응을 중심으로 평가할 수 있도록 설계되어 있어, 활동 맥락 속에서 학생의 성장을 정성적으로 파악하는 데 적합합니다. 특화 문항 역시 요인 타당도 64.5%, 신뢰도 85.1%로 신뢰 수준이 높습니다.

〈표 4-20〉 '교양 있는' 인간상의 평가도구

ID	일반 문항 (요인 타당도: 63.4%, 신뢰도:85.5%)	이 활동에 특화된 문항 (요인 타당도: 64.5%, 신뢰도:85.1%)
1	나는 어려움에 부닥쳤을 때, 문제를 해결하기 위해 끝까지 노력한다.	나는 들꽃을 관찰하거나 이야기를 만들 때 어려워도 끝까지 생각하고 표현하려고 노력한다.
2	나는 주어진 문제를 잘 해결하는 편이다.	나는 들꽃의 이름과 이야기를 새롭게 만드는 활동에서 나만의 해답을 찾으려고 노력한다.
3	나는 현재 처한 상황을 잘 이해하고 그것에 맞게 판단하고 행동하는 편이다.	나는 자연과 친구의 이야기를 듣고, 그 안에서 내가 할 수 있는 역할을 생각하며 행동하려고 한다.
4	나는 주어진 일을 빈틈없이 잘 처리한다.	나는 꽃 이름 짓기, 전설 만들기, 배지 만들기 등 주어진 활동을 끝까지 정성껏 해낸다.
5	나는 친구들에게 믿음을 주는 말과 행동을 한다.	나는 친구의 작품이나 이야기를 진심으로 감상하고, 마음을 담은 말을 건네려 한다.

교사 입장에서는 이 두 유형의 문항을 병행하여 사용함으로써, 학생의 인지적 이해와 정서적 태도, 실천 행동 등을 균형 있게 진단할 수 있습니다. 일반 문항은 학생의 전반적 역량 수준을 객관화하는 데 효과적이며, 특화 문항은 수업 참여 과정에서 드러나는 학생 개개인의 태도 변화와 내면 성장을 더욱 세밀하게 관찰할 수 있도록 돕습니다. 또한 문항별 결과를 포트폴리오, 발표 활동, 교사 관찰 기록과 연계하여 활용하면, 학생의 인간상 형성을 입체적으로 평가할 수 있습니다.

〈표 4-21〉은 학교자율시간의 들꽃 활동에서 강조되는 핵심역량 중 하나인 '심미적 감성' 역량을 평가하기 위해 개발된 도구입니다. 이 도구는 〈표 4-19〉에서 제시한 학년별 활동 주제와 연계된 핵심역량(특히 전 학년 공통으로 강조된 심미적 감성)을 정량적으로 측정할 수 있도록 구성되었습니다.

〈표 4-21〉의 좌측에 제시된 일반 문항은 '심미적 감성' 역량을 측정하기 위해 개발되어, 이미 타당도(64.7%)와 신뢰도(86.3%)가 검증된 자가 진단용 척도입니다. 이 문항들은 활동 프로그램과 무관하게, 학생 개개인의 심미적 감성 역량을 객관적으로 진단하고 비교할 수 있는 기준으로 활용됩니다.

반면, 우측에 제시된 특화 문항은 6학년 활동 프로그램인 '이름 없는 꽃에게 쓰는 편지'의 실제 수업 경험과 연계하여 구성되었습니다. 꽃의 이름 짓기, 전설 만들기, 작품 감상 및 표현 활동 등 학생들의 구체적인 체험을 바탕으로 한 문항들로서, 활동 중 형성 평가와 사후 총괄 평가에 모두 활용할 수 있는 현장 친화적인 평가도구입니다.

〈표 4-21〉 '심미적 감성' 역량의 평가도구

ID	일반 문항 (요인 타당도: 64.7%, 신뢰도:86.3%)	이 활동에 특화된 문항 (요인 타당도: 64.7%, 신뢰도:86.0%)
1	다른 사람들이 가지고 있지 않은 뛰어난 능력을 갖추고 있다.	나는 들꽃의 모습이나 이름에서 남들과는 다른 느낌이나 생각을 떠올릴 때가 있다.
2	다른 사람들이 깜짝 놀랄만한 나만의 재능이 있다.	나는 들꽃을 보고 떠오른 이야기를 독창적으로 표현하는 것이 즐겁다.
3	나는 특정 분야에 뛰어난 능력을 갖추고 있다는 말을 자주 듣는다.	나는 친구들이 내 들꽃 이야기나 작품을 인상 깊다고 말해준 적이 있다.
4	나는 보통 사람들과 다르거나 재미있는 사람이다.	나는 들꽃에 붙인 이름이나 이야기가 다른 사람들과는 조금 다른 느낌이라고 생각한다.
5	내 방식대로 즐겁게 활동하는 모습을 보여준다.	나는 내가 느낀 감정이나 생각을 나만의 방식으로 꽃과 이야기에 담는 것이 재미있다.

이러한 문항 구성은 교사에게 실질적인 평가의 유연성을 제공합니다. 예를 들어 수업 전에는 일반 문항을 활용하여 기초 수준을 파악하고, 수업 후에는 특화 문항을 통해 학생의 역량 변화나 수업 효과를 보다 구체적으로 진단할 수 있습니다. 또한 문항별 결과를 학생의 관찰 기록, 포트폴리오, 자기 성찰 일지와 연계해 활용하면, 단순한 성취 수준을 넘어 학생의 정서적 성장과 표현력 증진을 종합적으로 평가하는 데 도움을 줄 수 있습니다.

9. 운영 모형별 실제 적용 전략

학교자율시간은 학교의 특성과 여건에 따라 다양한 방식으로 운영될 수 있으며, 특히 교사의 기획 역량과 공동체의 교육 철학에 따라 실행 전략이 달라질 수 있습니다. 본 장에서는 『들꽃과 함께 걷는 길』 프로젝트를 현장에 효과적으로 적용하기 위한 일곱 가지 운영 모형을 제안합니다.

각 모형은 실제 교육 현장에서 관찰된 다양한 실행 형태를 바탕으로, 현실적 조건과 교육적 이상을 균형 있게 반영한 것입니다. 예를 들어, '학년 연계형'은 교육과정의 연속성과 누적 학습 효과를 고려한 방식이며, '학급 독립형'은 한 명의 교사가 단독으로 운영할 수 있는 유연한 형태입니다. '학교 통합형'과 '교사 협력형'은 공동체적 실천을 강조하고, '주간 집중형'과 '흥미 기반 모둠 분산형'은 시간 조직과 학습자의 선택권을 중심에 둡니다. 마지막으로 '교과 계열 확장형'은 교과 수업과의 연계를 통해 범교과적 성장을 추구합니다.

이러한 운영 모형은 특정한 방식만을 강요하는 것이 아니라, 교사와 학교가 자율적으로 선택하고 변형할 수 있는 전략적 틀을 제공합니다. 학교 현장의 실제 상황과 교육 목표에 따라 적절한 모형을 선택하거나, 여러 모형을 융합하여 운영하는 것도 가능합니다.

모형별로 구성 원리, 적용 대상, 운영 방법, 기대 효과, 유의점 등을 간략하게 소개하며, 이를 통해 교사들이 자신에게 맞는 실행 전략을 구체적으로 구상하고 적용할 수 있도록 돕고자 합니다.

1) 학년 연계형 운영 전략

학년 연계형 운영은 3학년부터 6학년까지 하나의 대주제를 중심으로 학년별로 내용을 분화하여 구성한 모형입니다. '들꽃과 함께 걷는 길'이라는 대주제 아래, 학년별로 '감정의 씨앗을 심는 3학년', '마음의 봄을 여는 4학년', '상상의 꽃을 피우는 5학년', '기억과 지혜를 잇는 6학년'이라는 구조를 가지며 점진적이고 계열화된 활동이 가능하도록 설계되었습니다.

이 운영 방식은 학교 단위에서 중장기적인 안목으로 자율시간을 계획할 때 매우 유용하며, 다음과 같은 전략으로 실현할 수 있습니다.

① 전 학년이 동일한 시기에 자율시간을 운영할 수 있도록 시수를 조정합니다. 예를 들어 봄학기 주 1시간 또는 월 1회 자율 활동 시간을 전교적으로 확보합니다.
② 학년별 담당 교사 간 협의체를 구성하여 활동 간 연계성과 주제의 흐름을 공유하고, 학년 간 중복 없이 점진적으로 심화될 수 있도록 조정합니다.
③ 들꽃의 종류, 표현 방법, 감정·가치 주제를 학년별로 계열화하여 구성하되, 각 학년 수준에 맞게 난이도와 활동 양을 조절합니다.
④ 학교 특성에 따라 지역 들꽃을 반영하거나, 학급별로 다르게 적용할 수도 있습니다. 하지만 전체 학교에서는 연계형 구조를 갖추고 있다는 점에서 통일성을 유지합니다.
⑤ 학년별 운영 결과물을 공유하는 전시회 또는 들꽃 이야기 발표회 등의 공동 마무리 활동을 기획함으로써 학교 전체의 연대감과 성취감을 고취할 수 있습니다.

이처럼 학년 연계형 운영은 '학교 자율시간'이 단발성 이벤트가 아닌, 학교 교육과정 안에서 지속 가능한 구조로 자리 잡도록 하는 데 효과적인 전략이 될 수 있습니다. 무엇보다 '들꽃'이라는 공통 매개체를 통해 학생들의 정서적 발달과 표현 능력, 생명 감수성을 체계적으로 계열화할 수 있다는 점이 가장 큰 강점입니다.

2) 학교 통합형 운영 전략

학교 통합형은 전 학년 또는 전 학급이 같은 시기, 동일한 주제를 중심으로 자율시간을 함께 운영하는 모형입니다. 학년 구분 없이 동일한 들꽃을 소재로 삼되, 각 학년 수준에 따라 활동 내용과 표현 방법만 다르게 조정합니다. 예를 들어, '삼지구엽초'라는 들꽃을 전 학년이 함께 주제로 삼되, 3학년은 이름 유래를 듣고 느낌 표현하기, 5학년은 나만의 이야기 짓기와 이야기책 만들기, 6학년은 메시지를 담은 편지 쓰기로 차별화할 수 있습니다.

학교 통합형은 학교 공동체성을 강화하는 데 유리하며, 다음과 같은 전략을 통해 효과적으로 운영할 수 있습니다.

① 자율시간의 시기와 들꽃 주제를 전 학년이 공동으로 운영하도록 사전에 연간 계획을 수립합니다. 예를 들어, 봄학기인 5~6월은 '삼지구엽초의 달'로 운영하고, 가을 학기 10~11월은 '쑥부쟁이의 달'로 지정합니다.
② 활동 시수를 유연하게 배정할 수 있습니다. 학년별로 2시간, 4시간, 또는 8시간 등 활동의 깊이나 난이도에 따라 시수를 차등 적용하여 동일 주제에 다양한 접근을 가능하게 합니다.
③ 활동의 표현 방식은 학년별 특성에 맞춰 다양화합니다. 저학년은 그리기와 감정 단어 연결 활동 중심, 고학년은 이야기 창작과 메시지 글쓰기 중심으로 운영할 수 있습니다.
④ 활동 결과물을 전 학년이 함께 감상하는 공유 마당을 마련합니다. 전시회, 이야기 발표회, '무명의 들꽃에게 바치는 노래' 등 전체 학교가 참여하는 형식이 학교 차원의 감동과 성장을 이끌어냅니다.
⑤ 특수학급, 병설유치원과도 연계할 수 있으며, 들꽃이라는 공통 주제를 통해 통합 교육 및 모두가 함께하는 배움의 장을 실현할 수 있습니다.

이처럼 학교 통합형 운영은 '같은 들꽃을 다른 방식으로 바라보는 경험'을 통해 학년을 넘은 공감과 소통, 그리고 공동체 정체성을 강화하는 데 효과적입니다. '들꽃과 함께 걷는 길'이라는 대주제가 학교 전체의 정서적 감수성과 생명 존중 문화를 일관되게 이끄는 힘이 됩니다.

3) 학급 독립형 운영 전략

학급 독립형은 한 학급 또는 한 교사가 독자적으로 자율시간을 계획하고 운영하는 형태의 모형입니다. 다른 학년이나 학급과의 조율이 어려운 여건이거나, 학급 담임 교사의 교육적 신념과 수업 스타일에 따라 보다 창의적이고 유연하게 자율시간을 운영하고자 할 때 적합한 방식입니다.

이 모형은 특히 다음과 같은 상황에서 유용하게 활용됩니다.

---

① 학년 전체가 아닌, 한 개 학급 또는 몇 개 학급만 별도로 운영할 때,
  예를 들어, 4학년 전체가 아닌 4-2반만 먼저 자율시간을 운영하면서 시범적인 운영 사례를 만들어 갈 수 있습니다. 이는 타 학급으로의 확산 기반이 되기도 합니다.
② 교사 개인이 프로젝트형 수업에 관심이 많을 때,
  '들꽃 감정 일기'나 '이름 없는 꽃에게 쓰는 편지'와 같은 완성도 높은 프로그램을 자신의 수업 흐름에 맞게 조정하고, 성취기준과 수업 평가까지 통합하여 적용할 수 있습니다.
③ 학교 여건상 전체 협의가 어렵거나, 시간표 운영이 자율적일 때,
  학년 간 자율시간 확보 상황이 다르거나, 교사별 수업 스타일과 철학이 뚜렷할 경우에도, 이 모형은 교사 주도형 실천이 가능하다는 점에서 매우 실용적입니다.

운영 전략으로는 다음과 같은 방식이 있습니다.

교사는 3~6학년용 완성 프로그램 중 하나를 선택하고, 자신의 학급 학생 수준과 흥미에 맞게 시수와 활동을 재구성합니다. 예를 들어, ① '들꽃 이야기 창작소'를 기반으로 할 경우, 전체 32차시가 아니라 16차시로 압축하거나 1학기/2학기로 나누어 운영할 수 있습니다. ② 모듈식 들꽃 주제(예: '들깨풀', '마타리', '삼지구엽초') 중 하나를 선택해 4차시 단위의 작은 프로젝트로 시작할 수도 있습니다. 이때 시수 편제는 실과, 국어, 미술, 창체 등의 교과를 유연하게 통합하여 이루어질 수 있습니다.

또한, '선생님의 실과책상' 블로그나 지원 자료를 참고하면, 교사가 쉽게 시작할 수 있는 활동 개

요표, 평가 계획, 활동지 예시, 마인드맵 등을 손쉽게 받아볼 수 있어 실천적 부담을 덜 수 있습니다.

학급 독립형의 가장 큰 장점은 교사의 자율성과 창의성을 최대한 보장하면서도, 학생들의 감정·공감·상상·생명 중심의 배움이 온전히 실현될 수 있다는 점입니다. 작지만 깊이 있는 수업, 그 안에서 꽃피는 학생들의 마음은 교실을 더욱 따뜻하게 만들어줍니다.

4) 교사 협력형 운영 전략

교사 협력형은 동일 학년 또는 서로 다른 학년 교사들이 함께 협의하고, 역할을 분담하여 자율시간 활동을 공동 운영하는 방식입니다. 특히 새롭게 도입된 학교자율시간의 안정적인 정착과 교사 간 수업 전문성 향상에 큰 도움을 주는 운영 모형입니다.

이 모형은 다음과 같은 환경에서 매우 효과적으로 작동합니다.

> ① 동일 학년의 교사들이 함께 프로젝트를 기획하고 운영할 경우,
>   예를 들어, 5학년 전체가 '들꽃 이야기 창작소' 프로그램을 함께 운영하되, 꽃별 주제나 차시별 활동을 나누어 준비하고, 공동 수업자료를 제작함으로써 교사의 부담은 줄이고 질은 높일 수 있습니다.
> ② 서로 다른 학년의 교사들이 교육적 관심사를 공유할 경우,
>   3~6학년을 대상으로 연계 프로그램을 운영하면서, 학년별 담당 교사가 중심이 되어 연계된 활동을 공동기획할 수 있습니다. 이 경우 '감정-공감-상상-생명'으로 이어지는 주제 계열성과 학년 연계성을 자연스럽게 살릴 수 있습니다.
> ③ 업무 분장이 유연하거나 전문적 학습공동체가 활성화되어 있을 경우,
>   예를 들어, 한 교사는 자료 제작을 담당하고, 또 다른 교사는 활동지를 편집하거나 블로그 공유를 담당하는 등, 각자의 강점과 역량을 발휘하는 방식의 협력 운영이 가능합니다.

운영 전략은 다음과 같이 실천할 수 있습니다.

첫째, 각 교사는 프로젝트에서 사용할 들꽃 활동 주제(예: 들깨풀, 쑥부쟁이 등)를 협의하여 분담하고, 자신이 맡은 부분을 세부적으로 준비합니다. 둘째, 자료 공유는 클라우드 플랫폼, 교내 구글 드라이브 또는 '선생님의 실과책상' 블로그를 통해 함께 이뤄질 수 있습니다. 셋째, 차시별로 활동지를 통

일하거나 마인드맵, 관찰 일지, 평가 체크리스트를 공동 개발하여 교실 현장에서 바로 활용할 수 있도록 합니다. 넷째, 공동 제작한 활동지는 학년 내 공통 수업자료로 활용하거나 학기 중 중간 점검을 통해 유연하게 보완할 수 있습니다.

교사 협력형은 교육 현장에서 자주 활용되는 모형 중 하나로, 교사 간 소통과 신뢰가 바탕이 될 때 더욱 강력한 실행력을 발휘합니다. 무엇보다 혼자 고민하고 계획하기보다 함께 나누고 완성하는 과정 자체가 학교자율시간의 철학과도 잘 맞아떨어지는 운영 전략입니다.

> 서로의 아이디어가 연결될 때,
> 교사도 성장하고
> 학생도 살아 있는 배움을 경험하게 됩니다.

5) 주간 집중형 운영 전략

주간 집중형 운영은 특정 요일이나 정해진 시간대를 중심으로 학교자율시간을 집중 편성하여 운영하는 방식입니다. 이는 시간표 편성의 유연성을 확보하고, 학생과 교사 모두에게 몰입도 높은 배움의 흐름을 제공하는 데 효과적인 전략입니다.

이 전략은 다음과 같은 상황에 특히 적합합니다.

> ① 수요일 또는 금요일 오후 시간에 연속 차시 확보가 가능한 경우,
>   예를 들어, 매주 수요일 2~3시간을 자율시간으로 확보하여 프로젝트 활동을 몰입감 있게 전개할 수 있습니다. 정규 수업의 흐름을 방해하지 않으면서도 지속적인 프로젝트 기반 학습이 가능합니다.
> ② 시간표 조정이 유연한 학교 또는 교과담임제가 시행되는 학년의 경우,
>   3~4학년의 경우 교사가 시간 편성을 직접 조절할 수 있으므로, 자율시간을 주간 단위로 집중 배치하는 데 유리합니다.
> ③ 특정 활동이 연속적인 시간 확보를 요구할 때,
>   예를 들어, 들꽃을 관찰하고 표현하는 활동이나, 마인드맵을 구성하고 글을 완성하는 활동은 단일 시간보다 연속된 시간 확보가 활동의 흐름을 살리는 데 훨씬 효과적입니다.

실제 운영 전략은 학교장 재량 휴업일이나 창의적 체험활동 주간과 연계하여 단기 집중 프로그램으로도 적용할 수 있습니다. 주간 집중형은 학생들의 몰입도와 수업 집중력을 높일 수 있으며, 교사 입장에서도 차시 간 연계성과 수업 자료 준비의 효율을 확보할 수 있다는 점에서 현장 실용성이 뛰어난 방식입니다. 무엇보다 활동의 흐름이 끊기지 않기 때문에, 들꽃 관찰 → 감정 표현 → 창의적 결과물 제작 → 나눔의 과정이 자연스럽고 생동감 있게 전개될 수 있습니다.

따라서, 주간 집중형 운영 전략은 학교자율시간 활동을 '단절된 활동'이 아닌 '연속된 이야기'로 구성하고 싶은 교사들에게 특히 추천할 수 있는 실천적 대안입니다.

6) 흥미 기반 모둠 분산형 운영 전략

흥미 기반 모둠 분산형 운영 전략은 학급 내 다양한 흥미와 개성을 지닌 학생들이 자발적으로 선택한 주제나 활동에 따라 모둠을 구성하고, 이를 바탕으로 프로그램을 분산 운영하는 방식입니다. 모든 학생이 동일한 주제를 따르기보다, 자신이 끌리는 들꽃 주제나 활동에 따라 깊이 있게 참여할 수 있는 유연한 운영 형태입니다.

예를 들어, 5학년 프로그램 '들꽃 이야기 창작소'에서 제시된 7개의 들꽃 중 학생들은 자신이 관심 있는 꽃을 선택하여, 해당 꽃에 관한 감정 이입, 상상, 이야기 창작 등 다양한 활동을 전개할 수 있습니다.

이때 한 학급을 3~4개의 모둠으로 나누고, 각 모둠은 독립적으로 프로젝트를 수행하되, 정해진 시간에 중간 점검과 공유 활동을 통해 서로의 진행 상황을 확인하고 영감을 주고받는 구조로 운영할 수 있습니다.

운영 시 유의할 점은 학생 간 협업의 질을 높이고 활동 결과를 함께 공유하고 피드백할 수 있는 구조를 마련하는 것입니다. 예를 들어, 활동 후 전체 발표회나 전시회, '모둠별 들꽃 책 만들기' 등을 통해 개별적 활동이 공동체적 의미로 확장될 수 있도록 구성하는 것이 중요합니다.

흥미 기반 모둠 분산형은 학생 다양성과 선택권을 존중하면서도 자율성과 공동체성을 함께 길러주는 전략으로, 다양한 수준과 관심을 지닌 학급에 매우 적합한 운영 방식입니다. 특히 학년 초에 학생 흥미 조사를 바탕으로 모둠을 구성하면 더욱 안정적으로 운영할 수 있으며, '선생님의 실과책상' 블로그에서 제공하는 모듈형 활동지나 들꽃 정보 카드를 활용하면 교사의 준비 부담도 줄일 수 있습니다.

이 전략의 장점은 다음과 같습니다.

---

① 학생 선택권을 중심에 둔 개별화 학습 실현
  학생들은 '삼지구엽초처럼 마음의 비밀을 간직한 꽃', '애기똥풀처럼 상처 치유의 상징이 된 꽃' 등 자신이 끌리는 꽃을 선택함으로써 자발적 몰입과 자기주도성이 강화됩니다.
② 시간 및 공간의 유연한 활용 가능
  각 모둠은 교실, 복도 게시판, 도서관 코너 등 학교의 다양한 공간을 활용할 수 있으며, 모둠별 활동 시수도 유동적으로 조정 가능합니다.
③ 교사의 역할 다양화와 교육과정 재구성 기회 확대
  교사는 각 모둠의 특성과 주제에 따라 맞춤형 피드백과 자료를 제공하며, 프로그램을 풍부하게 재구성하는 전문성을 발휘할 수 있습니다.

---

7) 교과 계열 확장형 운영 전략

교과 계열 확장형 운영 전략은 학교자율시간의 활동 내용을 정규 교과의 계열성과 긴밀하게 연계하여, 특정 교과의 학습을 확장·심화하는 형태로 운영하는 방식입니다. 이 전략은 특히 실과, 국어, 도덕, 미술, 과학 등 들꽃 활동과 밀접한 교과를 중심으로 교육적 시너지를 극대화할 수 있도록 설계되었습니다.

예를 들어, 6학년의 『이름 없는 꽃에게 쓰는 편지: 기억과 지혜의 들판』 활동에서는 실과의 '자원 관리와 자립' 단원, 국어의 '의견을 나누어요'와 '마음을 전하는 글' 단원, 도덕의 '생명 존중과 책임 있는 태도' 단원과 유기적으로 연계하여, 교과 수업에서 다루지 못한 감성적 표현과 생명에 대한 성찰을 학교자율시간을 통해 확장할 수 있습니다.

또한, 미술 교과에서 '상상 표현'이나 '디자인과 생활' 단원과 연계하여 들꽃의 이야기를 시각화한 표현 활동을 연계하면, 학생들은 정규 수업에서 배운 기술과 표현 기법을 창의적으로 적용할 기회를 얻게 됩니다.

운영 시에는 우선 학교 내 각 교과 담당 교사와 협의하여 어떤 단원과 어떤 들꽃 활동을 결합할 것인지 명확히 계획해야 하며, 평가 요소 또한 교과 기준과 자율활동 기준을 함께 반영할 수 있도록 평가도구를 공동 개발하는 것이 좋습니다.

'교과 계열 확장형'은 특히 학교 교육의 통합성과 연계성을 중시하는 교사나 연구회에서 채택하기에 적합한 전략이며, 교육과정 중심 수업과 창의적 체험활동의 접점을 찾는 데 유용한 실천 방식입니다.

또한 이 전략을 적용할 경우, 『선생님의 실과책상』 블로그에 탑재될 교과 연계 활동안, 평가 계획 예시, 차시별 교과 연결표 등을 참고하면 설계가 훨씬 수월해집니다.

이 전략의 효과는 다음과 같습니다.

> ① 교과 연계 학습의 심화 및 정착
>   기존 교과의 학습 목표를 감성적·창의적 방식으로 재해석함으로써, 학생들은 배운 지식을 실생활과 연결하여 통합적으로 사고하게 됩니다.
> ② 교육과정 재구성의 실제화
>   단순한 활동 중심이 아닌, 교육과정 성취기준을 기반으로 자율시간 활동이 설계되기 때문에, 교과 담당 교사와 협력하여 수업 흐름에 자연스럽게 녹여낼 수 있습니다.
> ③ 교사의 수업 전문성 강화
>   들꽃 활동은 교사에게 단순한 프로젝트 지도자가 아닌, 교육과정 디자이너로서의 역할을 부여합니다. 이는 교사의 전문성과 자율성을 함께 강화하는 계기가 됩니다.

〈표 4-22〉는 학교자율시간을 효과적으로 운영하기 위한 7가지 전략적 모형을 핵심 개념, 적용 방식, 장점, 유의점 측면에서 비교한 자료입니다. 이 표는 단위학교의 여건과 교사의 수업 철학, 학급 및 학년 상황에 따라 다양한 방식으로 유연하게 학교자율시간을 설계하고 실행할 수 있도록 실질적인 가이드를 제공합니다.

〈표 4-22〉 학교자율시간 운영 전략 7 모형 비교표

모형	핵심 개념	적용 방식 요약	장점	유의점
① 학년 연계형	학년별 특성을 살린 활동 주제 연계	학년별로 주제를 달리하되, 대주제를 중심으로 흐름 있게 구성	연속적 성장을 고려한 단계적 설계 가능	전학년 교사 간 계획 조정 필요
② 학교 통합형	학교 전체가 하나의 대주제 아래 활동	전 학년이 같은 주제 아래 각기 다른 방식으로 활동 운영	통일된 주제 아래 학교 공동체성 강화	학년별 맞춤 설계의 어려움 가능성 있음
③ 학급 독립형	한 학급이 자율적으로 계획·운영	담임 교사가 중심이 되어 독자적 운영	교사·학생 관심 기반의 유연한 운영 가능	운영의 지속성과 체계성 확보에 노력 필요
④ 교사 협력형	관심 있는 교사들이 공동 기획 및 분담	2인 이상이 팀을 구성하여 주제 분담 후 순환·협력 운영	전문성과 협업 통한 질적 향상 기대	교사 간 협력과 의사소통 조율 필요
⑤ 주간 집중형	정해진 일정에 집중 운영	일과 후·방과 후·계기성 주간 등을 활용하여 단기간 집중 운영	시간 확보가 용이하고 몰입감 있는 활동 가능	다른 교육활동과의 일정 조율 필요
⑥ 흥미 기반 모둠 분산형	학생의 흥미를 고려한 모둠별 선택형 운영	다양한 주제를 제시하고 학생이 선택 후 모둠별 활동 진행	선택권 확대, 자기주도성·흥미 기반 몰입 가능	모둠별 지원과 평가 계획에 신중한 설계 필요
⑦ 교과 계열 확장형	특정 교과 중심으로 학교자율시간 활동을 확장	실과, 과학, 국어 등 교과와 창의적으로 연계하여 융합 설계	교과 지식 심화 및 실제 적용 능력 향상 가능	교과-비교과 연계의 목적성 확보와 균형 설계 필요

예를 들어, 학년 간 연계가 잘 이루어지는 학교에서는 ① 학년 연계형이 연속성과 심화 학습에 적합하며, 전체 학교 차원의 통일성과 공동체 의식을 강조하고자 할 경우에는 ② 학교 통합형이 유용합니다. 반면, 자율성이 강조되는 학급에서는 ③ 학급 독립형을 통해 교사 주도의 유연한 운영이 가능하고, 관심 있는 교사들이 협력할 수 있는 환경이라면 ④ 교사 협력형을 통해 교육의 질을 높일 수 있습니다.

⑤ 주간 집중형은 시간 확보가 어려운 상황에서도 단기간 몰입할 수 있는 장점이 있고, ⑥ 흥미 기반 모둠 분산형은 학생 참여 중심의 수업을 실현하기에 효과적입니다. 마지막으로, ⑦ 교과 계열 확장형은 실과, 과학, 국어 등과의 융합을 통해 교과 중심의 연계 수업으로 확장할 수 있어 교과 전문성과 자율활동의 목표를 함께 달성할 수 있습니다.

이러한 7가지 운영 모형은 상호 배타적인 것이 아니므로, 학교 상황에 따라 두 가지 이상을 병행하거나 학기별로 변형하여 적용할 수도 있습니다. 교사들은 이 표를 참고하여 자신의 수업 철학과 학교 자율시간의 목표에 부합하는 운영 전략을 능동적으로 설계하고 실행할 수 있을 것입니다.

10. 들꽃을 바꾸면 수업도 바뀐다

학교자율시간 활동의 가장 큰 강점은 유연성과 확장성에 있습니다. 특히 『들꽃에게 길을 묻다』 활동 프로그램은 3학년에서 6학년까지 학년별로 구성된 활동이 4차시 단위의 주제 중심 '모듈'로 설계되어 있어, 교사는 교육과정, 학교 여건, 계절, 지역 생태, 학생의 관심사에 따라 활동을 자유롭게 재구성할 수 있습니다. 이는 단순한 교재 활용을 넘어 수업 자체의 혁신적인 변화를 이끌어낼 수 있는 실천적 전략이 됩니다.

여기에서는 모듈형 수업 재구성의 실제적 활용법을 3가지 관점에서 살펴봅니다. 첫째, 4차시 중심의 모듈 설계 방식에 대한 이해를 통해 작고 유연한 수업 단위의 구조와 흐름을 살펴보고, 둘째, 지역과 계절에 따른 들꽃의 선택과 대체 방법을 안내함으로써, 다양한 학교에서 프로그램을 실감나게 현지화할 수 있도록 합니다. 셋째, '감정-공감-창작-생명'이라는 학년별 주제 계열을 바탕으로, 교육적 목적에 따라 모듈을 새롭게 조합하고 전개하는 방법을 제시합니다.

'들꽃을 바꾸면 수업도 바뀐다'는 말은 단지 식물을 바꾼다는 의미를 넘어, 수업의 철학, 흐름, 그리고 교사의 관점을 전환한다는 깊은 함의를 담고 있습니다. 본 장은 교사가 '내 수업으로 만들기' 위한 구체적인 실천의 문을 열 수 있도록 설계되었습니다.

1) 4차시 중심 모듈 설계 방식

『들꽃에게 길을 묻다』는 모든 활동을 4차시 단위의 모듈로 구성하여, 교사가 바로 적용할 수 있는 수업 단위의 흐름과 구조를 갖추고 있습니다. 4차시는 도입-탐색-표현-확장의 단계로 구성되어, 학생의 경험이 점차 확장되며 내면화될 수 있도록 유도합니다. 각 차시는 명확한 배움의 목표와 활동 중심의 학생 참여 구조, 평가 요소, 그리고 학생의 마음에 남는 경험까지 함께 설계되어 있어, 한 모듈이 곧 하나의 수업 작품이 됩니다.

이러한 4차시 중심 모듈은 다음과 같은 강점을 지닙니다.

첫째, 학교자율시간의 시수 편제와 자연스럽게 호흡을 맞출 수 있습니다. 29차시(3~4학년), 32차시(5~6학년) 편성 시, 4차시 모듈을 기준으로 들꽃 주제를 6~7개 구성하고, 나머지 차시는 마무리 활동으로 활용할 수 있습니다. 둘째, 한 모듈만 선택하여 학급 프로젝트나 융합 수업으로 활용할 수도 있으며, 전 교과와 통합하는 블록형 수업으로도 확장이 가능합니다. 셋째, 각 모듈은 꽃의 이름과 생태적 특성, 감정과 상상, 표현 활동의 조화를 중심으로 구성되어, 다른 주제나 다른 식물로의 대체도 어렵지 않게 가능합니다.

예를 들어, 5학년 '삼지구엽초' 모듈은 '외로움'이라는 감정을 중심으로 활동이 구성되어 있으며, 활동지는 감정의 자각 → 시적 상상 → 들꽃의 의미화 → 편지 쓰기라는 흐름으로 전개됩니다. 이처럼 한 모듈은 하나의 작은 배움 여행으로 작동하며, 교사는 이를 자유롭게 꺼내어 쓸 수 있는 수업용 공구 상자처럼 활용할 수 있습니다.

따라서, 4차시 모듈 구조는 수업의 설계와 실행에 있어 교사의 자율성과 창의성을 동시에 확보할 수 있는 실천 전략입니다. 특히 새로운 주제나 꽃을 교체하더라도 전체 흐름과 학습자 경험의 질이 유지되도록 설계되어 있다는 점에서, 수업의 일관성과 확장성이라는 두 마리 토끼를 잡을 수 있는 방식이라 할 수 있습니다.

2) 지역·계절 기반 유연 적용법

학교자율시간의 가장 큰 강점 중 하나는 지역성과 계절성을 적극 반영할 수 있다는 점입니다. 『들꽃에게 길을 묻다』 프로젝트는 전국 어디서든 운영 가능하도록 3~6학년 전체 프로그램을 7종의 들꽃 모듈로 구성하였지만, 이는 기본 모델일 뿐, 학교의 위치와 계절에 따라 얼마든지 교체하거나 조정이 가능한 구조입니다.

예컨대, 강원도 산간 지역의 봄에는 '노루귀'와 '얼레지'가 흔히 관찰되지만, 남부 해안 지역에서는 '개망초'나 '제비꽃'이 더 어울릴 수 있습니다. 또한 2학기 수업에서는 '들국화', '구절초', '갯쑥부쟁이' 등 가을 들꽃을 활용하면 생태적 타당성과 계절 감성이 더욱 살아납니다.

이러한 지역·계절 기반의 유연 적용은 다음과 같은 방식으로 이루어질 수 있습니다. 첫째, 기후 및 지형에 따라 지역의 들꽃을 새롭게 선정하거나 대체할 수 있습니다. 둘째, 학교 주변 생태 환경과 연계하여, 학생이 직접 꽃을 관찰할 수 있는 기회를 마련합니다. 셋째, 꽃 이름은 달라도 '감정-공감-창작-생명'의 4단계 활동 흐름과 주제 연결은 그대로 유지하여, 프로그램의 철학을 지키면서도 지역성을 반영한 수업을 운영할 수 있습니다.

『들꽃에게 길을 묻다』의 모든 활동은 4차시 단위의 모듈이므로, 교사는 특정 들꽃을 선택해 모듈 단위로 대체하거나 추가할 수 있으며, 이러한 모듈은 '선생님의 실과책상' 블로그에 지속적으로 업로드되어 자유롭게 활용할 수 있도록 제공할 예정입니다.

지역에서 피는 꽃은 다르지만, 그 꽃을 바라보는 아이들의 감정과 생명에 대한 성찰은 본질적으로 연결됩니다. 따라서 이 프로그램은 교사에게 단순한 콘텐츠를 넘어서, 지역성과 생태 감수성을 함께 키우는 살아있는 수업 전략이 됩니다.

3) 감정/공감/창작/생명 중심 모듈 조합 방법

『들꽃에게 길을 묻다』 프로젝트는 단순히 들꽃 이름을 바꾸는 수업이 아니라, 학생의 마음을 열고 확장해 가는 감성적 배움의 흐름을 담고 있습니다. 이 흐름은 '감정 → 공감 → 창작 → 생명'이라는 4단계 키워드로 정리됩니다. 각각의 키워드는 하나의 활동 주제이자 모듈로 작동하며, 교사는 이 키워드를 중심으로 모듈을 자유롭게 조합할 수 있습니다.

예를 들어, 특정 학급이 표현 활동에 관심이 많은 경우 '감정'과 '창작' 중심의 모듈을 우선 배치할 수 있으며, 공동체적 소통과 배려가 필요한 학급이라면 '공감'을 주제로 한 활동을 심화하거나, 생명 존중이나 지속 가능성 교육이 목표인 경우, '생명' 중심의 모듈을 확장하는 방식으로 구성할 수 있습니다.

이러한 조합은 다음과 같은 유연한 적용 방식을 따릅니다. 첫째, 학급의 관심사, 발달 수준, 교육 목표에 따라 활동의 순서를 바꾸거나, 특정 주제를 강조한 들꽃을 중심으로 프로그램을 재구성합니다. 둘째, 기본적으로 4차시 모듈을 유지하되, 하나의 키워드에 해당하는 모듈을 2개 이상 조합하여 8차시, 12차시로도 확장할 수 있습니다. 셋째, 전체 29차시 또는 32차시 운영이 어려운 학교는 학년별 성격에 맞는 키워드 중심으로 1~2개의 모듈만을 선택하여 운영할 수도 있습니다.

이러한 방식은 교사에게 '모든 것을 다 하지 않아도 되는 자유로움'을 제공하면서도, 학생에게는 깊이 있는 정서적 경험을 전달할 수 있습니다. 무엇보다도, '무엇을 했는가?'가 아닌 '마음에 무엇이 남았는가?'에 활동의 핵심을 두는 모듈 조합 방식은, 학교자율시간의 본질과 철학을 실천하는 가장 효과적인 전략이 될 것입니다.

〈표 4-23〉은 학교자율시간 활동을 효과적으로 적용하기 위한 세 가지 모듈의 운영 전략을 비교한 표입니다. 이 표는 각각의 전략이 어떤 기준으로 설계되었으며, 어떠한 상황에 적합한지를 교사가 한눈에 파악할 수 있도록 정리한 것입니다.

〈표 4-23〉 수업을 유연하게 재구성하기 위한 3가지 모듈 적용 전략 비교

구분	1) 4차시 중심 모듈 설계 방식	2) 지역·계절 기반 유연 적용법	3) 감정/공감/창작/생명 중심 모듈 조합 방법
핵심 개념	하나의 들꽃 활동을 4차시 단위로 구성	지역성과 계절감을 반영하여 들꽃 활동을 선택	학생의 정서 발달 흐름에 따른 모듈 조합
운영 단위	4차시 단위 중심	지역·계절 조건에 따라 유동적	4단계 키워드(감정-공감-창작-생명) 중심 조합
활용 시기	연중 지속 가능	학기 초·말, 특정 계절에 적합	학생의 정서 흐름이나 교육 목표에 따라 다양
적용 대상	전체 학급 및 학년 단위	지역 여건이 다른 학교, 계절 교육 특화	특정 주제에 집중하고 싶은 학급·학교
장점	단위가 명확하여 수업 설계와 운영이 용이함	자연의 변화를 체험하며 몰입도 높은 활동 가능	교육 목표 중심의 탄력적 설계 가능, 깊이 있는 수업 가능
유의점	모듈 간 연결성을 고려한 편성이 필요	특정 시기에만 가능한 활동은 계획적 운영 필요	키워드 간 균형 및 학습자 특성 고려 필요

첫 번째 전략인 '4차시 중심 모듈 설계 방식'은 하나의 들꽃 활동을 4차시 단위로 구성하는 방식으로, 단위가 명확하여 수업 설계와 운영이 용이하다는 장점이 있습니다. 전 학년 및 학급 단위에서 연중 지속적으로 운영할 수 있으며, 모듈 간 연계성을 고려한 구성 편성이 중요합니다.

두 번째 전략인 '지역·계절 기반 유연 적용법'은 지역성과 계절감을 반영하여 들꽃 활동을 선택하는 방식입니다. 특정 시기(예: 학기 초·말, 봄·가을 등)에 자연의 변화를 체험하며 몰입도 높은 활동이 가능하다는 강점이 있으나, 시기성과 지역성을 고려한 계획적 운영이 필요합니다. 이는 특히 지역 여건이 다른 학교나 계절 특화 교육에 적합합니다.

세 번째 전략인 '감정/공감/창작/생명 중심 모듈 조합 방법'은 학생의 정서 발달 흐름이나 교육 목표에 따라 모듈을 유기적으로 조합하는 방식입니다. 4단계 키워드(감정-공감-창작-생명)를 중심으로 설계할 수 있으며, 주제에 집중하고자 하는 학교나 학급에 적합합니다. 유연성과 깊이 있는 수업이 가능한 반면, 키워드 간 균형과 학습자 특성을 함께 고려하는 교사의 전문적 판단이 요구됩니다.

이처럼 각 전략은 적용 대상과 상황, 교육 목표에 따라 선택적으로 혹은 융합적으로 사용할 수 있으며, 〈표 4-23〉은 이를 설계할 때 실질적인 가이드를 제공하는 도구로 활용될 수 있습니다.

> 들꽃은
> 누군가의 손길이 닿지 않아도
> 피어납니다.
>
> 그러나 교실의 들꽃은
> 교사의 마음이 닿을 때
> 비로소
> 감정이 자라고, 공감이 피어나며,
> 창작과 성찰이 열매 맺습니다.
>
> 지금,
> 당신의 교실에 들꽃 한 송이를 심어보세요.
>
> 그 작은 시작이 아이들의 삶을 바꾸고,
> 수업을 다시 숨 쉬게 할 것입니다.

제5장 바로 쓰는 학교자율시간 프로그램

　제5장은 '들꽃과 함께 걷는 길'을 주제로 설계된 학년별 학교자율시간의 활동 프로그램을 체계적으로 정리한 '자료집'입니다. 이 자료는 3학년부터 6학년까지 학년 발달에 맞춘 주제별 활동을 중심으로 구성되었으며, 정서·창의·공감 능력 함양을 위한 다양한 감성 교육 활동을 담고 있습니다.

대주제	들꽃과 함께 걷는 길 (피어나는 감성, 이어지는 생명)	
학년	학년별 활동 주제	중심 키워드
3	들꽃과 노는 아이 (감정의 씨앗을 심어요)	감정, 상상, 말놀이
4	들꽃 감정 일기 (마음이 피는 봄날)	비교, 공감, 문화 이해
5	들꽃 이야기 창작소 (이름으로 피어난 상상)	상상력, 설계, 창의 표현
6	이름 없는 꽃에게 쓰는 편지 (기억과 지혜의 들판)	평화, 실천, 시민 의식

　이 프로그램은 한 학교 전체가 '들꽃'을 대주제로 설정하여 학년별 위계를 가지고 통합적으로 운영할 수도 있고, 각 학년이 독립된 주제를 중심으로 개별 적용할 수도 있습니다. 더 나아가 한 학급의 담임교사가 독자적으로 선택하여 적용할 수 있는 모듈형 구조를 지니고 있어, 교육 현장의 다양한 상황과 목적에 맞게 유연하게 활용될 수 있습니다.

　특히 활동의 주요 소재인 '들꽃'은 정해진 목록에 국한되지 않고, 지역의 자연환경과 계절적 특성을 고려하여 자유롭게 대체·확장할 수 있는 것이 장점입니다. 예를 들어, 산간 지역에서는 고산 들꽃을, 해안 지역에서는 갯 꽃이나 해변 식물을 중심으로 재구성하는 등 지역 맞춤형 생태교육으로도 손쉽게 연결할 수 있습니다.

　들꽃 한 송이를 통해 아이들의 내면이 피어나고, 교실이 자연과 이어지는 작은 생명의 마당이 될 수 있기를 기대해 봅니다.

들꽃과 함께 걷는 길: 피어나는 감성, 이어지는 생명
(3학년 - 들꽃과 노는 아이: 감정의 씨앗을 심어요)

1. 활동 주제 - 들꽃과 노는 아이: 감정의 씨앗을 심어요

『들꽃과 노는 아이: 감정의 씨앗을 심어요』는 봄과 여름 들판에서 피어나는 들꽃을 친구 삼아, 아이들이 자신의 감정을 자연스럽게 만지고 표현하는 감성 중심의 학교자율시간 활동 프로그램입니다.

아이들은 작고 귀여운 들꽃의 모습에서 말로 다 설명할 수 없는 감정을 느끼고, 그것을 색깔과 말, 이야기로 표현해 봅니다. 꽃잎의 모양을 따라 손을 움직이고, 꽃 이름을 붙이며 상상하고, 감정을 담은 엽서나 말풍선 문장을 만들어 보는 활동을 통해 감정의 씨앗을 마음에 심게 됩니다.

'들꽃과 노는 아이'가 추구하는 인간상은 "심미적 감성을 지닌 교양 있는 사람"입니다. 아직 글과 말이 서툰 3학년 아이들은 들꽃이라는 따뜻한 매개를 통해, 말보다 먼저 다가오는 감정의 움직임을 포착하고, 그 감정을 손끝과 마음으로 표현해 보는 경험을 하게 됩니다.

이 프로그램은 감정을 느끼고 이름 붙이고 표현하고 나누는 4단계의 활동을 통해 아이들의 감정 어휘를 키우고, 자기표현의 기초를 다지며, 자연을 감각적으로 받아들이는 섬세한 감성을 길러줍니다. 꽃을 통해 감정을 배우는 경험은 곧 자기 자신을 이해하는 첫걸음이며, 나아가 친구의 감정에도 귀 기울일 줄 아는 공감 능력의 씨앗이 됩니다.

'들꽃과 노는 아이'는 특히 2022 개정 교육과정에서 강조하는 '심미적 감성'과 '환경·지속 가능한 발전'이라는 범교과 주제를 반영하고 있습니다. 아이들은 들꽃을 보며 생명의 소중함과 감정의 아름다움을 함께 발견하게 됩니다.

지금, 이 순간에도 아이들이 걷는 등굣길, 학교 화단, 운동장 옆 풀밭에도 조용히 피어 있는 들꽃이 있을 거예요. 그 꽃 하나가 아이의 마음에 심긴다면, 그것은 단지 꽃을 관찰하는 활동이 아니라, 감정과 생명을 가꾸는 작은 시작이 될 것입니다.

2. 활동의 개요

『들꽃과 노는 아이: 감정의 씨앗을 심어요』는 감정을 인식하고 표현하며 나누는 감성 중심 자율활동입니다. 이 활동은 '만나요 – 상상해요 – 표현해요 – 나눠요'의 네 가지 단계로 구성되어 있으며, 아이들이 감정의 흐름을 자연스럽게 경험할 수 있도록 돕습니다.

먼저 '만나요' 단계에서는 아이들이 들꽃의 색, 모양, 향기 등을 관찰하며 꽃과 마주합니다. 꽃을 자세히 바라보는 과정에서 자연의 섬세함에 눈을 뜨고, 내 마음속 감정과 닮은 점을 떠올립니다. "이 꽃은 왜 이렇게 조용해 보일까?" 같은 질문을 던지며, 꽃과 감정의 연결을 발견하게 됩니다. 작은 들꽃이 아이들의 감정을 비추는 거울이 되는 순간입니다.

다음은 '상상해요' 단계입니다. 들꽃에게 어울리는 감정 이름을 붙이고, 꽃의 마음을 상상해봅니다. 꽃이 들려주는 이야기처럼, 감정에도 말이 있다고 느끼게 됩니다. 감정에 어울리는 색깔, 날씨, 계절 등을 떠올리는 활동은 감성적 상상력과 감정 어휘의 폭을 넓히는 데 도움이 됩니다. "이건 '말랑이'예요. 부드럽고 살짝 외로워요."처럼 자기만의 감정 언어를 만들어가는 과정이 중심이 됩니다.

세 번째는 '표현해요' 단계입니다. 아이들은 자신이 느낀 감정을 말풍선, 엽서, 카드, 짧은 글 등 다양한 방식으로 표현합니다. 감정을 눈에 보이는 형태로 만들며, 말과 색, 그림이 만나 감정의 색깔이 더욱 선명해집니다. "이건 '따뜻한 걱정'이라는 감정이에요. 꽃 속에 담아봤어요."처럼 자신만의 방식으로 감정을 꾸미는 활동을 통해 표현력과 자신감을 함께 키워갑니다.

마지막 '나눠요' 단계에서는 친구들과 표현한 감정을 나누며 공감하는 시간을 가집니다. 감정 표현물을 서로 공유하고, 친구의 감정을 들으며 "내 감정이 네 마음과 닿았으면 좋겠어." 같은 말을 주고받습니다. 감정의 씨앗을 함께 심고 키워가는 경험은 공동체 안에서의 정서적 연결감과 사회적 감수성을 기르는 데 중요한 기반이 됩니다.

이 네 단계의 흐름은 아이들이 자연 속 들꽃을 통해 감정이라는 보이지 않는 세계를 손으로 만지고, 말로 표현하며, 친구와 나눌 수 있게 도와줍니다. '들꽃과 노는 아이'는 아이들이 감정이라는 씨앗을 심고 가꾸어가는 따뜻한 감정 교육의 출발점이 될 것입니다.

4. 나눠요 (공유 단계)
친구들과 감정 표현물을 나누고, 서로의 이야기에 귀를 기울여요.

(1) 친구들과 감정 표현물을 서로 나누며 마음을 전해요.
(2) "내 감정이 네 마음과 닿았으면 좋겠어."
(3) 친구의 감정 이야기를 듣고, 함께 공감하는 시간을 가져요.
(4) 감정의 씨앗을 함께 키우며, 서로를 더 따뜻하게 이해해요.

1. 만나요 (만남 단계)
들꽃을 보고 만지며 내 마음의 감정을 발견해요.

(1) 들꽃의 색, 모양, 냄새를 관찰하며 마음이 느끼는 감정을 떠올려요.
(2) "이 꽃은 왜 이리 조용해 보여요?" 나만의 감정이 떠오르기도 해요.
(3) 들꽃 이름을 알아보며 꽃과 내 감정의 공통점을 찾아봐요.
(4) 들꽃을 바라보며 내 마음을 비추는 작은 거울처럼 느껴봐요.

들꽃과 노는 아이 (감정의 씨앗을 심어요.)

3. 표현해요 (표현 단계)
꽃과 감정을 엽서, 카드, 말풍선 글로 표현해요.

(1) 감정을 담아 말풍선, 엽서, 카드, 시처럼 다양한 방식으로 표현해요.
(2) 들꽃이 전해주는 감정을 나만의 방식으로 꾸며봐요.
(3) 말로, 글로, 색으로 표현하며 감정의 색깔을 더 분명하게 느껴요.
(4) "이건 '따뜻한 걱정'이라는 감정이에요. 꽃 속에 담아봤어요."

2. 상상해요 (탐색 단계)
들꽃에 이름을 지어주고, 그 꽃의 마음을 상상해요.

(1) 이 꽃은 무슨 이름을 가졌을까? 나만의 감정 이름을 지어보아요.
(2) "이건 '말랑이'예요. 부드럽고 살짝 외로워요."
(3) 꽃의 입장에서 말해보며, 꽃이 들려주는 마음 이야기를 상상해요.
(4) 감정에 어울리는 색, 날씨, 계절을 떠올리며 나만의 감정 지도를 그려요.

[그림 5-1] 들꽃을 소재로 한 학교 자율활동의 마인드맵

『들꽃과 노는 아이: 감정의 씨앗을 심어요』 활동은 초등학교 3학년 학생들을 대상으로 국어 교과를 중심으로 편성한 감성 중심 자율활동 프로그램입니다. 감정 표현의 기초를 형성해 가는 시기의 발달 특성을 고려하여, 들꽃을 감정의 매개로 삼아 아이들이 자신의 감정을 자연스럽게 인식하고, 이름 붙이고, 다양한 방식으로 표현하며 친구들과 나누는 경험을 하도록 〈표 5-1〉과 같이 구성하였습니다.

⟨표 5-1⟩ '들꽃과 노는 아이' 활동의 개요

학교명	○○ 초등학교		활동명	들꽃과 노는 아이 (감정의 씨앗을 심어요)							
활동 편성 교과	국어 ☑ 사회 ☐ 도덕 ☑ 수학 ☐ 과학 ☐ 실과 ☐ 체육 ☐ 음악 ☐ 미술 ☑ 영어 ☐ 창의적체험활동 ☑		적용학년	3학년		4학년		5학년		6학년	
			적용학기	1학기 ☑	2학기 ☐	1학기 ☐	2학기 ☐	1학기 ☐	2학기 ☐	1학기 ☐	2학기 ☐
			적용시간	29							
활동 개설의 필요성	3학년은 감정 인식과 표현의 기초를 다지는 시기로, 『들꽃과 노는 아이: 감정의 씨앗을 심어요』는 들꽃을 감정의 매개로 삼아 학생들이 자신의 감정을 자연스럽게 느끼고, 이름 붙이고, 다양한 방식으로 표현하며 친구와 나누는 과정을 경험하도록 돕는 감성 중심 자율활동입니다. 이 활동은 국어 교과와의 연계를 통해 감정 어휘와 표현력을 키우고, 심미적 감성과 공감 능력을 함께 길러주는 데 효과적이며, 학교 안팎의 들꽃을 소재로 자연과 감정이 만나는 정서적 생태교육의 장을 실현합니다.										
개설유형	☑ 활동 ①		☐ 활동 ②		☐ 과목			☐ 과목+활동			
운영 형태	☐ 지역 연계		☑ 교과 통합 설계		☐ 기초 소양 강화			☐ 학생 주도 설계			
편성 방식	☑ 지속형		☐ 집중형		☐ 혼합형						
인간상	☑ 자기 주도적인		☐ 창의적인		☐ 교양 있는			☐ 더불어 사는			
핵심역량	☐ 자기관리 ☐ 지식정보처리 ☐ 창의적 사고 ☑ 심미적 감성 ☐ 협력적 소통 ☐ 공동체										
범교과 활동 연관 주제	☐ 안전·건강 ☐ 인성 ☐ 진로 ☐ 민주시민 ☐ 인권 ☐ 다문화 ☐ 통일 ☐ 독도 ☐ 경제·금융 ☑ 환경·지속 가능한 발전										
교재	☐ 기존 개발 도서 (시중 유통 도서): 개발 예정 ☑ 교재(교과서) 없이 교수학습자료 활용(차시별 학습지를 개발하여 활용)										

　이 활동은 국어, 창의적 체험활동, 도덕, 미술 교과와의 통합적 연계를 통해 말과 글, 색과 형상을 활용한 감정 표현 능력을 기르고, 감정 어휘의 확장과 정서적 안정, 그리고 공감 능력의 성장을 함께 도모합니다. 들꽃이라는 구체적이고 친숙한 자연물을 중심에 둠으로써, 학생들은 심미적 감성을 자연스럽게 키우고, 생명의 소중함과 감정의 아름다움을 동시에 깨닫게 됩니다.

　이 프로그램은 1학기 29차시로 편성되며, 교과 통합 설계 방식으로 운영하고, 프로젝트형 수업으로 구성됩니다. 2022 개정 교육과정이 추구하는 인간상 중 '교양 있는 사람'을 지향하며, '심미적 감성'을 중심 핵심역량으로 설정하고, '환경·지속 가능한 발전'이라는 범교과 주제와도 연계됩니다. 수업은 개발 예정인 도서와 학습지를 활용하여 구성하며, 학생 스스로 감정의 씨앗을 심고 가꾸어가는 배움의 경험이 될 수 있도록 설계하였습니다.

　이 활동을 통해 학생들은 '심미적 감성'을 중심으로 '자기관리', '협력적 소통' 등의 핵심역량을 자연스럽게 기르게 되며, 이는 2022 개정 교육과정이 지향하는 인간상 중 하나인 '자기 주도적인' 사람과도 밀접하게 연관됩니다. 특히 3학년은 또래와의 관계 형성이 본격적으로 시작되는 시기로, 감정 표현과 공감을 바탕으로 한 활동은 건강한 또래 문화 형성과 정서적 안정에 긍정적인 영향을 줍니다.

또한 본 활동은 '환경·지속 가능한 발전', '인권', '다문화'와 같은 범교과 학습 주제와도 연계가 가능합니다. 들꽃을 바라보며 생명에 대한 존중과 자연 보호의 태도를 기르고, 다양한 감정을 표현하고 나누는 과정을 통해 타인의 감정을 이해하고 배려하는 감수성을 함께 키울 수 있습니다.

차시별 활동지는 교과서 없이도 교수·학습자료로서 충분히 활용할 수 있도록 개발되며, 추후에는 선택형 자료나 디지털 콘텐츠로의 확장도 계획하고 있습니다. 이를 통해 교사와 학생 모두의 수업 접근성과 자율성을 높이고, 교실 속에서 실천할 수 있는 따뜻한 감성 교육이 실현되도록 지원하고자 합니다.

3. 활동의 내용 요소

'들꽃과 노는 아이' 활동의 내용 체계를 핵심 아이디어 중심으로 지식·이해, 과정·기능, 가치·태도의 세 범주로 구분하여 정리하면 〈표 5-2〉와 같습니다. 이 활동의 핵심 아이디어는 "들꽃을 매개로 감정을 인식하고 표현하며, 친구와 나누는 과정을 통해 감정의 씨앗을 심는다"로 설정하였습니다.

〈표 2〉 '들꽃과 노는 아이' 활동의 내용 체계

핵심 아이디어	들꽃을 매개로 감정을 인식하고 표현하며, 친구와 나누는 과정을 통해 감정의 씨앗을 심는다.
범주	구상한 내용 요소
지식 이해	- 들꽃의 생김새와 특징, 이름을 이해한다. - 감정의 종류와 감정 표현의 다양한 방법을 안다. - 자연과 감정이 연결될 수 있음을 이해한다.
과정 기능	- 들꽃을 관찰하고 감정과 연결 지어 말하거나 글로 표현한다. - 들꽃에 어울리는 감정 이름을 짓고, 감정 이야기를 창작한다. - 감정 표현물을 만들어 친구와 나누며 공감하는 활동을 실천한다.
가치 태도	- 자신의 감정을 솔직하게 표현하고, 타인의 감정에 공감하려는 태도를 기른다. - 작은 들꽃의 생명에서 자연의 소중함과 아름다움을 느낀다. - 감정과 자연을 존중하는 따뜻한 감성을 함양한다.

지식·이해 영역에서는 들꽃의 생김새와 이름을 이해하고, 감정의 종류 및 다양한 감정 표현 방법을 익히며, 자연과 감정이 연결될 수 있음을 깨닫는 데 중점을 둡니다. 과정·기능 영역에서는 들꽃을 관찰하고 느낀 감정을 말이나 글로 표현하며, 들꽃에 어울리는 감정 이름을 짓거나 감정 이야기를 창작하는 활동을 수행합니다. 또한 감정 표현물을 만들어 친구들과 나누며 공감하는 실천 중심의 활동도 포함됩니다.

가치·태도 영역에서는 자신의 감정을 솔직하게 표현하고, 타인의 감정에 공감하려는 태도를 기르며, 작은 들꽃의 생명에서 자연의 소중함과 감정의 아름다움을 함께 느끼는 경험을 통해 감정과 자연을 존중하는 따뜻한 감성을 함양하도록 돕습니다.

이와 같은 체계적 구성은 3학년 학생들이 감정 인식과 표현의 기초를 자연 속에서 유연하게 익힐 수 있도록 하며, 교과와 자율활동의 연계성을 강화하는 데 기여합니다.

4. 활동의 성취기준

이 활동에서는 국어, 창의적 체험활동, 도덕, 미술 교과의 성취기준을 중심으로 감정 표현과 공감 능력, 자연 감수성을 함께 길러갈 수 있도록 〈표 5-3〉과 같이 '들꽃과 노는 아이' 활동의 성취기준을 구성하였습니다.

〈표 5-3〉 '들꽃과 노는 아이' 활동의 성취기준

성취기준 부호	성취기준 내용
[3국들꽃-01]	들꽃을 관찰하며 떠오른 감정을 인식하고, 말이나 글 등 다양한 방식으로 표현한다.
[3국들꽃-02]	친구의 감정 표현을 공감하며 마음을 짐작하고, 배려하는 태도를 기른다.
[3국들꽃-03]	자연물(들꽃)의 색과 형태를 관찰하여 감정과 연결 짓고, 다양한 매체로 느낌이나 생각을 창의적으로 표현한다.

이 프로그램에서 설정한 성취기준과, 2022 개정 교육과정에 제시된 교과 성취기준 간의 연계성을 정리하여 제시하면 〈표 5-4〉와 같습니다. 이 표는 '들꽃과 노는 아이' 활동이 국어, 창의적 체험활동, 도덕, 미술 교과와 어떻게 연계되는지를 성취기준 중심으로 정리한 것입니다. 이 활동은 들꽃을 매개로 감정을 인식하고 표현하며 친구와 나누는 과정을 중심으로 구성되었으며, 다양한 교과의 성취기준과 유기적으로 맞닿아 있습니다.

국어 교과에서는 [4국03-04] '목적과 주제를 고려하여 독자에게 마음을 전하는 글을 쓴다'와 [4국05-03] '작품을 듣거나 읽고 마음에 드는 작품을 소개한다.'라는 성취기준이, 들꽃을 관찰하며 떠오른 감정을 말이나 글 등 다양한 방식으로 표현하도록 유도하는 [3국들꽃-01] 성취기준과 긴밀히 연계되어 있음을 알 수 있습니다.

창의적 체험활동의 [자율-03-01] '자신의 감정을 인식하고 표현하는 활동에 참여한다.'라는 기준 역시, 관찰과 감정 표현을 융합하는 [3들꽃-01]과 자연스럽게 맞닿아 있습니다.

〈표 5-4〉 활동 편성 교과와 들꽃 활동 성취기준의 연관성

교과	활동 편성 교과 성취기준	'들꽃과 노는 아이' 활동 성취기준
국어	[4국03-04] 목적과 주제를 고려하여 독자에게 마음을 전하는 글을 쓴다.	[3국들꽃-01] 들꽃을 관찰하며 떠오른 감정을 인식하고, 말이나 글 등 다양한 방식으로 표현한다.
	[4국05-03] 작품을 듣거나 읽고 마음에 드는 작품을 소개한다.	
창체	[자율-03-01] 자신의 감정을 인식하고 표현하는 활동에 참여한다.	
도덕	[4도01-01] 자신의 감정을 소중히 여기며 존중하는 태도를 바탕으로 내가 누구인가를 탐구한다.	[3국들꽃-02] 친구의 감정 표현을 공감하며 마음을 짐작하고, 배려하는 태도를 기른다.
	[4도02-02] 친구 사이의 배려에 대한 올바른 이해를 바탕으로 일상생활에서 배려에 기반한 도덕적 행위를 실천한다.	
미술	[4미01-02] 주변 대상을 체험하며 떠오른 느낌과 생각을 다양한 방법으로 나타낼 수 있다.	[3국들꽃-03] 자연물(들꽃)의 색과 형태를 관찰하여 감정과 연결 짓고, 다양한 매체로 느낌이나 생각을 창의적으로 표현한다.

도덕 교과에서는 [4도01-01] '자신의 감정을 소중히 여기며 존중하는 태도를 바탕으로 내가 누구인가를 탐구한다'와 [4도02-02] '친구 사이의 배려에 대한 올바른 이해를 바탕으로 도덕적 행위를 실천한다.'라는 성취기준이, 친구의 감정 표현을 공감하고 배려하는 태도를 기르는 [3국들꽃-02] 성취기준과 유기적으로 연결되어 있습니다.

미술 교과의 [4미01-02] '주변 대상을 체험하며 떠오른 느낌과 생각을 다양한 방법으로 나타낼 수 있다.'라는 성취기준은, 자연물(들꽃)의 색과 형태를 관찰하고 감정과 연결하여 창의적으로 표현하는 [3국들꽃-03] 성취기준과 밀접한 관련이 있습니다.

이처럼 '들꽃과 노는 아이' 활동은 교과 간 연계를 통해 감정 인식과 표현, 공감과 소통, 생명 존중의 가치를 통합적으로 경험하게 하며, 3학년 발달 특성에 맞는 감성 중심 자율활동으로서의 교육적 의미를 지닌다.

5. 활동에 참여하는 교과와 시수 편제

'들꽃과 노는 아이'는 감정 인식과 표현을 중심으로 한 감성 교육을 목표로 하며, 국어, 도덕, 창의적 체험활동, 미술 교과를 유기적으로 연계하여 〈표 5-5〉이 같이 총 29시간으로 편성하였습니다. 감정의 흐름에 따라 '감정 발견-감정 표현-감정 나눔-시각적 표현-자연 감수성 통합-마무리 활동'의 여섯 개 활동 영역으로 구성하였으며, 각 영역은 들꽃을 감정의 매개로 삼아 학생들이 자연 속에서 감정을 느끼고, 말과 글, 시각적 매체로 표현하며, 친구들과 소통하는 과정을 중심으로 설계되었습니다.

〈표 5-5〉 '들꽃과 노는 아이' 활동의 시수 편제표

구분	자율시간 (들꽃)	국어	미술	도덕	창의적 체험활동	소계
기준 시수	0	408	136	68	204	816
증감	+29	-13	0	-2	-14	0
잔여 시수	29	395	136	66	190	816

국어 교과는 감정 표현 능력을 기르고, 도덕 교과는 자기 이해와 감정 공감, 생명 존중의 태도를 형성하는 데 기여하며, 창의적 체험활동은 다양한 감정 표현과 나눔을 위한 체험 중심 활동으로 구성됩니다. 특히 미술 교과는 감정과 자연의 연결을 시각적으로 표현하는 데 핵심적인 역할을 하며, 전체 29시간 중 6시간을 고정 편성하였습니다. 이처럼 교과 간의 조화로운 연계를 바탕으로, 학생들은 감정의 씨앗을 심고 키우는 전인적 배움의 여정을 경험하게 됩니다.

이와 같이 시수를 재구성함으로써, '들꽃과 노는 아이' 활동은 교과 수업의 흐름을 크게 해치지 않으면서도 학생들의 감성 표현과 공감, 생명 감수성을 효과적으로 기를 수 있는 통합형 활동으로 자리매김할 수 있을 것으로 기대됩니다.

6. 시수 운영 계획

'들꽃과 노는 아이'는 총 29차시로 구성된 감성 중심 자율활동 프로그램으로, 7종의 야생화를 주제로 하여 '만남 – 상상 – 표현 – 공유'라는 4단계 활동 흐름에 따라 〈표 5-6〉과 같이 구성되어 있습니다. 학생들은 한 차시씩 들꽃과 감정을 연결하며 감정의 이름을 짓고, 이를 다양한 방식으로 표현한 뒤 친구들과 나누는 과정을 통해 감정 공감과 정서적 성장을 경험하게 됩니다.

1~4차시는 민들레를 주제로 구성되어 있습니다. 학생들은 민들레의 색, 모양, 냄새를 관찰하며 꽃과 처음 만나는 기쁨과 생명력에 주목하고, 자신의 감정과 연결하여 감정 이름을 지어봅니다. 이후 말풍선 글이나 엽서를 통해 감정을 표현하고, 친구들과 감정 표현물을 공유하며 감정 언어에 대한 관심과 공감을 확장하게 됩니다.

5~8차시는 괴불주머니를 중심으로 활동이 진행됩니다. 괴불주머니의 독특한 생김새와 부드러운 느낌에서 다양한 감정을 연상하고, 그 감정에 어울리는 이름을 창의적으로 지은 뒤 이야기를 상상하며 감정 표현의 상상력을 기르게 됩니다. 이후 감정 엽서를 꾸미고 친구에게 소개하면서 감정의 결을 나누는 시간을 갖습니다.

9~12차시는 금낭화를 소재로 하여 감정 표현을 더욱 깊이 있게 다룹니다. 하트 모양의 꽃에서 따뜻함, 사랑, 위로와 같은 감정을 떠올리고, 감정 이름과 그 이유를 말이나 글로 표현하며 언어화 능력을 기릅니다. 감정 카드 만들기와 감정 나무 활동을 통해 친구들과 감정을 교류하며 공감 능력을 높입니다.

〈표 5-6〉 '들꽃과 노는 아이' 활동의 차시별 내용

배움 주제	차시	단계	주요 활동 내용
민들레	1	만남	꽃의 색, 모양, 냄새 관찰하며 느낌 나누기
	2	상상	감정 이름 짓기, 꽃에 감정 연결해 상상하기
	3	표현	엽서나 말풍선 글로 감정 표현하기
	4	공유	친구들과 감정 표현물 나누며 공감하기
괴불주머니	5	만남	꽃의 생김새로부터 감정 연상하기
	6	상상	꽃에 어울리는 감정 이름 짓고 이야기 상상하기
	7	표현	감정 엽서에 꽃과 감정 담아 꾸미기
	8	공유	친구와 감정 엽서 소개하며 감정 공유하기
금낭화	9	만남	꽃의 색과 형태로 감정 떠올리기
	10	상상	감정 이름과 이유 말해보기, 이야기 상상하기
	11	표현	감정 표현 카드 만들기
	12	공유	감정 나무 만들며 친구 감정 들어보기
개망초	13	만남	꽃을 자세히 관찰하며 감정 연결하기
	14	상상	내 감정과 친구 감정 비교해 보기
	15	표현	감정이 담긴 색 표현으로 포스터 꾸미기
	16	공유	감정 인터뷰로 친구 감정 이해하기
목단꽃	17	만남	꽃의 특징에서 감정 유추하기
	18	상상	감정에 어울리는 계절·상황 이야기하기
	19	표현	감정 편지 쓰기
	20	공유	친구와 감정 편지 교환하며 이야기 나누기
채송화	21	만남	꽃에 얽힌 경험 나누기
	22	상상	그 꽃이 나를 어떻게 위로했는지 이야기하기
	23	표현	감정 엽서 완성하기
	24	공유	감정 엽서 모둠별 전시와 감정 나눔
접시꽃	25	만남	꽃과 관련된 기억 떠올리기
	26	상상	그 기억과 감정 연결해 말해보기
	27	표현	감정 시 쓰기
	28	공유	감정 시 발표하며 공감 표현하기
피어난 마음과 함께 걷는 길	29	성찰	전체 활동 돌아보기, 내가 만든 감정 이야기 정리, 감정 선물 편지 쓰기, 감정 나무에 약속 열매 달기

13~16차시는 개망초를 주제로 감정 비교와 색채 표현을 중심으로 운영됩니다. 학생들은 개망초를 자세히 관찰하며 감정을 연결하고, 자신의 감정과 친구의 감정을 비교해보며 감정의 다양성을 이해합니다. 이후 감정 색 표현을 활용한 포스터 제작과 감정 인터뷰 활동을 통해 다른 사람의 감정에 귀 기울이고 공감하는 태도를 기릅니다.

17~20차시는 목단꽃을 통해 감정의 지속성과 감정 편지 쓰기를 중심으로 다루고 있습니다. 학생들은 꽃의 특징에서 감정을 유추하고, 감정에 어울리는 계절이나 상황을 상상해봅니다. 감정 편지를 쓰고 친구와 교환하면서 감정을 나누고, 타인의 감정에 대해 깊이 이해하는 기회를 갖습니다.

21~24차시는 채송화를 중심으로 개인의 경험과 감정을 연결하는 활동으로 구성되어 있습니다. 학생들은 채송화와 관련된 자신의 경험을 떠올리며, 그 꽃이 자신에게 어떤 위로가 되었는지 이야기합니다. 감정 엽서를 완성하고 모둠별로 전시하며, 감정 표현을 시각화하고 친구들과의 감정 공유를 실천합니다.

25~28차시는 접시꽃을 마지막 들꽃 주제로 하여 감정 시 쓰기를 중심으로 구성되어 있습니다. 학생들은 접시꽃을 보며 떠오르는 기억을 말하고, 그 기억과 감정을 연결하여 시로 표현합니다. 작성한 감정 시를 발표하면서 자신이 표현한 감정에 대해 친구들과 함께 공감하며 감정 언어를 확장하게 됩니다.

29차시는 '피어난 마음, 함께 걷는 길'이라는 배움 주제로 구성된 성찰의 시간입니다. 학생들은 그동안의 활동을 돌아보며 자신이 만든 감정 이야기와 작품을 정리하고, 감정 선물 편지를 통해 친구에게 따뜻한 감정을 전합니다. 또한 '감정 나무'에 자신의 감정을 담은 약속 열매를 붙이며 앞으로의 감정 성장에 대한 다짐을 시각적으로 표현합니다.

이러한 일련의 활동은 들꽃이라는 자연물을 감정 교육의 매개로 활용하여 학생들이 자신과 타인의 감정을 이해하고 존중하며, 공감과 배려의 태도를 기를 수 있도록 돕는 감성 중심의 자율활동으로서 교육적으로 깊은 의미를 지니고 있습니다.

〈표 5-7〉 들꽃별 4차시 활동의 내용과 의의

들꽃	차시	활동 내용	아이들의 마음에 남는 경험
민들레	1차시 (만남)	민들레의 색, 모양, 냄새를 관찰하고 그 느낌을 말로 나누기	민들레의 보송보송한 씨앗을 만지며 마음이 간질간질했던 순간
	2차시 (상상)	민들레에 어울리는 감정 이름을 짓고, 그 감정과 연결된 상황을 상상하기	"이 꽃은 나를 기다려준 것 같아"라며 감정을 꽃에 빗대어 말한 순간
	3차시 (표현)	나의 감정을 담아 말풍선 글이나 감정 엽서로 꾸미기	내 감정을 처음으로 종이에 적고 친구에게 보여준 용기 있는 표현
	4차시 (공유)	친구들과 감정 표현물을 소개하고, 공감하며 감정의 다양성 알아가기	친구가 쓴 감정 글에 "나도 그런 적 있어!" 하며 마음이 닿은 경험
괴불 주머니	5차시 (만남)	괴불주머니의 독특한 생김새를 관찰하며 떠오르는 감정 이야기 나누기	주머니처럼 생긴 꽃을 보고 "이 안에 내 마음이 숨었어요"라고 말한 순간
	6차시 (상상)	꽃에 어울리는 감정 이름을 짓고, 그 감정과 관련된 이야기를 상상하기	친구들과 "수줍이" "비밀이" 같은 감정 이름을 지으며 상상에 빠졌던 순간
	7차시 (표현)	나만의 감정 엽서를 꾸미며 감정과 꽃의 연결을 표현하기	꽃잎을 닮은 색깔을 골라 마음을 담아 그릴 때의 몰입감
	8차시 (공유)	친구들과 감정 엽서를 소개하며 서로의 감정을 공감하고 이야기 나누기	"네 감정도 나랑 비슷해!" 하고 함께 웃으며 이야기했던 따뜻한 순간
금낭화	9차시 (만남)	금낭화의 하트 모양과 색을 관찰하고 떠오르는 감정 이야기 나누기	"이 꽃은 엄마 마음 같아요"라고 말하며 따뜻한 감정을 느꼈던 순간
	10차시 (상상)	금낭화에 어울리는 감정 이름을 지어보고, 감정이 담긴 상황 상상하기	하트 모양을 보며 "설렘이", "포근이" 같은 감정 이름을 친구와 지은 순간
	11차시 (표현)	감정 카드에 감정 이름과 꽃 그림을 함께 담아 표현하기	내가 느낀 감정을 예쁜 카드에 적고 색칠하며 마음이 차분해졌던 순간
	12차시 (공유)	친구들과 감정 카드를 나누고 감정 나무에 붙이며 이야기 나누기	내 감정 카드가 감정 나무에 걸렸을 때, 누군가 공감해준 따뜻한 눈빛
개망초	13차시 (만남)	개망초의 작고 촘촘한 꽃잎을 관찰하며 떠오르는 감정을 이야기 나누기	작지만 힘차게 핀 개망초를 보며 "나랑 닮았어요"라고 말했던 순간
	14차시 (상상)	자신의 감정과 친구의 감정을 비교하며 감정의 차이를 상상하기	같은 꽃을 보며 다른 감정을 느끼는 친구의 이야기에 "정말 그렇구나" 하고 놀란 순간
	15차시 (표현)	감정 색 표현을 활용해 감정 포스터 만들기	노란색과 하늘색을 골라 감정을 표현하며 "내 마음에도 색이 있어요"라고 말한 경험
	16차시 (공유)	친구와 감정 인터뷰를 하며 감정의 공통점과 차이를 나누기	친구가 자신의 감정을 진심으로 들어주었을 때 마음이 따뜻해졌던 기억

〈표 5-7〉의 계속

들꽃	차시	활동 내용	아이들의 마음에 남는 경험
목단꽃	17차시 (만남)	목단꽃의 크기와 색, 향기를 감상하며 감정과 연결해 보기	크고 화려한 꽃을 보고 "기분이 뿌듯해졌어요"라고 말하며 기쁨을 느꼈던 순간
	18차시 (상상)	감정에 어울리는 계절이나 상황을 떠올려 이야기 만들기	"이 꽃은 내 생일날 기분 같아요"라며 특별한 기억을 떠올린 순간
	19차시 (표현)	감정 편지 쓰기를 통해 감정을 말과 글로 표현하기	좋아하는 친구에게 고운 마음을 담아 편지를 쓸 때 손이 떨리고 설렜던 순간
	20차시 (공유)	친구와 감정 편지를 교환하고 이야기 나누기	친구가 "너 편지 읽고 기분이 좋아졌어"라고 말했을 때 뿌듯했던 경험
채송화	21차시 (만남)	채송화의 색과 모양을 관찰하고, 채송화와 관련된 경험 이야기 나누기	"이 꽃은 우리 할머니 집에서 봤어요"라며 추억 속 풍경을 떠올린 순간
	22차시 (상상)	채송화가 들려주는 위로의 말을 상상하고 말풍선에 적어보기	"넌 잘하고 있어!"라고 꽃이 말하는 상상을 하며 웃음이 번졌던 순간
	23차시 (표현)	감정 엽서를 완성하고, 채송화에 담긴 나의 감정 그리기	내가 느낀 위로와 기쁨을 분홍빛으로 표현하며 마음이 편안해졌던 경험
	24차시 (공유)	감정 엽서를 모둠별로 전시하고 친구들과 감정 이야기 나누기	내 엽서를 본 친구가 "나도 이런 기분이었어"라고 말해줘서 마음이 통했던 순간
접시꽃	25차시 (만남)	접시꽃의 키 크고 곧은 모습과 색을 관찰하며 떠오르는 감정 이야기 나누기	"이 꽃은 나를 지켜주는 것 같아요"라고 말하며 든든한 감정을 표현했던 순간
	26차시 (상상)	접시꽃과 관련된 기억이나 장면을 떠올리며 감정 연결하기	"이 꽃을 보면 여름 방학 생각이 나요"라며 오래된 추억을 소환한 순간
	27차시 (표현)	감정 시 쓰기를 통해 접시꽃에 담긴 내 감정을 시로 표현하기	짧은 글 속에 마음을 담아 쓰며 "이건 나만의 시예요"라고 말한 순간
	28차시 (공유)	감정 시 발표 및 친구의 시에 공감하며 감정 나누기	친구의 시에 감동받아 "너 마음이 참 예쁘다"라고 말했던 따뜻한 경험
피어난 마음과 함께 걷는 길	29차시 (성찰)	지금까지의 감정 활동을 돌아보고, 감정 이야기 정리 및 친구에게 감정 선물 편지 쓰기, '감정 나무'에 약속 열매 달기	"나는 감정을 잘 표현할 수 있게 되었어요"라고 말하며 자신의 성장을 느낀 순간, 친구가 쓴 감정 편지를 받고 "마음이 따뜻해졌어요"라고 웃으며 말했던 기억

이 프로그램 '들꽃과 노는 아이' 활동은 3학년 학생들이 일곱 종류의 들꽃과 함께 감정을 만나고 표현하며, 친구들과 나누는 과정을 통해 정서적 성장을 경험할 수 있도록 구성된 감성 중심 자율활동 프로그램입니다. 〈표 5-7〉은 각 꽃별 4차시 활동(만남-상상-표현-공유)과 마지막 마무리 차시까지, 총 29차시의 활동을 구체적으로 보여주는 구성표입니다.

　민들레는 활동의 출발점이자 감정 교육의 씨앗이 되는 존재입니다. 학생들은 민들레의 생김새와 질감을 관찰하며 꽃과 감정을 처음 연결해보고, 감정 이름을 지어 표현하는 활동을 통해 자신의 감정을 언어화하는 경험을 시작하게 됩니다. 친구들과 감정을 나누는 과정에서 공감과 수용의 기쁨을 처음으로 느끼게 됩니다.

　괴불주머니는 독특한 모양을 통해 감정을 상상하고 확장하는 경험을 돕습니다. 학생들은 꽃의 생김새에 감정을 투영하며 '비밀이', '수줍이' 같은 감정 이름을 만들고, 그 감정을 바탕으로 이야기를 상상하며 감정 표현의 폭을 넓히게 됩니다. 엽서로 만든 감정 이야기를 친구와 나누는 과정에서 창의성과 감성의 조화를 경험하게 됩니다.

　금낭화는 하트 모양을 통해 따뜻함, 사랑, 위로와 같은 부드러운 감정을 끌어냅니다. 학생들은 감정 이름과 그 이유를 말과 글로 표현하고, 감정 카드를 만들어 감정 나무에 붙이며 친구들과 감정을 교류하게 됩니다. 이 활동을 통해 자신의 감정뿐 아니라 타인의 감정에도 귀 기울이는 공감 능력이 자랍니다.

　개망초는 작고 단순한 꽃을 통해 감정의 섬세함과 다양성을 발견하게 해주는 들꽃입니다. 학생들은 감정을 색깔로 표현하고, 친구의 감정과 비교하며 감정의 차이를 이해합니다. 감정 포스터 만들기와 감정 인터뷰 활동은 자기 감정에 대한 확신과 타인의 감정에 대한 존중을 함께 키워주는 기회가 됩니다.

　목단꽃은 크고 화려한 모습에서 비롯되는 자존감과 특별한 감정을 중심으로 구성됩니다. 학생들은 감정에 어울리는 계절과 상황을 떠올리고, 감정 편지를 통해 자신이 받은 고마움이나 응원을 언어로 표현해 봅니다. 감정 편지를 주고받는 활동은 관계적 감정 표현과 진심의 소통을 경험하는 소중한 시간이 됩니다.

　채송화는 따뜻한 색감과 익숙한 꽃의 이미지로 기억, 위로, 감정 안정의 매개가 됩니다. 학생들은 꽃과 관련된 추억을 떠올리며 감정 엽서를 만들고, 전시와 나눔을 통해 친구들과의 감정 연결감을 높이게 됩니다. 특히 감정 표현물이 시각화되는 경험은 감정에 대한 자긍심을 키워주는 요소가 됩니다.

접시꽃은 활동의 마지막 들꽃으로, 곧은 줄기와 강직한 이미지가 존중, 의지, 보호받고 싶은 감정을 불러일으킵니다. 학생들은 감정과 관련된 기억을 바탕으로 감정 시를 쓰고, 이를 발표하면서 감정의 깊이와 서정성을 함께 키우게 됩니다. 친구의 시를 듣고 진심으로 감동하는 과정은 감정 공감의 성숙한 단계로 이어집니다.

마지막의 29차시는 '피어난 마음, 함께 걷는 길'이라는 배움 주제로 마무리됩니다. 학생들은 지금까지의 활동을 돌아보며 자신이 자라온 감정의 씨앗을 정리하고, 감정 선물 편지와 감정 나무 활동을 통해 따뜻한 감정의 연결을 학급 전체로 확장하게 됩니다. 이 성찰의 시간은 감정 교육의 완결을 의미하며, 학생 개개인의 마음속에 스스로 피워낸 감정의 꽃 한 송이를 남기는 활동이 됩니다.

7. 평가 계획

1) 성취기준 중심의 평가 계획

〈표 5-8〉은 '들꽃과 노는 아이' 활동에서 제시된 3개의 성취기준에 대해 구체적인 평가 요소와 수업 및 평가 방법을 정리한 표입니다. 이 표는 성취기준의 실질적인 운영과 평가에 도움을 줄 수 있도록 구성되었습니다.

[3국들꽃-01] 성취기준은 들꽃을 관찰하면서 느낀 감정을 말이나 글로 표현하는 능력을 중심으로 평가합니다. 이를 위해 '들꽃 감정 일기 쓰기', '들꽃을 소개하는 말하기 활동'과 같은 수업을 운영하고, 감정 일기를 포트폴리오로 평가하거나 말하기 활동을 관찰하여 평가합니다. 이 과정에서는 학생이 들꽃의 특징과 자신의 감정을 연결 지어 표현할 수 있는지, 그리고 감정을 얼마나 진솔하게 언어화했는지를 평가 요소로 삼습니다.

〈표 5-8〉 '들꽃과 노는 아이' 활동의 성취 기준별 평가 요소와 방법

성취기준 부호	평가 요소	수업 및 평가 방법
[3국들꽃-01]	• 관찰한 들꽃의 특징과 감정을 연결 지어 표현하기 • 감정을 말이나 글로 자연스럽고 진솔하게 표현하기	[수업 방법] 들꽃 감정 일기 쓰기, 　　　　　　들꽃을 소개하는 말하기 활동 [평가 방법] 감정 일기 포트폴리오 평가 　　　　　　말하기 활동 관찰 평가
[3국들꽃-02]	• 친구의 말이나 행동에서 감정을 이해하려고 노력하기 • 친구의 감정에 따뜻하게 반응하며 배려를 실천하려고 노력하기	[수업 방법] 감정 교환 활동(감정 카드 나누기) 　　　　　　배려 연극 활동 또는 역할극 [평가 방법] 활동 관찰 체크리스트 　　　　　　친구 피드백(교차 평가)
[3국들꽃-03]	• 들꽃의 색이나 형태를 관찰한 내용을 감정과 연결 짓기 • 다양한 미술 매체를 활용하여 창의적으로 표현하기	[수업 방법] 들꽃 감정 그림 그리기 　　　　　　자연물 콜라주 활동 [평가 방법] 작품에 대한 자기평가 　　　　　　(표현 의도 설명하기 포함) 　　　　　　교사 루브릭에 따른 수행평가

[3국들꽃-02] 성취기준은 친구의 감정을 공감하고 배려하는 태도를 기르는 데 중점을 둡니다. 이에 따라 '감정 카드 나누기'와 같은 감정 교환 활동이나 '배려 연극 활동' 등을 통해 수업이 진행되며, 활동 관찰 체크리스트와 친구 피드백(교차 평가)을 통해 평가가 이루어집니다. 친구의 말과 행동을 이해하려는 태도와, 따뜻하게 반응하고 배려하려는 실천 의지를 평가 요소로 삼고 있습니다.

[3국들꽃-03] 성취기준은 들꽃의 색과 형태를 관찰하여 감정과 연결 짓고, 다양한 매체를 활용하여 표현하는 창의성을 평가합니다. 이를 위해 '들꽃 감정 그림 그리기'나 '자연물 콜라주 활동'과 같은 미술 활동을 운영하고, 학생의 표현 의도를 설명하는 자기평가나 교사의 루브릭에 따른 수행평가가 활용됩니다. 이 기준에서는 감정 연결의 깊이와 미술적 창의성이 중요한 평가 기준이 됩니다.

이러한 구체적인 평가 요소와 방법의 제시는 교사가 수업을 보다 체계적이고 효과적으로 운영하는 데 실질적인 도움이 됩니다. 또한 학생의 성장과정에 대한 정성적인 이해를 높이는 데도 기여할 수 있습니다.

〈표 5-9〉는 '들꽃과 노는 아이' 활동에서 제시된 세 가지 성취기준에 대해, 학생의 수행 정도를 4단계로 나누어 평가할 수 있도록 안내하는 자료입니다. 각 성취기준에 대해 '매우 잘함', '잘함', '보통', '노력 요함'의 4단계로 구체적인 수행 기준을 제시함으로써, 학생들의 성취 수준을 보다 명확히 진단하고 피드백할 수 있도록 도와줍니다.

〈표 5-9〉 '들꽃과 노는 아이' 활동의 성취 기준별 평가 기준

성취 기준		평가 기준
[3국들꽃-01] 들꽃을 관찰하며 떠오른 감정을 인식하고, 말이나 글 등 다양한 방식으로 표현한다.	매우 잘함	들꽃의 특징과 자신의 감정을 깊이 있게 연결하여 말이나 글로 진솔하고 창의적으로 표현할 수 있다.
	잘함	들꽃의 특징을 이해하고, 그에 대한 감정을 자연스럽게 말이나 글로 표현할 수 있다.
	보통	들꽃에 대한 관찰 내용을 간단히 말하거나 글로 표현할 수 있다.
	노력 요함	들꽃 관찰에서 느낀 감정을 말이나 글로 표현하려는 시도를 해볼 수 있다.
[3국들꽃-02] 친구의 감정 표현을 공감하며 마음을 짐작하고, 배려하는 태도를 기른다.	매우 잘함	친구의 감정을 세심하게 읽어내고, 따뜻한 말과 행동으로 배려를 실천할 수 있다.
	잘함	친구의 감정을 이해하고, 적절한 언어와 행동으로 공감과 배려를 표현할 수 있다.
	보통	친구의 감정을 파악하려고 하며, 공감 표현을 해볼 수 있다.
	노력 요함	친구의 감정을 이해하고 배려하려는 태도를 조금씩 실천해볼 수 있다.
[3국들꽃-03] 자연물(들꽃)의 색과 형태를 관찰하여 감정과 연결 짓고, 다양한 매체로 느낌이나 생각을 창의적으로 표현한다.	매우 잘함	들꽃의 색과 형태를 관찰하여 감정과 독창적으로 연결 짓고, 다양한 표현 매체를 창의적으로 활용할 수 있다.
	잘함	들꽃의 관찰 내용을 감정과 연결하여 자연스럽게 표현할 수 있다.
	보통	들꽃의 특징을 표현 활동에 반영하여 표현할 수 있다.
	노력 요함	들꽃을 관찰하고, 표현하려는 시도를 다양한 매체로 해볼 수 있다.

성취기준 [3국들꽃-01]은 들꽃을 관찰하며 떠오른 감정을 말이나 글로 표현하는 능력을 평가합니다. '매우 잘함'은 들꽃의 특징과 자신의 감정을 깊이 있게 연결하여 진솔하고 창의적으로 말이나 글로 표현하는 수준을 의미합니다. '잘함'은 들꽃의 특징을 이해하고 자연스럽게 감정을 표현하는 단계이며, '보통'은 들꽃에 대한 관찰 내용을 간단히 표현할 수 있는 수준입니다. '노력 요함'은 감정을 표현하려는 시도는 있으나 구체적인 연결이 부족한 단계입니다.

성취기준 [3국들꽃-02]는 친구의 감정 표현을 공감하고 배려하는 태도를 평가합니다. '매우 잘함'은 친구의 감정을 세심하게 읽고, 따뜻한 말과 행동으로 배려를 실천하는 수준입니다. '잘함'은 친구의 감정을 이해하고 적절한 언어와 행동으로 공감과 배려를 표현할 수 있는 단계이며, '보통'은 감정을 파악하고 공감 표현을 해보는 수준입니다. '노력 요함'은 감정을 이해하고 배려하려는 태도를 조금씩 실천해 보는 단계입니다.

성취기준 [3국들꽃-03]은 들꽃의 색과 형태를 관찰하고 감정과 연결하여 다양한 매체로 창의적으로 표현하는 능력을 평가합니다. '매우 잘함'은 감정을 독창적으로 연결 짓고, 다양한 표현 매체를 창의적으로 활용하는 수준입니다. '잘함'은 들꽃 관찰 내용을 감정과 연결하여 자연스럽게 표현하는 단계이며, '보통'은 들꽃의 특징을 표현 활동에 반영할 수 있는 수준입니다. '노력 요함'은 표현하려는 시도는 있으나 감정 연결이나 매체 활용에 미흡한 단계입니다.

이 평가 기준은 학생 개별의 성장과 발달 특성을 고려하면서도, 교사가 객관적이고 구체적으로 관찰하고 지도할 수 있는 도구로 활용될 수 있습니다. 활동 중심 수업의 평가 자료로써 매우 유용한 기준이 될 것입니다.

이 활동에서는 학습자의 감정 표현과 생명 감수성 함양 과정을 다면적으로 살펴보기 위해, 포트폴리오와 관찰일지를 기반으로 한 체크리스트 평가를 실시합니다. 〈표 5-10〉은 '들꽃과 노는 아이' 활동의 과정과 결과를 관찰하고 기록하기 위한 포트폴리오 및 관찰일지의 평가 체크리스트입니다.

이 표는 정성적인 평가를 기반으로 하여 학생의 감정 표현 능력, 공감 태도, 창의적 사고, 성찰 역량 등을 균형 있게 바라볼 수 있도록 설계되었습니다. 세부 평가 기준은 총 6개 문항으로 구성되어 있으며, 학생이 들꽃을 관찰한 후 느낀 점을 글이나 그림으로 표현하였는지, 감정 이름 짓기와 이야기 만들기를 통해 자신의 감정을 어떻게 표현했는지, 또 친구의 감정을 얼마나 공감하고 따뜻한 태도로 반응했는지를 포함하고 있습니다.

이 외에도 다양한 방식으로 감정과 생각을 표현한 활동 결과물의 충실도, 감정이 담긴 엽서나 시, 카드 등의 표현물 완성도, 그리고 마지막으로 활동 전반을 되돌아보고 정리해보는 성찰의 깊이까지 평가 항목으로 담고 있습니다.

평가 척도는 '아주 잘했어요(5점)'부터 '더 노력할게요(1점)'까지 5단계로 구성되어 있으며, 학습자의 긍정적인 변화를 격려하면서도 구체적인 피드백이 가능하도록 하였습니다.

〈표 5-10〉 포트폴리오 및 관찰일지의 평가를 위한 체크리스트

포트폴리오 및 관찰일지의 세부 평가 기준	아주 잘했어요	잘했어요	보통이에요	조금 어려웠어요	더 노력할게요
1. 들꽃을 관찰하고 느낀 점을 자신의 말이나 그림으로 정성껏 표현했나요?	⑤	④	③	②	①
2. 감정 이름을 짓거나 감정 이야기를 만들며 자신의 감정을 표현했나요?	⑤	④	③	②	①
3. 친구의 감정을 공감하고 따뜻한 말이나 행동으로 반응했나요?	⑤	④	③	②	①
4. 들꽃 활동을 통해 느낀 감정이나 생각을 다양한 방법으로 표현했나요?	⑤	④	③	②	①
5. 활동지나 결과물(엽서, 시, 카드 등)에 자신의 감정이 잘 담겨 있었나요?	⑤	④	③	②	①
6. 자연과 감정의 연결을 통해 배운 점을 되돌아보고 정리해 보았나요?	⑤	④	③	②	①

이러한 정성적 평가는 학생의 감정 표현 과정을 있는 그대로 존중하고, 성장과 발달의 관점에서 바라보는 따뜻한 평가의 실천을 가능하게 합니다.

2) '자기 주도적인' 인간상 중심의 평가 계획

대한민국 교육과정이 추구하는 인간상 중 '자기 주도적인' 사람을 측정하기 위한 검사 도구(류청산, 2019)는 〈표 5-11〉의 일반적인 문항에 제시하였습니다.

〈표 5-11〉 '자기 주도적인' 인간상의 평가 도구

ID	일반 문항 (요인 타당도: 60.8%, 신뢰도: 83.7%)	이 활동에 특화된 문항 (요인 타당도: 63.0%, 신뢰도: 84.7%)
1	나는 주어진 문제를 잘 해결하는 편이다.	나는 '들꽃과 노는 아이' 활동 중, 생긴 어려움을 스스로 해결한다.
2	나는 어려움에 부딪쳤을 때, 문제를 해결하기 위해 끝까지 노력한다.	나는 감정 표현이나 공감 활동에 끝까지 참여하려고 노력한다.
3	나는 어려운 일도 스스로 해결하려고 노력한다.	나는 활동지나 결과물을 스스로 정리하고 완성한다.
4	나는 내가 세운 목표에 따라 스스로 실천하는 사람이다.	나는 나만의 감정 색과 이름을 정하여 표현 활동을 주도적으로 실천한다.
5	나는 어려움에 부딪쳤을 때, 남의 도움 없이 스스로 해결하려는 의지가 강하다.	나는 감정 이름 짓기나 이야기 만들기에서 도움 없이 나만의 생각으로 표현한다.

이 표는 '들꽃과 노는 아이' 활동이 추구하는 인간상 중 하나인 '자기 주도적인 사람'의 함양 정도를 평가하기 위해 구성된 도구입니다. 이 평가는 일반 문항과 함께, 이 활동에 특화된 진술문으로 구성되어 있어 활동 맥락에 맞는, 보다 구체적이고 실질적인 자기 진단이 가능하도록 설계되었습니다.

특히 특화 문항은 학생들이 들꽃 관찰, 감정 표현, 이야기 만들기, 결과물 정리 등 다양한 활동을 통해 자신이 얼마나 주도적으로 참여하고 실천했는지를 스스로 성찰할 수 있도록 유도합니다. 예를 들어, '활동 중 생긴 어려움을 스스로 해결한다', '감정 색과 이름을 정하여 표현 활동을 실천한다'와 같은 문장은 단순한 행동 평가를 넘어 학생의 자기 조절력과 성실성까지 함께 살펴볼 수 있는 구조로 되어 있습니다.

요인 타당도와 신뢰도 또한 각각 63.0%와 84.7%로 기대치를 충족하고 있으며, 이는 평가 도구로서의 안정성과 실용성을 뒷받침합니다. 이 도구는 사전·사후 비교를 통한 정량적 변화 측정은 물론, 학생 개개인의 성장 과정에 대한 질적 이해에도 유용하게 활용될 수 있습니다.

교사들은 이 평가 도구를 통해 학생들의 감정 인식과 표현 활동이 단순한 체험에 그치지 않고, 자율성과 자기 주도성을 내면화하는 데 얼마나 기여했는지를 구체적으로 확인할 수 있습니다. 따라서 본 도구는 감성 교육을 실천하는 모든 교사들에게 추천할 만한 실천 중심의 평가 자료입니다.

3) 핵심역량 중심의 평가 계획

『꽃과 노는 아이』 활동을 통해 길러지는 '심미적 감성' 역량을 진단하기 위한 자기평가 도구를 개발하여 정리하면 〈표 5-12〉와 같습니다. 심미적 감성'은 아름다움을 인식하고 감동하며, 이를 자기만의 방식으로 표현하는 역량입니다. 이것은 이 활동의 중심을 이루는 관찰, 상상, 표현의 흐름과 긴밀하게 연결되어 있습니다. 이 표에서는 일반 문항과 이 활동에 특화된 문항을 함께 제시하여 학생의 전반적 감수성과 활동 반응을 통합적으로 확인할 수 있도록 구성하였습니다.

이 표는 기존의 일반 문항과 더불어, 들꽃 활동의 특성을 반영한 특화 문항을 병렬로 구성함으로써 정서적·심미적 역량의 변화를 더욱 효과적으로 확인할 수 있도록 설계되었습니다. 이 활동에 특화된 문항은 학생들이 들꽃을 관찰하면서 떠오른 감정을 자신만의 방식으로 표현하고 해석하는 과정에 주목하고 있습니다.

예를 들어, '감정 이름에 어울리는 색이나 표현을 스스로 찾아냈는가?', '자신만의 방식으로 감정을 표현하며 활동을 즐겼는가?'와 같은 문항은 정서의 섬세한 인식과 표현, 미적 감각, 창의적 해석 능력을 함께 측정할 수 있도록 구성되어 있습니다.

〈표 5-12〉 '심미적 감성' 역량의 평가도구

ID	일반 문항 (타당도: 64.7%, 신뢰도:86.3%)	이 활동에 특화된 문항 (타당도: 65.1%, 신뢰도:87.5%)
1	다른 사람들이 가지고 있지 않은 뛰어난 능력을 갖추고 있다.	나는 들꽃을 보며 나만의 감정이나 느낌을 새롭게 떠올린 적이 있다.
2	다른 사람들이 깜짝 놀랄만한 나만의 재능이 있다.	나는 들꽃의 색이나 모양에서 특별한 감정을 발견한 적이 있다.
3	나는 특정 분야에 뛰어난 능력을 갖추고 있다는 말을 자주 듣는다.	나는 감정 이름을 지으며 그 감정에 어울리는 색이나 표현을 스스로 찾아낼 수 있었다.
4	나는 보통 사람들과 다르거나 재미 있는 사람이다.	나는 나만의 방식으로 감정을 표현하며 활동을 즐길 수 있었다.
5	내 방식대로 즐겁게 활동하는 모습을 보여준다.	나는 감정을 그림, 말, 글 등 다양한 방법으로 즐겁게 표현해 보았다.

이 도구는 5점 척도로 학생의 자기 응답을 모을 수 있으며, 기대되는 요인 타당도는 약 65%, 신뢰도는 87%로 추정되어 심미적 감성 영역의 정량적 측정도 가능하게 합니다. 이를 통해 학생들의 감성 성장 정도를 수업 전후에 비교하거나, 다른 역량 요소와의 상관관계를 분석하는 등 다양한 형태로 확장 활용할 수 있습니다.

들꽃과 함께 걷는 길: 피어나는 감성, 이어지는 생명
(4학년 - 들꽃 감정 일기: 마음이 피는 봄날)

1. 활동 주제 - 들꽃 감정 일기: 마음이 피는 봄날

『들꽃 감정일기: 마음이 피는 봄날』은 아이들이 봄날의 들꽃을 만나며 마음속에 피어나는 감정을 느끼고, 그 감정을 글과 그림으로 표현해보는 따뜻한 감성 중심 자율활동 프로그램입니다.

이 프로그램에서 아이들은 꽃의 색과 모양, 향기와 움직임을 바라보며 자신의 감정을 떠올리고, 그 감정을 들꽃에 비추어 이야기로 엮습니다. 때로는 마음속 말풍선으로, 때로는 감정 카드로, 때로는 나만의 들꽃 엽서로 표현해 보면서, 자기 안의 감정과 자연의 아름다움이 어떻게 닮아 있는지를 알아가게 됩니다.

『들꽃 감정일기』가 추구하는 인간상은 "심미적 감성을 지닌 교양 있는 사람"입니다. 들꽃을 바라보며 '예쁘다'고 말할 수 있는 감성, 그 아름다움을 말과 글, 색과 형태로 표현할 수 있는 힘, 그리고 친구들과 감정을 나누고 공감할 수 있는 마음을 키우는 것이 이 활동의 핵심입니다.

이 활동 속에서 아이들은 자기감정을 솔직하게 표현하고, 타인의 감정에 귀 기울이며, 자연을 감각적으로 수용하는 법을 익히게 됩니다. 관찰력은 물론 언어 감수성과 감정 어휘도 자연스럽게 자라납니다. 감정일기를 쓰는 손끝에서, 들꽃을 그리는 색연필에서, 엽서 한 장에 담은 위로의 말에서, 아이들은 자기 자신과 세상을 따뜻하게 바라보는 눈을 키우게 됩니다.

또한 이 프로그램은 교육과정 총론이 강조하는 창의적 체험활동의 방향과도 잘 맞닿아 있습니다. 특히 '환경·지속 가능한 발전 교육'과 연계하여, 작은 생명에 대한 관심과 배려, 자연을 있는 그대로 바라보는 존중의 태도를 내면화할 수 있도록 돕습니다.

지금 이 순간에도 학교 화단 한켠에서 조용히 피어 있는 들꽃이 있을 거예요. 그 꽃이 누군가의 감정일기 속에 담긴다면, 그것은 꽃을 위한 기록인 동시에, 아이들의 마음을 돌보는 일이 될 것입니다. 『들꽃 감정일기: 마음이 피는 봄날』이 교실 속에 잔잔한 봄바람처럼 퍼져나가길 바랍니다.

2. 활동의 개요

『들꽃 감정 일기: 마음이 피는 봄날』 활동은 아이들이 들꽃을 통해 자신의 감정을 만나고, 표현하고, 나누는 과정을 따라가는 감성 중심 자율활동 프로그램입니다. 이 활동은 [그림 5-2]와 같이 총 4단계로 구성되며, 아이들의 감수성과 자기표현 역량을 차분히 키워줍니다.

---

4. 공유 (성찰 단계): 마음이 피어나는 봄날, 함께 감정을 나누어요
(1) 감정카드나 엽서를 친구들과 나누며 마음을 전해요.
(2) 전시회, 감정 나눔 시간 등을 통해 서로의 느낌을 공유해요.
(3) 친구의 감정 이야기를 들으며 공감의 폭을 넓혀요.
(4) 나만의 감정 표현 방식과 느낀 점을 정리해요.

1. 만남 (도입 단계): 들꽃을 만나다, 내 마음의 거울이 된 작은 꽃
(1) 들꽃의 색, 모양, 냄새를 관찰하며 나만의 느낌을 떠올려요.
(2) 들꽃 이름의 의미와 생김새가 어떻게 닮았는지 알아봐요.
(3) 꽃을 바라보며 떠오르는 감정을 친구들과 나눠요.
(4) 꽃에게 감정을 투영하며 내 마음을 비추어봐요.

 들꽃 감정 일기 (마음이 피는 봄날)

3. 표현 (실천 단계): 감정을 피우는 시간, 그리고 쓰고, 나누는 이야기
(1) 감정 이름을 담은 꽃카드나 감정 엽서를 만들어요.
(2) 감정을 담아 짧은 글이나 시, 말풍선 글을 써요.
(3) 꽃과 함께한 나의 감정일기를 꾸며요.
(4) 표현을 통해 꽃과 내 마음의 연결을 시각화해요.

2. 상상 (탐구 단계): 꽃과 내 마음을 이어주는 감정 이름 찾기
(1) 꽃의 분위기와 내 감정을 연결하며 감정 이름을 붙여봐요.
(2) 감정에 어울리는 색깔이나 날씨, 계절을 떠올려요.
(3) 꽃의 입장에서 이야기해 보며 감정을 상상해요.
(4) 나의 들꽃 감정 이야기를 정리해요.

[그림 5-2] 들꽃을 소재로 한 학교 자율활동의 마인드맵

먼저 '만남' 단계에서는 아이들이 봄날 교실 밖에서 들꽃과 마주합니다. 꽃의 색과 향기, 모양을 관찰하며, 아이들은 자연의 섬세함에 눈을 뜨게 됩니다. 단순히 보는 것을 넘어, '이 꽃은 어떤 감정을 닮았을까?' 하고 스스로에게 질문을 던지면서 꽃과 마음 사이의 연결을 발견해 갑니다. 작은 꽃 하나가 아이들의 마음을 비치는 거울이 되는 순간입니다.

두 번째 단계는 '공감'입니다. 이 단계에서는 아이들이 들꽃에서 느낀 감정을 언어화하는 연습을 하게 됩니다. 꽃의 분위기나 계절감을 통해 감정의 이름을 붙여보고, 그 감정에 어울리는 색깔이나 날씨를 떠올리며 감성의 폭을 넓혀갑니다. 나아가 꽃의 입장에서 이야기를 지어보는 활동은 상상력뿐 아니라 타인의 감정에 대한 이해와 공감 능력까지 자라게 합니다.

세 번째 단계는 '표현'입니다. 학생들은 자신이 느낀 감정을 글이나 그림, 손으로 만든 엽서나 감정 카드로 표현합니다. 짧은 시, 말풍선 문장, 나만의 감정 일기 등 다양한 방식으로 감정을 시각화하며, 자연스럽게 자신을 표현하는 힘을 기르게 됩니다. 이 과정에서 '감정은 말할 수 있고, 나눌 수 있다'라는 것을 경험합니다.

마지막은 '나눔'의 시간입니다. 아이들이 만든 감정 표현물을 친구들과 나누고, 서로의 감정을 공감하며 감성적인 연결을 만들어갑니다. 전시회나 발표회를 통해 친구의 감정에 귀 기울이는 경험은, 나와 타인을 이해하는 사회적 감수성을 키우는 소중한 계기가 됩니다. 또한 이 활동은 아이들이 자신의 감정에 대해 정리하고, 자연과 생명을 대하는 따뜻한 태도를 되새기게 하는 성찰의 시간이기도 합니다.

이 프로그램은 〈표 5-13〉과 같이 초등학교 4학년을 대상으로 국어, 도덕, 미술, 창의적 체험활동을 중심 교과로 하여, 정서 표현과 감정 공감을 자연스럽게 통합 운영할 수 있도록 설계하였습니다.

특히 정규 교과에서 다루기 어려운 감정 표현과 심미적 감성 활동을 중심에 두고, 29차시로 편성하였으며, 교실 안팎에서 안전하고 유연하게 운영할 수 있도록 구성하였습니다.

이 활동은 학생들이 교실 밖에서 만난 작은 들꽃을 통해 자신의 감정을 마주하고, 감정의 이름을 붙이고, 글과 그림으로 표현하고, 친구들과 나누는 과정을 통해 감정 조절력과 표현력을 키우는 감성 중심 자율활동입니다. 들꽃은 아이들의 감정을 담아낼 수 있는 자연의 거울이자 친구가 되어, 아이들이 자연을 감각적으로 수용하고 자기 내면의 정서를 드러내는 기회를 제공해 줍니다.

개설 유형은 '활동 ①'에 해당하며, 학교 자율시간 또는 창의적 체험활동 시간에 교과 간 통합 수업 형태로도 운영할 수 있습니다. 편성 방식은 지속형을 원칙으로 하되, 학교 여건에 따라 집중형이나 혼합형으로도 조정할 수 있으며, 봄철 개화 시기인 3~6월에 맞추어 주간 혹은 격주 운영 방식으로도 손쉽게 적용할 수 있습니다.

〈표 5-13〉 '들꽃 감정 일기' 활동의 개요

학교명	○○ 초등학교		활동명	들꽃 감정 일기 (마음이 피는 봄날)							
활동 편성 교과	국어 ☑ 사회 ☐ 도덕 ☑ 수학 ☐ 과학 ☐ 실과 ☐ 체육 ☐ 음악 ☐ 미술 ☑ 영어 ☐ 창의적체험활동 ☑		적용학년	3학년		4학년		5학년		6학년	
			적용학기	1학기 ☐	2학기 ☐	1학기 ☑	2학기 ☐	1학기 ☑	2학기 ☐	1학기 ☑	2학기 ☐
			적용시간			29					
활동 개설의 필요성	4학년 학생들은 감정을 언어와 그림으로 표현하며 자기 감수성을 확장해 가는 시기입니다. 들꽃이라는 친근한 자연 소재를 중심으로 감정을 느끼고, 이름 붙이고, 표현하고, 나누는 과정을 경험함으로써 심미적 감성과 공감 능력, 자기 표현력 등이 자연스럽게 자라납니다. 특히 2022 개정 교육과정에서 강조하는 '심미적 감성을 지닌 교양 있는 사람'이라는 인간상과 '환경·지속 가능한 발전 교육'의 범교과 주제와도 잘 맞닿아 있어, 학생들이 자연과 생명에 대한 존중을 바탕으로 따뜻한 삶의 태도를 기를 수 있도록 도와줍니다. 또한 정서 중심의 표현 활동을 통해 학생들이 자신의 감정을 안정적으로 표현하고 타인과 소통하는 경험을 쌓음으로써, 관계 중심 역량과 회복 탄력성을 함께 기를 수 있는 교육적 필요성이 높습니다.										
개설유형	☑ 활동 ①		☐ 활동 ②			☐ 과목			☐ 과목+활동		
운영 형태	☐ 지역 연계		☑ 교과 통합 설계			☐ 기초 소양 강화			☐ 학생 주도 설계		
편성 방식	☑ 지속형		☐ 집중형			☐ 혼합형					
인간상	☐ 자기 주도적인		☐ 창의적인			☐ 교양 있는			☑ 더불어 사는		
핵심역량	☐ 자기관리 ☑ 심미적 감성		☐ 지식정보처리 ☐ 협력적 소통			☐ 창의적 사고 ☐ 공동체					
범교과 활동 연관 주제	☐ 안전·건강 ☐ 인권 ☐ 경제·금융		☐ 인성 ☐ 다문화 ☑ 환경·지속 가능한 발전			☐ 진로 ☐ 통일			☐ 민주시민 ☐ 독도		
교재	☐ 기존 개발 도서 (시중 유통 도서): 개발 예정 ☑ 교재(교과서) 없이 교수·학습자료 활용(차시별 학습지를 개발하여 활용)										

이 활동을 통해 학생들은 '심미적 감성'을 중심으로 '자기관리', '협력적 소통' 등의 핵심역량을 자연스럽게 기르게 되며, 교육과정 총론에서 제시하는 '더불어 사는 사람'이라는 인간상과도 깊이 맞닿아 있습니다. 또한 범교과 학습 주제로는 '환경·지속 가능한 발전', '인권', '다문화'와 연계가 가능하여, 자연과 생명에 대한 존중, 타인에 대한 공감과 배려의 감수성을 키우는 데 이바지합니다.

교재는 차시별 활동지 형태로 개발되어 교과서 없이도 교수·학습자료로 바로 활용할 수 있으며, 앞으로는 선택형 자료나 디지털 콘텐츠 형태로도 확장 개발할 예정입니다. 이를 통해 교사와 학생 모두의 활용 편의성과 자율성을 높이고, 학교 현장에서 실질적이고 따뜻한 감성 교육이 이뤄질 수 있도록 지원하고자 합니다.

3. 활동의 내용 요소

'들꽃 감정 일기' 활동은 들꽃을 통해 자신의 감정을 인식하고, 표현하고, 나누는 과정을 중심으로 구성된 감성 성장 프로그램입니다. 이 활동은 들꽃이라는 작은 자연물과의 만남을 통해 아이들이 감정을 비추어보고, 그 감정을 말과 글, 그림으로 표현하며 자기 표현력과 심미적 감성을 기를 수 있도록 〈표 5-14〉와 같이 설계되었습니다.

〈표 5-14〉 '들꽃 감정 일기' 활동의 내용 체계

핵심 아이 디어	- 들꽃은 작지만 생명력 있는 존재로, 감정을 비추는 자연의 거울이다. - 감정을 표현하고 나누는 활동은 자기 이해의 첫걸음이며, 타인과의 공감을 확장하는 과정이다. - 꽃과 감정의 연결은 시각, 촉각, 후각 등 오감을 활용한 정서적 체험으로 이루어진다. - 들꽃을 매개로 한 감정 일기는 자기표현력과 심미적 감성을 기르는 감성 성장의 장이다.
범주	구상한 내용 요소
지식 이해	- 들꽃의 이름, 생김새, 색깔, 계절과의 관계 등에 대한 기초 정보 이해 - 감정의 이름과 종류, 감정과 상황의 연결성 이해 - 감정 표현에 사용되는 어휘의 뉘앙스 및 느낌 차이에 대한 이해
과정 기능	- 관찰: 들꽃의 외형, 색, 감정적 분위기를 자세히 바라보고 표현하기 - 감정 연결: 꽃의 특징과 나의 감정을 연결해보고 감정 이름 붙이기 - 표현: 감정을 담아 시, 말풍선 글, 그림, 엽서, 감정카드 등으로 표현하기 - 나눔: 표현물을 친구들과 공유하며 감정 공감 활동하기
가치 태도	- 자연 속 생명을 소중히 여기고 존중하는 태도 기르기 - 감정을 솔직하게 표현하고, 타인의 감정에 귀 기울이는 태도 기르기 - 감정 표현과 나눔을 통한 공감, 배려, 협력의 생활화 - 감정을 인식하고 성찰하는 과정을 통해 삶을 따뜻하게 바라보는 눈 기르기

핵심 아이디어는 들꽃이 단순한 식물이 아닌, 감정을 담아낼 수 있는 자연의 거울이며, 감정 표현은 곧 자기 이해의 출발점이라는 데 있습니다. 감정과 들꽃의 연결은 시각, 촉각, 후각 등 오감을 활용한 정서적 체험으로 이루어지며, 학생들은 이러한 경험을 통해 자신과 타인의 감정을 존중하는 태도를 기르게 됩니다.

지식·이해 영역에서는 들꽃의 이름, 생김새, 색깔, 계절과의 관계 등 기초 생태 정보와 더불어 감정의 이름과 종류, 감정과 상황의 연결성, 그리고 감정 어휘의 뉘앙스와 느낌 차이에 대한 이해를 포함합니다. 이를 통해 학생들은 감정의 어휘적 다양성과 감정 표현의 섬세함을 함께 배우게 됩니다.

과정·기능 영역에서는 관찰, 연결, 표현, 나눔의 네 가지 활동 흐름이 유기적으로 연결됩니다. 학생들은 들꽃의 외형과 분위기를 세심히 관찰하고, 그 느낌을 자신의 감정과 연결하여 감정의 이름을 붙입니다. 이후 말풍선 글, 감정 엽서, 그림, 카드 등의 형태로 자신만의 감정 이야기를 시각화하며, 친구들과 나누는 활동을 통해 감정을 공감하고 소통하는 법을 자연스럽게 익혀갑니다.

가치·태도 영역에서는 감정을 존중하고 생명을 아끼는 마음을 기르며, 감정 표현과 나눔을 통해 공감, 배려, 협력의 태도를 키우는 것을 목표로 합니다. 또한 감정의 흐름을 인식하고 성찰하는 경험은 아이들이 자신의 감정에 대해 따뜻하고 건강한 시선을 갖도록 돕습니다.

4. 활동의 성취기준

'들꽃 감정 일기' 활동 프로그램에 맞추어 〈표 5-15〉와 같이 성취기준을 제시하였습니다. 각 성취기준은 4학년 학생들의 발달 수준과 활동 흐름에 맞추어 감정 이해, 표현, 공감의 흐름이 유기적으로 연결되도록 설계하였습니다.

이 활동은 들꽃을 매개로 감정을 인식하고 표현하며 공감하는 과정을 통해, 학생들이 자신의 감정을 솔직하게 들여다보고 따뜻하게 표현할 수 있도록 돕는 학교자율시간의 활동 프로그램입니다. 활동은 관찰에서 표현, 나눔에서 성찰로 이어지는 감성 성장 흐름을 중심으로 구성되며, 이에 따라 3개의 성취기준을 설정하였습니다.

〈표 5-15〉 '들꽃 감정 일기' 활동의 성취기준

성취기준 부호	성취기준 내용
[4국들꽃-01]	들꽃을 관찰하고, 자신의 감정을 연결하여 다양한 방법으로 표현한다.
[4국들꽃-02]	들꽃을 통해 감정 표현의 언어적·시각적 표현력을 기르고, 감정의 깊이를 성찰한다.
[4국들꽃-03]	친구의 감정 표현을 존중하고 공감하며, 감정 나눔을 통해 더불어 사는 태도를 기른다.

성취기준 [4국들꽃-01]은 들꽃의 생김새나 색, 계절감 등을 세심하게 관찰하며 자신의 감정과 자연스럽게 연결하고, 그것을 다양한 방식으로 표현하는 능력을 기르는 데 초점을 둡니다. 이를 통해 학생들은 감정의 이름을 붙이고 자신을 돌아보는 경험을 하게 됩니다.

성취기준 [4국들꽃-02]는 언어적 표현(말하기, 쓰기)과 시각적 표현(그리기, 꾸미기 등)을 통합하여 감정의 깊이를 탐색하고 표현하는 활동을 중심으로 구성됩니다. 시, 편지, 엽서, 말풍선 등 창의적인 결과물을 만들면서 자신의 감정을 다양한 방식으로 표현하는 역량을 기르게 됩니다.

성취기준 [4국들꽃-03]은 친구의 감정 표현을 존중하고 공감하는 태도를 기르며, 감정 나눔과 상호작용을 통해 더불어 살아가는 삶의 기반을 다지는 데 중점을 둡니다. 이를 통해 학생들은 감정 교류의 따뜻함을 경험하고, 공동체 구성원으로서의 책임감과 배려심을 키우게 됩니다.

이러한 성취기준은 단순한 지식 습득을 넘어 감정 표현과 공감, 생명에 대한 존중과 책임을 기르는 데 중점을 두며, 학생들의 심미적 감성과 자기 이해를 길러주는 감성 중심 평가 체계를 지향합니다.

〈표 5-16〉은 '들꽃 감정 일기' 활동에서 제시한 성취기준이 기존 교과 성취기준과 어떻게 연계되는지를 보여주는 표입니다. 이는 교사들이 활동의 교육적 정당성과 교과 통합의 타당성을 이해하는 데 도움이 되도록 구성하였습니다.

〈표 5-16〉 활동 편성 교과와 들꽃 활동 성취기준의 연관성

교과	활동 편성 교과 성취기준	'들꽃 감정 일기' 활동 성취기준
도덕 창체	[4도01-03] 다양한 감정을 인식하고 조절하며 바람직하게 표현하려는 태도를 가진다. [자율-03-01] 자신의 감정을 인식하고 표현하는 활동에 참여한다.	[4국들꽃-01] 들꽃을 관찰하고, 자신의 감정을 연결하여 다양한 방법으로 표현한다.
국어	[4국01-03] 상황에 적절한 준언어·비언어적 표현을 활용하여 듣고 말한다. [4국03-04] 목적과 주제를 고려하여 독자에게 마음을 전하는 글을 쓴다.	[4국들꽃-02] 들꽃을 통해 감정 표현의 언어적·시각적 표현력을 기르고, 감정의 깊이를 성찰한다.
미술	[4미02-04] 표현 의도를 가지고 작품을 제작하며 자기 작품을 소중히 여길 수 있다.	
도덕 창체	[자율-03-01] 자신의 감정을 인식하고 표현하는 활동에 참여한다. [4도01-06] 자연을 아끼고 생명을 소중히 여기는 태도를 기른다.	[4국들꽃-03] 친구의 감정 표현을 존중하고 공감하며, 감정 나눔을 통해 더불어 사는 태도를 기른다.

이 활동은 국어, 도덕, 미술, 창의적 체험활동 등 다양한 교과와 유기적으로 연계되며, 교과별 성취기준과의 일관된 연결성을 바탕으로 설계된 통합형 자율활동 프로그램입니다. 각 교과의 성취기준 중 활동의 핵심 목표와 의미가 가장 밀접하게 맞닿아 있는 기준을 엄선하여 1:1 매칭 구조로 구성하였으며, 이를 통해 수업의 방향성과 평가의 타당성을 높였습니다.

도덕(창체) 영역에서는 [4도01-03] '다양한 감정을 인식하고 조절하며 바람직하게 표현하려는 태도'와 [자율-03-01] '자신의 감정을 인식하고 표현하는 활동에 참여'하는 성취기준이 제시되어 있으며, 이는 '들꽃 감정 일기'의 [4국들꽃-01] '들꽃을 관찰하고, 자신의 감정을 연결하여 다양한 방법으로 표현한다.'와 자연스럽게 연결됩니다. 즉, 감정 인식과 조절 능력을 기르는 교육적 목표를 공유합니다.

국어 교과에서는 [4국01-03] '상황에 적절한 언어 표현 활용', [4국03-04] '목적과 주제를 고려한 글쓰기' 성취기준이 제시되어 있습니다. 이는 '들꽃 감정 일기'의 [4국들꽃-02] '들꽃을 통해 감정 표현의 언어적·시각적 표현력을 기르고, 감정의 깊이를 성찰한다.'와 직접적으로 연계됩니다. 들꽃을 주

제로 말하거나 글로 쓰는 활동은 국어의 의사소통 및 작문 능력을 심화하는 데 도움을 줍니다.

미술 교과의 [4미02-04] '표현 의도를 가지고 작품을 제작하며 자기 작품을 소중히 여김' 성취기준은 '들꽃 감정 일기'의 [4국들꽃-02]와 일맥상통합니다. 감정을 담아 시화나 카드, 말풍선 등을 제작하는 활동은 감정 표현의 시각화와 함께 자기표현 및 자존감을 길러주는 기회를 제공합니다.

도덕(창체)의 [자율-03-01] 성취기준은 친구의 감정 표현을 존중하고 공감하는 활동과 연결되며, 이는 [4국들꽃-03] '친구의 감정 표현을 존중하고 공감하며, 감정 나눔을 통해 더불어 사는 태도를 기른다.'로 구체화됩니다. 또한 도덕의 [4도01-06] '자연을 아끼고 생명을 소중히 여기는 태도'는 들꽃과 감정을 연결한 생명 존중 활동과 맥락을 같이합니다.

결론적으로, 이 표는 '들꽃 감정 일기' 활동이 단순한 창의적 체험을 넘어, 교과 역량을 통합적으로 발달시킬 수 있는 구조로 설계되었음을 보여줍니다. 이를 통해 교사들은 각 활동이 교과 목표와 어떻게 연결되어 있는지를 명확히 이해하고, 보다 의미 있는 수업 운영을 실현할 수 있습니다.

이와 같이 '들꽃 감정 일기'는 각 교과의 핵심 성취기준과 유기적으로 연결되도록 구성되어 있어, 통합적 감성 교육의 기반 위에서 학생의 정서 표현력, 공감 능력, 생명 감수성 등을 고르게 성장시킬 수 있도록 돕습니다.

5. 활동에 참여하는 교과와 시수 편제

이 활동이 학교 교육과정 내에서 어떻게 편성될 수 있는지를 보여주는 시수 편제표를 정리하여 제시하면 〈표 5-17〉와 같습니다. 『들꽃 감정 일기』 활동은 국어와 창의적 체험활동을 중심으로 도덕 교과와 연계하여 총 29차시로 구성된 자율활동 프로그램입니다. 이 활동은 교과 간 유기적 연계를 바탕으로 감정 인식, 표현, 공감, 생명존중의 과정을 통합적으로 경험할 수 있도록 설계되었습니다.

먼저 '자율시간(들꽃)' 항목으로 29차시를 신규 확보하였으며, 이에 따라 기존 교과 시수에서 일부 조정이 이루어졌습니다. 국어는 기존 408차시에서 12차시를 감축하여 396차시로 재편성하였습니다. 이는 감정 어휘 학습, 감정 표현 글쓰기, 시 창작 등 들꽃 활동과의 유기적 연계 단원을 중심으로 재구성한 결과입니다. 도덕 교과는 감정 공감과 생명 존중 관련 단원에서 2차시를 조정하였고, 창의적 체험활동은 자율활동 시수를 15차시 감축하여 189차시로 조정하였습니다.

한편, 미술 교과는 시수 조정 없이 기존 136차시를 그대로 유지하였습니다. 이는 미술 교과가 시수 감축이 불가한 예술 교과이기 때문이며, 들꽃 활동 내에서 시각 표현 요소(예: 감정 엽서, 시화 등)는 국어 또는 창체 활동 시간 내에 통합하여 운영하도록 하였습니다.

〈표 5-17〉 '들꽃 감정 일기' 활동의 시수 편제표

구분	자율시간 (들꽃)	국어	미술	도덕	창의적 체험활동	소계
기준 시수	0	408	136	68	204	816
증감	+29	-12	0	-2	-15	0
잔여 시수	29	396	136	66	189	816

이와 같이 시수를 재구성함으로써, '들꽃 감정 일기' 활동은 교과 수업의 흐름을 크게 해치지 않으면서도 학생들의 감성 표현과 공감, 생명 감수성을 효과적으로 기를 수 있는 통합형 활동으로 자리매김할 수 있을 것으로 기대됩니다.

6. 시수 운영 계획

'들꽃 감정 일기'는 총 29차시로 구성된 감성 중심 자율활동 프로그램으로, 7종의 야생화를 주제로 하여 '만남 – 상상 – 표현 – 공유'의 4단계 활동을 통해 아이들이 자신의 감정을 발견하고 표현하며, 타인의 감정에 공감하고 나누는 과정을 경험할 수 있도록 〈표 5-18〉과 같이 설계되었습니다.

1~4차시는 '노루귀'를 중심으로 활동이 전개되며, 아이들은 노루귀의 생김새를 관찰하고 감정을 느끼는 것에서 시작하여, 자신의 감정을 표현하는 말풍선 글쓰기와 그림 삽입 활동까지 경험하게 됩니다. 이어지는 '할미꽃'(5~8차시)에서는 전설 속 인물을 통해 감정을 분석하고, 위로의 메시지를 상상하여 엽서를 제작하고 공유하는 과정을 통해 감정표현의 폭을 확장합니다.

〈표 5-18〉'들꽃 감정 일기' 활동의 차시별 내용

배움 주제	차시	단계	주요 활동 내용
노루귀	1	만남	생김새 관찰, 감정 느낌 나누기
	2	상상	나만의 감정 이름 짓기, 어휘 탐색
	3	표현	감정 말풍선 글쓰기, 그림 삽입
	4	공유	글 나눔 및 감정 공감 활동
할미꽃	5	만남	할미꽃 이야기 감상, 감정 역할극
	6	상상	등장인물 감정 분석, 위로 메시지 상상
	7	표현	위로 엽서 쓰기, 이미지 구성
	8	공유	친구에게 전하는 감정 나눔 엽서 전시
깽깽이풀	9	만남	생김새와 이름 유래 알아보기
	10	상상	새로운 이름 짓기, 나만의 꽃말 만들기
	11	표현	감성 도감카드 제작
	12	공유	카드 전시 및 친구 감상 나눔
라일락	13	만남	꽃의 색과 향기 감상, 감정 연결 탐색
	14	상상	감정 시 짓기, 시화 꾸미기
	15	표현	감정 시 짓기, 시화 꾸미기
	16	공유	나만의 감정 시 발표 및 나눔
동자꽃	17	만남	민들레 홀씨 관찰, 전하고 싶은 감정 떠올리기
	18	상상	나의 이야기 + 전하고 싶은 마음 구성
	19	표현	감정 편지 쓰기, 민들레 우표 그리기
	20	공유	편지 나눔 및 벽면 게시 활동
초롱꽃	21	만남	동화 감상, 응원이 필요한 상황 떠올리기
	22	상상	응원 메시지 문장 구성, 색깔 감정 선택
	23	표현	응원 초롱등 만들기 (종이컵 활용)
	24	공유	전시 및 응원 메시지 나눔
나리꽃	25	만남	곧게 핀 나리꽃을 보며 자기다운 감정 떠올리기
	26	상상	나를 위한 응원 문장 상상하기
	27	표현	감정 색과 함께 엽서로 응원 메시지 표현하기
	28	공유	엽서 전시 및 친구와 응원 나누기
피어나는 마음과 함께 걷는 길	29	성찰	들꽃 활동 중 기억에 남는 감정과 순간 이야기 나누기, 나만의 감정 말 꾸러미 완성하기

'깽깽이풀'(9~12차시) 단원에서는 이름을 새롭게 지어보고 자신의 말로 풀어내는 스토리텔링 활동을 중심으로 감정 언어 확장을 시도하며, '라일락'(13~16차시) 단원에서는 꽃의 색채와 시어를 결합하여 시와 감정 메시지를 창작하고 발표하는 활동으로 이어집니다. '동자꽃'(17~20차시)에서는 민들레 홀씨와 같은 상징을 통해 전하고 싶은 감정을 탐색하고, 편지 및 벽면 전시로 표현을 확장합니다.

'초롱꽃'(21~24차시)에서는 응원의 메시지를 초등 감성에 맞는 상징물(종이컵 등)을 활용해 시각화하고 나누는 활동으로 마무리되되, '나리꽃'(25~28차시)에서는 자기 존중과 응원의 감정을 중심으로 자신을 응원하는 메시지를 창작하고 엽서로 표현한 뒤 친구들과 나누며 감정 성장을 도모합니다.

29차시는 '들꽃 감정 일기' 활동의 마무리 단계로, 아이들이 그동안의 배움과 감정을 되돌아보며 자신만의 감정 언어를 정리하는 시간입니다. 각자에게 가장 인상 깊었던 감정이나 순간을 떠올려 이야기로 나누고, 그 기억 속 감정을 말로 표현하며 '감정 말 꾸러미'를 완성합니다. 이 과정은 단순한 정리 활동을 넘어, 들꽃과 함께한 감정 여정을 되새기고 자신만의 언어로 감정을 표현해 보는 성찰의 기회를 제공합니다. 아이들은 이 활동을 통해 자신이 어떤 감정에 주목했는지 돌아보고, 앞으로의 감정 표현에도 자신감을 갖게 됩니다.

이 프로그램은 들꽃과 감정의 만남을 통해 아이들이 자연 속에서 자기 감정을 인식하고 표현하며 타인의 감정에도 공감할 수 있도록 설계되었습니다. 〈표 5-19〉는 '들꽃 감정 일기' 프로그램의 주요 내용인 들꽃별 4차시 활동의 구조와 학생들의 마음에 남을 만한 경험을 정리한 것입니다. 이 활동은 4학년을 대상으로 7종의 야생화를 중심으로 구성되며, 꽃마다 '만남-상상-표현-공유'의 4단계 흐름을 유지하여 총 32차시로 구성됩니다. 여기에 마지막 2차시인 '기억과 약속의 시간'을 더해, 총 34차시의 완결된 서사적 흐름을 가진 자율활동 프로그램이 완성됩니다.

노루귀는 작은 꽃의 외형과 색감에서 감정을 떠올리고, 그 감정에 어울리는 이름을 지어보는 활동을 통해 감성적 언어를 자연스럽게 습득하게 됩니다. 이어서 감정 말풍선과 그림을 활용하여 자신만의 감정을 시각화하고, 친구들과 나누는 활동에서는 감정 공유의 기쁨과 공감의 따뜻함을 경험합니다.

할미꽃은 동정심이나 위로와 같은 감정에 집중하여, 이야기 속 인물의 감정 변화를 분석하고 엽서를 통해 위로 메시지를 전합니다. 활동을 통해 감정의 깊이를 탐색하고, 누군가를 위한 언어를 구성해 보며 정서적 감응력을 키우게 됩니다.

<표 5-19> 들꽃별 4차시 활동의 내용과 의의

들꽃	차시	활동 내용	아이들의 마음에 남는 경험
노루귀	1차시 (만남)	나만의 감정 이름 짓기, 어휘 탐색	'노루귀의 작고 여린 모습, 보랏빛 꽃잎, 햇볕 속에 피어난 모습을 관찰하며 생명의 소중함과 감정을 연결해 봅니다. '수줍음', '기다림', '첫인상' 같은 단어로 자신의 감정을 표현하고, 활동 후에는 "노루귀가 나와 닮았어요" 같은 감성적 연결이 일어납니다.
	2차시 (상상)	나만의 감정 이름 짓기, 어휘 탐색	'말랑이', '소복소복' 같은 감정 이름을 새롭게 지으며, 자신의 감정을 말과 색으로 표현하는 활동입니다. 느낌에 어울리는 단어를 탐색하며 감정 어휘력이 자연스럽게 길러지고, 자신만의 감정 언어를 만드는 기쁨을 경험합니다.
	3차시 (표현)	감정 말풍선 글쓰기, 그림 삽입	새로 만든 감정 이름을 활용해 말풍선 글을 쓰고, 감정을 담은 표정이나 배경을 그림으로 표현합니다. 말과 그림이 만나 감정의 색깔이 더 또렷하게 드러나며, 감정의 흐름을 시각적으로 표현하는 즐거움을 느낍니다.
	4차시 (공유)	글 나눔 및 감정 카드 활동	친구들과 감정 글을 돌려 읽고, 서로의 감정 표현에 공감하는 감정 카드 활동을 진행합니다. "나도 비슷한 감정을 느껴봤어"라며 타인의 감정에 자연스럽게 귀 기울이며, 감정을 나누는 즐거움과 따뜻함을 깨웁니다.
할미꽃	5차시 (만남)	할미꽃 이야기 감상, 감정 역할극	할미꽃의 이름 유래와 전설을 들으며, 늙고 숙연한 외형에 담긴 정서를 상상합니다. 전설 속 인물에 감정이입하여 짧은 역할극을 하며, 슬픔·그리움·사랑 같은 감정을 깊이 있게 탐색합니다.
	6차시 (상상)	등장인물 감정 분석, 위로 메시지 상상	이야기 속 인물의 감정 변화를 분석하고, '위로의 말'을 상상해 봅니다. "늦었지만 널 기억하고 있어"처럼 진심 어린 위로 문장을 쓰며, 마음을 보듬는 언어를 익힙니다.
	7차시 (표현)	위로 엽서 쓰기, 이미지 구성	위로 문장을 담은 엽서를 만들고, 상징 색과 할미꽃 이미지로 배경을 꾸밉니다. 감정에 어울리는 시각적 표현을 고민하면서, 위로의 감정을 더 섬세하게 표현하게 됩니다.
	8차시 (공유)	친구에게 전하는 감정 나눔 엽서 전시	완성한 위로 엽서를 전시하며 친구들과 감상을 나눕니다. 서로의 위로 문장을 읽고, "이 말 따뜻하다", "나도 힘이 나워" 같은 감정 공감이 자연스럽게 오갑니다. 글과 그림을 통해 친구의 마음에 다가가는 경험을 합니다.
깽깽이풀	9차시 (만남)	생김새와 이름의 유래 알아보기	깽깽이풀의 꽃잎 구조와 깊은 자주색 꽃잎을 관찰하며, 이름의 독특한 어감과 유래에 호기심을 갖습니다. "깽깽이는 어디서 온 말이에요?"처럼 질문하며, 꽃에 깃든 문화적 의미를 자연스럽게 접하게 됩니다.
	10차시 (상상)	새로운 이름 짓기, 나만의 옛말 만들기	자신이 붙이고 싶은 새 이름을 지으며, 소리와 감정을 연결하는 감성 언어 실험을 합니다. '비밀꽃', '속삭임초'처럼 상상력 넘치는 이름과 짧은 옛말을 짓는 과정에서 언어 창의성이 살아납니다.
	11차시 (표현)	감성 도감 카드 제작	이름과 함께 꽃의 특징, 감정, 색을 담은 도감 카드를 만듭니다. 글과 그림을 통합하여 표현하면서, 꽃의 외형과 감정을 연결하는 자기표현력이 확장됩니다. 완성한 카드에는 자신만의 시선이 자연스럽게 녹아듭니다.
	12차시 (공유)	카드 전시 및 친구 감상 나눔	만든 도감 카드를 친구들과 함께 전시하고 돌아보며, 서로의 관찰 포인트와 감정 이름을 감상합니다. "이 색이 진짜 어울려요", "이름이 멋져요" 같은 긍정적 피드백을 통해 표현에 대한 자신감과 공감 능력을 키웁니다.

〈표 5-19〉의 계속

들꽃	차시	활동 내용	아이들의 마음에 남는 경험
라일락	13차시 (만남)	꽃잎 색과 향기 감상, 감정 연결 탐색	라일락의 보라빛 색조와 진한 향기를 맡으며 감각을 열고, 떠오르는 감정을 말로 표현하며, "향기를 맡으니 할머니가 생각났어요"처럼 감각 자극을 감정 기억과 연결하는 정서적 경험이 이루어집니다.
	14차시 (상상)	향기와 관련된 감정 이야기 상상	라일락 향기를 맡고 떠오르는 장면이나 사람을 중심으로, 감정이 깃든 이야기를 상상합니다. '라일락 편지', '봄날의 인사'와 같이 자신만의 감정 스토리를 만들어내며 감성 언어를 확장합니다.
	15차시 (표현)	시 쓰기, 시화 꾸미기	상상한 감정 이야기를 짧은 시로 표현하고, 시화로 꾸미며 감정의 색과 언어를 시각적으로 조화시킵니다. 글귀와 색을 정성스럽게 고르며 정제된 감정 표현력을 기르게 됩니다.
	16차시 (공유)	나만의 감정 시 발표 및 나눔	완성한 감정 시를 친구들 앞에서 낭독하거나 전시하여 나누는 활동입니다. 친구들의 표현을 감상하고, 공감의 말이나 느낀 점을 전하며 감성적 연결과 자존감 회복의 시간을 갖습니다.
동자꽃	17차시 (만남)	꽃잎 색과 모양 관찰, 응원이 떠오르는 감정 나누기	동자꽃의 붉은빛과 별처럼 갈라진 꽃잎을 관찰하며 생명감 있는 인상을 표현합니다. "이 꽃은 누군가를 응원하는 느낌이에요"와 같은 말로 밝고 강한 감정을 끌어냅니다.
	18차시 (상상)	응원이 필요한 대상과 상황 상상하기	친구, 가족, 나 자신 등 응원이 필요한 사람과 그 이유를 떠올립니다. "시험이 걱정되는 친구에게 힘을 주고 싶어요"처럼 진심 어린 상상으로 공감 능력을 키웁니다.
	19차시 (표현)	응원 문장 만들기, 색과 상징으로 꾸미기	응원의 말을 짧은 문장으로 쓰고, 동자꽃 모양이나 상징색을 활용해 꾸밉니다. 말과 색이 어우러진 시각적 메시지를 통해 응원의 감정을 입체적으로 표현합니다.
	20차시 (공유)	응원 메시지 전시 및 나눔 활동	친구들과 응원 메시지를 전시하고 서로를 격려하는 시간을 가집니다. "이 말 들으니 나도 힘이 나요"와 같은 피드백을 통해 긍정의 순환을 경험합니다.

깽깽이풀은 독특한 이름과 생김새를 관찰하고, 상상력을 발휘하여 새로운 이름을 만들고 감정 도감 카드로 표현하는 과정을 거칩니다. 카드를 통해 감정과 색, 언어와 이미지가 통합적으로 표현되며, 완성된 카드를 친구들과 전시하고 교환하면서 감정 소통의 즐거움을 배우게 됩니다.

〈표 5-19〉의 계속

들꽃	차시	활동 내용	아이들의 마음에 남는 경험
초롱꽃	21차시 (만남)	동화 감상, 응원이 필요한 상황 떠올리기	초롱꽃이 나오는 짧은 동화를 듣고, 그 안에서 위로와 응원의 의미를 찾아봅니다. 자신이 위로받았던 기억이나 누군가를 응원하고 싶었던 순간을 떠올리며 감정이 따뜻해지는 경험을 합니다.
	22차시 (상상)	응원 메시지 만들기, 감정 색깔 고르기	"괜찮아, 넌 잘하고 있어", "조금 느려도 괜찮아"처럼 따뜻한 문장을 스스로 만들어 보고, 그 문장에 어울리는 감정 색깔을 선택해 봅니다. 말과 색을 연결하는 감성적 상상력을 기릅니다.
	23차시 (표현)	응원 초롱등 만들기 (종이컵 활용)	종이컵을 활용하여 초롱꽃 모양의 작은 등을 만들고, 그 위에 응원 메시지와 색을 담아 꾸밉니다. 감정을 손으로 빚어내며 시각적·촉각적 감각이 어우러지는 표현 활동을 경험합니다.
	24차시 (공유)	전시 및 응원 메시지 나눔	완성된 초롱등을 친구들과 함께 전시하고, 서로의 메시지를 읽으며 응원의 마음을 주고받습니다. "내가 만든 등이 누군가를 웃게 했어요"라는 말처럼, 나눔을 통한 감정의 따뜻한 흐름을 체험합니다.
나리꽃	25차시 (만남)	나리꽃 생김새 관찰, 자존감과 연결하기	곧게 서서 피어나는 나리꽃의 형태와 강렬한 색을 관찰하며, 자기다운 감정과 연결해 봅니다. "나도 이 꽃처럼 당당해지고 싶어요"처럼 자신의 내면과 꽃의 이미지를 겹쳐보며 자기 감정을 자각하게 됩니다.
	26차시 (상상)	나에게 전하는 응원 문장 상상하기	나리꽃이 자신에게 들려주는 말을 상상하고, '나를 위한 응원의 말'을 문장으로 만듭니다. "넌 너라서 괜찮아", "천천히 자라도 괜찮아" 같은 자기긍정적 문장을 만들며 정서적 회복을 경험합니다.
	27차시 (표현)	엽서에 응원 문장과 감정 색 담기	상상한 문장을 감정 색과 함께 엽서에 담아 시각적으로 표현합니다. 배경에 나리꽃 그림을 더하며 감정과 이미지의 조화를 경험하고, 자기표현의 성취감을 느낍니다.
	28차시 (공유)	엽서 전시 및 친구와 응원 나누기	완성한 엽서를 친구들과 전시하고, 서로의 메시지를 감상하며 응원의 말을 건넵니다. "이 말이 꼭 나에게 해주는 것 같았어요" 같은 감정 교류를 통해 공감과 지지의 힘을 체험합니다.
피어나는 마음	29차시 (성찰)	감정 이야기 나누기와 감정 말 꾸러미 완성	그동안 함께한 들꽃 활동을 되돌아보며 가장 기억에 남는 감정이나 순간을 이야기로 정리하고, 자신만의 언어로 감정을 담은 말 꾸러미를 완성합니다. 이 과정에서 아이들은 '나는 이런 감정을 느끼는 사람이구나', '이 말이 나를 닮았어'처럼 자신의 감정을 돌아보며 정서적 성장을 경험합니다.

라일락은 향기를 통한 감정의 연결을 중심으로 활동이 구성됩니다. 꽃 색과 향을 감각적으로 탐색하며 마음을 여는 데서 시작하여, 향기에 깃든 이야기를 상상하고 시와 시화로 표현한 뒤, 친구들과 나누며 감정 표현의 기쁨을 나눕니다. '향기를 맡으니, 할머니가 생각났어요'와 같은 반응은 감각과 감정의 깊은 연결을 보여줍니다.

동자꽃은 응원의 감정에 초점을 맞추어, 나 자신과 누군가를 위한 따뜻한 문장을 만들고 시각적으로 구성해 나갑니다. 아이들은 동자꽃의 흰색과 민들레 홀씨에서 떠오르는 이미지 속에서 응원의 메시지를 떠올리며, 응원이 필요한 사람을 생각하고 글과 색채로 응원을 표현합니다. 이 과정에서 타인을 향한 공감과 배려가 자연스럽게 스며듭니다.

초롱꽃은 동화를 듣고 응원의 의미를 찾은 뒤, 감정 문장을 만들어 초롱등(종이컵 등)으로 시각화하고 전시를 통해 공유합니다. 감정 문장을 시각적·입체적으로 표현함으로써 감정의 다양한 표현 방식을 익히고, 친구의 메시지를 통해 지지를 경험하게 됩니다.

나리는 곧게 피어나는 꽃의 형상과 강렬한 색을 자기 감정과 연결하여 자기 인식과 자기 수용을 중심으로 활동이 전개됩니다. 나에게 들려주는 응원 문장을 만들고, 감정 색과 함께 엽서로 표현한 뒤 전시를 통해 공감과 격려를 주고받습니다. 특히 나리꽃의 형상을 자기 모습과 겹쳐보며 자존감과 자긍심을 회복하는 경험이 강조됩니다.

'들꽃 감정 일기' 활동의 마지막 차시인 29차시의 배움 주제는 '피어나는 마음'이며, 단계는 '성찰'로 설정되어 있습니다. 이 차시는 앞선 28차시까지 이어진 다양한 들꽃 활동을 돌아보며, 아이들이 자신에게 가장 인상 깊었던 감정이나 순간을 이야기로 나누고, 그 감정을 자신의 언어로 정리하여 '감정 말 꾸러미'를 완성하는 시간입니다.

이러한 활동은 아이들 스스로 '나는 이런 감정을 느끼는 사람이구나', '이 말이 나를 닮았어'와 같은 자기 인식의 계기를 만들어줍니다. 이를 통해 아이들은 감정에 대한 자각과 표현 능력을 키우고, 자신을 돌아보는 경험 속에서 정서적 성장을 자연스럽게 이끌어낼 수 있습니다. 29차시는 단순한 정리 차시가 아니라, 감정 활동의 흐름을 마무리하며 내면의 성장을 돕는 중요한 교육적 의미를 지닌 시간입니다.

7. 평가 계획

1) 성취기준 중심의 평가 계획

〈표 5-20〉은 '들꽃 감정 일기' 활동의 성취기준을 바탕으로 기준별 평가 요소와 수업 및 평가 방법을 구체적으로 제시한 것입니다. 이 표는 교사들이 차시별 수업을 효과적으로 설계하고, 학생의 성장을 관찰 및 평가할 수 있도록 돕기 위해 구성되었습니다.

〈표 5-20〉 '들꽃 감정 일기' 활동의 성취 기준별 평가 요소와 방법

성취기준 부호	평가 요소	수업 및 평가 방법
[4국들꽃-01]	• 들꽃의 특징을 감정과 연결하여 설명하기 • 들꽃을 통해 떠오른 감정을 말, 글, 그림 등으로 표현하기	[수업 방법] - 들꽃 관찰 후, 자신의 감정과 연결하는 쓰기 활동 - 들꽃과 감정을 표현한 말풍선·시화·엽서 만들기 활동 [평가 방법] - 감정 표현 활동지를 활용한 서면 평가 - 말과 글로 표현한 감정과 관찰 내용에 대한 구술 발표 평가
[4국들꽃-02]	• 감정 표현에 어울리는 말이나 색을 선택하기 • 자신만의 감정 이야기를 구조 있게 구성하기	[수업 방법] - 감정을 담은 글쓰기 또는 감정 색칠 활동 - 들꽃과 감정을 연결한 창작 이야기 구성하기 [평가 방법] - 글이나 작품 속 감정 표현의 적절성과 진정성 평가 - 감정 말 꾸러미 완성도에 대한 포트폴리오 평가
[4국들꽃-03]	• 친구의 감정에 공감하고 반응하기 • 감정 나눔 활동에 진지하게 참여하기	[수업 방법] - 친구의 엽서나 메시지를 읽고 느낀 점 나누기 - 감정 나눔 활동 후 소감 나누기 또는 인터뷰하기 [평가 방법] - 또래 피드백이나 친구와의 상호작용을 기록한 관찰 평가 - 감정 나눔 소감문을 통한 자기 성찰 평가

[4국들꽃-01] 성취기준은 '들꽃을 관찰하고, 자신의 감정을 연결하여 다양한 방법으로 표현하기'에 해당하며, 평가 요소로는 '들꽃의 특징을 감정과 연결하여 설명하기'와 '들꽃을 통해 떠오른 감정을 말, 글, 그림 등으로 표현하기'가 제시됩니다. 이를 수업에서는 들꽃 관찰 후 자신의 감정을 글로 적어보거나, 말풍선·시화·엽서 등으로 감정을 표현하는 활동으로 구현할 수 있습니다. 평가 방법은 감정 표현 활동지를 활용한 서면 평가와 더불어, 발표를 통해 감정과 관찰 내용을 구술로 표현한 결과를 평가합니다.

두 번째 성취기준인 [4국들꽃-02]는 '들꽃을 통해 감정 표현의 언어적·시각적 표현력을 기르고, 감정의 깊이를 성찰하는 것'입니다. 평가 요소로는 '감정 표현에 어울리는 말이나 색을 선택하기'와 '자신만의 감정 이야기를 구조 있게 구성하기'가 있으며, 수업 방법은 감정을 담은 글쓰기나 색채 활동, 또는 창작 이야기 구성 활동을 통해 이루어집니다. 평가 방법으로는 감정 표현의 적절성과 진정성에 대한 글쓰기 평가와 감정 말 꾸러미의 완성도를 중심으로 한 포트폴리오 평가가 이루어집니다.

[4국들꽃-03]은 '친구의 감정 표현을 존중하고 공감하며, 감정 나눔을 통해 더불어 사는 태도를 기르는 것'을 목표로 합니다. 평가 요소는 '친구의 감정에 공감하고 반응하기'와 '감정 나눔 활동에 진지하게 참여하기'입니다. 수업에서는 친구의 엽서나 메시지를 읽고 느낀 점을 나누거나, 활동 후 감정 나눔 소감을 나누고 인터뷰하는 방식으로 진행됩니다. 평가 방법으로는 또래 피드백이나 친구와의 상호작용을 관찰하고 기록하며, 소감문을 바탕으로 한 자기 성찰 평가를 활용합니다.

이와 같이 각 성취기준은 학생의 감정 인식과 표현, 공감 및 나눔 능력을 통합적으로 기를 수 있도록 설계되었으며, 교사는 수업 중 자연스러운 활동 속에서 평가 요소를 유의 깊게 관찰하고 기록함으로써 학습자의 정서적 성장을 효과적으로 지원할 수 있습니다.

〈표 5-21〉은 '들꽃 감정 일기' 활동에 대한 성취 기준별 4단계 평가 기준을 제시한 자료로, 교사들이 학생들의 학습 성과를 보다 구체적이고 공정하게 평가할 수 있도록 돕기 위해 마련되었습니다.

성취 기준 [4국들꽃-01]은 학생이 들꽃을 관찰하고 자신의 감정을 연결하여 다양한 방식으로 표현할 수 있는지를 평가합니다. '매우 잘함' 수준에서는 들꽃의 특징과 감정을 유기적으로 연결하여 말, 글, 그림 등으로 풍부하게 표현할 수 있으며, 이는 관찰력과 감수성, 표현력의 조화를 잘 보여줍니다. 반면 '노력 요함' 수준은 들꽃의 특징이나 감정을 연결하여 표현하려는 시도가 부족하거나 미흡한 경우로, 감정과 자연을 연결하는 감수성에 대한 지도가 더 필요함을 시사합니다.

〈표 5-21〉 '들꽃 감정 일기' 활동의 성취 기준별 평가 기준

성취 기준		평가 기준
[4국들꽃-01] 들꽃을 관찰하고, 자신의 감정을 연결하여 다양한 방법으로 표현한다.	매우 잘함	들꽃의 특징과 자신의 감정을 유기적으로 연결하여 말, 글, 그림 등 다양한 방식으로 풍부하게 표현할 수 있다.
	잘함	들꽃 관찰을 바탕으로 자신의 감정을 적절하게 연결하여 글이나 그림으로 표현할 수 있다.
	보통	들꽃을 보고 떠오른 감정을 간단한 말이나 글로 표현할 수 있다.
	노력 요함	들꽃의 특징이나 자신의 감정을 파악하고 이를 연결하여 표현하려는 노력이 필요하다.
[4국들꽃-02] 들꽃을 통해 감정 표현의 언어적·시각적 표현력을 기르고, 감정의 깊이를 성찰한다.	매우 잘함	들꽃을 매개로 감정을 섬세하게 표현하고, 감정의 의미를 깊이 있게 성찰할 수 있다.
	잘함	들꽃을 통해 자신의 감정을 적절한 언어와 시각적 표현으로 나타낼 수 있다.
	보통	들꽃을 보며 떠오른 감정을 간단한 문장이나 그림으로 표현할 수 있다.
	노력 요함	감정을 표현하는 데 적절한 언어나 형식을 찾고 표현하는 데 더 많은 연습이 필요하다.
[4국들꽃-03] 친구의 감정 표현을 존중하고 공감하며, 감정 나눔을 통해 더불어 사는 태도를 기른다.	매우 잘함	친구의 감정에 깊이 공감하고, 따뜻한 말과 행동으로 감정을 나누며 공동체적 태도를 실천할 수 있다.
	잘함	친구의 감정을 이해하고, 자신의 생각이나 느낌을 말로 나눌 수 있다.
	보통	친구의 감정을 듣고, 간단한 반응이나 공감을 표현할 수 있다.
	노력 요함	친구의 감정을 이해하고 반응하는 데 관심과 배려의 태도를 기를 필요가 있다.

성취 기준 [4국들꽃-02]는 들꽃을 매개로 언어적·시각적 감정 표현력을 기르고, 감정의 깊이를 성찰할 수 있는지를 중심으로 평가합니다. '매우 잘함' 수준은 감정을 섬세하게 표현하고 그 의미까지 성찰할 수 있는 능력을 나타내며, 이는 표현력과 내면 성찰 역량이 모두 우수함을 의미합니다. 반대로

'노력 요함' 수준은 표현 형식이나 내용이 적절하지 않아 감정 전달이 어려운 경우로, 표현 도구의 활용 능력과 감정 이해의 폭을 더 확장시킬 필요가 있습니다.

성취 기준 [4국들꽃-03]은 친구의 감정 표현을 존중하고 공감하며, 감정 나눔을 실천할 수 있는 태도를 평가합니다. '매우 잘함' 수준은 친구의 감정에 깊이 공감하고 따뜻한 말과 행동으로 함께하는 자세를 보이며, 이는 정서적 공감 능력과 공동체 의식이 뛰어난 학생임을 보여줍니다. '노력 요함' 수준은 친구의 감정을 인식하거나 존중하는 태도가 부족한 경우로, 더불어 사는 태도 형성을 위한 의도적인 감정 공유 활동이 요구됩니다.

이처럼 〈표 5-21〉의 4단계 평가는 각 성취 기준이 요구하는 핵심역량을 중심으로, 학생 개개인의 감정 표현과 공감 능력, 표현 방식의 다양성과 깊이 등을 종합적으로 파악하고 피드백할 수 있도록 구성되어 있습니다. 교사들은 이 평가 기준을 바탕으로 학생의 학습 과정을 세심하게 관찰하고, 긍정적인 변화와 성장을 도울 수 있는 방향으로 수업을 운영할 수 있습니다. 또한 교사는 이 기준을 통해 단순한 판단이 아닌 정서적 피드백과 배움의 격려를 함께 제공할 수 있어, 교육과정의 인간상인 '심미적 감성을 지닌 교양 있는 사람'을 기르려는 이 활동의 취지와 잘 부합한다고 할 수 있습니다.

이 활동에서는 학습자의 감정 표현과 생명 감수성 함양 과정을 다면적으로 살펴보기 위해, 포트폴리오와 관찰일지를 기반으로 한 체크리스트 평가를 실시합니다. 〈표 5-22〉는 이 활동에 참여한 학습자의 정서적 반응과 자기표현 능력, 감정 공유 태도, 생명 존중 의식 등을 관찰하고 기록하는 데 활용되며, 교사의 관찰 중심 평가와 학생 자기평가를 병행할 수 있도록 구성하였습니다.

총 6개의 평가 항목은 활동 전반에 걸친 정서적 감응, 감정 표현, 이야기 구성, 시각적 표현, 공감과 소통, 생명 존중 등의 역량을 중심으로 도출되었으며, 각 항목은 '아주 잘했어요(⑤)'부터 '더 노력할게요(①)'까지 5단계로 구성되어 있어 학생 개인의 변화와 성장 과정을 추적하고 피드백하기가 쉽습니다.

특히 이 체크리스트는 지식 중심의 결과 평가를 넘어서, 들꽃과 감정, 타인과 자연을 대하는 태도와 마음가짐에 주목하고자 하며, '관찰하며 떠오른 감정을 말이나 그림으로 표현하기', '감정이 담긴 엽서나 카드 만들기', '친구의 이야기에 귀 기울이며 공감하기' 등과 같은 항목은 저학년 수준에서도 충분히 실천할 수 있는 행동 중심 지표로 설정하였습니다.

〈표 5-22〉 포트폴리오 및 관찰일지의 평가를 위한 체크리스트

포트폴리오 및 관찰일지의 세부 평가 기준	아주 잘했어요	잘했어요	보통이에요	조금 어려웠어요	더 노력할게요
1. 들꽃을 자세히 바라보며 생김새, 색, 계절 느낌 등을 관찰하려고 노력했는가?	⑤	④	③	②	①
2. 꽃을 볼 때 떠오른 감정이나 마음을 말이나 그림으로 표현했는가?	⑤	④	③	②	①
3. 들꽃에 어울리는 나만의 이름이나 이야기를 상상하여 만들어 보았는가?	⑤	④	③	②	①
4. 감정이 담긴 카드, 엽서, 시화 등 표현 활동에 즐겁게 참여하였는가?	⑤	④	③	②	①
5. 친구의 이야기나 표현을 잘 듣고, 마음을 나누려는 태도를 보였는가?	⑤	④	③	②	①
6. 꽃과 자연을 소중히 여기며, 생명을 지키고 싶은 마음을 표현했는가?	⑤	④	③	②	①

이러한 평가 접근은 평가 자체가 아이들의 감성 성장 여정을 지지하는 도구가 되도록 돕는 동시에, 교사-학생 간의 소통은 물론, 학생이 자신을 돌아보고 성찰할 기회를 제공하는 정서 기반의 평가 문화 형성에도 이바지할 수 있을 것으로 기대됩니다.

2) '더불어 사는' 인간상 중심의 평가 계획

대한민국 교육과정이 추구하는 인간상 중 '더불어 사는' 사람을 측정하기 위한 검사 도구(류청산, 2019)는 〈표 5-23〉의 일반적인 문항에 제시하였습니다.

이 표는 '들꽃 감정 일기' 활동을 통해 기르고자 하는 '더불어 사는' 인간상의 실천적 요소를 평가하기 위한 도구입니다. 이 평가지표는 단순한 태도 확인을 넘어, 학생들이 실제 수업 과정에서 친구의 감정을 얼마나 민감하게 인지하고 공감하며, 그것을 따뜻한 말이나 행동으로 어떻게 실천했는지를 구체적으로 드러낼 수 있도록 구성되었습니다.

예를 들어, '친구의 감정 표현이나 이야기를 잘 듣고 공감하려고 노력한다'라는 문항은 감정이 흐

르는 활동 맥락 속에서 타인을 향한 경청과 배려의 태도를 평가하는 데 유용하며, '친구가 슬프거나 속상하다고 말했을 때 어떻게 도와줄지 생각한 적이 있다'라는 문항은 실제 삶 속에서의 더불어 사는 태도가 자연스럽게 발현되었는지를 확인할 수 있게 합니다.

〈표 5-23〉 '더불어 사는' 인간상의 평가도구

ID	일반 문항 (타당도: 58.8%, 신뢰도: 82.5%)	이 활동에 특화된 문항 (타당도: 65.3%, 신뢰도: 85.4%)
1	나는 주변 사람의 기분을 잘 헤아리는 편이다.	나는 친구의 감정 표현이나 이야기를 잘 듣고 공감하려고 노력한다.
2	나는 친구들에게 믿음을 주는 말과 행동을 한다.	나는 친구의 작품이나 말에 따뜻한 말로 응원한 적이 있다.
3	나는 어려움에 부닥쳐 있는 사람이 있으면 잘 도와주는 편이다.	나는 친구가 슬프거나 속상하다고 말했을 때 어떻게 도와줄지 생각한 적이 있다.
4	나는 다른 사람들과 믿음을 유지하기 위해 꾸준히 노력한다.	나는 들꽃 감정 활동 중 친구와 생각이나 느낌을 나눈 경험이 있다.
5	나는 다른 사람을 생각하여 말고 행동을 하는 편이다.	나는 친구의 말이나 행동이 기뻐 보이거나 슬퍼 보일 때 이유를 생각해 본 적이 있다.

이처럼 각 문항은 학생들이 들꽃 활동 속에서 친구와 나누는 감정, 말, 생각의 교류 장면에 기반하여 설계되었기 때문에, 평가 자체가 곧 배움의 연장선이자 성찰의 기회가 됩니다. 아울러 예비 적용을 통해 요인 타당도 65.3%, 신뢰도 85.4%의 안정적인 수치를 보여주었으며, 개별 학생의 정서적 성장과 관계적 민감성을 추적하는 데 효과적인 자료로 활용될 수 있습니다.

따라서 이 평가도구는 '더불어 산다'라는 말이 추상적인 이상에 머무르지 않고, 아이들의 교실과 일상에서 실천할 수 있는 태도로 구체화될 수 있음을 입증해 줄 수 있을 것으로 기대됩니다.

3) 핵심역량 중심의 평가 계획

'들꽃 감정 일기' 활동을 통해 길러지는 '심미적 감성' 역량을 진단하기 위한 자기평가 도구를 개발하여 정리하면 〈표 5-24〉와 같습니다. '심미적 감성'은 아름다움을 인식하고 감동하며, 이를 자기만의 방식으로 표현해 내는 역량입니다. 이것은 이 활동의 중심을 이루는 관찰, 상상, 표현의 흐름과 긴밀하게 연결되어 있습니다. 이 표에서는 일반 문항과 이 활동에 특화된 문항을 함께 제시하여 학생의 전반적 감수성과 활동 반응을 통합적으로 확인할 수 있도록 구성하였습니다.

〈표 5-24〉 '심미적 감성' 역량의 평가도구

ID	일반 문항 (요인 타당도: 64.7%, 신뢰도:86.3%)	이 활동에 특화된 문항 (요인 타당도: 65.2%, 신뢰도:85.9%)
1	다른 사람들이 가지고 있지 않은 뛰어난 능력을 갖추고 있다.	나는 들꽃을 바라볼 때 다른 친구들과 느낌이나 생각이 다를 때가 있다.
2	다른 사람들이 깜짝 놀랄만한 나만의 재능이 있다.	나는 들꽃을 보고 떠오른 감정을 글이나 그림으로 표현하는 게 즐겁다.
3	나는 특정 분야에 뛰어난 능력을 갖추고 있다는 말을 자주 듣는다.	나는 내가 만든 들꽃 엽서나 감정 카드를 스스로 뿌듯하게 느낀 적이 있다.
4	나는 보통 사람들과 다르거나 재미있는 사람이다.	나는 들꽃에 붙인 이름이나 이야기 속 감정이 나답다고 느낀 적이 있다.
5	내 방식대로 즐겁게 활동하는 모습을 보여준다.	나는 감정이나 이야기를 내 방식대로 꾸미는 것이 재미있다.

왼쪽 열의 일반 문항은 기존 검사를 바탕으로 타당도 64.7%, 신뢰도 86.3% 수준에서 구성되었으며, 이는 다른 사람과 구별되는 감각적·창의적 태도를 측정합니다. 오른쪽 열의 특화된 문항은 4학년의 발달 수준에 맞추어 재구성된 문항으로, 『들꽃 감정 일기』 활동 중 경험한 감정 연결, 표현의 즐거움, 자기만의 방식으로 활동을 해석하고 꾸미는 과정에 대한 진술로 이루어져 있습니다. 예를 들어 "나는 들꽃을 바라볼 때 다른 친구들과 느낌이나 생각이 다를 때가 있다"와 같은 문항은 학생이 감각적 차이를 인식하고 감정적으로 반응하는 능력을 평가할 수 있는 항목입니다.

이 특화 문항들은 요인 타당도 65.2%, 신뢰도 85.9% 수준으로 기대되며, 활동 후 자기 인식, 감성적 몰입, 창의적 자각과 같은 심미적 감성 역량의 구체적인 증진 여부를 확인할 수 있도록 돕습니다. 특히 시각 자료(엽서, 카드 등)를 중심으로 한 표현 활동이 학생의 자아 표현과 감정 조절 능력에 긍정적 영향을 주었는지를 관찰하는 데 활용할 수 있을 것으로 기대됩니다.

들꽃과 함께 걷는 길: 피어나는 감성, 이어지는 생명
(5학년 - 들꽃 이야기 창작소: 이름으로 피어난 상상)

1. 활동 주제 - 들꽃 이야기 창작소: 이름으로 피어난 상상

『들꽃 이야기 창작소: 이름으로 피어난 상상』은 아이들이 들꽃과의 만남을 통해 감성을 일깨우고 상상력을 자극받아, 꽃의 이름을 중심으로 나만의 이야기를 창작해보는 감성과 창의성을 아우르는 융합형 자율활동 프로그램입니다. 아이들은 들꽃의 생김새, 색, 계절감을 관찰하며 그 안에 담긴 감정과 이미지를 떠올리고, 그 경험을 바탕으로 새로운 이름을 상상하고, 그 이름에서 피어나는 상상을 이야기로 확장해 나갑니다. 꽃을 보고 이야기를 짓는 이 창작 과정은 단순한 글쓰기 활동을 넘어, 자연을 창의적으로 해석하고 언어로 구현하는 고유한 표현의 장이 됩니다.

이 활동은 2022 개정 교육과정이 지향하는 인간상 중 '심미적 감성을 지닌 창의적인 사람'을 중심 가치로 삼고 있습니다. 이는 꽃 이름이라는 익숙하면서도 상상력을 자극하는 매개를 통해 아이들이 자유롭고 융합적인 사고를 펼칠 수 있도록 설계되었기 때문입니다. 들꽃을 단순한 생물학적 객체가 아닌 하나의 상징적 텍스트로 재해석하고, 그 안에서 자신만의 언어로 이야기를 창조하는 과정은 자연을 섬세하게 관찰하고, 그 안의 감정과 생명의 의미를 창의적으로 표현하는 데 효과적입니다. 따라서 이 프로그램은 핵심역량으로 '심미적 감성'과 '창의적 사고'를 통합적으로 강조하며, 자연의 의미를 새롭게 구성하고 언어와 감성, 상상을 결합한 표현 활동을 통해 학생 개개인의 창의성을 끌어올리는 것을 목표로 합니다.

또한 이 활동은 교육과정 총론에서 강조하는 창의적 체험활동의 취지와도 깊이 연결되어 있습니다. 학생들은 자율활동 시간에 들꽃을 중심으로 이야기 짓기, 이름 짓기, 상상 표현 등의 활동을 경험하며, 교과서 중심 수업에서는 다루기 어려운 창의적 탐구와 표현의 경험을 쌓게 됩니다. 특히 이 활동은 '환경·지속 가능한 발전 교육', '인성', '인권' 등의 범교과 학습 주제와도 연계되어, 자연에 대한 감수성과 생명에 대한 존중, 타자에 대한 이해와 공감의 태도를 함께 기를 수 있습니다.

'들꽃 이야기 창작소'는 창의성과 감성을 동시에 확장시키는 융합형 프로그램으로서, 아이들이 들꽃을 통해 상상하고 창조하며 자기다움을 표현하는 특별한 배움의 경험을 선사합니다. 자연의 이름에서 이야기가 피어나고, 그 이야기에서 다시 감정과 생명의 의미를 되새기는 이 활동은 아이들 스스로가 감성적 상상력과 창의적 표현력을 지닌 존재임을 발견하는 따뜻한 여정이 될 것입니다.

2. 활동의 개요

『들꽃 이야기 창작소: 이름으로 피어난 상상』은 아이들이 들꽃이라는 자연물을 매개로 감성과 상상력을 일깨우고, 이를 창의적으로 표현하며 함께 나누는 4단계 이야기 창작 활동으로 구성된 통합형 자율활동 프로그램입니다. 수업의 흐름은 [그림 5-1]과 같이 '만남-상상-창작-공유'의 순으로 전개되며, 이 흐름은 심미적 감성과 창의성을 통합적으로 기를 수 있도록 설계되었습니다.

'만남의 시간'(도입 단계)에서는 아이들이 교실 밖에서 들꽃과 눈을 맞추고 관찰하며 생김새, 색감, 계절감 등을 느껴봅니다. 꽃 이름에 담긴 상징적 의미를 살펴보거나, 자신의 삶과 연결되는 정서적 느낌을 자연스럽게 표현해 보면서 감정 자각과 자연과의 관계 인식이 시작됩니다. 작은 들꽃 한 송이와의 만남이 이야기의 씨앗이 되는 순간입니다.

'상상의 시간'(탐구 단계)에서는 관찰을 바탕으로 꽃의 이름을 새롭게 지어보거나, 이름에서 출발한 이야기를 상상하는 활동이 펼쳐집니다. "이 꽃이 '숨결꽃'이라면 어떤 일이 생길까?"와 같은 질문은 감성 기반 상상력을 자극하고, 아이들은 인물·배경·사건을 구상하며 자신만의 서사를 준비하게 됩니다. 이 단계는 심미적 인상과 창의적 구성력이 교차하는 시간입니다.

'창작의 시간'(실천 단계)은 아이들이 상상한 이야기를 글, 그림, 엽서, 캐릭터 카드, 짧은 동화, 시화 등 다양한 방식으로 표현하는 시간입니다. 감정을 담은 제목을 붙이고, 시각적 요소를 직접 꾸미며, 자신의 세계를 완성해 나갑니다. 이 과정은 정서적 경험이 창의적 결과물로 전환되는 결정적 장면이며, 자기표현력과 창의성이 풍부하게 발현됩니다.

4. 공유의 시간 (성찰 단계) 　 이름으로 피어난 상상, 함께 읽고 나누기 (1) 나만의 이야기 발표 혹은 낭독회 열기 (2) 친구 이야기 감상문 쓰기 또는 말로 나누기 (3) 들꽃 이야기 전시회 꾸미기 (4) 감상 편지 쓰기와 생명 선언문 발표	1. 만남의 시간 (도입 단계) 　 들꽃과 눈 맞추기: 　 자연 속 이름의 이야기를 만나다. (1) 들꽃의 생김새, 색, 계절감 관찰하기 (2) 꽃 이름의 유래와 상징 의미 알아보기 (3) 이름에서 느껴지는 감정 표현하기 (4) 들꽃과 나의 인연 떠올리기
	들꽃 이야기 창작소 (감성과 상상으로 피어나는 이야기, 나를 표현하고 함께 나누다)
3. 창작의 시간 (실천 단계) 　 피어난 상상, 나만의 이야기로 만들기 (1) 나만의 들꽃 이야기 쓰기 (2) 말풍선 엽서, 감정 엽서, 캐릭터 카드 제작 (3) 상상한 장면을 그림이나 시로 표현하기 (4) 제목과 표지를 꾸며 이야기 완성하기	2. 상상의 시간 (탐구 단계) 　 이름에서 상상으로: 꽃의 이름을 바꾸고 　 이야기를 피우다. (1) 들꽃에 어울리는 새로운 이름 짓기 (2) 이름에 어울리는 이야기 장면 상상하기 (3) 등장인물과 배경 설정하기 (4) 이야기 주제(위로, 응원 등) 정하기

[그림 5-3] 들꽃을 소재로 한 학교 자율활동의 마인드맵

'공유의 시간'(성찰 단계)은 완성된 이야기와 감정을 친구들과 나누며 공감과 존중, 성찰의 경험을 쌓는 시간입니다. 낭독회, 감상문 쓰기, 따뜻한 피드백 나누기, 들꽃 이야기 전시회, 생명 선언문 발표 등을 통해 아이들은 자신의 감정과 타인의 감정을 연결짓고, 생명에 대한 존중과 자연과의 관계를 되새기는 의미 확장을 경험하게 됩니다.

이처럼 『들꽃 이야기 창작소』는 작은 자연물에서 출발해 감정, 상상, 창작, 나눔으로 이어지는 배움의 흐름을 통해, 아이들이 자기다움과 타자와의 연결, 자연과 생명의 소중함을 함께 느끼고 표현할 수 있도록 돕는 감성과 창의성 기반의 융합형 자율활동 프로그램입니다.

'들꽃 이야기 창작소'는 초등학교 5학년을 대상으로, 들꽃이라는 자연물을 관찰하고 이름을 상상하며 이야기를 창작·표현하고 함께 나누는 전 과정을 통해 심미적 감성을 지닌 창의적인 사람을 기르기 위해 설계된 학교자율시간의 활동 프로그램입니다. 이 활동은 실과와 창의적 체험활동(자율영역)을 중심 교과로 설정하였으며, 국어, 미술, 도덕과의 통합 운영이 가능하도록 구성되었습니다. 들꽃의 생김새와 색, 계절감 등을 감성적으로 관찰하고, 그 안에서 떠오르는 감정과 상징을 바탕으로 나만의 이야기로 풀어내는 창의·융합형 활동입니다.

이 프로그램은 실과 교육과정이 편성된 5~6학년군의 특성을 고려하여 5학년 1학기의 32차시 분량으로 구성되었고, 모든 활동은 교실 안팎에서 안전하고 창의적으로 운영될 수 있도록 설계하였습니다. 들꽃을 자연의 일부로서 단순히 관찰하는 데 그치지 않고, 이를 언어적·감성적·상징적으로 해석하여 이야기로 풀어내는 과정은 아이들의 상상력과 자기 표현력을 동시에 자극합니다.

이 활동은 〈표 5-25〉에 제시한 것처럼 교과 시간의 배움을 자율활동 시간에 자연스럽게 이어주는 '교과 통합 설계'의 흐름을 따릅니다. 국어(이야기 쓰기와 말·글 표현), 미술(시각적 구성과 시화 활동), 도덕(감정이입과 생명 존중 태도) 등과 긴밀하게 연결되어 있으며, 지역 자연환경(학교 숲, 들판, 인근 산책길 등)을 배경으로 한 '지역 연계 수업'으로도 확장할 수 있습니다.

특히 '만남-상상-창작-공유'의 4단계 흐름은 학생들이 관찰과 감정 이입, 상상과 창작, 표현과 나눔을 단계적으로 경험하며, 자신의 감성과 생각을 점차 깊이 있게 확장할 수 있도록 돕습니다. 단편적인 체험이 아닌, 감성과 창의성이 지속적으로 피어나는 32차시의 '지속형' 설계이며, 창작의 집중도와 몰입을 높이기 위해 집중 운영과 분산 운영을 혼합한 '혼합형' 편성을 따릅니다.

이 프로그램은 2022 개정 교육과정이 제시한 인간상 중 '창의적인' 사람을 중심으로 하되, '심미적 감성'을 바탕으로 한 창의성을 지향점으로 삼습니다. 학생들은 들꽃이라는 익숙한 자연물을 창의적으로 재해석하고, 이름과 감정, 상징을 엮어 이야기를 구성하는 과정을 통해 삶의 다양한 맥락에서 문제를 새롭게 바라보는 융합적 사고력과 감수성을 함께 기르게 됩니다.

〈표 5-25〉 '들꽃 이야기 창작소' 활동의 개요

학교명	○○ 초등학교		활동명	이름 없는 꽃에게 쓰는 편지 (이름으로 피어난 상상)						
활동 편성 교과	국어 ☑ 사회 ☐ 도덕 ☑ 수학 ☐ 과학 ☐ 실과 ☑ 체육 ☐ 음악 ☐ 미술 ☑ 영어 ☐ 창의적체험활동 ☑		적용학년	3학년		4학년		5학년		6학년	
			적용학기	1학기 ☐	2학기 ☐	1학기 ☐	2학기 ☐	1학기 ☑	2학기 ☐	1학기 ☐	2학기 ☐
			적용시간					32			
활동 개설의 필요성	이 활동은 초등학교 5학년 학생들이 자연 속 들꽃을 매개로 이름을 새롭게 상상하고, 이야기를 창작·표현하는 과정을 통해 심미적 감성을 바탕으로 한 창의성을 기를 수 있도록 설계된 융합형 자율활동 프로그램입니다. 실과 교과의 창의적 문제 해결 활동과 연계하여 들꽃의 이름과 감정, 자연물의 특성을 탐색할 기회를 제공하고, 창의적 체험활동(자율영역)에서는 이야기 완성과 나눔 활동을 통해 자기 표현력과 감정 공감 능력을 함께 기를 수 있도록 구성하였습니다. 또한 국어 교과의 체험 기반 쓰기 활동, 미술 교과의 시각적 표현, 도덕 교과의 생명 존중과 감정 이해 활동들과 유기적으로 연결되어, 학생의 감수성과 예술적 표현력, 생명에 대한 성찰을 통합적으로 함양할 수 있습니다. 나아가 이 활동은 '심미적 감성을 지닌 창의적인 사람'이라는 인간상과 '창의적 사고' 역량을 중심으로, 범교과 학습 주제인 '환경·지속 가능한 발전' 및 '인성' 교육과도 긴밀히 연계되어 있어, 자연과 감정, 창의성과 공동체 감각을 아우르는 통합적 교육 경험을 제공합니다.										
개설유형	☑ 활동 ①			☐ 활동 ②			☐ 과목			☐ 과목+활동	
운영 형태	☑ 지역 연계			☑ 교과 통합 설계			☐ 기초 소양 강화			☐ 학생 주도 설계	
편성 방식	☐ 지속형			☐ 집중형			☑ 혼합형				
인간상	☐ 자기 주도적인			☑ 창의적인			☐ 교양 있는			☐ 더불어 사는	
핵심역량	☐ 자기관리 ☑ 심미적 감성			☐ 지식정보처리 ☐ 협력적 소통				☐ 창의적 사고 ☐ 공동체			
범교과 활동 연관 주제	☐ 안전·건강 ☐ 인권 ☐ 경제·금융			☐ 인성 ☐ 다문화 ☑ 환경·지속 가능한 발전			☐ 진로 ☐ 통일			☐ 민주시민 ☐ 독도	
교재	☐ 기존 개발 도서 (시중 유통 도서): 개발 예정 ☑ 교재(교과서) 없이 교수학습자료 활용(차시별 학습지를 개발하여 활용)										

핵심역량으로는 '창의적 사고'를 중심에 두고 있으며, 관찰-이해-표현-공유의 흐름 속에서 학생들

은 각자의 방식으로 생각하고, 표현하며, 관계를 맺는 통합적 배움의 경험을 쌓게 됩니다. 특히 감정과 언어, 이미지가 결합된 이야기 창작 활동은 학생의 삶과 감정을 반영하는 교육적 울림이 크며, 자존감과 성취감을 동시에 기를 수 있는 의미 있는 여정이 됩니다.

연계가 가능한 범교과 학습 주제로는 '환경·지속 가능한 발전', '인권', '인성' 등이 있으며, 이에 따라 이 활동은 교과서 없이도 독립적으로 운영할 수 있도록 차시별 활동지 형태로 제공되며, 향후 선택형 자료 구성 및 디지털북 형태로도 개발하여 교사와 학생 모두의 활용 편의성을 높일 계획입니다.

3. 활동의 내용 요소

이 활동에서 다루고자 하는 교수·학습 내용은 '자연 속 이름에 담긴 감정과 상징을 발견하고, 나만의 언어로 표현하며, 창의성과 감수성을 기른다'는 핵심 아이디어를 중심으로 구성되었으며, 〈표 5-26〉과 같이 지식·이해, 과정·기능, 가치·태도의 세 영역으로 나누어 제시할 수 있습니다. 이 내용 체계는 학생의 인지적 이해뿐만 아니라 정서적 성장과 창의적 표현의 전 과정을 아우를 수 있도록 설계되었습니다.

먼저 '지식·이해' 영역에서는 들꽃의 생김새와 색, 계절적 특성을 관찰하고, 이름의 유래와 상징적 의미를 탐색하면서 자연물에 대한 인지적 이해를 기릅니다. 동시에 창작 활동의 기반이 되는 이야기 구성 요소(인물, 배경, 사건 등)에 대한 기본 개념을 익혀, 단순한 감상을 넘어 스토리텔링의 기초력을 함께 갖출 수 있도록 합니다.

'과정·기능' 영역에서는 관찰을 통해 감정을 이끌어내고, 들꽃에 어울리는 이름을 새롭게 상상해 보는 활동을 수행합니다. 이후 자신이 지은 이름을 바탕으로 이야기를 구성하고, 이를 말풍선 엽서, 감정 엽서, 시, 짧은 동화 등 다양한 형식으로 창의적으로 표현합니다. 완성된 이야기는 낭독회나 전시를 통해 친구들과 공유하며, 감상문 쓰기와 감정 나누기 등의 활동을 통해 자연스럽게 공감과 소통을 경험할 수 있도록 구성되어 있습니다.

〈표 5-26〉 '들꽃 이야기 창작소' 활동의 내용 체계

핵심 아이디어	자연 속 이름에 담긴 감정과 상징을 발견하고, 나만의 언어로 이야기로 표현하며, 창의성과 감수성을 기른다.
범주	구상한 내용 요소
지식 이해	• 들꽃의 생김새와 계절적 특징 이해 • 꽃 이름의 유래와 상징적 의미 탐색 • 이야기 구성 요소(인물, 배경, 사건)의 이해
과정 기능	• 관찰한 자연물에서 감정을 읽어내는 능력 • 들꽃에 어울리는 이름을 상상하고 새롭게 짓기 • 이름에서 출발해 이야기를 다양한 방식(엽서, 카드, 시, 짧은 동화 등)으로 표현하고 창작하기 • 친구들과 창작물을 공유하고 감상 표현하기
가치 태도	• 자연과 생명에 대한 존중의 마음 • 나와 타인의 감정을 존중하고 어울리는 태도 • 자기 생각을 창의적으로 표현하려는 태도 • 이야기 속 감정을 공감하고 따뜻한 말과 태도로 나누려는 마음

'가치·태도' 영역에서는 자연과 생명에 대한 존중을 바탕으로, 나와 타인의 감정을 이해하고 존중하는 태도를 기릅니다. 창작 활동을 통해 자신의 감정을 솔직하게 표현하고, 친구의 이야기를 귀 기울여 듣고 따뜻한 말로 반응하는 과정을 통해 감성적 교류와 공동체 감각이 자연스럽게 확장됩니다. 이는 발표를 위한 활동을 넘어 감정과 생명, 관계에 대한 깊이 있는 성찰로 이어지는 교육적 경험을 제공합니다.

이처럼 『들꽃 이야기 창작소』는 자연 관찰, 감정 이입, 창의적 언어 활동, 또래와의 소통이 유기적으로 연결된 통합형 수업 흐름을 지니고 있어 실과 및 창의적 체험활동을 중심으로 국어, 미술, 도덕 교과와도 자연스럽게 연계 운영할 수 있습니다. 교사는 이 체계를 바탕으로 학생들의 인지, 기능, 태도 영역에서의 성장 목표를 명확하게 설정하고, 차시 구성과 평가 계획을 체계적으로 수립할 수 있습니다.

4. 활동의 성취기준

『들꽃 이야기 창작소』활동을 위해 구성된 성취기준은 연계 교과를 중심으로 〈표 5-27〉과 같이 정리하였습니다. 이 활동은 교과 간 통합적 접근이 가능하도록 3개의 성취기준으로 구성되어 있으며, 활동의 흐름(만남-상상-창작-공유)에 따라 단계적으로 설계되었습니다. 각 기준은 해당 교과의 성격을 반영하여 수업에 자연스럽게 적용할 수 있도록 구성되어 있습니다.

〈표 5-27〉 '들꽃 이야기 창작소' 활동의 성취기준

성취기준 부호	성취기준 내용
[5실들꽃-01]	들꽃을 관찰하여 생김새와 계절적 특징을 이해하고, 자연과 생명에 대한 감수성을 기른다.
[5실들꽃-02]	들꽃에서 느낀 감정이나 상상을 바탕으로, 이야기의 구성 요소를 활용하여 자신만의 이야기를 창의적으로 짓는다.
[5실들꽃-03]	자신의 이야기를 다양한 방식으로 표현하고, 친구들과 공유하며 감정을 공감하고 존중하는 태도를 기른다.

성취기준 [5실들꽃-01]은 활동의 출발점인 '들꽃과의 만남'을 통해 학생이 자연을 직접 관찰하고, 그 안에서 감정과 의미를 발견하는 데 초점을 둡니다. 들꽃의 생김새, 색깔, 계절적 변화 등을 유심히 살펴보는 과정을 통해 학생은 세밀한 관찰력과 함께 자연의 아름다움과 생명에 대한 감수성을 기르게 됩니다. 또한, 이 과정은 단순한 정보 습득을 넘어서, 학생 개인의 정서와 연결되는 감정적 반응을 유도하며, 이야기의 소재로 발전될 수 있는 감정의 씨앗을 형성합니다. 평가에서는 관찰 일지 작성, 구술 발표, 말과 글로 표현한 감정 등의 수행 결과를 바탕으로 감수성과 자연에 대한 존중 태도를 함께 확인할 수 있습니다.

성취기준 [5실들꽃-02]는 '상상'과 '창작'이라는 중간 단계에서 중심적인 역할을 합니다. 학생은 앞선 관찰 경험과 감정 표현을 바탕으로 들꽃에 어울리는 이름을 상상하거나 새롭게 창조하고, 그 이름을 기반으로 인물, 배경, 사건 등 이야기의 구성 요소를 창의적으로 엮어나갑니다. 시, 말풍선 엽서, 짧은 동화, 캐릭터 카드 등 다양한 매체를 활용하여 자신만의 이야기를 구성하는 이 과정은 학생의

언어적 상상력과 구성력, 그리고 시각적 표현 역량을 함께 끌어올리는 단계입니다.
이 성취기준은 국어와 미술 교과와의 연계성이 높으며, 표현한 산출물을 통해 창의성, 표현력, 구조적 완성도를 종합적으로 평가할 수 있습니다.

성취기준 [5실들꽃-03]은 학생들이 창작한 이야기를 다양한 방식으로 발표하고, 친구들과 나누며 감정적으로 교류하는 '공유'의 시간을 다룹니다. 낭독회, 이야기 전시, 감정 편지 쓰기, 감상문 작성 등 다양한 활동을 통해 자신만의 이야기를 타인과 소통하고, 친구의 이야기 속 감정에 공감하고 존중하는 태도를 기르게 됩니다. 이 과정은 단순한 결과 공유를 넘어 감정과 경험을 연결하는 공동체적 성찰의 장이 되며, 정서적 성장과 사회적 관계 형성에 기여합니다. 도덕, 창체, 국어 등의 교과 성취기준과 밀접하게 연결되며, 공감 능력, 피드백 태도, 성찰 표현력 등을 중심으로 수행 중심 평가가 가능합니다.

이처럼 『들꽃 이야기 창작소』의 성취기준은 각각 '감성 기반의 관찰' → '창의적 구성과 표현' → '정서적 공유와 공동체 감수성'이라는 교육 흐름을 이루며, 『들꽃 이야기 창작소』 활동의 '만남-상상-창작-공유' 4단계 흐름과 정확히 대응됩니다. 이 구조는 학생이 단계를 거치며 점점 더 감성적, 창의적, 공동체적 역량을 자연스럽게 확장해 가는 흐름을 형성하므로, 단편적 지식이나 결과 위주의 수업이 아닌 경험 기반의 통합적 성장을 이끄는 데 매우 효과적입니다.

또한 이 성취 기준들은 교과 간 자연스러운 연결이 가능하며, 차시별 수업 활동에 바로 적용할 수 있어 초등 교사들이 통합 수업, 창의적 체험활동, 프로젝트형 수업 등을 설계하는 데 매우 실용적입니다. 특히 학급 상황에 따라 표현 중심 활동, 이야기 중심 활동, 감성 공유 중심 활동으로 선택과 집중이 가능하다는 장점도 지니고 있습니다.

〈표 5-28〉은 『들꽃 이야기 창작소』 활동에서 통합된 3개의 성취기준을 바탕으로, 활동에 참여하는 각 교과의 성취기준과 어떻게 연계되는지를 구체적으로 정리한 표입니다. 본 표는 실과, 국어, 창의적 체험활동(창체), 도덕, 미술 교과의 성취기준과 들꽃 활동의 성취기준을 나란히 제시함으로써, 교과 간 통합 수업이나 창의적 프로젝트 수업을 설계하는 교사들에게 실질적인 가이드를 제공합니다.

실과 교과의 성취기준 [6실04-07]은 생활 속 동식물 자원을 목적에 따라 탐색하는 활동을 중심으로 하며, 『들꽃 이야기 창작소』의 성취기준 [5실들꽃-01]과 연결됩니다. 이 기준은 들꽃을 관찰하고 생김새나 계절적 특징을 이해하며, 이를 바탕으로 이야기의 구성을 창의적으로 시도하도록 유도합니다. 관찰과 감수성 함양을 출발점으로 하여 학생들의 사고를 확장하는 데 초점을 맞춥니다.

국어 교과의 성취기준 [6국01-05]와 [6국03-04]는 각각 매체를 활용한 표현과 창의적 글쓰기 역량을 강조합니다. 이는 『들꽃 이야기 창작소』 성취기준 [5실들꽃-02]와 밀접하게 연결되며, 학생들이 자신의 감정이나 생각을 다양한 방식으로 표현하고, 이를 친구들과 나누는 과정을 통해 공감 능력과 소통 역량을 함께 기를 수 있도록 합니다.

창체 교과의 성취기준 [자율01-03]은 자신을 표현하고 타인과 어울리는 활동을 실천하도록 하는 내용을 담고 있으며, 도덕 교과의 [6도02-02]는 다양성을 존중하고 타인을 이해하는 태도를 강조합니다. 이 두 기준은 들꽃 성취기준 [5실들꽃-03]과와 유기적으로 연계되어, 학생들이 이야기를 나누며 자연스럽게 공감과 존중의 태도를 실천하는 교육적 효과를 기대할 수 있습니다.

〈표 5-28〉 활동 편성 교과와 '들꽃 이야기 창작소' 활동 성취기준의 연관성

교과	활동 편성 교과 성취기준	'들꽃 이야기 창작소' 활동 성취기준
실과	[6실04-07] 생활 속 동식물 자원을 활용 목적에 따라 분류하고 이와 관련된 다양한 생명기술을 탐색한다.	[5실들꽃-01] 들꽃을 관찰하여 생김새와 계절적 특징을 이해하고, 자연과 생명에 대한 감수성을 기른다.
국어	[6국01-05] 자료를 선별하여 핵심 정보를 중심으로 내용을 구성하고 매체를 활용하여 발표한다. [6국03-04] 독자와 매체를 고려하여 내용을 생성하고 표현하며 글을 쓴다.	[5실들꽃-02] 들꽃에서 느낀 감정이나 상상을 바탕으로, 이야기의 구성 요소를 활용하여 자신만의 이야기를 창의적으로 짓는다.
창체	[자율01-03] 다양한 표현 방법을 활용하여 자신을 나타내고 타인과 어울리는 활동을 실천한다.	[5실들꽃-03] 자신의 이야기를 다양한 방식으로 표현하고, 친구들과 공유하며 감정을 공감하고 존중하는 태도를 기른다.
도덕	[6도02-02] 편견이 발생하는 이유를 탐색하여 해결 방안을 살펴보고, 다양성 존중을 바탕으로 다른 사람을 이해하려는 태도를 지닌다.	
미술	[6미01-02] 자신이나 주변 환경에서 찾은 감각적 특징, 느낌, 생각 등을 관련지어 나타낼 수 있다.	

미술 교과의 성취기준 [6미01-02]는 감각적 특성과 느낌을 시각적으로 표현하는 능력을 강조하며, 들꽃 활동의 성취기준 [5실들꽃-03]과 연계됩니다. 학생들은 자신이 느낀 감정이나 상상한 이야기를 시, 카드, 그림 등 다양한 시각 매체를 통해 표현하며, 자기표현의 깊이를 더욱 풍부하게 만들어갈 수 있습니다.

이처럼 〈표 5-28〉은 들꽃 활동이 각 교과 성취기준과 자연스럽게 연결될 수 있도록 구조화되어 있으며, 교과 간 통합 수업을 기획하거나 창의적 체험활동을 계획하는 교사들에게 매우 실용적인 안내자료가 됩니다. 이를 바탕으로 교사들은 일 교과 수업이나 창체 시간뿐만 아니라, 수업을 재구성하거나 차시별 흐름을 설계할 때 유연하게 적용할 수 있습니다.

5. 활동에 참여하는 교과와 시수 편제

'들꽃 이야기 창작소' 활동이 학교 교육과정 내에서 어떻게 편성될 수 있는지를 보여주는 시수 편제는 〈표 5-29〉에 정리되어 있습니다. 이 프로그램은 총 32차시의 자율활동으로 구성되며, 실과와 국어를 중심 교과로 설정하되, 창의적 체험활동(창체)을 주요 편성 기반으로 삼아 교과 간 연계성과 운영의 유연성을 함께 확보하고자 하였습니다.

〈표 5-29〉 '들꽃 이야기 창작소' 활동의 시수 편제표

구분	자율시간 (들꽃)	실과	국어	창의적 체험활동	도덕	미술	소계
기준시수	0	136	408	204	68	136	952
증감	+32	-6	-8	-16	-2	0	0
잔여 시수	32	130	400	188	66	136	952

이 활동은 기존 교과 수업을 대체하는 것이 아니라, 각 교과의 성취기준과 연계된 의미 있는 주제 중심의 융합 활동으로 설계되었습니다. 이번 시수 편제에서는 자율활동 영역에 '들꽃' 활동을 32시간

증편하고, 실과(6시간), 국어(8시간), 창체(16시간), 도덕(2시간) 교과에서 소폭 감축하여 총량을 조정하였습니다. 미술 교과는 시수를 그대로 유지하면서 활동에 연계하여 활용됩니다. 이와 같은 시수 감축은 각 교과의 전체 시수 대비 2~8% 이내로 제한적이며, 들꽃 활동 자체가 해당 교과의 성취기준을 자연스럽게 달성할 수 있도록 설계되어 있어 교육적 손실 없이 운영이 가능합니다.

예를 들어, 국어 교과의 이야기 구성 및 표현, 실과의 생명 감수성, 창체의 자기표현 활동, 도덕의 공감 및 존중 태도, 미술의 감정 이미지화 능력 등은 들꽃을 주제로 한 관찰, 창작, 발표 활동 속에서 통합적으로 다루어집니다. 특히 프로젝트 기반의 융합 수업으로 구성되어 있어, 학생의 흥미와 몰입을 유도하며 교과 간 경계를 넘는 깊이 있는 학습 경험을 제공합니다.

따라서 이 시수 편제는 실제 수업 현장에서도 과중한 부담 없이 적용 가능하며, 교육과정 재구성과 교과 통합 운영의 모범 사례로 활용될 수 있습니다. 교사는 활동 주제와 성취기준 간의 연계성을 고려하여 차시별 수업을 재구성하거나, 기존 단원의 흐름 속에 들꽃 활동을 자연스럽게 삽입하는 방식으로 유연하게 수업을 운영할 수 있습니다.

6. 시수 운영 계획

총 32차시로 구성된 『들꽃 이야기 창작소』 활동의 주요 내용을 정리한 것은 〈표 5-30〉에 제시되어 있습니다. 이 프로그램은 7종의 야생화를 중심으로 각 꽃마다 4차시씩 총 28차시를 기본으로 구성하고, 마지막 4차시는 '마음에 핀 들꽃'이라는 배움 주제로 성찰, 약속, 전시, 나눔의 흐름으로 마무리됩니다.

이 표는 들꽃 기반 창작 활동을 실제 수업에 적용할 때 매우 유용한 차시별 수업 지도안 개요의 역할을 합니다. 각 들꽃은 '만남 → 상상 → 창작 → 공유'의 일관된 흐름으로 4차시 단위로 구성되어 있어, 학생들은 자연 관찰에서 감정 이입, 이야기 구성, 표현과 나눔에 이르기까지 정서적·창의적 표현 능력을 점차적으로 확장해 나가게 됩니다.

29~32차시는 전체 활동을 마무리하는 단계로, '마음에 핀 들꽃'이라는 주제 아래 '성찰하기-약속하기-꾸미기-나누기'의 흐름으로 구성되어, 활동을 되돌아보고 의미를 정리하며, 감정 공유와 공동체적 약속으로 마무리됩니다.

〈표 5-30〉 '들꽃 이야기 창작소' 활동의 차시별 내용

배움 주제	차시	단계	주요 활동 내용
제비꽃	1	만남	제비꽃의 생김새와 봄의 정서적 이미지 감상하기
	2	상상	제비꽃이 들려주는 봄의 편지 상상하기
	3	창작	봄을 품은 제비꽃 이야기를 짧은 동화로 쓰기
	4	공유	친구들과 제비꽃 이야기 나누며 감정 공감하기
둥굴레	5	만남	둥글고 부드러운 줄기와 꽃의 생김새 관찰하기
	6	상상	이름과 생김새를 엮어 감정 표현하기
	7	창작	둥굴레에게 감정 편지 쓰기 또는 엽서 만들기
	8	공유	편지 나눔 또는 '따뜻한 말 한마디' 릴레이 발표
토끼풀	9	만남	토끼풀의 생태와 잎의 개수에 담긴 의미 탐색
	10	상상	세잎·네잎 토끼풀의 이야기 상상하기
	11	창작	소원을 담은 토끼풀 이야기 쓰기
	12	공유	나의 '행운 풀잎' 이야기 나누기 또는 전시
함박꽃	13	만남	함박꽃의 크기, 꽃잎 감촉 등 감각적 특징 관찰
	14	상상	부드러움, 풍성함을 의인화한 이야기 상상하기
	15	창작	나만의 함박꽃 캐릭터 이야기 만들기
	16	공유	친구들과 이야기 교환 및 캐릭터 소개하기
달맞이꽃	17	만남	달맞이꽃과 '저녁', '기다림'의 이미지 연결하기
	18	상상	밤하늘 아래 달맞이꽃이 들려주는 이야기 상상
	19	창작	기다림의 시간을 담은 이야기 또는 시 쓰기
	20	공유	시화 전시 또는 '달빛 낭독회' 열기
원추리	21	만남	하루만 피는 꽃의 생태와 특징 알아보기
	22	상상	'하루를 산다는 것'에 대한 철학적 상상하기
	23	창작	하루살이 꽃의 삶을 담은 짧은 이야기 쓰기
	24	공유	감정 공유 편지 쓰기 또는 하루 시 전시하기
산수국	25	만남	산수국의 중심과 주변 꽃들의 구조 관찰하기
	26	상상	함께 피는 삶, 협력과 어울림 이야기 상상
	27	창작	공동체를 주제로 한 산수국 이야기 만들기
	28	공유	서로의 이야기 읽고 감상문 쓰기
마음에 핀 들꽃	29	성찰	들꽃과 함께한 나의 기억과 감정을 돌아본다.
	30	약속	자연, 친구, 나 자신에게 전하고 싶은 약속을 만든다.
	31	전시	나만의 이야기·작품을 정리하고 전시를 준비한다.
	32	나눔	친구들과 발표·낭독·편지를 통해 마음을 나눈다.

〈표 5-30〉은 교사들이 다양한 방식으로 활용할 수 있습니다. 첫째, 수업을 준비할 때 차시별 주제와 활동 목표를 빠르게 파악하여 교수·학습 자료를 선정하거나 재구성하는 데 도움이 됩니다. 둘째, 수업 운영 시 도입·전개·정리 단계의 흐름을 참고하거나 통합 수업 및 프로젝트 수업으로 확장할 수 있습니다. 셋째, 성취기준과 연계하여 지도안을 작성할 때, 주요 활동 내용과 연계 교과를 참고하여 평가 계획 수립 및 성취기준 도달 여부를 구체화할 수 있습니다. 넷째, 수업 일지 작성이나 결과 보고 시에는 차시별 핵심 활동이 명확히 정리되어 있어 운영 기록, 성과 분석, 학교 보고 자료로도 유용하게 활용할 수 있습니다.

특히 이 활동은 실과, 국어, 창체, 도덕, 미술 교과의 성취기준과 활동 내용이 유기적으로 연결되도록 설계되었기 때문에, 교과 간 재구성형 융합 수업이나 프로젝트 학습 형태로도 손쉽게 적용이 가능합니다.

〈표 5-31〉은 『들꽃 이야기 창작소』 활동에서 들꽃별 4차시(만남-상상-표현-공유) 수업 흐름에 따라 활동 내용과 아이들의 마음에 남는 경험을 함께 정리한 표입니다. 이 표는 수업 기획, 차시별 지도안 작성, 학생 반응 예측, 성찰일지 기록 등 교사의 실제 수업 준비 및 운영에 실질적으로 활용될 수 있도록 설계되었습니다.

이 활동을 운영하고자 하는 교사들을 위해 주요 활용 포인트를 정리하면 다음과 같습니다.

첫째, 차시 흐름을 한눈에 파악할 수 있어 수업 구성에 용이합니다. 각 들꽃 활동은 4차시로 구성되어 있으며, '관찰과 감상(만남) → 상상 확장(상상) → 창의적 표현(창작) → 감정 나눔(공유)'의 흐름이 일관되게 이어집니다. 교사는 이 구조를 그대로 수업 설계에 적용하거나 변형하여 활용할 수 있습니다.

둘째, '아이들의 마음에 남는 경험' 항목을 통해 정서적 반응을 예측하고 지도할 수 있습니다. 단순한 활동 내용 소개를 넘어, 학생들이 실제로 느끼고 경험할 수 있는 감정적·인지적 반응을 예시로 제공함으로써, 교사가 피드백, 관찰, 활동지 구성을 더욱 세심하게 계획할 수 있습니다.

셋째, 들꽃별 주제와 감정 키워드를 바탕으로 맞춤형 활동 설계가 가능합니다. 예를 들어, '제비꽃'은 봄의 시작과 생명감, '토끼풀'은 행운과 소원, '원추리'는 하루의 소중함처럼 각 꽃이 상징하는 정서가 뚜렷하게 제시되어 있어, 교사는 이를 중심으로 그림책, 시, 체험 활동 등 다양한 교수자료와 연계할 수 있습니다.

〈표 5-31〉 들꽃별 4차시 활동의 내용과 의의

들꽃	차시	활동 내용	아이들의 마음에 남는 경험
제비꽃	1차시 (만남)	제비꽃의 생김새와 봄의 정서적 이미지 감상하기	꽃잎을 유심히 들여다보며 봄의 색감과 정서를 자연스럽게 떠올림. '봄' 하면 생각나는 감정/장면을 자기 감각으로 떠올리는 시간.
	2차시 (상상)	제비꽃이 들려주는 봄의 편지 상상하기	제비꽃을 친구처럼 상상하며 마음속 이야기를 들어보는 경험. 식물에게도 감정이 있다는 공감적 사고 확장.
	3차시 (창작)	봄을 품은 제비꽃 이야기를 짧은 동화로 쓰기	제비꽃과 함께한 상상의 장면을 글로 표현하며 '나만의 이야기'를 만든 성취감 경험. 자신만의 스타일로 창작하는 즐거움.
	4차시 (공유)	친구들과 제비꽃 이야기 나누며 감정 공감하기	친구의 이야기에 웃고 놀라며 감정을 나누는 경험. 비슷한 장면에서 공감하거나 전혀 다른 상상에 놀라는 따뜻한 소통 시간.
둥굴레	5차시 (만남)	둥글고 부드러운 줄기와 꽃의 생김새 관찰하기	꽃잎을 만져보고 색과 모양을 감상하면서 '조용하고 따뜻한 느낌'을 마음속에 품음. 식물도 다정한 인상을 줄 수 있다는 새로운 감각 경험.
	6차시 (상상)	이름과 생김새를 엮어 감정 표현하기	'둥글둥글', '조용조용'이라는 단어로 감정을 상상하며 꽃과 감정이 연결되는 체험. 말로 감정을 표현하는 능력이 확장됨.
	7차시 (창작)	둥굴레에게 감정 편지 쓰기 또는 엽서 만들기	꽃에게 나의 감정을 편지로 전하면서 마음을 가다듬는 시간. '나의 감정을 누구에게도 전달할 수 있다'는 자신감과 위안 경험.
	8차시 (공유)	편지 나눔 또는 '따뜻한 말 한마디' 릴레이 발표	따뜻한 말이 돌아오는 경험을 통해 공감과 배려의 가치를 자연스럽게 느끼는 시간. 마음이 포근해졌다는 표현이 자주 나옴.
토끼풀	9차시 (만남)	토끼풀의 생태와 잎의 개수에 담긴 의미 탐색	세 잎과 네 잎의 상징을 알게 되며, '행운'에 대한 이야기를 꽃과 연결하는 신기한 경험. 일상과 자연이 연결되는 순간을 느낌.
	10차시 (상상)	세잎·네잎 토끼풀의 이야기를 상상하기	꽃이 숨겨둔 사연이나 기억을 찾는 탐정 같은 기분. 자신만의 '행운 이야기'를 상상하면서 기대와 희망을 품는 시간.
	11차시 (창작)	소원을 담은 토끼풀 이야기 쓰기	소원을 담은 이야기 쓰기를 통해 자신의 소망을 정리하고, 꿈을 글로 표현하면서 자기 내면을 돌아보는 시간.
	12차시 (공유)	나의 '행운 풀잎' 이야기 나누기 또는 전시	친구들과 소망을 공유하며 공감하는 시간. 서로의 소망을 응원하거나 웃으며 들을 때 '친구를 더 잘 알게 되었다'는 느낌 경험.

〈표 5-31〉의 계속

들꽃	차시	활동 내용	아이들의 마음에 남는 경험
함박꽃	13차시 (만남)	함박꽃의 크기, 꽃잎 감촉 등 감각적 특징 관찰	크고 부드러운 꽃잎을 보며 "폭신해 보여요", "기분이 좋아요"와 같은 감각적 반응이 자연스럽게 나옴. 풍성한 이미지가 주는 정서적 안정 경험.
	14차시 (상상)	부드러움, 풍성함을 의인화한 이야기 상상하기	함박꽃을 엄마, 이불, 쿠션 등에 비유하며 친근한 감정을 이야기로 확장. 감각에서 이야기로 이어지는 연결이 즐거운 경험으로 남음.
	15차시 (창작)	나만의 함박꽃 캐릭터 이야기 만들기	자신만의 '함박이' 캐릭터를 만들고 이름/성격/성향을 설정, 이야기 속 친구처럼 다가오는 몰입감 경험. 창의적 자기표현의 즐거움.
	16차시 (공유)	친구들과 이야기 교환 및 캐릭터 소개하기	캐릭터를 소개하며 서로의 상상력에 감탄하고, 이야기를 통해 자신과 친구 사이의 감정 교류가 자연스럽게 이루어지는 경험.
달맞이꽃	17차시 (만남)	달맞이꽃과 '저녁', '기다림'의 이미지 연결하기	밤에 피는 꽃이라는 이야기의 신비함 느낌. '달빛', '조용한 기다림' 등의 감정이 자연스럽게 연상. 생태를 통한 감정 상징화 경험.
	18차시 (상상)	밤하늘 아래 달맞이꽃이 들려주는 이야기 상상	어둠 속에서 피는 꽃의 감정을 상상하며, 외로움이나 희망 등 섬세한 감정을 떠올림. 밤을 배경으로 한 상상이 풍부하게 펼쳐짐.
	19차시 (창작)	기다림의 시간을 담은 이야기 또는 시 쓰기	자신의 경험을 투영해 기다림에 대한 시적 표현을 시도. "누군가를 기다린 적 있어요"와 같은 회상과 감정 표현이 이루어짐.
	20차시 (공유)	시화 전시 또는 '달빛 낭독회' 열기	조용한 분위기 속에 친구들 앞에서 시를 읽거나 들으며 감정에 몰입. 분위기와 공감이 함께 어우러지는 감성적인 마무리 경험.
원추리	21차시 (만남)	하루만 피는 꽃의 생태와 특징 알아보기	'하루뿐인 생명'에 놀라움과 애틋함을 느끼며 생명의 소중함을 깨달음. '짧지만 강렬한 삶'이라는 개념이 마음에 남음.
	22차시 (상상)	'하루를 산다는 것'에 대한 철학적 상상하기	"만약 오늘 하루만 살 수 있다면?"이라는 질문에 자신만의 상상과 진지한 생각을 떠올림. 시간의 의미에 대해 생각해보는 계기.
	23차시 (창작)	하루살이 꽃의 삶을 담은 짧은 이야기 쓰기	하루를 선물처럼 여기는 태도를 글로 표현하며 생명과 감정에 대한 성찰이 글에 담김. 자신만의 철학적 표현 시도 경험.
	24차시 (공유)	감정 공유 편지 쓰기 또는 하루 시 전시하기	하루를 돌아보며 쓴 감정 편지를 공유하며 서로의 진심을 듣고 공감. "친구 마음을 처음 알았어요" 같은 반응이 나오는 따뜻한 시간.

〈표 5-31〉의 계속

들꽃	차시	활동 내용	학생들의 마음에 남는 경험
산수국	25차시 (만남)	산수국의 중심과 주변 꽃들의 구조 관찰하기	중심과 주변 꽃이 함께 이루는 구조에서 '같이 있음'의 의미를 느끼며 협력과 다양성에 대한 시각이 넓어짐.
	26차시 (상상)	함께 피는 삶, 협력과 어울림 이야기 상상	"나도 꽃잎 하나가 될 수 있어요"라는 말처럼, 전체의 일원으로서의 감정을 상상하고 공동체적 상상력을 키움.
	27차시 (창작)	공동체를 주제로 한 산수국 이야기 만들기	친구, 가족, 반 친구들이 함께 주인공이 되는 이야기 만들기. 나와 너, 우리를 함께 연결하는 이야기 쓰기의 기쁨 경험.
	28차시 (공유)	서로의 이야기 읽고 감상문 쓰기	친구 이야기를 읽고 따뜻한 감상을 나누는 시간. "이 친구의 마음이 이런 줄 몰랐어요"라는 말처럼 서로를 깊이 이해하게 됨.
마음에 핀 들꽃	29차시 (만남)	들꽃과 함께한 나의 기억과 감정을 돌아본다.	"나는 어떤 꽃과 닮았을까?"를 떠올리며 자신이 겪은 감정과 성장을 돌아보는 내면화의 시간. 자존감과 정서 안정 경험.
	30차시 (상상)	자연, 친구, 나 자신에게 전하고 싶은 약속을 만든다.	"들꽃처럼 살아갈래요" "친구를 더 잘 챙길게요"와 같은 구체적인 다짐을 글로 표현하며 실천 의지를 품음.
	31차시 (창작)	나만의 이야기·작품을 정리하고 전시를 준비한다.	한 학기 동안 만든 이야기와 그림을 되돌아보며 뿌듯함과 성취감을 느낌. 전시를 앞둔 기대와 설렘이 함께함.
	32차시 (공유)	친구들과 발표·낭독·편지를 통해 마음을 나눈다.	발표나 낭독을 통해 자신을 표현하고, 친구의 이야기를 경청하며 감정적으로 연결되는 마무리 경험. "헤어지기 아쉬워요"라는 말이 나오는 감동의 시간.

넷째, 4차시 공유 활동을 통해 자연스럽게 협력과 공동체 감수성을 기를 수 있습니다. 낭독회, 감상 나눔, 편지 릴레이 등은 아이들이 서로의 감정을 나누고 공감하는 따뜻한 분위기를 형성하는 데 기여하며, 학급 문화를 긍정적으로 이끄는 데에도 효과적입니다.

다섯째, 정서적 성장을 시각화한 자료로 학부모 소통이나 학생 성찰 자료로도 유용하게 활용할 수 있습니다. 활동 결과물과 함께 '아이들의 경험' 항목을 제시하면, 단순한 이야기 쓰기를 넘어 학생의 내면 성찰이 이루어졌다는 교육적 의미를 효과적으로 전달할 수 있습니다.

종합적으로 볼 때, 〈표 5-31〉은 수업 흐름 설계뿐만 아니라 학생의 정서적 반응과 성장을 이해하고 지도하기 위한 유용한 수업 안내서이자 성찰 도구입니다. 교사의 수업 스타일에 따라 유연하게 변형할 수 있으며, 학생의 감정과 창의성을 자연스럽게 끌어내는 수업으로 발전시키는 데 실질적인 도움이 됩니다.

7. 평가 계획

1) 성취기준 중심의 평가 계획

〈표 5-32〉는 『들꽃 이야기 창작소』 활동에서 3개의 성취기준을 중심으로 수업 장면에서 활용할 수 있는 평가 요소와 수업 및 평가 방법을 체계적으로 제시한 자료입니다. 교사들이 실제 수업을 설계하거나 평가 계획을 수립할 때 손쉽게 참고할 수 있도록 구체적이고 현장 친화적으로 구성되어 있습니다.

성취기준 [5실들꽃-01]은 들꽃에서 느낀 감정이나 상상을 바탕으로 이야기의 구성 요소를 활용하여 자신만의 이야기를 창의적으로 짓는 역량을 평가하는 기준입니다. 이에 따라 '이야기 구성 요소(인물, 배경, 사건 등) 활용하기', '들꽃에서 느낀 감정을 창의적으로 상상하기'가 핵심 평가 요소로 제시됩니다. 수업에서는 들꽃을 관찰한 후 이야기 요소를 정리하고, 짧은 이야기로 창작해보는 활동을 중심으로 운영할 수 있습니다. 이때 스토리맵이나 감정 카드를 활용하면 학생들의 사고 흐름과 창작 과정이 보다 구체화됩니다. 평가는 창작 이야기의 제출 및 구술 발표, 들꽃 감상 후 짧은 이야기 쓰기 등을 통해 학생의 창의적 표현 능력과 감정 몰입 정도를 자연스럽게 파악할 수 있습니다.

성취기준 [5실들꽃-02]는 자신의 이야기를 다양한 방식으로 표현하고, 친구들과 공유하며 감정을 공감하고 존중하는 태도를 기르는 데 초점을 둡니다. 이에 따른 평가 요소는 '이야기 표현 방식 다양하게 활용하기', '친구의 이야기에 공감하며 존중하는 태도 갖기'로 설정됩니다. 수업 방법으로는 릴레이 낭독, 감상문 쓰기 등의 이야기 발표 및 피드백 활동을 포함하며, 말풍선 엽서나 캐릭터 카드 등 다양한 시각 매체를 활용한 표현 활동도 유효합니다. 평가는 발표 태도 및 감정 공유 행동에 대한 교사의 관찰이나, 친구 이야기 감상문 작성 및 피드백 활동을 통해 정성적이고 개별화된 방식으로 수행할 수 있습니다.

〈표 5-32〉 '들꽃 이야기 창작소' 활동의 성취 기준별 평가 요소와 방법

성취기준 부호	평가 요소	수업 및 평가 방법
[5실들꽃-01]	• 이야기 구성 요소(인물, 배경, 사건 등) 활용하기 • 들꽃에서 느낀 감정을 창의적으로 상상하기	[수업 방법] - 들꽃 관찰 후 이야기 요소(인물, 배경 등) 정리하기 - 짧은 이야기 창작 활동 (스토리맵, 감정 카드 활용 등) [평가 방법] - 창작 이야기 제출 및 스토리맵 구술 발표 - 들꽃 감상 후 짧은 이야기 쓰기 평가
[5실들꽃-02]	• 이야기 표현 방식 다양하게 활용하기 • 친구의 이야기에 공감하며 존중하는 태도 갖기	[수업 방법] - 이야기 발표 및 피드백 활동 (릴레이 낭독, 감상문 쓰기 등) - 말풍선 엽서, 캐릭터 카드 등 시각 매체 표현 활동 [평가 방법] - 발표 태도와 감정 공유 행동에 대한 관찰 평가 - 친구 이야기 감상문 작성/피드백 나누기
[5실들꽃-03]	• 들꽃 감정을 시각적으로 표현하기 • 자기 감정을 이미지나 상징으로 나타내기	[수업 방법] - 그림 시 쓰기, 들꽃 캐릭터 디자인 등 시각 예술 활동 - 이야기 카드/표지 디자인 등의 창작 활동 [평가 방법] - 이미지 카드, 시화 등의 산출물 평가 - 구술 발표/감정 표현에 대한 자기 성찰문

성취기준 [5실들꽃-03]은 들꽃 감정을 시각적으로 표현하고, 자기 감정을 이미지나 상징으로 나타내는 창의적 표현 역량을 평가합니다. 이에 따라 '들꽃 감정을 시각적으로 표현하기', '자기 감정을 이미지나 상징으로 나타내기'가 핵심 평가 요소로 제시됩니다. 수업에서는 그림 시 쓰기, 들꽃 캐릭터 디자인, 이야기 카드나 표지 디자인 등의 활동이 효과적입니다. 평가는 이미지 카드나 시화 등 학생들의 산출물을 바탕으로 수행하며, 구술 발표나 감정 표현에 대한 자기 성찰문을 통해 평가의 심화를 꾀할 수 있습니다.

〈표 5-32〉는 각 성취 기준별로 수업 장면과 평가 장면을 명확히 연결함으로써, 교사가 수업을 평가 중심으로 구조화할 수 있도록 도와줍니다. 또한 학생들의 감정 표현, 창의성, 공감 능력 등 정서적·심미적 역량을 고려한 수행 중심 평가가 가능하여, 평가를 위한 평가가 아닌 학생의 성장을 조망하는 평가로 이어질 수 있도록 설계되었습니다. 따라서 이 표는 현장 교사들이 수업 자료 준비, 활동 구성, 성취기준 평가 계획, 서술형 평가 작성 등 다양한 교육 상황에서 실질적이고 직관적으로 활용할

수 있습니다.

〈표 5-33〉은 『들꽃 이야기 창작소』 활동에서 제시한 세 가지 성취 기준에 따라 학생들의 수행 수준을 네 단계(매우 잘함, 잘함, 보통, 노력 요함)로 구분한 서술형 평가 기준을 정리한 것입니다. 이 표는 결과 중심이 아닌 과정 중심의 평가 관점을 바탕으로 구성되어 있으며, 정서적 표현, 창의적 이야기 구성, 시각적 감정 표현 등 다양한 영역을 통합적으로 고려하여 교사들이 현장에서 실질적으로 활용할 수 있도록 설계되었습니다.

[5실들꽃-01] 성취기준은 '들꽃에서 느낀 감정이나 상상을 바탕으로, 이야기의 구성 요소를 활용하여 자신만의 이야기를 창의적으로 짓는다'는 목표를 중심으로 평가 기준이 구성되어 있습니다. '매우 잘함' 수준에서는 감정과 상상을 구체적이고 풍부하게 표현하며, 인물, 배경, 사건 등 이야기 구성 요소를 창의적으로 조합해 완성도 높은 이야기를 만들어내는 능력을 강조합니다. 반면 '노력 요함' 수준에서는 감상 표현과 이야기 구성에 대한 의지와 시도를 중심으로 학생의 성장 가능성을 평가합니다. 이를 통해 교사는 학생 개별의 표현 수준을 세심히 살펴보고, 언어적 서사 능력의 발달을 촉진할 수 있는 구체적인 피드백을 제공할 수 있습니다.

[5실들꽃-02] 성취기준은 '자신의 이야기를 다양한 방식으로 표현하고, 친구들과 공유하며 감정을 공감하고 존중하는 태도를 기른다'는 내용을 평가하는 항목입니다. '매우 잘함' 수준에서는 다양한 매체를 활용하여 자신의 이야기를 표현하고, 친구들의 발표에 따뜻한 피드백을 제공하는 공감 능력과 상호작용 태도를 함께 평가합니다. '보통'이나 '노력 요함' 수준은 표현의 양보다 참여의 태도와 감정 공유의 시도 여부에 주목하여, 협력과 존중의 공동체 감수성을 평가하는 데 초점을 둡니다. 이러한 구조는 발표나 낭독 활동, 감상문 쓰기 등 실질적인 수업 장면에서 관찰 가능한 행동을 기준으로 하여, 수업 중 교사의 평가 활동을 보다 체계적이고 일관되게 지원합니다.

[5실들꽃-03] 성취기준은 위의 기준과 문장상 유사하지만, 활동 측면에서는 시화, 포스터, 그림, 캐릭터 카드 등 시각 표현 중심의 활동에서 정서 표현과 감성 발현을 중심으로 평가하는 것이 핵심입니다. '매우 잘함' 수준은 감정과 생각을 시각적으로 창의적이고 감성적으로 표현하는 능력을 평가하며, '잘함'과 '보통' 수준은 매체 활용의 다양성과 정서적 참여 정도를 기준으로 구분됩니다. 특히 '노력 요함' 수준에서는 감정을 시각적으로 표현하려는 의지와 태도에 주목하여, 개별 학생의 정서적 성장 과정을 긍정적으로 지도할 수 있는 여지를 제공합니다.

〈표 5-33〉 '들꽃 이야기 창작소' 활동의 성취 기준별 평가 기준

성취 기준		평가 기준
[5실들꽃-01] 들꽃에서 느낀 감정이나 상상을 바탕으로, 이야기의 구성 요소를 활용하여 자신만의 이야기를 창의적으로 짓는다.	매우 잘함	들꽃에서 느낀 감정이나 상상을 구체적이고 풍부하게 표현하며, 이야기의 구성 요소(인물, 배경, 사건 등)를 창의적으로 활용하여 완성도 높은 이야기를 만들 수 있다.
	잘함	들꽃에서 느낀 감정이나 상상을 바탕으로 이야기의 구성 요소를 활용하여 자신의 생각을 잘 드러내는 이야기를 지을 수 있다.
	보통	들꽃을 보고 느낀 감정이나 떠오른 생각을 중심으로 이야기의 흐름을 구성하려고 하며, 간단한 내용을 짓는 활동에 참여할 수 있다.
	노력 요함	들꽃과 관련된 자신의 생각을 표현해 보고자 하며, 이야기의 일부 요소를 중심으로 간단히 구성하려는 모습을 보일 수 있다.
[5실들꽃-02] 자신의 이야기를 다양한 방식으로 표현하고, 친구들과 공유하며 감정을 공감하고 존중하는 태도를 기른다.	매우 잘함	자신의 이야기를 글, 그림, 시 등 다양한 매체로 표현하며 친구들과 적극적으로 공유하고, 감정을 공감하며 따뜻한 피드백을 제공할 수 있다.
	잘함	자신의 이야기를 다양한 방식으로 표현하고, 친구의 이야기에 공감하며 존중하는 태도를 보일 수 있다.
	보통	자기 생각을 간단한 형태로 표현하려 하며, 친구의 발표를 경청하고 감정을 나누는 활동에 참여할 수 있다.
	노력 요함	자기 생각을 표현하려는 의지를 보이며, 친구와의 활동에서 공감과 존중의 태도를 점차 익히고자 노력할 수 있다.
[5실들꽃-03] 자신의 이야기를 다양한 방식으로 표현하고, 친구들과 공유하며 감정을 공감하고 존중하는 태도를 기른다.	매우 잘함	자신의 감정이나 생각을 이미지, 시화, 표지 디자인 등 시각적으로 창의적이고 감성적으로 표현할 수 있다.
	잘함	자신의 감정을 간단한 시각 매체(그림, 카드, 말풍선 등)로 표현하고, 친구들과 나누는 활동에 적극적으로 참여할 수 있다.
	보통	감정 표현 활동에 관심을 가지고 참여하며, 자신의 생각을 이미지로 표현해 보려고 노력할 수 있다.
	노력 요함	시각적 표현 활동에 참여하려는 태도를 보이며, 자신의 감정을 간단한 방식으로 드러내기 위한 노력을 할 수 있다.

전체적으로 이 평가는 활동 결과물 자체만을 평가하는 것이 아니라, 학생이 이야기와 감정을 어떻게 받아들이고, 어떻게 타인과 나누며, 어떻게 자신만의 방식으로 표현했는지를 종합적으로 평가할 수 있도록 안내합니다. 수준별 진술문은 생활기록부 서술형 평어 문장 작성 시에도 바로 활용할 수 있으

며, 필요에 따라 학급 특성에 맞게 약간의 표현 수정도 가능합니다. 교사들은 이 표를 활용하여 수업 전 평가 계획 수립, 수업 중 관찰 평가, 수업 후 피드백 및 기록까지 일관성 있는 평가를 실천할 수 있습니다.

'들꽃 이야기 창작소' 활동의 포트폴리오와 관찰일지를 평가하기 위한 체크리스트는 〈표 5-34〉와 같습니다. 이 체크리스트는 총 6개의 항목으로 구성되어 있으며, 학생 개개인의 참여 태도, 감정 표현, 관찰력, 성찰력, 공감 능력 등을 구체적인 기준에 따라 평가할 수 있도록 설계되었습니다. 교사는 수업 중 직접 관찰하거나, 학생이 제출한 결과물을 바탕으로 평가를 진행할 수 있습니다.

〈표 5-34〉 포트폴리오 및 관찰일지의 평가를 위한 체크리스트

포트폴리오 및 관찰일지의 세부 평가 기준	정말 그렇다	그렇다	그저 그렇다	아니다	전혀 아니다
1. 들꽃의 생김새와 특징을 자세히 관찰하여 기록하였다.	⑤	④	③	②	①
2. 들꽃을 관찰하며 떠오른 감정이나 생각을 자연스럽게 표현하였다.	⑤	④	③	②	①
3. 이야기나 그림 등 다양한 방법으로 자기 감정을 창의적으로 드러냈다.	⑤	④	③	②	①
4. 친구의 생각이나 감정에 관심을 가지고 공감하려는 태도가 드러났다.	⑤	④	③	②	①
5. 자신이 표현한 이야기나 감정에 대해 스스로 돌아보며 의미를 정리하였다.	⑤	④	③	②	①
6. 활동 전반에 걸쳐 꾸준히 참여하며 성실하게 기록을 이어갔다.	⑤	④	③	②	①

첫 번째 항목은 들꽃의 생김새나 특징을 얼마나 세심하게 관찰하고 정성껏 기록했는지를 살펴보며, 학생의 관찰력과 탐구 태도를 평가합니다.

두 번째 항목은 들꽃을 통해 떠오른 감정이나 생각을 얼마나 자연스럽고 솔직하게 표현했는지를 중심으로 감성 표현력을 판단합니다.

세 번째 항목은 이야기, 그림, 시 등 다양한 매체를 활용하여 자신의 감정을 창의적으로 표현했는지를 평가하며, 표현력과 창의성이 반영됩니다.

네 번째 항목은 친구의 생각이나 감정에 공감하고 이를 존중하는 태도를 평가하며, 학생 간 정서적 교류와 공감 능력을 진단하는 데 효과적입니다.

다섯 번째 항목은 자신의 감정이나 표현 활동을 스스로 돌아보고 의미를 정리했는지를 살펴보는 성찰 중심의 항목입니다. 마지막 여섯 번째 항목은 전체 활동에 꾸준히 참여하고 성실하게 기록을 이어갔는지를 확인하여, 지속적인 몰입과 학습 태도를 종합적으로 평가합니다.

각 항목은 5점 척도의 자기평가 또는 교사평가 방식으로 활용할 수 있으며, 수업 중간 또는 종료 후 학생의 성장 정도를 다양한 측면에서 진단하고 피드백을 제공하는 데 유용합니다. 특히 이 체크리스트는 개별 지도와 생활기록부 서술 평가, 포트폴리오 기반 종합 평가 자료로도 활용 가능하여, '들꽃 이야기 창작소' 활동의 평가 설계를 보다 실질적이고 체계적으로 지원합니다.

2) '창의적인' 인간상 중심의 평가 계획

대한민국 교육과정이 추구하는 인간상 중 하나인 '창의적인' 사람을 측정하기 위한 검사 도구(류청산, 2019)는 〈표 5-35〉의 일반 문항에 제시되어 있습니다. '창의적인' 인간상은 단순히 지식과 기능을 갖춘 수준을 넘어서, 감성과 상상력을 바탕으로 새롭고 유의미한 아이디어를 생성하고, 이를 바르게 표현하며 실천하는 삶의 태도를 지향합니다.

이에 따라 〈표 5-35〉는 기존 교육과정에서 사용하는 일반 문항과 더불어, '들꽃 이야기 창작소(이름으로 피어난 상상)' 활동에서 추구하는 인간상인 '심미적 감성을 지닌 창의적인 사람'을 평가하기 위한 특화 문항을 함께 구성한 도구입니다.

이 표는 교사들이 학생의 창의적 감성 표현 능력을 보다 정밀하게 평가할 수 있도록 일반 문항과 특화 문항을 나란히 제시하였으며, 특히 특화 문항은 들꽃을 관찰하며 느낀 감정을 바탕으로 자신의 이야기를 상상하고 다양한 방식으로 표현하는 활동의 본질을 충실히 반영하고 있습니다.

실제 수업 현장에서의 적용 가능성 또한 매우 높으며, 평가 도구로서의 교육적 타당성과 신뢰성도 확보되었습니다. 요인 타당도는 65.1%, 신뢰도는 85.2%로 분석되어, 활동 중심 평가를 위한 실질적인 도구로 활용될 수 있습니다.

따라서 이 평가 도구는 학생들의 창의적 감성 역량을 진단하고 그 성장의 변화를 추적하는 데 효과적인 자료로 활용될 수 있습니다. 교사 여러분께서 이 도구를 통해 학생들의 감성과 상상력이 조화롭게 피어나는 수업을 더욱 정성껏 기록하고 평가하실 수 있기를 기대합니다.

〈표 5-35〉 '창의적인' 인간상의 평가 도구

ID	일반 문항 (타당도: 60.9%, 신뢰도:83.9%)	이 활동에 특화된 문항 (요인 타당도: 65.1%, 신뢰도:85.2%)
1	나는 어려움에 부닥쳤을 때, 원인을 빠르고 정확하게 파악할 수 있다.	나는 들꽃의 특징이나 이야기에서 느낀 감정을 창의적인 방식으로 풀어낼 수 있다.
2	내가 생각한 대로 여러 가지 활동을 효과적으로 해나가는 편이다.	나는 들꽃에서 떠오른 감정을 바탕으로 나만의 이야기를 상상하여 표현할 수 있다.
3	나는 어려움에 부닥쳤을 때, 문제 해결을 위해 끝까지 노력한다.	나는 이야기 짓기가 막히더라도 다양한 방법으로 상상력을 이어가려 노력하는 편이다.
4	나는 변화가 필요할 경우 새로운 생각을 제시할 수 있다.	나는 들꽃을 보며 평범한 이야기에서 벗어나 새롭게 상상하려는 편이다.
5	나는 어렵고 복잡한 상황에서 내 생각을 빠르게 표현하는 편이다.	나는 나만의 들꽃 이야기를 짧은 글이나 이미지 카드 등 다양한 방식으로 표현할 수 있다.

3) 핵심역량 중심의 평가 계획

'심미적 감성'은 대한민국 교육과정이 추구하는 여섯 가지 핵심 역량 중 하나로, 단순한 정서적 반응을 넘어 삶의 다양한 경험 속에서 아름다움과 감동을 섬세하게 인식하고 표현하며, 이를 통해 내면의 세계를 풍요롭게 가꾸는 태도를 포함합니다. 이는 자연, 예술, 문학 등의 영역에서 개인의 감성과 표현 능력을 조화롭게 발전시키는 데 핵심적인 역할을 합니다.

이에 따라 〈표 5-36〉은 '들꽃 이야기 창작소(이름으로 피어난 상상)' 활동에서 학생들이 경험하는 정서적 몰입과 감성 표현 과정을 평가하기 위해 구성된 도구입니다. 이 도구는 일반 문항과 함께, 들꽃 관찰과 이야기 활동을 통해 학생들이 자연의 아름다움을 감지하고 이를 자기 방식으로 표현한 경험을 반영한 특화 문항으로 구성되어 있습니다.

일반 문항은 심미적 감성 역량의 기초적인 자기 인식과 감정적 반응을 측정하고 있으며, 특화 문항은 들꽃의 생김새와 색감, 계절감 등의 자연적 요소를 통해 학생들이 어떤 감정을 느끼고, 이를 얼마나 창의적이고 주체적으로 표현했는지를 중심으로 구성되었습니다. 특히 들꽃을 바라보는 섬세한 시선, 느껴지는 감동, 이를 표현하려는 의지와 방식 등은 이 활동의 본질과 맞닿아 있으며, 실제 수업 현장에서도 충분히 관찰할 수 있고 평가할 수 있는 기준이 됩니다.

〈표 5-36〉 '심미적 감성' 역량의 평가 도구

ID	일반 문항 (타당도: 64.7%, 신뢰도:86.3%)	이 활동에 특화된 문항 (요인 타당도: 67.3%, 신뢰도:86.7%)
1	다른 사람들이 가지고 있지 않은 뛰어난 능력을 갖추고 있다.	나는 들꽃을 관찰하며 떠오른 감정이나 생각을 나만의 방식으로 깊이 있게 표현할 수 있다.
2	다른 사람들이 깜짝 놀랄만한 나만의 재능이 있다.	나는 들꽃의 생김새나 색, 향기 등을 보고 느낀 감정을 글이나 그림으로 섬세하게 표현할 수 있다.
3	나는 특정 분야에 뛰어난 능력을 갖추고 있다는 말을 자주 듣는다.	나는 나만의 시선으로 들꽃의 아름다움이나 생명력을 표현하는 활동에 자주 몰입하는 편이다.
4	나는 보통 사람들과 다르거나 재미있는 사람이다.	나는 들꽃과 관련된 이야기를 만들 때 감정을 독특하게 표현하려고 노력하는 편이다.
5	내 방식대로 즐겁게 활동하는 모습을 보여준다.	나는 들꽃 이야기 활동에서 나만의 감정과 생각을 담아내는 과정을 즐기며 표현하고 있다.

이 평가도구는 교사들이 학생들의 심미적 감성 역량을 더 정교하게 파악하고, 개별적 표현 특성을 존중하며 피드백을 제공하는 데 효과적으로 활용될 수 있습니다. 실제로 요인 타당도는 67.3%, 신뢰도는 86.7%로 분석되어, 교육적 신뢰성과 실용성을 겸비한 평가 자료로서 충분한 가치를 지닌 도구입니다.

들꽃과 함께 걷는 길: 피어나는 감성, 이어지는 생명
(6학년 - 이름 없는 꽃에게 쓰는 편지: (기억과 지혜의 들판)

1. 활동 주제 – 이름 없는 꽃에게 쓰는 편지: 기억과 지혜의 들판

『이름 없는 꽃에게 쓰는 편지: 기억과 지혜의 들판』은 봄날 조용히 피어난 들꽃 한 송이와의 만남에서 시작됩니다. 아이들은 이름 없이 피어난 그 존재를 바라보며 감정을 나누고, 스스로 이름을 지어주며, 꽃의 이야기를 상상해 엽서에 담아갑니다. 그렇게 완성된 편지는 작은 생명에 대한 이해와 존중의 마음을 길러주는 감성의 여정이 됩니다.

이 프로그램은 초등학교 6학년을 대상으로 개발하였으며, 실과 교과를 중심으로 구성된 학교 자율시간의 활동 프로그램입니다.입니다. 그 핵심 목표는 '심미적 감성을 지닌 교양 있는 사람'을 기르는 데 있습니다. 생명을 바라보는 따뜻한 시선, 자연에 대한 존중의 태도, 감정을 글과 말로 표현하는 힘은 이 활동 전반을 관통하는 교육적 가치입니다.

활동은 크게 네 단계로 구성되어 있습니다. 들꽃과의 '만남'을 시작으로, 꽃의 삶을 상상하는 '탐구' 활동, 이야기를 글과 그림으로 담아내는 '표현', 그리고 친구들과 함께 작품을 나누고 감상을 공유하는 '성찰' 단계로 이어집니다. 이 흐름 안에서 아이들은 창의적으로 사고하고, 감정과 감각을 섬세하게 표현하며, 자기 주도적으로 활동을 설계하게 됩니다. 또한 전시회나 낭독회를 준비하는 과정에서는 협력적 소통 능력도 자연스럽게 자라납니다.

이 프로그램은 교육과정 총론에서 강조하는 범교과 주제와도 긴밀하게 연결되어 있으며, 특히 '환경·지속 가능한 발전 교육'과의 연계성이 큽니다. 들꽃을 관찰하고 이름을 붙여주는 활동, 이야기를 만들고 캠페인을 기획하는 과정은 자연과 생명을 존중하는 태도를 길러주며, 지속 가능한 삶에 대한 감수성을 내면화하도록 돕습니다.

『이름 없는 꽃에게 쓰는 편지』는 단지 자연을 바라보는 시간이 아니라, 존재를 이해하고, 마음을 표현하며, 삶을 되돌아보는 교육의 장입니다. 이 편지는 들꽃을 향한 것이면서 동시에 자기 자신에게 보내는 내면의 메시지이기도 합니다. 교실 한켠에서 시작된 이 활동이, 아이들의 마음에 한 송이의 봄으로 피어나길 기대합니다.

2. 활동의 개요

『이름 없는 꽃에게 쓰는 편지』 활동은 학생들이 이름조차 불리지 못한 들꽃 한 송이와의 만남을 시작으로, 그 꽃에 새로운 이름을 붙이고, 자신만의 이야기를 상상하며, 손으로 표현하고, 친구들과 나누는 과정까지를 담은 초등학교 6학년 대상의 32차시 통합형 자율활동 프로그램입니다.

이 활동은 도입, 탐구, 실천, 성찰의 4단계 흐름으로 구성되어 있으며, 학생들은 들꽃을 매개로 자연과 삶, 이름과 정체성, 기억과 미래에 대해 사유하는 경험을 하게 됩니다. 이를 통해 '심미적 감성' 역량과 '더불어 사는' 인간상을 함양하며, 지속 가능한 생태적 감수성과 창의적 표현 능력, 그리고 자연과 더불어 살아가는 태도를 기를 수 있도록 설계되었습니다.

이 프로그램은 특히 꽃의 이름을 짓고, 전설을 새롭게 해석하며, 표현과 나눔으로 확장하는 과정을 통해, 학생들이 단순한 지식 학습을 넘어 감정, 상상력, 표현, 실천, 공감의 힘을 자연스럽게 기를 수 있도록 도와줍니다. 꽃과의 상호작용은 곧 자신과의 대화를 유도하며, '작지만 의미 있는 존재'로서의 정체성과 생명의 존엄성에 대한 감각을 심화시켜 줍니다.

운영 기반은 학교자율시간의 32차시 편성 권장 구조를 따르며, 실과를 중심으로 국어, 미술, 과학, 창체 등과 융합하여 다양한 교과 성취기준과 자연스럽게 연결되도록 설계되어 있습니다. 특히 교실 안에서 안전하게 운영할 수 있는 활동이 중심이 되며, 이야기 듣기, 이름 짓기, 글쓰기, 그림 그리기, 결과물 전시와 나눔까지 이어지는 구조로, 교사와 학생 모두에게 안정적이고 유의미한 수업 경험을 제공합니다.

또한 이 활동은 교육과정 총론이 제시하는 범교과 학습 주제 중 '환경·지속 가능한 발전 교육'과 깊은 연관성을 가집니다. 이름 없는 들꽃에 감정과 이야기를 부여하는 과정은 자연과 생명에 대한 감수성을 기르는 데 효과적이며, 생물 다양성의 가치, 보호의 필요성, 그리고 자연과 인간의 조화로운 공존에 대한 교육적 메시지를 통합적으로 담고 있습니다. 아울러 인권 교육(생명의 존엄), 다문화 교육(이름과 전설의 다양성), 안전·건강 교육(자연과의 거리두기 태도) 등과의 연계도 가능하여 학교 현장에서 범교과 융합 수업으로 확대 적용하기에 적합한 프로그램입니다.

4. 공유 (성찰 단계):	1. 만남 (도입 단계): 꽃에게 말을 걸다
기억과 지혜의 들판에서 마주앉다	- 이름과 이야기의 첫인상
(1) 전시회, 낭독회, 캠페인을 열고 친구들과 작품을 나눠요.	(1) 숲야생화의 생김새와 특징을 관찰해요.
(2) 친구들의 감정과 표현을 감상하며 공감의 폭을 넓혀요.	(2) 꽃의 이름과 전설, 문화적 배경을 만나봐요.
(3) 내가 지은 꽃의 이름과 이야기를 돌아보며 느낀 점을 정리해요.	(3) 꽃과 나 사이의 감정을 떠올려요.
(4) 생명과 자연에 대한 약속문을 작성하고 함께 실천 계획을 세워요.	(4) 이름 없는 존재에 대한 감수성과 관심을 깨워요.

    이름 없는 꽃에게 쓰는 편지
(기억과 지혜의 들판)

3. 표현 (실천 단계): 손으로 피우는	2. 상상 (탐구 단계): 새로운 이름/전설
이야기꽃 - 쓰고, 그리고, 만드는 시간	- 꽃에게 마음을 빌려주다
(1) 새 이름을 바탕으로 포스터나 도감, 배지를 만들어요.	(1) 기존 이름의 유래를 분석하고 나만의 이름을 지어봐요.
(2) 새롭게 지은 전설을 시나 그림책으로 표현해요.	(2) 전설의 구조를 살펴보고 이야기의 의미를 다시 생각해요.
(3) 감정과 이야기를 담은 엽서나 편지를 써요.	(3) 꽃의 입장, 친구의 시점, 미래적 상상 등 다양한 관점으로 이야기를 재구성해요.
(4) 표현물을 통해 꽃과 나의 관계를 시각화해요.	(4) 나만의 '들꽃 이야기'를 기획해요.

[그림 5-4] 들꽃을 소재로 한 학교자율시간의 활동 마인드맵

이 활동은 도입-탐구-실천-성찰의 4단계 교육적 구조를 따르되, 수업 흐름은 [그림 5-4]와 같이 '만남-상상-표현-공유'라는 감성 중심의 언어로 재구성되어 있습니다. 그리고 이 네 단계는 각각 다음과 같은 교육적 의미를 담고 있습니다.

'만남(도입 단계)'은 꽃에게 말을 거는 순간입니다. 학생들은 숲과 들에서 만나는 야생화의 생김새, 계절감, 이름, 전설 등을 관찰하며 그 존재와 감정적으로 연결됩니다. 꽃과 나 사이의 감정을 떠올리고, 이름 없는 존재에 대한 감수성과 관심을 자연스럽게 불러일으키는 단계입니다.

'상상(탐구 단계)'은 꽃에게 마음을 빌려주는 시간입니다. 학생들은 기존의 이름 유래와 전설의 구조를 살펴본 후, 자신만의 시선으로 새로운 이름을 붙이고 이야기를 만들어 갑니다. 꽃의 입장, 친구의 시점, 미래적 상상 등 다양한 관점을 활용하여 나만의 '들꽃 이야기'를 기획하며 서사적 전환을 경

험합니다.

'표현(실천 단계)'은 마음을 손끝에 담아내는 시간입니다. 새롭게 지은 이름과 이야기를 바탕으로 포스터, 도감, 배지, 시, 그림책, 엽서 등 다양한 매체를 활용해 감정과 메시지를 시각적으로 표현합니다. 이 과정을 통해 아이들은 감성과 실천이 연결되는 경험을 하며, 자기표현 능력을 자연스럽게 확장시킵니다.

'공유(성찰 단계)'는 기억과 지혜의 들판에서 마주 앉는 순간입니다. 학생들은 전시회, 낭독회, 생태 캠페인 등의 형태로 작품을 나누고, 친구들의 감정과 표현을 감상하며 공감의 폭을 넓혀갑니다. 나의 꽃 이야기를 되돌아보며 생명과 자연에 대한 약속문을 작성하고, 지속 가능한 실천 계획을 세우는 시간입니다.

'이름 없는 꽃에게 쓰는 편지' 활동은 〈표 5-37〉과 같이 초등학교 6학년을 대상으로 실과와 창의적 체험활동을 중심 교과로 하여, 국어, 도덕, 과학, 미술 등과의 통합 운영이 가능하도록 설계하였습니다. 특히 5~6학년군에 편제된 실과 교육과정과의 연계를 고려하여 학년별 32차시로 편성하였으며, 교실 내에서 안전하게 진행할 수 있도록 배려하였습니다.

이 활동은 기존의 교과 중심 수업으로는 다루기 어려운 정서적 감응과 생명 존중, 자기표현과 공동체 나눔의 과정을 중심에 두고 있으며, 학생들이 이름 없는 들꽃에게 마음을 건네고, 이야기를 상상하고, 표현하며, 공유하는 과정에서 심미적 감성 역량과 교양 있는 인간상을 내면화할 수 있도록 설계되었습니다.

개설 유형은 '활동 ①'로 분류되며, 학교 여건에 따라 교과 통합 수업이나 자율활동 프로그램으로 유연하게 운영이 가능합니다. 편성 방식은 지속형으로 하되, 집중형 또는 혼합형으로도 재구성할 수 있으며, 특히 3~6월 봄철 개화 시기에 맞추어 주제별 꽃을 중심으로 주간 또는 격주 운영도 가능하도록 설계하였습니다.

〈표 5-37〉 '이름 없는 꽃에게 쓰는 편지' 활동의 개요

학교명	○○ 초등학교		활동명	이름 없는 꽃에게 쓰는 편지 (기억과 지혜의 들판)							
활동 편성 교과	국어 ☑ 사회 ☐ 도덕 ☑ 수학 ☐ 과학 ☑ 실과 ☑ 체육 ☐ 음악 ☐ 미술 ☑ 영어 ☐ 창의적체험활동 ☑		적용학년	3학년		4학년		5학년		6학년	
			적용학기	1학기 ☐	2학기 ☐	1학기 ☐	2학기 ☐	1학기 ☐	2학기 ☐	1학기 ☑	2학기 ☐
			적용시간							32	
활동 개설의 필요성	이름조차 불리지 못한 작은 들꽃에게 아이들이 마음을 건넬 수 있다면, 그것은 곧 자신과 세상을 바라보는 눈이 달라졌다는 뜻입니다. 『이름 없는 꽃에게 쓰는 편지』는 아이들이 자연과 교감하고, 이름을 지어주고, 이야기를 만들며, 존재의 가치를 느끼게 하는 따뜻한 수업입니다. 　이 활동은 지식을 가르치는 시간이 아니라, 감정을 쓰고, 생명을 느끼고, 자신만의 언어로 세상과 대화하게 만드는 경험입니다. 수업이 끝난 교실에, 책상 위에 놓인 작은 엽서 한 장이 아이의 마음과 세상을 잇는 편지가 되기를 꿈꾸며 이 프로그램을 기획하였습니다.										
개설유형	☑ 활동 ①		☐ 활동 ②		☐ 과목			☐ 과목+활동			
운영 형태	☐ 지역 연계		☑ 교과 통합 설계		☐ 기초 소양 강화			☐ 학생 주도 설계			
편성 방식	☑ 지속형		☐ 집중형		☐ 혼합형						
인간상	☐ 자기 주도적인		☐ 창의적인		☑ 교양 있는			☐ 더불어 사는			
핵심역량	☐ 자기관리 ☑ 심미적 감성		☐ 지식정보처리 ☐ 협력적 소통			☐ 창의적 사고 ☐ 공동체					
범교과 활동 연관 주제	☐ 안전·건강		☐ 인성		☐ 진로			☐ 민주시민			
	☐ 인권		☐ 다문화		☐ 통일			☐ 독도			
	☐ 경제·금융		☑ 환경·지속 가능한 발전								
교재	☐ 기존 개발 도서 (시중 유통 도서): 개발 예정 ☑ 교재(교과서) 없이 교수학습자료 활용(차시별 학습지를 개발하여 활용)										

　이 활동을 통해 길러줄 수 있는 핵심 역량은 '심미적 감성', '자기관리', '창의적 사고' 등과 같은

통합적 인성과 감성 기반 역량을 포함하며, 연계할 수 있는 범교과 학습 주제로는 '환경·지속 가능한 발전', '인권', '다문화' 등이 해당됩니다.

교재는 차시별 활동지 형태의 교수·학습자료로 우선 제공되며, 학교 현장에서 교과서 없이도 독립적으로 운영할 수 있도록 설계되었습니다. 앞으로는 선택형 자료 구성 또는 디지털 북 형태로도 개발하여, 교사와 학생의 활용 편의성을 더욱 높일 예정입니다.

3. 활동의 내용 요소

'이름 없는 꽃에게 쓰는 편지' 활동에서 다루고자 하는 교수·학습 내용의 구성 요소를 핵심 아이디어, 지식·이해, 과정·기능, 가치·태도의 네 영역으로 구분하여 제시하면 〈표 5-38〉과 같습니다.

핵심 아이디어는 존재의 의미를 되새기고, 감정을 통해 삶과 연결하는 이야기적 실천을 중심에 둡니다. 이름 없는 들꽃도 기억되고 존중받아야 할 생명이라는 관점을 바탕으로, 이름 짓기와 이야기 만들기는 단순한 창작 활동이 아닌 존재 해석과 감정표현의 서사적 경험으로 확장됩니다. 이를 통해 아이들은 자연을 단순히 관찰의 대상으로 보는 것이 아니라, 자기 존재와 연결되는 감정적 관계의 대상으로 인식하게 됩니다.

지식·이해 영역에서는 야생화의 생김새, 개화 시기, 이름과 전설에 대한 기초 생태 지식과 문화적 배경 이해를 포함하며, 특히 이름의 유래나 이야기 구조의 특성을 탐색함으로써, 생명의 다양성과 생태계의 지속 가능성에 대한 감수성을 자연스럽게 함양할 수 있도록 합니다.

과정·기능은 '관찰-상상-표현-나눔'의 흐름을 중심으로 구성되며, 이는 활동 전반의 경험 구조와도 긴밀히 연결됩니다. 세심한 관찰을 통해 주어진 대상을 새롭게 바라보고, 상상과 재구성을 통해 스스로의 이야기를 창작하며, 이를 다양한 시각 매체를 통해 표현하고, 다시 친구들과의 공유 및 피드백으로 확장하는 일련의 과정은 학생의 창의적 사고력, 표현력, 공감 능력, 협력적 소통 역량을 동시에 함양할 수 있는 토대를 제공합니다.

〈표 5-38〉 '이름 없는 꽃에게 쓰는 편지' 활동의 내용 체계

범주	
핵심 아이디어	- 이름 없는 들꽃도 의미 있는 생명이며, 기억되고 존중받아야 할 존재이다. - 자연과 감정, 이야기와 생명은 서로 연결되어 있으며, 이를 느끼고 표현하는 경험은 곧 자기 이해의 과정이다. - 이름 짓기와 이야기 만들기는 단순한 창작 활동을 넘어, 존재의 가치를 새롭게 해석하고 실천하는 서사적 행위이다. - 꽃과의 만남을 통해 감정을 표현하고, 친구와 나누는 과정은 더불어 살아가는 삶의 태도를 길러준다.
범주	구상한 내용 요소
지식 이해	- 야생화의 생김새, 이름, 개화 시기, 전설 등에 대한 기본 정보 이해 - 이름의 유래와 문화적 배경, 이야기 구조에 대한 이해 - 생명존중, 존재감 수용, 생태계의 다양성과 지속 가능성에 대한 개념 이해
과정 기능	- 관찰: 꽃의 특징을 세심하게 관찰하고 정보 수집하기 - 상상 및 창작: 새로운 이름 짓기, 전설 및 이야기 재구성 - 표현: 그림책, 엽서, 배지, 시 등으로 시각적·언어적 표현하기 - 나눔: 결과물 전시 및 낭독, 친구들과 감정 공유하기
가치 태도	- 이름 없는 존재에 대한 감수성과 존중의 태도 기르기 - 자연과 생명에 대한 책임 있는 시선과 실천적 자세 갖기 - 표현과 공유를 통한 공감, 협력, 더불어 사는 삶의 자세 내면화

가치·태도 영역에서는 존재에 대한 감수성과 책임감 있는 삶의 자세, 그리고 표현과 공유를 통한 더불어 사는 공동체적 태도가 중심을 이룹니다. 학생들은 활동 과정에서 자연스럽게 생명의 소중함과 연결의 가치를 깨닫고, 자신의 감정을 정제하고 타인과 나누는 경험을 통해 내면화된 성찰 능력과 공동체적 감수성을 기르게 됩니다.

이와 같이 이 프로그램은 자연과 생명, 감정과 서사, 표현과 실천을 아우르는 통합적 구조를 지니며, 초등학교 고학년 학생들이 경험하는 학교자율시간을 교육적으로 의미 있게 채워줄 수 있는 심미적 감성 기반의 융합형 자율활동 프로그램이라 할 수 있습니다.

4. 활동의 성취기준

이 활동을 위해 구성된 성취기준을 연계 교과 중심으로 정리하면 〈표 5-39〉와 같습니다. 이 성취기준은 프로그램 전반의 학습 흐름(만남-상상-표현-공유)에 따라 실과, 과학, 국어, 미술, 창의적 체험

활동, 도덕 등 다양한 교과의 성취 요소를 통합적으로 반영하여 작성되었습니다.

〈표 5-39〉 '이름 없는 꽃에게 쓰는 편지' 활동의 성취기준

성취기준 부호	성취기준 내용
[6실들꽃-01]	들꽃을 관찰하고 상상하며, 그 안에서 발견한 감정과 의미를 말과 글로 표현할 수 있다.
[6실들꽃-02]	들꽃의 생태적 의미와 상징을 이해하고, 이를 시, 편지, 도감, 책 등의 창의적인 방식으로 표현할 수 있다.
[6실들꽃-03]	나와 자연, 생명과의 관계를 성찰하며, 이를 친구들과 나누고 지속 가능한 삶에 대한 태도를 실천할 수 있다.

첫 번째 성취기준인 [6실들꽃-01]은 "들꽃을 관찰하고 상상하며, 그 안에서 발견한 감정과 의미를 말과 글로 표현할 수 있다"라는 내용으로, 학생들이 실제로 들꽃을 바라보고 느낀 감정을 친구에게 말하거나 짧은 글로 기록해 보는 활동과 연계됩니다. 예를 들어, 학생이 운동장 가장자리에서 발견한 '토끼풀'을 관찰하며 "다정한 친구처럼 늘 곁에 있는 꽃"이라는 표현을 일기나 감정일지에 적는 활동이 해당 성취기준에 부합합니다.

두 번째 성취기준인 [6실들꽃-02]는 "들꽃의 생태적 의미와 상징을 이해하고, 이를 시, 편지, 도감, 책 등의 창의적인 방식으로 표현할 수 있다"라는 내용입니다. 이는 학생들이 단순히 꽃의 외형을 묘사하는 것을 넘어서, 들꽃이 지닌 생명력이나 은유적 의미를 다양한 창작물로 확장하는 것을 목표로 합니다. 예를 들어, 한 학생이 '달맞이꽃'을 '해가 지고도 늦게 피는 용기 있는 꽃'이라고 정의하며 이를 짧은 시로 표현하거나, 자신만의 들꽃 도감 페이지를 만들어 친구들과 나누는 활동이 이에 해당합니다.

세 번째 성취기준인 [6실들꽃-03]은 "나와 자연, 생명과의 관계를 성찰하며, 이를 친구들과 나누고 지속 가능한 삶에 대한 태도를 실천할 수 있다"라는 내용입니다. 이 기준은 학생들이 활동의 마무리 단계에서 들꽃을 통해 느낀 생명의 소중함을 되새기고, 그 감정을 공동체 안에서 나누며 실천으로 연결 짓는 데 초점을 둡니다. 예를 들어, '이름 없는 꽃에게 보내는 편지'를 친구 앞에서 낭독하거나, 교내 '들꽃 전시회'를 열어 생명을 소중히 여기는 메시지를 함께 나누는 활동이 이 성취기준과 연결됩니다.

이와 같이 이 프로그램의 성취기준은 교과 간 통합성을 확보하는 동시에 심미적 감성, 창의적 사고, 표현력, 공감력, 생태 감수성 등 핵심 역량 중심의 자율활동 설계에 부합하는 방향으로 조직되었습니다.

〈표 5-40〉은 '이름 없는 꽃에게 쓰는 편지' 활동 프로그램이 다양한 교과와 어떻게 연계되어 있는지를 보여주는 표입니다. 6학년군의 학교자율시간 32차시 프로그램을 운영할 때, 실과, 과학, 국어, 미술, 창의적 체험활동, 도덕 등 다양한 교과 성취기준과의 연결고리를 구체적으로 파악하고 수업을 설계하는 데 도움을 줍니다. 특히 다음과 같은 방식으로 각 교과의 성취기준과 활동 성취기준이 연계됩니다.

실과와 과학, 국어는 [6실들꽃-01] 성취기준과 연결됩니다. 이 기준은 학생들이 들꽃을 관찰하고 떠오르는 생각과 감정을 자유롭게 표현하며, 글쓰기나 말하기 활동으로까지 확장하는 것을 목표로 합니다. 식물의 구조나 생명체로서의 특성을 탐구하고, 체험한 감정을 언어화하는 능력을 길러주는 활동을 통해 실과와 과학의 관찰력, 국어의 표현력을 통합적으로 기를 수 있습니다.

미술과 관련된 [6실들꽃-02] 성취기준은, 학생들이 들꽃이 지닌 생태적 의미와 상징성을 시, 편지, 도감, 배지, 책 등 다양한 매체로 표현해보는 창의 활동과 연결됩니다. 이를 통해 시각적 표현력은 물론, 감정과 생태 개념을 시각언어로 전환하는 능력도 함께 기를 수 있습니다. 특히 도감 만들기, 그림책 제작, 상징 카드 만들기 등은 미술과 깊이 연결되는 활동입니다.

〈표 5-40〉 활동 편성 교과와 숲 활동 성취기준의 연관성

교과	활동 편성 교과 성취기준	'이름 없는 꽃에게 쓰는 편지' 활동 성취기준
실과	[6실01-01] 식물 가꾸기를 통해 생명 존중의 태도를 기르고, 생활 속 식물 관리 방법을 탐색한다.	[6실들꽃-01] 들꽃을 관찰하고 상상하며, 그 안에서 발견한 감정과 의미를 말과 글로 표현할 수 있다.
과학	[6과05-01] 식물의 구조와 기능을 탐구하고, 생명체로서의 특성을 설명한다.	
국어	[6국03-03] 체험한 일을 중심으로 생각과 느낌이 드러나게 글을 쓴다.	
미술	[6미01-02] 자신이나 주변 환경에서 발견한 감각적 특징, 느낌, 생각을 표현한다.	[6실들꽃-02] 들꽃의 생태적 의미와 상징을 이해하고, 이를 시, 편지, 도감, 책 등의 창의적인 방식으로 표현할 수 있다.
창체	[6창01-03] 다양한 상황에서 타인의 감정을 이해하고 존중하는 태도를 기른다	[6실들꽃-03] 나와 자연, 생명과의 관계를 성찰하며, 이를 친구들과 나누고 지속 가능한 삶에 대한 태도를 실천할 수 있다.
도덕	[6도01-02] 생명과 자연을 소중히 여기며, 생명을 존중하는 태도를 지닌다.	

창체와 도덕은 [6실들꽃-03] 성취기준과 연결됩니다. 이 성취기준은 학생들이 자신과 자연, 생명과의 관계를 성찰하고, 느낀 점을 친구들과 나누는 과정을 통해 지속 가능한 삶에 대한 태도를 기르도록 하는 데 초점이 있습니다. 친구들과의 감정 공유, 공감 카드 작성, 생명 선언문 쓰기, 낭독회 운영 등은 창체와 도덕 영역에서 요구하는 공동체 감수성과 실천 의지를 자연스럽게 키워주는 활동입니다.

이처럼 '이름 없는 꽃에게 쓰는 편지' 활동은 3개의 성취기준을 중심으로 각 교과와 유기적으로 연결되어 있어, 교사들이 교육과정과 수업의 일관성을 유지하면서도 통합적이고 창의적인 수업을 운영할 수 있도록 돕습니다. 또한 성취기준 연계는 단순한 지식 학습이 아닌, 감성적 체험-창의적 사고-실천적 표현-공감과 성찰로 이어지는 통합적 배움의 흐름을 가능하게 합니다. 또한 학교자율시간의 교육과정 정합성을 확보하고, 교과 간 융합 수업의 설계와 운영에 실질적인 기반이 되어줄 것으로 기대합니다.

5. 활동에 참여하는 교과와 시수 편제

이 활동이 학교 교육과정 내에서 어떻게 편성될 수 있는지를 보여주는 시수 편제표를 정리하여 제시하면 〈표 5-41〉과 같습니다. 이 프로그램은 총 32차시의 자율활동으로 구성되어 있으며, 실과를 중심 교과로 삼되, 창의적 체험활동(창체)을 주요 편성 기반으로 하여 교과 간 연계성과 운영의 유연성을 모두 확보하고자 하였습니다.

〈표 5-41〉 '이름 없는 꽃에게 쓰는 편지' 활동의 시수 편제표

구분	자율시간(들꽃)	실과	과학	국어	미술	창의적 체험활동	도덕	소계
기준시수	0	136	204	408	136	204	68	1,156
증감	+32	-6	-2	-6	0	-16	-2	0
잔여 시수	32	130	202	402	136	188	66	1,156

먼저 실과 교과는 전체 136시간 중 6시간을 감축하여 130시간으로 편성하고, 들꽃 활동에 6차시

를 할당하였습니다. 실과는 생명 존중, 자연 관찰, 실천 계획 수립 등 활동의 철학과 주제를 형성하는 중심축 역할을 하며, 온책읽기 연계에서도 주요 기반이 됩니다. 과학은 생태적 개념과 식물 구조에 대한 기초 이해를 담당하는 교과로서 2차시를 연계하되, 정규 교육과정의 흐름을 해치지 않도록 소폭 감축하였습니다.

국어는 이야기 구성, 이름 짓기, 감정표현 등 서사 기반 활동을 지원하며 6차시가 배정되었고, 기존 408시간 중 일부를 활용하여 402시간으로 재조정하였다. 미술은 시각적 표현 활동에서 중요한 역할을 하지만, 교육과정상 별도 시수를 가져올 수 없는 교과이므로 편제표상 시수 증감 없이 연계 교과로만 참여하도록 설정하였습니다.

특히 창의적 체험활동은 자율활동의 주된 근거로, 프로그램 전반에 걸쳐 감정표현, 작품 공유, 전시회 등 학생 중심의 실천 활동을 수행하는 데 활용됩니다. 총 204시간 중 16시간을 배정하여, 188시간이 잔여 시수로 남게 되며, 이는 자율시간 프로그램 운영의 핵심 기반이 됩니다. 도덕은 생명과 존재에 대한 존중, 실천 의지를 다루는 교과로서 2시간을 감축하여 66시간으로 편성하였습니다.

결과적으로 이 활동은 실과와 창체를 중심으로 하되, 국어·과학·도덕 등 다양한 교과의 성취기준과 내용을 통합적으로 활용하고 있으며, 총 시수는 기존과 동일한 1,156시간을 유지한 상태에서 자율시간 32차시를 교육과정 내에서 무리 없이 편성할 수 있도록 설계하였습니다.

6. 시수 운영 계획

총 32차시로 구성된 이 활동의 주요 내용을 정리하면 〈표 5-42〉와 같습니다. 이 프로그램은 7종의 야생화를 중심으로 꽃마다 4차시씩, 총 28차시를 기본으로 구성하고, 마지막 4차시는 '기억과 약속의 시간'으로 지난 활동의 성찰과 실천 공유의 흐름으로 마무리됩니다.

이번 활동 프로그램은 총 32시간으로 운영되며, 7종의 들꽃을 중심으로 한 28시간의 단원 활동과 마무리 4시간의 '기억과 약속의 시간'으로 구성됩니다. 그리고 각 꽃의 4차시는 '만남-상상-표현-공유'라는 고정된 교육 흐름에 따라 구성되어 있습니다. 이를 통해 학생들은 관찰과 감상, 상상과 창작, 표현과 나눔의 일련의 과정을 경험하며, 자연과 감정, 이야기와 생명에 대한 감수성과 실천 의지를 점차 확장해 갑니다.

〈표 5-42〉 '이름 없는 꽃에게 쓰는 편지' 활동의 차시별 내용

배움 주제	차시	단계	주요 활동 내용
삼지구엽초	1	만남	생김새 관찰, 이름 유래 전설 듣기, 감정 나누기
	2	상상	새 이름 상상, 나만의 전설 구상
	3	표현	그림책 또는 도감 만들기
	4	공유	작품 나눔, 친구 이야기 감상
현호색	5	만남	색채 감상, 감정 연결, 생김새 관찰
	6	상상	색에서 떠오르는 감정 이야기 구상
	7	표현	감성화 그리기, 색 이름 짓기
	8	공유	감성화 전시, 감정 나누기
은방울꽃	9	만남	모양 관찰, 소리 상상, 생태적 특징 이해
	10	상상	소리에 얽힌 감정 이야기 쓰기
	11	표현	감정 엽서나 포스터 제작
	12	공유	메시지 나누기, 작은 전시 기획
양귀비	13	만남	색과 상징성 감상, 감정 연관 탐색
	14	상상	평화와 관련된 감정 이야기 상상
	15	표현	평화 배지/편지/카드 만들기
	16	공유	평화 메시지 나눔, 감정 발표
요강꽃	17	만남	희귀성 관찰, 이름의 느낌 이해
	18	상상	새 이름 짓기, 캐릭터화 상상
	19	표현	도감카드/상징 뱃지 제작
	20	공유	발표 및 친구들과 교환 활동
매발톱꽃	21	만남	구조 관찰, 대칭과 곡선 감상
	22	상상	연결감 상상하기, 나와 꽃의 이야기
	23	표현	연결 배지 만들기
	24	공유	연결의 의미 나누기, 배지 설명 발표
능소화	25	만남	덩굴식물의 생태 이해, 시간의 이미지 탐색
	26	상상	시간과 성장의 은유 이야기 상상
	27	표현	생태시계 만들기, 시 쓰기
	28	공유	시 낭독, 전시 준비 및 감상 공유
기억과 약속의 시간	29	성찰	들꽃 회고록 쓰기, 나의 들꽃 다이어리 정리 내가 만난 꽃 - 감정의 오르내림을 선으로 그려보기
	30	약속	생명 선언문 쓰기, 자연에게 보내는 약속 편지 작성
	31	전시	들꽃 편지·배지 전시, 엽서 낭독회 운영, 들꽃 이야기 발표
	32	나눔	작품 감상 소감 나누기, 감정 나눔 카드 쓰기, 공감 리플 작성

예를 들어, '삼지구엽초' 단원에서는 이름의 유래와 전설을 듣고 나만의 이야기를 상상한 뒤, 도감이나 그림책을 제작하며, 친구들과 감상을 나누는 활동으로 이어집니다. '현호색'은 색채 감정 표현을 중심으로, '은방울꽃'은 소리에 얽힌 상상과 생명 보호 메시지 전달을 핵심으로 구성됩니다. '양귀비'는 평화를 주제로 편지 쓰기와 나눔 활동으로 확장되며, '요강꽃'은 캐릭터화된 이름 짓기와 도감 카드 제작을 통해 생태적 독창성을 드러냅니다.

'매발톱꽃'은 성장과 연결에 대한 은유적 표현을 통해 삶의 흐름과 관계의 의미를 탐색할 수 있도록 설계되었습니다. 마지막 야생화인 '능소화'는 시간의 이미지를 활용한 생태 시 쓰기로 활동을 마무리하며, 시 낭독과 전시회를 통해 감정과 생각을 공유합니다.

29~32차시는 '기억과 약속의 시간'으로 명명되어, 전체 활동을 되돌아보고 내가 만든 일곱 송이의 이야기를 정리하며, 생명 선언문 작성, 약속 편지 낭독, 전시 운영 등의 활동으로 감정적 성찰과 생태적 실천 의지를 다질 수 있도록 구성되어 있습니다.

이러한 구성은 각 활동이 독립적이면서도 유기적인 흐름을 지니며, 학생 개개인의 감정과 상상을 존중하는 개별화 학습과 친구들과의 나눔과 공감을 중심으로 한 공동체 학습을 동시에 실현할 수 있을 것으로 기대됩니다.

〈표 5-43〉은 『이름 없는 꽃에게 쓰는 편지』 활동의 주요 내용인 들꽃별 4차시 활동의 구조와 학생들의 마음에 남을 만한 경험을 정리한 것입니다. 이 활동은 6학년을 대상으로 7종의 야생화를 중심으로 구성되며, 꽃마다 '만남-상상-표현-공유'의 4단계 흐름을 유지하여 총 28차시로 구성됩니다. 여기에 마지막 4차시인 '기억과 약속의 시간'을 더해, 총 32차시의 완결된 서사적 흐름을 가진 자율활동 프로그램이 완성됩니다.

이 표에서 각 차시는 꽃의 생김새와 생태적 맥락을 감각적으로 관찰하며 시작되고, 이를 감정적으로 해석하고 상상하여 새로운 이야기로 확장되며, 다양한 창의적 매체로 표현되고, 마지막으로 친구들과 나누고 공감하는 활동으로 마무리됩니다. 이는 단지 들꽃에 대한 지식 학습을 넘어, 자연과 감정, 상상과 실천, 나와 타인, 삶과 생명 사이의 연결을 경험하는 통합적 배움의 과정이라 할 수 있습니다.

특히 이 표는 '활동의 의의'보다는 각 차시에서 '학생들의 마음에 남는 경험'이라는 관점으로 학습의 의미를 재조명하였습니다. 이는 각 활동이 남기는 정서적 여운, 내면의 울림, 관계 속 감정의 흔적

들을 더욱 명확히 보여주며, 교사들이 교육적 목표를 감정 중심으로 상기하고, 수업의 질적 전환을 이루는 데 기여합니다.

또한 활동 전반은 반복되는 구조 속에서 각기 다른 감정과 주제가 살아 숨 쉬도록 구성되어 있어, 학생들은 익숙함 속의 새로움, 표현 속의 자유, 공유 속의 성장을 경험하게 됩니다. 들꽃 한 송이와 나누는 조용한 이야기 속에서 학생들의 감정은 이름 붙여지고, 기억은 이야기로 남으며, 배움은 마음에 피어나는 작은 꽃 한 송이로 자리매김하게 될 것입니다.

'기억과 약속의 시간'은 들꽃과 함께한 감정의 여정을 마무리하고, 생명에 대한 다짐과 공동체적 감수성을 확장하는 4차시 구성의 마무리 활동입니다. 29차시 성찰 활동에서는, 학생들이 자신이 만난 들꽃과의 기억을 되짚으며 감정과 생각을 시각화하고 정리합니다. '들꽃 회고록'과 '나의 들꽃 다이어리'를 작성하며, 감정의 흐름을 선으로 표현해 보는 활동은 감상에서 성찰로 나아가는 징검다리가 됩니다.

30차시 약속 활동은 생명에 대한 책임 있는 태도를 기르는 데 중점을 둡니다. '생명 선언문'을 작성하고 자연에게 보내는 '약속 편지'를 쓰는 과정은, 감성에서 실천으로 연결되는 내면의 확장을 이끌어냅니다.

31차시 전시 활동은 표현의 공유를 중심으로 구성됩니다. 학생들은 자신이 만든 엽서, 배지, 편지를 전시하거나 낭독회를 통해 발표함으로써 감정과 창작물을 친구들과 나누게 됩니다. 이는 표현 능력은 물론 공감 능력까지 함께 키우는 시간입니다.

32차시 나눔 활동에서는, 친구들의 작품을 감상하고 느낀 점을 '감정 나눔 카드'로 주고받으며, '공감 리플'을 작성해 봅니다. 이 활동은 함께한 시간에 대한 소회를 따뜻한 언어로 표현하며 공동체 안에서 감성적으로 연결되는 마무리 단계로 기능합니다.

〈표 5-43〉 들꽃별 4차시 활동의 내용과 의의

들꽃	차시	활동 내용	학생들의 마음에 남는 경험
삼지구엽초	1차시 (만남)	삼지구엽초의 생김새 관찰, 이름 유래와 전설 듣기, 첫인상 나누기	'삼지구엽초'라는 낯선 이름의 꽃을 처음 만나며, 꽃잎 수, 잎의 배열, 색감 등 생김새를 세심하게 관찰합니다. 이후 '서 갈래 잎이 세 쌍씩 달린 풀'이라는 이름의 유래를 듣고, 조선시대 약초 전설이나 민간 신화 속 이야기들도 함께 나누며 꽃에 담긴 옛사람들의 상상과 감정에 공감합니다. 활동 후반에는 이 꽃을 처음 본 느낌을 간단한 단어, 색, 감정 등으로 표현해 봅니다.
	2차시 (상상)	새 이름 지어주기, 나만의 전설 구상	기존 이름을 잠시 잊고, 꽃을 관찰하며 떠오르는 감정과 이미지를 바탕으로 자신만의 이름을 붙여봅니다. 예: '햇살나뭇잎', '세잎별초' 등. 그리고 그 이름에 어울리는 전설이나 짧은 이야기를 구상합니다. 이야기에는 친구, 동물, 자연물 등이 등장할 수 있으며, 상상력을 마음껏 발휘해 자신만의 '들꽃 서사'를 짓는 단계입니다.
	3차시 (표현)	전설을 그림책 또는 도감 형식으로 제작	구상한 전설을 짧은 그림책(표지, 제목, 이야기 2~3페이지) 혹은 들꽃 도감(이름, 특징, 상징, 서사 포함) 형태로 시각화합니다. 표현 형식은 글쓰기 중심, 그림 중심, 꾸미기 중심 등 학생의 흥미에 따라 선택할 수 있으며, 이 과정에서 표현력, 배치력, 감정 전달력 등을 키웁니다.
	4차시 (공유)	작품 나눔, 친구 이야기 감상, 느낀 점 나누기	완성된 이야기책/도감 작품을 친구들과 나누고, 친구가 지은 꽃 이름과 전설을 감상합니다. 활동 후반에는 '삼지구엽초를 다시 보게 된 점', '이야기 속 인물 중 인상 깊은 것', '내가 만든 이야기의 메시지' 등을 함께 이야기하며 감정/생각을 교류합니다.
현호색	5차시 (만남)	현호색의 생김새 관찰, 색채 감상, 감정 연결	꽃잎이 마치 하늘거리는 나비처럼 보이는 현호색의 독특한 색상(보라, 청보라, 분홍 계열)을 관찰하며, 그 색이 주는 첫인상을 자유롭게 떠올려 봅니다. '슬픔 같다', '몽환적이다', '고요한 기쁨 같다' 등 감정을 색으로 표현하는 경험을 통해 감정 감수성과 색채 인지를 연결짓습니다.
	6차시 (상상)	색에서 떠오르는 감정 이야기 구상	5차시에서 표현한 감정과 연결된 짧은 이야기(상상 서사)를 구상합니다. 예를 들어, '보라색 외투를 입은 아이가 잃어버린 시간을 찾아가는 이야기', '슬픈 새벽에 피어난 꽃의 속마음' 등 색을 중심으로 한 감정 서사를 창작하게 됩니다. 이 과정은 추상적 감정을 구체화하는 언어화 능력을 키워줍니다.
	7차시 (표현)	감성화 그리기, 색 이름 짓기	구상한 감정 이야기를 '감성화'라는 형식으로 시각화합니다. 감성화란 이야기 속 주인공, 장면, 감정을 그림과 색으로 표현하는 창작 활동입니다. 이후 자신이 사용한 색에 직접 이름을 붙이는 활동도 병행합니다. 예: '잊혀진 오후빛', '조용한 포옹색' 등. 창의성과 감정 표현 능력을 함께 기르는 활동입니다.
	8차시 (공유)	감성화 전시 및 감정 공유 활동	완성한 감성화를 간단한 설명과 함께 전시하고, 친구들의 그림에 감정 이름 스티커를 붙이며 감상합니다. 전시 후에는 '어떤 감정이 전해졌는지', '공감되는 장면은 무엇인지'를 중심으로 감정 피드백을 나누며, 감정 소통과 공감 능력을 확장합니다.

〈표 5-43〉의 계속

들꽃	차시	활동 내용	학생들의 마음에 남는 경험
은방울꽃	9차시 (만남)	생김새 관찰, 종 모양의 상징성 감상, 생태 정보 이해	은방울꽃의 조그맣고 흰 종처럼 생긴 꽃송이를 관찰하면서, 그 고요한 모양에서 느껴지는 감정을 말로 표현합니다. 또한 은방울꽃이 희귀 식물이며 함부로 꺾어서는 안 되는 보호 대상임을 이해하며, 생태적 의미와 생명존중의 태도를 함양합니다.
	10차시 (상상)	꽃에서 들려오는 소리에 감정 입히기, 감성 이야기 창작	'만약 은방울꽃이 작은 종소리를 낸다면 어떤 이야기를 전할까?'라는 질문에서 출발하여, 소리에서 연상되는 감정과 장면을 상상합니다. 이를 바탕으로 '꽃이 속삭이는 비밀', '들리지 않는 노래' 등 감성 중심의 서사 이야기를 창작하며, 내면 감정과 자연의 메시지를 연결짓는 상상력을 기릅니다.
	11차시 (표현)	감정 엽서 또는 보호 포스터 제작	자신이 구상한 이야기를 바탕으로, 엽서 또는 포스터 형태로 시각적 표현을 합니다. 포스터에는 은방울꽃을 보호하자는 메시지를 담을 수 있고, 엽서에는 감정 이야기를 함축한 짧은 글과 그림을 함께 표현합니다. 이 활동은 감정 표현과 더불어 생태적 실천의지 전달이라는 이중적 목적을 지닙니다.
	12차시 (공유)	메시지 나누기, 전시 또는 미니 캠페인 운영	완성한 포스터나 엽서를 친구들과 전시를 통해 나누고, 감상한 내용을 말풍선에 적어 서로의 메시지에 응답하는 활동을 합니다. 교실 내 미니 생태 캠페인을 열어 보호의 약속을 시각적으로 공유하거나, 엽서를 가족이나 지역사회에 보내는 연계 활동도 가능합니다.
양귀비	13차시 (만남)	꽃잎의 색과 생김새 감상, 상징적 의미 이해	빨강, 주홍, 분홍 등 강렬한 색감을 지닌 양귀비꽃을 관찰하며, 색이 주는 정서적 인상(열정, 슬픔, 평화 등)을 말로 표현합니다. 양귀비가 '전쟁과 평화의 상징'으로 사용되는 세계적 문화적 배경을 간단히 소개하면서, 감정을 넘어서는 상징성의 의미를 이해하도록 돕습니다.
	14차시 (상상)	색에 담긴 메시지를 바탕으로 평화 이야기 창작	강렬한 색에서 느껴지는 감정과 문화적 상징을 바탕으로, '전하고 싶은 평화의 메시지'를 주제로 짧은 이야기 또는 서정적 글을 창작합니다. (예: "싸우던 두 나라의 아이가 마을에 핀 붉은 양귀비를 보고 편지를 쓰는 이야기" 등). 이 활동은 감정에서 가치로의 전환을 상상하게 합니다.
	15차시 (표현)	편지·배지·카드 등으로 평화 메시지 시각화	앞서 만든 평화 이야기를 기반으로, 평화 배지, 감정 카드, 짧은 편지 등의 매체로 표현합니다. 표현물에는 '내가 세상에 전하고 싶은 말'을 담도록 유도하고, 평화를 나타내는 색감이나 도형, 언어 등을 창의적으로 구성해 시각적 설득력을 높입니다.
	16차시 (공유)	평화 메시지 나누기, 전시·발표 운영	완성한 표현물을 친구들과 나누고, 전시하거나 돌아가며 발표합니다. 친구의 메시지를 감상하고 공감의 한마디를 전하는 활동, 각자 느낀 '평화란 무엇인가'를 짧은 문장으로 적는 활동 등을 통해 감정 공감 능력을 확장하고, '꽃을 통한 평화 교육'이 실현됩니다.

〈표 5-43〉의 계속

들꽃	차시	활동 내용	학생들의 마음에 남는 경험
요강꽃	17차시 (만남)	생김새 관찰, 이름 유래 이해, 희귀성과 독특함에 대한 감정표현	'요강꽃'이라는 독특한 이름과, 마치 작은 주머니처럼 생긴 독특한 생김새를 관찰하며 첫인상을 자유롭게 표현합니다. 이름에 담긴 익살스러움, 생김새에 담긴 신비함을 함께 이야기하고, 요강꽃이 멸종 위기종임을 소개하며 생태적 희귀성과 보호 필요성도 함께 나눕니다.
	18차시 (상상)	나만의 이름 짓기, 꽃 캐릭터 상상하기	'요강꽃'이라는 기존 이름을 잠시 내려놓고, 꽃의 특징에서 떠오르는 느낌을 바탕으로 새로운 이름을 창조합니다. 이어서 그 이름에 어울리는 꽃 캐릭터를 상상합니다. 예: "마음 주머니", "속삭이는 통통이" 등. 캐릭터의 성격, 목소리, 성격 등을 설정하며 창의적 인격화 상상 활동을 전개합니다.
	19차시 (표현)	들꽃 캐릭터 도감 카드 제작	상상한 캐릭터를 바탕으로, 도감카드 형식의 창작물을 만듭니다. 도감카드에는 '꽃의 이름', '생김새', '성격', '말버릇', '꽃말', '좋아하는 계절' 등의 항목을 작성하여, 꽃을 인격화한 상징적 존재로 재창조하게 합니다. 이 활동은 표현력과 관찰력, 추론력, 스토리텔링 능력을 함께 요구합니다.
	20차시 (공유)	나의 들꽃 친구 소개하기, 카드 교환 활동	완성한 도감카드를 바탕으로 내가 만든 들꽃 친구를 친구들에게 소개하고, 질의응답을 주고받으며 발표력과 소통력을 키웁니다. 이후 친구의 캐릭터 카드 중 하나를 골라 '이 꽃이 내게 말을 건다면?'이라는 형식으로 응답 편지를 써보는 활동으로 확장할 수 있습니다. 공유 속에서 꽃-자신-타인 사이의 연결감을 느낄 수 있도록 유도합니다.
매발톱꽃	21차시 (만남)	꽃의 구조와 형태 감상, 곡선과 대칭의 아름다움 발견	매발톱꽃의 독특한 꽃잎 구조와 끝이 굽은 곡선, 매의 발톱을 닮은 모습 등을 관찰하면서, 생김새에서 느껴지는 선과 곡선, 대칭과 비대칭의 아름다움을 감상합니다. 아이들은 각자 느껴지는 감정(강인함, 부드러움, 신비로움 등)을 말로 표현하며, 형태와 감정의 연결성을 경험합니다.
	22차시 (상상)	꽃의 구조에서 나와의 연결감 상상하기	관찰한 구조를 바탕으로 '이 꽃과 나는 어떤 점이 닮았을까?', '이 곡선은 나의 어떤 성격을 닮았을까?' 등의 질문을 던지며 자기와 꽃을 연결하는 은유적 이야기를 상상합니다. 활동의 초점은 '나를 닮은 들꽃', 또는 '꽃에게 내가 담긴다면' 같은 정서적 투영과 상징화에 있습니다.
	23차시 (표현)	연결의 상징 만들기 (배지, 마크, 픽토그램 등)	상상한 이야기나 느낌을 시각화하여, 연결을 상징하는 나만의 마크나 배지를 디자인합니다. 매발톱꽃의 선을 활용한 디자인, 자신만의 색상 조합, 간단한 슬로건이나 단어를 넣을 수도 있으며, 상징을 통한 정체성과 자기표현을 구체화하는 활동입니다. 결과물은 엽서, 배지, 마크, 작은 피켓 형태로 다양화할 수 있습니다.
	24차시 (공유)	나의 상징 소개하기, 상징 나눔 활동	완성한 배지나 마크를 친구들에게 소개하고, 상징에 담긴 의미를 설명합니다. 친구들로부터 받은 느낌, 추천하고 싶은 새 이름 등을 자유롭게 나누며, 나와 자연, 나와 너를 연결하는 상징의 힘을 함께 느낍니다. 공유 후에는 친구의 상징을 엽서나 메모로 응원하는 활동도 할 수 있습니다.

⟨표 5-43⟩의 계속

들꽃	차시	활동 내용	학생들의 마음에 남는 경험
능소화	25차시 (만남)	덩굴식물의 생장 방식 관찰, 시간과 성장의 상징 이해	담장을 타고 자라는 능소화의 덩굴 구조와 줄기, 주황빛 꽃송이를 관찰하며 시간에 따라 천천히 자라나는 생명의 이미지에 주목합니다. "꽃이 피기까지 어떤 시간이 흘렀을까?", "덩굴은 어디를 향해 가고 있을까?" 등의 질문을 통해 성장과 흐름, 인내와 방향성을 감정적으로 연결지어봅니다.
	26차시 (상상)	덩굴처럼 이어지는 나의 시간 이야기 구상	능소화의 생장을 나 자신의 성장 여정에 빗대어 이야기로 구성합니다. "나는 어떤 덩굴을 타고 성장해왔을까?", "내가 피워낸 첫 번째 꽃은 무엇일까?" 등 시간, 도전, 성취, 기다림을 중심으로 자기 성찰이 담긴 서사를 상상합니다. 활동은 주로 1인칭 중심의 자서사적 글쓰기로 진행됩니다.
	27차시 (표현)	생태시 쓰기 또는 성장시계 만들기	상상한 이야기를 시의 형태로 표현합니다. 시에는 성장에 관한 상징적 표현(덩굴, 빛, 벽, 고비, 바람 등)이 포함될 수 있으며, 간단한 성장 시계(연도별 또는 계절별 나의 변화 정리)를 시각화할 수도 있습니다. 이 활동은 자연 은유를 통해 감정과 시간의 흐름을 구조화하는 훈련입니다.
	28차시 (공유)	시 낭독 또는 전시회, 이야기 나눔	완성한 시 또는 성장시계를 친구들과 낭독하거나 전시합니다. 낭독 시에는 친구에게 보내는 말, 내가 나에게 남기는 문장 등을 중심으로 발표하며, 전체 프로그램의 흐름을 정리하는 마지막 감정 공유의 장으로 이어집니다. 이 활동은 이후 '기억과 약속의 시간'과도 자연스럽게 연결됩니다.
기억과 약속의 시간	29차시 (성찰)	들꽃 회고록 쓰기, 나의 들꽃 다이어리 정리, 감정의 오르내림을 선으로 그려보기	한 송이 한 송이 꽃과 함께 보낸 시간 속에서 내가 느낀 감정, 기억, 생각을 돌아보며 정리합니다. '내가 가장 좋아했던 꽃은?', '가장 마음이 움직였던 순간은?' 등의 질문을 통해 감정의 흐름을 시각적으로 표현하고, 자신만의 들꽃 이야기를 마무리합니다.
	30차시 (약속)	생명 선언문 쓰기, 자연에게 보내는 약속 편지 작성	들꽃을 통해 느낀 생명의 소중함을 바탕으로, 자연을 지키기 위한 나만의 다짐을 글로 표현합니다. 생명을 위한 행동 약속을 담은 '약속 편지'를 씀으로써 감성에서 실천으로 이어지는 계기를 마련합니다.
	31차시 (전시)	들꽃 편지·배지 전시, 엽서 낭독회 운영, 들꽃 이야기 발표	아이들은 자신이 만든 엽서와 배지를 전시하고, 직접 쓴 편지를 낭독하거나 이야기로 발표합니다. 이 과정은 친구들과의 감정 공유를 가능하게 하며, 공감과 표현 능력을 함께 기릅니다.
	32차시 (나눔)	작품 감상 소감 나누기, 감정 나눔 카드 쓰기, 공감 리플 작성	친구의 작품을 감상하며 느낀 점을 나누고, 감정 나눔 카드를 주고받으며 공감의 언어를 연습합니다. 마지막으로 함께한 시간에 대한 소회를 '리플' 형식으로 표현하며 공동체 안에서의 감성적 마무리를 경험합니다.

7. 평가 계획

1) 성취기준 중심의 평가 계획

〈표 5-44〉는 '이름 없는 꽃에게 쓰는 편지' 활동 프로그램에서 설정한 3개의 성취기준을 중심으로 평가 요소와 수업 및 평가 방법을 구체적으로 정리한 내용입니다. 이 표는 교사들이 실제 수업 현장에서 손쉽게 적용할 수 있도록 활동 흐름과 연계한 평가 지침을 제공합니다.

첫 번째 성취기준인 [6실들꽃-01]은 '들꽃을 관찰하고 상상하며, 그 안에서 발견한 감정과 의미를 말과 글로 표현할 수 있다'는 내용으로, 학생들이 들꽃의 생김새와 특징을 관찰하고, 감정과 의미를 자신의 언어로 풀어내는 과정을 중심으로 구성됩니다. 이를 위해 야외 관찰 중심의 체험학습과 감정 단어 연결 활동이 수업 방법으로 활용되며, 들꽃 관찰 기록물이나 발표 활동을 통해 교사의 관찰 평가가 이루어집니다.

두 번째 성취기준인 [6실들꽃-02]는 '들꽃의 생태적 의미와 상징을 이해하고, 이를 시, 편지, 도감, 책 등의 창의적인 방식으로 표현할 수 있다'는 내용입니다. 이 성취기준은 창작 중심의 활동을 통해 표현력을 기르는 데 중점을 두며, 들꽃의 생태적 특성과 상징적 의미를 찾아보고 이를 창의적으로 재구성하는 수업 방법이 제시됩니다. 결과물에 대한 교사의 평가뿐 아니라 친구들과의 상호 평가와 자기 평가를 병행하여 학생의 표현 과정과 결과를 균형 있게 평가합니다.

세 번째 성취기준인 [6실들꽃-03]은 '나와 자연, 생명과의 관계를 성찰하며, 이를 친구들과 나누고 지속 가능한 삶에 대한 태도를 실천할 수 있다'는 내용으로, 감정 나누기와 생명 선언문 쓰기 활동 등을 중심으로 수업이 이루어집니다. 이때 학생들의 생명에 대한 태도와 공감 능력을 평가하기 위해 생명 선언문 분석과 감정 나눔 카드, 공감 리플 등 포트폴리오 평가 방법이 제시되어 있습니다.

〈표 5-44〉 '이름 없는 꽃에게 쓰는 편지' 활동의 성취 기준별 평가 요소와 방법

성취기준 부호	평가 요소	수업 및 평가 방법
[6실들꽃-01]	• 들꽃의 생김새와 특징 관찰하기 • 감정과 의미를 말과 글로 표현하기	[수업 방법] - 야외 관찰 중심 체험 학습 　　　　　　- 관찰 일지와 감정 단어 연결 활동 [평가 방법] - 들꽃 관찰 기록과 감정 표현 글 평가 　　　　　　- 활동 중 말하기나 발표 내용에 대한 교사 관찰 평가
[6실들꽃-02]	• 들꽃의 생태적 특징 이해하기 • 창의적인 방식으로 의미 표현하기	[수업 방법] - 창작 중심 활동 　　　　　　　(시 쓰기, 그림책 만들기 등) 　　　　　　- 상징 찾기 및 재구성 활동 [평가 방법] - 결과물(시, 편지, 도감, 책 등)에 대한 교사 평가 　　　　　　- 친구들과의 상호 평가/자기평가지 작성
[6실들꽃-03]	• 자연과 생명에 대한 태도 갖기 • 감정 나누기와 공감 실천하기	[수업 방법] - 모둠 중심의 감정 나누기 활동 　　　　　　- 생명 선언문 쓰기 및 낭독 활동 [평가 방법] - 생명 선언문이나 약속 편지에 나타난 태도 분석 　　　　　　- 감정 나눔 카드나 공감 리플 작성 내용에 대한 포트폴리오 평가

　이러한 구성은 단순한 결과물 평가를 넘어서, 관찰·표현·공감의 전 과정을 반영한 종합적이고 과정 중심의 평가를 가능하게 하며, 교사들이 실제 수업에 용이하게 적용할 수 있도록 안내합니다. 각 성취 기준은 들꽃이라는 자연 소재를 매개로 하여 학생의 생태적 감수성, 창의력, 공감 능력을 통합적으로 성장시킬 수 있도록 설계되어 있습니다.

　〈표 5-45〉는 6학년 '이름 없는 꽃에게 쓰는 편지' 활동에서 제시한 3개의 성취 기준에 대한 4단계 평가 기준을 구체적으로 설명한 내용으로, 수업 현장에서 교사들이 평가 활동을 실질적으로 적용할 수 있도록 설계되었습니다. 각 성취 기준은 '매우 잘함', '잘함', '보통', '노력 요함'의 네 가지 수준으로 구분되며, 학생들의 표현 능력, 이해 수준, 실천 태도를 다면적으로 살펴볼 수 있도록 구성하였습니다.

〈표 5-45〉 '이름 없는 꽃에게 쓰는 편지' 활동의 성취 기준별 평가 기준

성취 기준		평가 기준
[6실들꽃-01] 들꽃을 관찰하고 상상하며, 그 안에서 발견한 감정과 의미를 말과 글로 표현할 수 있다.	매우 잘함	들꽃의 특징과 감정을 깊이 있게 관찰하고, 상상한 내용을 자신만의 언어로 풍부하게 표현할 수 있다.
	잘함	들꽃을 주의 깊게 관찰하고, 느낀 감정과 생각을 말과 글로 자연스럽게 표현할 수 있다.
	보통	들꽃을 관찰하며 떠오른 감정을 자신의 말로 담아낼 수 있다.
	노력 요함	들꽃에 대한 관심과 표현 활동에 지속적으로 참여하며 자신의 감정을 말과 글로 표현하려는 태도를 보일 수 있다.
[6실들꽃-02] 들꽃의 생태적 의미와 상징을 이해하고, 이를 시, 편지, 도감, 책 등의 창의적인 방식으로 표현할 수 있다.	매우 잘함	들꽃의 생태적 의미와 상징을 정확히 이해하고, 이를 창의적인 산출물로 독창적이고 풍성하게 표현할 수 있다.
	잘함	들꽃의 생태적 의미를 이해하며, 이를 시나 편지, 도감 등의 방식으로 적절히 표현할 수 있다.
	보통	들꽃의 생태적 특징이나 상징을 자신이 이해한 방식으로 표현할 수 있다.
	노력 요함	들꽃의 의미에 관심을 가지고 다양한 표현 활동에 참여하려는 태도를 보일 수 있다.
[6실들꽃-03] 나와 자연, 생명과의 관계를 성찰하며, 이를 친구들과 나누고 지속 가능한 삶에 대한 태도를 실천할 수 있다.	매우 잘함	자연과 생명에 대한 깊은 성찰을 바탕으로 지속 가능한 삶의 태도를 실천하고, 친구들과의 나눔과 공감을 주도적으로 이끌 수 있다.
	잘함	자연과 생명의 소중함을 이해하고, 감정을 나누며 지속 가능한 삶을 위한 행동을 실천할 수 있다.
	보통	자연과 생명에 대한 생각을 공유하고, 실천 활동에 참여할 수 있다.
	노력 요함	자연과 생명에 관심을 가지고 감정 나누기와 실천 활동에 꾸준히 참여하려는 자세를 보일 수 있다.

첫 번째 성취 기준인 [6실들꽃-01]은 학생이 들꽃을 관찰하고 상상한 후, 그 안에서 발견한 감정과 의미를 말과 글로 표현하는 능력을 평가하는 항목입니다. '매우 잘함' 수준에서는 들꽃의 특징과 감정을 깊이 있게 관찰하고, 이를 자신의 언어로 풍부하게 표현한 경우에 해당합니다. 이는 학생이 자연물과 정서적으로 교감하며, 자신만의 서사와 언어를 창의적으로 구성할 수 있음을 의미합니다. '잘

함'은 자연스럽고 적절한 감정 표현을 통해 이야기나 글쓰기를 완성한 경우로, 관찰과 표현 활동 간의 연결이 잘 이루어진 경우입니다. '보통'은 들꽃을 관찰하여 떠오른 감정을 글로 표현하려는 시도가 있으나, 다소 단편적이거나 구체성이 부족한 경우에 해당합니다. '노력 요함'은 관찰과 표현 활동에 성실하게 참여하고자 하며, 자신의 감정을 글로 표현해 보려는 태도를 보이는 수준입니다.

두 번째 성취 기준인 [6실들꽃-02]는 들꽃의 생태적 의미와 상징을 이해하고, 이를 시나 편지, 도감, 책 등의 창의적인 방식으로 표현하는 능력을 평가합니다. '매우 잘함' 수준은 들꽃에 대한 생태적 이해를 바탕으로 창의적인 산출물(예: 그림책, 편지책 등)을 독창적이고 풍부하게 구성한 경우에 해당합니다. 이는 학생의 과학적 이해력과 예술적 표현력이 결합된 결과로, 융합적 사고의 우수 사례로 볼 수 있습니다. '잘함'은 들꽃의 의미를 파악하고 적절한 형식의 산출물을 통해 내용을 성실히 담아낸 경우이며, '보통'은 들꽃의 생태적 특징이나 상징을 자신만의 방식으로 표현하고자 하는 노력이 드러나는 수준입니다. '노력 요함'은 들꽃의 의미에 관심을 가지고 다양한 표현 활동에 참여하려는 태도를 보일 때 적용할 수 있습니다.

세 번째 성취 기준인 [6실들꽃-03]은 학생이 나와 자연, 생명과의 관계를 성찰하고, 이를 친구들과 나누며 지속 가능한 삶에 대한 태도를 실천할 수 있는지를 평가합니다. '매우 잘함' 수준은 자연과 생명에 대한 깊은 성찰을 바탕으로 실천 활동에 주도적으로 참여하고, 감정 나눔과 공감을 통해 공동체 안에서 지속 가능한 삶의 태도를 실천하는 모습이 나타납니다. '잘함'은 자연과 생명의 소중함을 인식하고, 이를 바탕으로 감정 나누기와 실천 활동에 성실히 참여하는 경우입니다. '보통'은 자연과 생명에 대한 생각이나 감정을 친구들과 공유하고, 실천적 태도를 보이려는 기본적인 참여가 이루어지는 경우입니다. '노력 요함'은 자연과 생명에 관심을 가지고 있으며, 감정 나누기나 실천 활동에 꾸준히 참여하고자 하는 의지를 보이는 경우에 해당합니다.

이와 같은 4단계 평가 기준은 학생 개개인의 정서, 인지, 표현, 실천 측면에서의 성장과 변화 과정을 세심하게 관찰할 수 있도록 돕고, 평가 결과를 수업의 피드백으로 연결할 수 있어 현장 적용성이 매우 높습니다. 교사는 이 기준을 바탕으로 학생의 수준에 따른 맞춤형 지도와 격려를 제공함으로써, 생명과 자연을 존중하는 생태 시민으로의 성장을 효과적으로 지원할 수 있습니다.

'이름 없는 꽃에게 쓰는 편지' 활동의 포트폴리오와 관찰일지를 평가하기 위한 체크리스트는 〈표 5-46〉과 같습니다. 이 체크리스트는 총 6개의 항목으로 구성되어 있으며, 들꽃 관찰의 구체성, 감정 표현의 진솔함, 이야기 창작의 창의성, 시각적 표현의 정성, 작품 공유에 대한 공감 능력, 생명 존중에 대한 실천 의지까지를 아우릅니다.

이 모든 항목은 이 활동에서 학생들이 실제로 마주하고, 고민하고, 표현해 나가는 정서적·생태적 경험의 축이라 할 수 있습니다. 특히 5점 척도로 구성된 각 문항은 단편적인 결과물을 평가하기보다, 학습자의 참여 태도와 표현 과정, 그리고 자신만의 감정과 생각을 어떻게 풀어냈는가에 초점을 맞춥니다.

이러한 구성은 교사의 관찰을 돕는 것은 물론, 학생 스스로 자신의 배움과 감정을 성찰할 기회를 제공하며, 동료 간 나눔과 피드백 기반의 평가로도 확장될 수 있습니다. 이 체크리스트는 교사에게는 학생 개별 성장에 대한 다층적인 기록 도구가 되고, 학생에게는 자연과 나, 그리고 친구들과의 관계 속에서 배움의 여운을 남기는 거울이 될 것으로 기대됩니다.

〈표 5-46〉 포트폴리오 및 관찰일지의 평가를 위한 체크리스트

포트폴리오 및 관찰일지의 세부 평가 기준	정말 그렇다	그렇다	그저 그렇다	아니다	전혀 아니다
1. 들꽃의 생김새나 특징, 주변 환경 등을 주의 깊게 관찰하고 자세히 기록하였는가?	⑤	④	③	②	①
2. 관찰 내용을 바탕으로 자연에 대한 감정이나 느낌을 진솔하게 표현하였는가?	⑤	④	③	②	①
3. 들꽃의 이름이나 전설을 상상하고 구성하는 과정이 창의적이고 논리적으로 정리되었는가?	⑤	④	③	②	①
4. 자신이 지은 이름과 이야기를 시각적 매체(그림, 배지, 포스터 등)로 구체적이고 정성껏 표현하였는가?	⑤	④	③	②	①
5. 친구들의 작품을 감상하고 자신의 생각과 감정을 나누며 공감하려는 태도를 보였는가?	⑤	④	③	②	①
6. 자연과 생명을 소중히 여기는 마음을 실천 의지나 약속의 말로 정리하려는 노력을 보였는가?	⑤	④	③	②	①

이 모든 항목은 이 활동에서 학생들이 실제로 마주하고, 고민하고, 표현해 나가는 정서적·생태적 경험의 축이라 할 수 있습니다. 특히 5점 척도로 구성된 각 문항은 단편적인 결과물을 평가하기보다, 학습자의 참여 태도와 표현 과정, 그리고 자신만의 감정과 생각을 어떻게 풀어냈는가에 초점을 맞춥니다.

이러한 구성은 교사의 관찰을 돕는 것은 물론, 학생 스스로 자신의 배움과 감정을 성찰할 기회를

제공하며, 동료 간 나눔과 피드백 기반의 평가로도 확장될 수 있습니다. 이 체크리스트는 교사에게는 학생 개별 성장에 대한 다층적인 기록 도구가 되고, 학생에게는 자연과 나, 그리고 친구들과의 관계 속에서 배움의 여운을 남기는 거울이 될 것으로 기대됩니다.

2) '교양 있는' 인간상 중심의 평가 계획

대한민국 교육과정이 추구하는 인간상 중 '교양 있는' 사람을 측정하기 위한 검사 도구(류청산, 2019)는 〈표 5-47〉의 일반적인 문항에 제시하였습니다. '교양 있는' 인간상은 단순히 지식과 기능을 갖춘 수준을 넘어, 깊이 있는 생각과 정서적 성숙, 책임 있는 행동을 실천하는 삶의 태도를 지향합니다. 이에 따라 〈표 5-47〉은 기존 교육과정에서 사용되는 일반 문항과 함께, 이 활동의 경험과 맥락을 반영한 특화 문항을 병기하여 비교 제시하고 있습니다.

〈표 5-47〉 '교양 있는' 인간상의 평가 도구

ID	일반 문항 (타당도: 63.4%, 신뢰도:85.5%)	이 활동에 특화된 문항 (타당도: 64.5%, 신뢰도:85.1%)
1	나는 어려움에 부닥쳤을 때, 문제를 해결하기 위해 끝까지 노력한다.	나는 들꽃을 관찰하거나 이야기를 만들 때 어려워도 끝까지 생각하고 표현하려고 노력한다.
2	나는 주어진 문제를 잘 해결하는 편이다.	나는 들꽃의 이름과 이야기를 새롭게 만드는 활동에서 나만의 해답을 찾으려고 노력한다.
3	나는 현재 처한 상황을 잘 이해하고 그것에 맞게 판단하고 행동하는 편이다.	나는 자연과 친구의 이야기를 듣고, 그 안에서 내가 할 수 있는 역할을 생각하며 행동하려고 한다.
4	나는 주어진 일을 빈틈없이 잘 처리한다.	나는 꽃 이름 짓기, 전설 만들기, 배지 만들기 등 주어진 활동을 끝까지 정성껏 해낸다.
5	나는 친구들에게 믿음을 주는 말과 행동을 한다.	나는 친구의 작품이나 이야기를 진심으로 감상하고, 마음을 담은 말을 건네려 한다.

특화 문항은 들꽃 관찰, 이름 짓기, 이야기 만들기, 시각적 표현, 감상과 나눔, 생명 존중 등의 실제 활동 경험을 바탕으로 재구성되었습니다. 예를 들어, "나는 어려움에 부닥쳤을 때 문제를 해결하기 위해 끝까지 노력한다."라는 일반 문항이 자기 조절적 태도를 측정하고자 한다면, 이에 대응하는 특화 문항은 "나는 들꽃을 관찰하거나 이야기를 만들 때 어려워도 끝까지 생각하고 표현하려고 노력한다."라는 식으로 활동 속 구체 맥락으로 연결되어 있습니다.

이처럼 특화 문항은 단순히 문항의 주제를 바꾸는 것이 아니라, '교양 있는 사람'의 핵심 역량을 이 활동의 실제 경험과 자연스럽게 연결함으로써, 학습자가 자신의 활동을 더욱 구체적으로 되돌아볼 수 있도록 설계하였습니다. 또한 이러한 문항은 학생들의 사전·사후 변화 측정뿐 아니라 자기성찰, 동료평가, 교사 면담 등의 다양한 맥락에서도 활용될 수 있는 정성적·정량적 평가 자료로서의 가능성을 갖습니다.

〈표 5-47〉의 문항들은 『이름 없는 꽃에게 쓰는 편지』가 추구하는 배움의 방향이 교과 성취를 넘어 내면의 성장과 삶의 태도 변화로 확장될 수 있음을 보여주는 작은 지표라 할 수 있습니다.

3) 핵심역량 중심의 평가 계획

이 활동에서 핵심적으로 길러지고자 하는 역량 중 하나인 '심미적 감성'을 평가하기 위한 도구를 구성하여 정리하면 〈표 5-48〉과 같습니다. '심미적 감성'은 아름다움을 인식하고 감동하며, 이를 자기만의 방식으로 표현해 내는 역량으로, 본 활동의 중심을 이루는 관찰, 상상, 표현의 흐름과 긴밀하게 연결되어 있습니다.

〈표 5-48〉 '심미적 감성' 역량의 평가도구

ID	일반 문항 (타당도: 64.7%, 신뢰도:86.3%)	이 활동에 특화된 문항 (타당도: 64.7%, 신뢰도:86.0%)
1	다른 사람들이 가지고 있지 않은 뛰어난 능력을 갖추고 있다.	나는 들꽃의 모습이나 이름에서 남들과는 다른 느낌이나 생각을 떠올릴 때가 있다.
2	다른 사람들이 깜짝 놀랄만한 나만의 재능이 있다.	나는 들꽃을 보고 떠오른 이야기를 독창적으로 표현하는 것이 즐겁다.
3	나는 특정 분야에 뛰어난 능력을 갖추고 있다는 말을 자주 듣는다.	나는 친구들이 내 들꽃 이야기나 작품을 인상 깊다고 말해준 적이 있다.
4	나는 보통 사람들과 다르거나 재미 있는 사람이다.	나는 들꽃에 붙인 이름이나 이야기가 다른 사람들과는 조금 다른 느낌이라고 생각한다.
5	내 방식대로 즐겁게 활동하는 모습을 보여준다.	나는 내가 느낀 감정이나 생각을 나만의 방식으로 꽃과 이야기에 담는 것이 재미있다.

이 표에서는 먼저 기존에 널리 활용되는 일반 문항을 제시하고, 이를 토대로 이 활동의 경험과 맥락을 반영한 특화 문항을 새롭게 구성하였습니다. 예를 들어 일반 문항 중 "나는 다른 사람들이 깜짝 놀랄만한 나만의 재능이 있다."라는 표현이, 활동 특화 문항에서는 "나는 들꽃을 보고 떠오른 이야기를 독창적으로 표현하는 것이 즐겁다."라는 문장으로 변환되어, 학생의 자기표현 능력과 몰입 경험을 더욱 자연스럽게 평가할 수 있도록 조정하였습다.

특화 문항은 들꽃의 외형적 아름다움뿐 아니라 그 안에서 발견되는 감정, 상상, 이야기의 요소들을 감식하고 표현하는 감성적 민감성을 측정하는 데 중점을 둡니다. 특히 '이름 붙이기', '이야기 만들기', '배지나 엽서 표현'과 같은 활동 과정에서 드러나는 자기다움, 독창성, 즐거움을 반영할 수 있도록 문항이 정제되었다는 점이 특징이라 할 수 있습니다.

요인 타당도와 신뢰도는 각각 64.7%, 86.0%로 예측되며, 이는 교육과정 기반 인성역량 평가 도구로서 충분한 수준의 계량적 신뢰성을 확보한 것으로 볼 수 있습니다. 또한 이러한 문항들은 향후 사전-사후 비교 평가, 학생 자기 성찰지, 활동 결과 보고서의 정성적 분석 등 다양한 평가 방식으로도 확장 활용이 가능합니다.

〈표 5-48〉은 『이름 없는 꽃에게 쓰는 편지』가 학생 개개인의 감수성과 표현력, 그리고 내면의 감정을 꽃과 자연 속에서 발견하고 재구성할 수 있는 심미적 인간으로의 성장 가능성을 효과적으로 측정하기 위한 실천적 틀을 제공합니다.

들꽃은 어느 날 갑자기 피어나지 않습니다.
보이지 않는 뿌리의 시간, 계절의 기다림,
햇살과 바람의 손길이 어우러져야
비로소 피어나는 생명입니다.

이 프로그램 또한 그와 같습니다.
교실 안 작은 들꽃 한 송이에서 시작된 감정의 씨앗은
아이들의 마음속에서 상상으로 자라고,
이야기가 되어 피어나며,
마침내 공감과 실천으로 열매 맺습니다.

이제 우리는 그 여정을 함께 걸어온 아이들과 마주 앉아,
그들이 쓴 한 장 한 장의 편지 속에서 생명의 목소리를 듣고,
그들이 만든 이야기 속에서 배움의 의미를 되새기게 됩니다.
'기억과 약속의 시간'은
단순한 활동의 끝이 아니라,
삶의 한 조각을 가슴에 묻는 아름다운 마무리입니다.

교사로서 우리는 때때로 묻습니다.
"이 활동이 아이들의 삶에 어떤 흔적을 남길 수 있을까?"
그 물음에 대한 조용한 대답이,
바로 이 들꽃 활동 속에 담겨 있습니다.

감정과 생명, 자연과 공동체를 하나로 엮는
이 작은 시도는,
어쩌면 아이들 마음에 평생 잊히지 않을
한 송이 들꽃이 되어줄 것입니다.

이제 교실 바깥에도 들꽃은 피어납니다.
여러분의 학교에서, 아이들의 이야기에서,
그리고 여러분 자신의 교직 여정 속에서.
그리고 그 꽃들은 앞으로도 더 많은 교사들의 가슴속에
새로운 길을 틔우는 씨앗이 되어줄 것입니다.

【 학교자율시간 자료를 찾아가는 QR 코드 】

티칭허브
—
학교
자율시간

- 교과 활동
- **학교자율시간**
- 창의적 체험 활동
- 쉬는 시간
- 평가 자료
- 정보 소통

선생님의
실과책상
—
학교
자율시간

- 게시판
- 12가지 마음, 실과로 풀다
- 실과의 눈으로
- 수업 한 장 한눈에
- 평가계획-평어 한눈에
- **바로 쓰는 학교자율시간**
- 학교자율시간
- 창의·융합 놀이터
- 실과 수업 한 장
- ⋯⋯⋯⋯

에 필 로 그

수업은 질문에서 시작되어, 연결로 완성됩니다.

『바로 쓰는 학교자율시간』은
하나의 완결된 해답이 아니라,
교사의 손에서 다시 태어나길 기다리는
열린 연결의 언어입니다.

아이들의 삶과 교실의 리듬,
지역의 풍경과 계절의 결 따라
한 시간씩 조용히 쌓이는 자율활동은
교과를 넘어, 사람을 기르는 교육의 또 다른 이름일지 모릅니다.

이제 수업은,
정답을 가르치기보다
함께 살아갈 줄 아는 감각을 키우는 시간이어야 합니다.

그 길 위에 선 선생님의 오늘 한 시간이
내일의 교육을 바꿔놓을지도 모릅니다.

이 책이 그 여정에 다정한 동행이 되었기를 바랍니다.

교실의 미래를 믿는 사람, **류 청 산**

【 참 고 문 헌 】

경기도교육청(2024). **학교 자율시간 과목 및 활동 개설 예시 자료.**

경상남도교육청(2024). **교육과정의 빛깔 있는 여백.**

교육부(2022a). **초·중등학교 교육과정 총론.** 교육부 고시 제2022-33호 [별책 1].

_____(2022b). **초등학교 교육과정.** 교육부 고시 제2022-33호 [별책 2].

_____(2022c). **실과(기술·가정)/정보과 교육과정.** 교육부 고시 제2022-33호 [별책 10].

_____(2022d). **창의적 체험활동 교육과정.** 교육부 고시 제2022-33호 [별책 40].

_____(2022e). 2022 개정 초·중등학교 및 특수교육 교육과정 확정·발표. 보도자료.

_____(2022f). 2022 개정 교육과정 질의·응답 자료.

김미진·홍후조(2023). 2022 개정 교육과정 '학교자율시간'에 대한 비판적 분석과 실행 방안 탐색. **교육학연구,** 61(5). 한국교육학회.

김종훈(2024). 2022 개정 교육과정 '학교 자율시간' 실행 경험 탐색: 초등 연구학교 사례를 중심으로. **학습자중심교과교육학회지,** 24(1).

류청산(2025). 숲 체험을 활용한 학교 자율시간의 활동 프로그램 개발. **홀리스틱융합교육연구,** 29(2). 25~47.

_____(2024). 초등학교 실과와 학교 자율시간의 연계 방안. **한국실과교육학회지,** 37(3). 한국실과교육학회.

박일수(2023). 통합교육과정의 학교 자율시간 적용 가능성 탐색. **초등교육연구,** 36(3). 한국초등교육학회.

부산광역시교육청(2024). **초등 학교자율시간을 꽃 피우다.**

서울특별시교육청(2024). **초등학교 학교 자율시간 길라잡이.**

유영식·권성희(2024). **학교자율시간 과목활동 바이블.** 테크빌교육.

이광우·임유나(2023). 2022 개정 교육과정 '학교 자율시간'의 성격 및 편성·운영에 관한 시론적 논의. **교육과정연구,** 24(1). 한국교육과정학회.

이현근·박승배(2022). 초등학교 학교 교과목 개발 절차 연구. **초등교육연구,** 35(4). 한국초등교육학회.

【 저자 소개 】

류 청 산 (futurist.insight@gmail.com)
(현) 경인교육대학교 교수, 미래학자
(현) 홀리스틱 홈스쿨링 연구소장

[주요 학력/경력]
서울대학교 교육학박사(1994)
대통령 후보자/당선자 교육정책 자문위원
대통령직속 미래기획위원회 교육 연구위원
교육부 국가교육과정개정 자문위원
콜로라도주립대학교 교육대학원 부교수 (SPSS)
경기도평생교육진흥원 GSEEK 캠퍼스 '미래학 특강'
특허청 '미래 IP 전략위원회' 자문위원

[주요 저서]
새로운 시대, 새로운 교육과정 (2019, 공저)
인류의 미래와 교육 (2011).
미래가 보인다 글로벌 미래 2030 (2013, 공저)
전략적 미래예측 방법론 (2014, 공저)
대륙을 넘어서 세계로 (2013, 공저)
SPSS 14.0 for Windows (2006)
초등학교 5-6학년군 실과 (2025, 대표저자, 금성출판사)

[주요 방송 출연/특강]
대한민국 교육 미래를 말하다 (2016 EBS 신년 대기획)
미래 사회, 대학의 역할과 기능 (생방송 EBS 교육 대토론)
평생학습과 소프트스킬 (EBS 질문 있는 특강 쇼, 빅뱅)
방송미디어의 미래 (방송미디어 직업체험전, 과학기술정보통신부)
위드 코로나 시대 미래 변화 (한국보건복지인력개발원)
코로나 임팩트가 만들어낸 새로운 트렌드 (중소기업중앙회)
창조경제와 미래산업 트렌드 (중소기업중앙회)
미래의 주역을 기르는 부모의 지혜 (전국 광역시도 교육청)
미래 사회를 대비한 진로 교육의 방향 (전국 광역시도 교육청)

바로 쓰는 학교자율시간
- 교사를 위한 실천 가이드 -

2025년 9월 1일 초판 1쇄 인쇄
2025년 9월 5일 초판 1쇄 발행

| 저　　자 | 류 청 산 • 지음 |

발 행 처	도서출판 에듀컨텐츠휴피아
발 행 인	李 相 烈
등록번호	제2017-000042호 (2002년 1월 9일 신고등록)
주　　소	서울 광진구 자양로 28길 98, 동양빌딩
전　　화	(02) 443-6366
팩　　스	(02) 443-6376
e-mail	iknowledge@naver.com
web	http://cafe.naver.com/eduhuepia
만든사람들	기획•김수아 / 책임편집•이진훈 박현경 하지수 정민경 디자인•유충현 / 영업•이순우
I S B N	978-89-6356-513-2 (93370)
정　가	25,000원

이 책은 저작권법에 따라 보호받는 저작물이므로 무단전재와 무단복제를 금지하며, 책 내용의 전부 또는 일부를 이용하려면 반드시 저작권자의 서면 동의를 받아야 합니다.